Sprch 53   29,-
BF 10453

Martin Lehnert

Anglo-
Amerikanisches
im Sprachgebrauch
der DDR

Prof. em. Dr. Martin Lehnert, geb. am 20.Juni 1910 in Berlin-Rixdorf (dem späteren Neukölln). Wissenschaftliche Ausbildung und akademische Laufbahn an der Berliner Universität. Von 1948 bis 1951 Inhaber des anglistischen Lehrstuhls in Greifswald, danach an der Humboldt-Universität zu Berlin bis zu seiner Emeritierung 1975. Seit 1961 Ordentliches Mitglied der Deutschen Akademie der Wissenschaften (der späteren AdW der DDR). Von 1963 bis 1985 Präsident der Deutschen Shakespeare-Gesellschaft in Weimar, danach bis heute ihr Ehrenpräsident. Zahlreiche Veröffentlichungen zur englischen und amerikanischen Literatur und Sprache einst und jetzt.

Martin Lehnert

Anglo-Amerikanisches im Sprachgebrauch der DDR

Akademie-Verlag
Berlin

Abschluß des Manuskripts: Juni 1989

ISBN: 3-05-000985-3

Erschienen im Akademie-Verlag Berlin, Leipziger Str. 3–4, O-1086 Berlin
© Akademie-Verlag Berlin 1990
Gesamtherstellung: Druckerei „G. W. Leibniz" GmbH,
O-4450 Gräfenhainichen
Einbandgestaltung: Gabriele Bleifuß
(Foto: Café in der Johannes-R.-Becher-Straße Berlin-Pankow, August 1989)
LSV: 0815
Bestellnummer: 755138 7

Inhalt

1. Der weltweite anglo-amerikanische
   Spracheinfluß 9
2. Die Vorherrschaft des amerikanischen Englisch 10
3. Die Internationalität
   des anglo-amerikanischen Wortschatzes 13
4. Purismus früher 15
5. Die englische Sprachkonkurrenz 17
6. Purismus heute 19
7. Anglo-Amerikanismus und Purismus in der DDR 23
8. Die Einstellung zu
   den Anglo-Amerikanismen in der DDR 26
9. Der anglo-amerikanische Einfluß auf die Jugend 28
10. Die Erforschung
    der Anglo-Amerikanismen in der DDR............ 33
11. Arten und Formen
    der anglo-amerikanischen Entlehnungen 34
12. Älteres deutsch-englisches Wortgut
    als Direktentlehnung 40
13. Älteres deutsch-englisches Wortgut
    als Lehnübersetzung 44
14. Älteres deutsch-englisches Wortgut
    aus dem amerikanischen Wilden Westen........... 45
15. Ungezielte und gezielte Einführung
    und Verbreitung anglo-amerikanischer Entlehnungen ... 47
16. Die verschiedenen Arten und Formen
    gezielter Einbürgerung von Anglo-Amerikanismen 49
17. Ausmaß und Anlaß
    der anglo-amerikanischen Entlehnungen 56
18. Die Aufnahme der Anglo-Amerikanismen
    in die DDR-Duden 61
19. Genauer Vergleich der in den DDR-Duden
    von 1984 und 1986 gebuchten anglo-
    amerikanischen Stichwörter unter dem Buchstaben C ... 64

20. Das Auf und Ab der Anglo-Amerikanismen 65
21. Ein DDR-spezifischer anglo-amerikanischer
    Terminus – *Broiler* 67
22. Die anglo-amerikanischen
    mehrsilbigen Direktentlehnungen 69
23. Die anglo-amerikanischen
    einsilbigen Direktentlehnungen 73
24. Neubelebung älterer lateinisch-französischer
    Wörter unter anglo-amerikanischem Einfluß 77
25. Ältere und neuere anglo-amerikanische
    Sportterminologie. 79
26. Neue anglo-amerikanische
    Musikterminologie 91
27. Ältere und neuere anglo-amerikanische
    Bekleidungsterminologie. 105
28. Ältere und neuere anglo-amerikanische
    Nahrungs- und Genußmittelterminologie 110
29. Neue anglo-amerikanische Lehnkomposita 114
30. Neue anglo-amerikanische Wortmischungen 118
31. Neue anglo-amerikanische Initialwörter 122
32. Neue anglo-amerikanische Lehnwendungen 125
33. Anglo-amerikanische Vollintegration 132
34. Bedeutungsdifferenzierung
    der Anglo-Amerikanismen. 149
35. Anglo-amerikanische Entlehnungen
    über die russische Sprache 155
36. Stilistische und praktische
    Bewertung der anglo-amerikanischen Entlehnungen 166
37. Anglo-amerikanische Schein-
    und Falschentlehnungen 176
38. Teilsubstitution anglo-amerikanischer
    Komposita (Substantiv+Substantiv). 186
39. Vollsubstitution
    anglo-amerikanischer Komposita 190
40. Anglo-amerikanische und deutsche
    Blockkomposita und Abkürzungen 195
41. Anglo-amerikanische und deutsche
    Affixe griechisch-lateinischer Herkunft. 199
42. Das Suffix *-er* 204
43. Anglo-amerikanische Fachterminologie 209

44. Ein sonderbarer anglo-amerikanischer
   Fachterminus – *Quark* 223
45. Schlußbemerkungen 226

Lautsymbole und Zeichen 234
Bibliographie............................. 235
Wörterverzeichnis......................... 248

1.
Der weltweite anglo-amerikanische Spracheinfluß

Eine der auffälligsten Erscheinungen der Gegenwart in allen Sprachen der Welt, so auch in der deutschen Sprache in der DDR, ist der verstärkte Gebrauch und eine immer umfangreichere Verwendung von anglo-amerikanischen Wörtern (Lexemen) und Wendungen (Wortgruppenlexemen oder Phraseologismen). Da eine exakte Unterscheidung zwischen den Entlehnungen aus dem britischen (englischen) Englisch und dem amerikanischen Englisch in vielen Fällen teils unmöglich, teils unzweckmäßig ist, haben wir uns für die Bezeichnungen ‹anglo-amerikanisch› und ‹Anglo-Amerikanismus› entschieden, sofern nicht eindeutig die englische oder amerikanische Herkunft einer Entlehnung feststeht und bedeutungsvoll ist, also ein ‹Anglizismus› oder ‹Amerikanismus› vorliegt. Statt der von früheren und gelegentlich auch von heutigen englischen und amerikanischen Publizisten und Wissenschaftlern wie Noah Webster, Henry Sweet, H. L. Mencken und Robert Burchfield prophezeiten Auseinanderentwicklung des britischen und amerikanischen Englisch bis zur völligen Selbständigkeit findet in neuerer Zeit umgekehrt eine verstärkte Annäherung beider statt. Dazu tragen vor allem die intensiven Kontakte beider Länder in der Handelspolitik, Wirtschaft, Wissenschaft und Kultur bei, ferner der verstärkte Tourismus, die Massenmedien und Massenverkehrsmittel, nicht zuletzt auch die Vermittlerrolle Kanadas. Während früher tatsächlich im britischen und amerikanischen Englisch sowohl im umgangssprachlichen als auch im technischen Vokabular auffällige Sonderentwicklungen stattfanden – man denke etwa an das *railway – railroad*-Vokabular oder an die *motor car – automobile*-Terminologie –, ist in neuerer Zeit auf Grund der amerikanischen wissenschaftlichen und technologischen Überlegenheit eine große (amerikanische) Vereinheitlichung in den modernen Fachwortschätzen eingetreten. So besteht zum Beispiel in der Raumfahrt- und Computertechnologie, in der Informatik und Mikroelektronik usw. eine fast völlige (amerikanische) terminologische Einheitlichkeit. Dabei darf jedoch der durch die gleiche muttersprachliche Basis stark geförderte und erleichterte gegenseitige Terminologieaustausch nicht übersehen werden: Während amerikanische Termini wie *baby sitter, crossword puzzle, streamline, striptease, teenager* usw. ins Englische drangen, gelangten britische Termini wie *Establishment, hovercraft, miniskirt, smog* usw. ins Amerikanische. Bisher lassen uns leider die Wörterbücher bei der Bestimmung des Ursprungslandes und der Erstbelege neuerer Anglizismen und Amerikanismen im Stich. Eine rühmliche Ausnahme bildet das vierbändige OEDS (1972–1986) und seine im Kleinstdruck 1987 in einem Band erschienene «Compact Edition». Das im Akademie-Verlag Berlin 1989, nach Abschluß dieses Manuskripts erschienene dreibändige «Etymologische Wörterbuch des Deutschen» wird auch für die angloamerikanischen Entlehnungen im Deutschen von großem Nutzen sein.

Welchen großen Einfluß das Anglo-Amerikanische auf die europäischen und außereuropäischen Sprachen heute ausübt, zeigt eindrucksvoll die Festschrift zum 60. Geburtstag Broder Carstensens, des Paderborner Anglisten und Leiters des von der Deutschen Forschungsgemeinschaft der BRD geförderten Forschungsobjekts eines «Anglizismen-Wörterbuches». In diesem internationalen Sammelband (VIERECK/BALD 1986) finden sich auch Aufsätze über alle vier deutschsprachigen Länder, so auch über die Deutsche Demokratische Republik (LEHNERT 1986a). Übrigens verwendet der im folgenden von uns öfters zitierte Carstensen anders als wir den Terminus ‹Anglizismus› als Oberbegriff für Britizismus, Amerikanismus, Kanadismus usw.

2.
Die Vorherrschaft des amerikanischen Englisch

Wegen des Übergewichts des amerikanischen Englisch über das britische Englisch, das sich in den letzten Jahrzehnten und Jahren laufend verstärkt hat, gelangt weit mehr amerikanisches als britisches Wortmaterial in die Sprachen der Welt, so natürlich auch in die DDR. Besonders stark ist wegen der engen Verwandtschaft naturgemäß der Einfluß des amerikanischen Englisch auf das britische Englisch: «Daß heute das britische Englisch vor allem das nehmende Englisch ist, macht die Amerikanismus-Kennzeichnung auch zu einem Gegenwartsproblem. Wer englische Tageszeitungen aufschlägt, findet immer wieder mehr oder weniger ungehaltene Äußerungen über (sog.) Amerikanismen» (W. VIERECK 1982a, S. 362). Diese sprachliche Abwehrstellung Englands gegen Amerika – wie übrigens auch umgekehrt Amerikas gegen England – hat ihre Tradition.

In England wandte sich zum Beispiel kein Geringerer als Charles Dickens bereits am 17. Okt. 1863 in seiner Wochenschrift «All the Year Round» gegen «die wie Pilze oder Rätsel ständig wachsenden Neuwörter», wobei es für jedermann einigermaßen schwierig sei, «mit dieser wilden Maskerade von Neologismen Schritt zu halten». Im wesentlichen richten sich seine Angriffe gegen die amerikanischen Neologismen. Dickens' Äußerungen stehen allerdings in einem merkwürdigen Widerspruch zu seiner eigenen Praxis der Prägung zahlreicher Neologismen, insgesamt sind es 327 (!), wie man festgestellt hat (SØRENSEN 1985), von denen 176 nicht einmal im OED verzeichnet sind (vgl. auch Uesseler unter SØRENSEN 1985).

Allgemein läßt sich sagen, daß mit der imperialistischen Machtstruktur des britischen Weltreiches auch seine britisch-englische Sprachform bis zum Ersten Weltkrieg international vorherrschte. Danach wurde sie mehr und mehr durch die amerikanisch-englische Sprachform abgelöst, besonders nach dem Zweiten Weltkrieg. Eine eindeutige Festlegung, ob ein anglo-amerikanisches Wort aus dem englischen oder dem amerikanischen Englisch ins Deutsche gelangt ist, wird auch dadurch erschwert, daß viele englische Wörter erst durch amerikanische Vermittlung Eingang in die deutsche Sprache fanden und daher als Amerikanismen gelten. GALINSKY (1957, S. 66) schreibt dazu:* «Bei vielen Wörtern ist es jedoch schwierig herauszufinden, ob sie aus dem britischen oder dem amerikanischen Englisch übernommen wurden. Im Falle solcher Wörter wie *der Job, ein Hobby, eine Pipeline, eine Story, Berliner Festival, Weihnachts-Shopping* oder solcher Entlehnungen wie *der Fußballfanatiker* (aus engl. *football fan*) scheint es angebracht zu sagen, daß sie höchstwahrscheinlich aus dem britischen Eng-

---

* Alle fremdsprachigen Zitate übersetzte der Autor.

lisch eingeführt wurden, aber dem amerikanischen Englisch ihre vermehrte Verbreitung sowohl im geschriebenen als auch im gesprochenen Deutsch verdanken, soweit es *Hobby, Job* und *Fußballfanatiker* betrifft.» Doch so manche voreilige und unbewiesene Zuweisung zum amerikanischen Englisch wie in William Morris' «The American Dictionary of the English Language» (Boston – New York 1969) erweist sich bei näherer Nachprüfung als nicht stichhaltig. Auch WEBSTER's NWD bezeichnet von den rund 142 000 gebotenen Stichwörtern nicht weniger als 12 000 als Amerikanismen, was zu bezweifeln ist und zu beweisen bleibt. Schon im prätentiösen Titel ist zu beanstanden, daß es bekanntlich ‹eine amerikanische Sprache› gar nicht gibt, vielmehr nur ein ‹amerikanisches Englisch›. Über den hinter diesem Wörterbuch wie hinter der gesamten USA-Lexikographie stehenden Patriotismus sowie über «die Korrelation von transatlantischem Nationalismus und cisatlantischem Snobismus» handelt GALINSKY (1956, S. 136ff., und 1957).

Doch letztlich gilt, was der kompetente und verdienstvolle Autor der OEDS, Robert BURCHFIELD (1988a, S. 433 und 439), hinsichtlich der Stellung des amerikanischen Englisch ausführte: «Amerikanisches Englisch ist zur vorherrschenden Form des Englischen geworden», und: «Ich habe beobachtet, wie sich das Gravitationszentrum von Großbritannien in die Vereinigten Staaten verlagert hat.» In ähnlicher Weise hatte sich schon sein Wörterbuch-Nachfolger Edmund WEINER (1986, S. 265) geäußert: «In den 1880er Jahren konnten die meisten Amerikanismen historisch auf britische Wurzeln zurückverfolgt werden. Nun ist oft das Umgekehrte der Fall: Viele neue Wörter und Bedeutungen, die man in britischen Quellen überprüft, stellen sich bei näherer Nachforschung als in Nordamerika entstanden heraus. Es ist schwer, sich der Folgerung zu entziehen, daß Amerika Britannien als englischsprachige Wortwerkstatt ersetzt hat oder ersetzt.»

3.
Die Internationalität des anglo-amerikanischen Wortschatzes

Mit dem Zusammenrücken der Völker der Erde durch die modernen Kommunikations- und Verkehrsmittel, durch Handel und Wandel, durch Wissenschaftsaustausch und Friedensbewegung, durch die zahlreichen internationalen Vereinigungen und ihre Kongresse usw. tritt natürlich noch stärker als in früheren Zeiten auch der umgekehrte Vorgang des Einflusses fremder Sprachen auf das britische und amerikanische Englisch ein. So wurde zum Beispiel erst in jüngster Zeit der Einfluß des Deutschen auf den Wortschatz der Amerikaner und Engländer in einem Wörterbuch von J. Alan PFEFFER (1987) dargestellt, während ich selber das deutsche Wortgut aus den vier Supplementbänden zum OED (OEDS) in einem Aufsatz zusammengestellt und behandelt habe (LEHNERT 1988, S. 5–25). Die Internationalisierung der Wortschätze läßt sich am Beispiel der beiden verwandten germanischen Sprachen Englisch und Deutsch besonders gut verfolgen. Schließlich ist die englische Sprache selber ein lebendiger und überzeugender Beweis für die Bereicherung einer Sprache durch fremde Wortschätze, worauf nicht zuletzt ihre weltweite Verbreitung beruht. Dabei soll und darf nicht übersehen werden, daß das Englische natürlich vor allem seine weite Verbreitung als Weltsprache der britischen Weltvormachtstellung im 19. Jahrhundert und der amerikanischen im 20. Jahrhundert verdankt. Zu den ca. 330 Millionen englischer Erstsprachler kommen heute etwa ebenso viele englische Zweitsprachler und nochmals mindestens die gleiche Zahl von Menschen, die Englisch mit einiger Sicherheit als erlernte Fremdsprache sprechen, so daß mindestens für eine Milliarde Menschen auf der Erde Englisch als Kommunikationsmittel untereinander dient oder dienen kann.

Weit größer als der deutsche Einfluß waren die Einflüsse des Französischen und Lateinischen auf das Englische. So enthält jedes englische Wörterbuch einen großen Teil des französischen wie auch des lateinischen Wörterbuches. Durch die Einverleibung des Lateinischen als früherer internationaler Gelehrtensprache und

«Muttersprache Europas» (VOSSEN 1981) können nunmehr anglo-amerikanische Wörter und Wortverbindungen leicht in den internationalen Wortschatz gelangen: «Von den rund 400 000 Wörtern des großen ‹Oxford English Dictionary› sind nicht weniger als rund 80 % des gesamten Bestandes romanischer, das heißt mittel- oder unmittelbar lateinischer Herkunft. Selbst unter den 10 000 häufigsten Vokabeln der englischen Sprache sind ... mehr als die Hälfte lateinisch-griechischen Ursprungs», und VOSSEN schließt: «Aus diesen und anderen Gründen hat man das Englische schon als das Latein des 20. Jahrhunderts bezeichnet» (1981, S. 109). Es ist daher durchaus verständlich, daß der anglo-amerikanische Einfluß in vielen Fachwissenschaften besonders groß ist, so daß diese bereits zur ausschließlichen Verwendung der englischen Sprache in ihren Publikationen und auf ihren internationalen Kongressen übergegangen sind. Durch die Öffnung gegenüber den Wortschätzen fremder Sprachen wurde im Englischen schon im 16. Jahrhundert mit einer gewaltigen Vermehrung seines eigenen Wortschatzes die Grundlage für seine spätere Rolle als Weltsprache geschaffen. Goethes Ausspruch in «Maximen und Reflexionen» – «Die Gewalt einer Sprache ist nicht, daß sie das Fremde abweist, sondern daß sie es verschlingt» – trifft auf die englische Sprache in vollem Maße zu. Ermöglicht und begünstigt wurde dieser große Integrationsprozeß durch den fast flexionslosen (analytischen) Bau der englischen Sprache, wie er sich zu jener Zeit bereits herausgebildet hatte. Der Schwund der schwachtonigen Endsilben hatte in mittelenglischer Zeit eingesetzt, wodurch der für die englische Sprache charakteristische Wandel von einer flektierenden zu einer syntaktischen Sprachform eingeleitet wurde. Shakespeares Wortkunstwerke stellen auch in dieser Hinsicht einen sprachlichen Höhepunkt dar.

4.
Purismus früher

Der seit Jahrhunderten in vielen Ländern Europas anzutreffende Sprachpurismus steht in der Regel in engem Zusammenhang mit einer gezielten politischen Aktivierung des Nationalgefühls der Bewohner. Diese setzten sich gegen eine Überfremdung ihrer Sprache und damit ihrer Kultur durch eine fremde Sprache zur Wehr. Im 17. Jahrhundert war der Purismus sogar eine allgemeine europäische Erscheinung. Bis ins 19. Jahrhundert richteten sich die puristischen Bestrebungen vor allem gegen den Einfluß des Französischen. Als Sprache der europäischen Höfe, des Adels, der Diplomatie und der Gelehrten hatte das Französische vom 17. bis zum 19. Jahrhundert eine übernationale Bedeutung. Das mit einem verstärkten Nationalbewußtsein einhergehende Sprachreinigungsbestreben zeigen auch die Arbeiten und Vorträge Jacob Grimms, des Begründers der Germanistik als Sprach- und Literaturwissenschaft sowie des «Deutschen Wörterbuches». In einem Vortrag in der Berliner Akademie der Wissenschaften sagte er 1847 abschließend: «kaum ein anderes höheres recht geben mag es als das, kraft welches wir Deutsche sind, als die uns angeerbte sprache, in deren volle gewähr und reichen schmuck wir erst eingesetzt werden, sobald wir sie erforschen, reinhalten und ausbilden. zur schmälichen fessel gereicht es ihr, wenn sie ihre eigensten und besten wörter hintan setzt und nicht wieder abzustreifen sucht, was ihr pedantische barbarei aufbürdete ...» (GRIMM 1984, S. 62f.).

In England kämpfte man bereits im 13. Jahrhundert für die Erhaltung der eigenen heimischen Sprache gegen die Ersetzung oder Überfremdung durch die französische, wie man später im 16. Jahrhundert für die Aufwertung des volkssprachlichen Englisch gegen das bevorzugte Latein der Gebildeten focht. Zusammen mit vielen einflußreichen Landsleuten zog der englische Schriftsteller und Lexikograph Dr. Samuel Johnson gegen die vielen Gallizismen (Französismen) seiner Zeit zu Felde. Im Vorwort seines berühmten und lange Zeit maßgeblichen «Dictionary of the English Language» heißt es 1755, daß die zur gallischen (französischen) Sprachstruktur und Phraseologie entartende englische Sprache davon befreit werden müsse. Indirekt äußert sich seine Ablehnung der Französismen in der Nichtaufnahme vieler in der englischen Sprache bereits fest integrierter französischer Lehnwörter.

In Deutschland führten später der deutschtümelnde ‹Turnvater› Friedrich Ludwig Jahn (1778–1852) und seine Zeitgenossen einen ähnlichen ‹Kampf gegen die Welschworte›. Bezeichnenderweise bringt das «Deutsche Wörterbuch» der Brüder Grimm als ersten Beleg für das Wort *Sprachpflege* das folgende Zitat von Jahn: «Doch müssen mit strengem Ernst und unerbitterlicher Sprachpflege in Bann und Acht gethan werden jene Welschworte ...» (FLEISCHER/ MICHEL 1977, S. 105). Unter anderem kämpfte auch der Braunschweiger Pädagoge, Popularschriftsteller und Sprachreiniger Joachim Heinrich Campe, der eine Zeitlang Hauslehrer der Brüder Wilhelm und Alexander von Humboldt war, in volksaufklärerischer Absicht für die Verdeutschung von Fremdwörtern. Über ihn verfaßten Goethe und Schiller in den «Xenien», die 1796 im «Musenalmanach für das Jahr 1797» von den beiden Freunden gegen die Schwächen zeitgenössischer Schriftsteller und Gelehrter veröffentlicht wurden, das folgende spöttische Epigramm: «Sinnreich bist du, die Sprache von fremden Wörtern zu säubern, / Nun, sage doch, Freund, wie man *Pedant* verdeutscht!» Campes unglückliche Verdeutschung erfolgte später in seinem «Wörterbuch zur Erklärung und Verdeutschung der unserer Sprache aufgedrungenen fremden Ausdrücke» (Braunschweig 1813, S. 467): Da *Schulfuchs* als Ersatz für *Pedant* (frz. *pédant*) sich nicht überall eigne, schlage er nunmehr dafür *Steifling* vor, «weil Steifheit die allgemeine Eigenschaft aller Pedanten ist». Dennoch hat Goethe einseitig nur die mißlungenen Verdeutschungen Campes aufgespießt und lächerlich gemacht. Dessen kühne und geschickte Verdeutschungen von Fremdwörtern um 1800, die sich im Laufe der Zeit eingebürgert haben, hat er geflissentlich übergangen: «Campe setzte für die *Guillotine* das *Fallbeil*, für das *Rendezvous* das *Stelldichein*, für den *Supplikanten* den *Bittsteller*; er hat die deutsche *Umgangssprache* (auch dieses Wort hat er geschaffen) reicher und schöner gemacht» (STÖRIG 1987, S. 205). Zu Campes Zeit ergossen sich tatsächlich so viele fremde Wörter in die deutsche Sprache, daß die deutschen Sprachgesellschaften und ihre bedeutenden Sprachreiniger alle Mühe hatten, der sprachlichen Überfremdung

Herr zu werden. Ähnlich wie Campe wandte sich sein Zeitgenosse Johann Christoph Adelung erfolgreich gegen die Aufnahme von Fremdwörtern bzw. bemühte sich um deren Eindeutschung. Auch er setzte sich öffentlicher Kritik und Verspottung aus, als er zum Beispiel das um die Mitte des 18. Jahrhunderts aus dem Englischen ins Deutsche gelangte Wort *Tatsache* als Verdeutschung von engl. *matter of fact* (im OED als Nachbildung von latein. *res facti* seit 1581 bezeugt) noch 1801 in seinem «Grammatisch-kritischen Wörterbuch der hochdeutschen Mundart» (Leipzig 1793-1801) für unschicklich, gegen die Analogie gebildet und der Mißdeutung ausgesetzt erklärte.

5.
Die englische Sprachkonkurrenz

In einem Gespräch mit jungen Engländern pries der alte Goethe am 10. Jan. 1825 ihnen gegenüber nicht etwa die an Bedeutung zunehmende englische Sprache, sondern vielmehr die französische und die deutsche Sprache als wichtigste übernationale Kommunikationsmittel. Goethes Biograph Eckermann hat dieses Gespräch für die Nachwelt wie folgt aufgezeichnet: (Goethe:) «Aber, wie gesagt, Ihre jungen Landsleute tun wohl, daß sie jetzt zu uns kommen und auch unsere Sprache lernen. Denn nicht allein, daß unsere eigene Literatur es an sich verdient, sondern es ist auch nicht zu leugnen, daß, wenn einer jetzt das Deutsche gut versteht, er viele andere Sprachen entbehren kann. Von der französischen rede ich nicht, sie ist die Sprache des Umgangs und ganz besonders auf Reisen unentbehrlich, weil sie jeder versteht und man sich in allen Ländern mit ihr statt eines guten Dolmetschers aushelfen kann.»

Von einigen Wörtern der See- und Handelssprache wie *Boot* und *Lotse* oder *Export* abgesehen, hat das Englische auf das Deutsche bis 1700 nur geringen Einfluß ausgeübt. Erst gegen Ende des 18. und mit Beginn des 19. Jahrhunderts gelangten neben dem französischen Wortgut auch englische Wörter in größerer Zahl in die deutsche Sprache. Vor allem wurde das Vokabular auf dem Gebiet des Sports übernommen. Die gesamte englische Fußballterminologie ist so bis auf den heutigen Tag englisch. Das englische Wort

Sport erscheint zuerst am 9. Okt. 1828 in einem Brief des Fürsten Pückler-Muskau, worin es heißt: «*Sportsman, Sport* ist ebenso unübersetzbar wie *Gentleman*». Schon früh kam die modische Kleidung nicht mehr ausschließlich aus Frankreich, sondern aus England, wie *der Frack* aus engl. *frock* mit -*a*- (wie im Amerikanischen) seit Goethes «Werther» 1774, *der Raglan*, benannt nach dem besonderen Schnitt des Wettermantels des englischen Befehlshabers Lord Raglan im Krimkrieg, *der Ulster*, von einem Belfaster Kleidergeschäft mit diesem Namen in den Handel gebracht, und viele weitere. Aus der Sprache der englischen Gesellschaft, der sog. *High Society* (ein deutsch-englisches ‹Geisterwort›, das in keinem englischen Wörterbuch steht!), stammen etwa *Gentleman, Dandy, Snob(ismus), fesch, flirten* usw. Das weltumspannende englische Kolonialreich hat über seine englische Sprache auch viele Wörter aus fernen Ländern mit der Sache nach Europa und ins Deutsche gebracht, wie *das Paddel* (ursprünglich Ruder der Indianer und Malaien), *der Dschungel, der Pyjama, das Schampun* neben *Shampoo(n)* mit dem Verb *schampunieren* neben *shampoonieren* oder *der Punsch* aus dem Indischen (wobei *Punsch* auf hindostan. *pāntsch* ‹fünf› beruht, nach den fünf Grundstoffen Arrak oder Rum, Zucker, Zitrone, Zimt, Wasser), *der Schal* aus dem Persischen und andere mehr. Da mit diesen in relativ geringer Zahl im Deutschen auftretenden Wörtern vorwiegend ein bestimmter Sachimport verbunden war, erregten sie im Gegensatz zu den zahlreichen Französismen auf den verschiedensten Lebensgebieten anfangs nicht den Unwillen deutscher Puristen. Erst als die Anglizismen gegen Ende des 19. Jahrhunderts vermehrt in der deutschen Sprache erschienen, traten die Puristen auch gegen diese auf. So verfaßte der Schulmeister und Purist Hermann DUNGER 1882 ein «Wörterbuch von Verdeutschungen entbehrlicher Fremdwörter» mit 148 Fremdwörtern: «Dunger verdeutscht die englischen Fremdwörter nicht alle. Für *Clown* gibt er an: ‹Spaßmacher, Possenreißer, Hanswurst, Narr›. Was hätte er denn wohl auch für *Pudding* vorschlagen sollen? Aber er schrieb ja ein Wörterbuch von Verdeutschungen entbehrlicher Fremdwörter. Und für *Schlips* hätte er wohl das französische *Krawatte* empfehlen müssen; dort steht ‹Halsbinde, Halstuch›» (CARSTENSEN 1987b, S. 93). Auf DUNGERS Verdeutschungswörterbuch folgte schließlich im Jahre 1899 seine offene Kampfansage «Wider die Engländerei in der deutschen Sprache», die von seinen heutigen Nachfolgern ‹wider die Amerikanerei› weitergeführt wird (s. Kap. 6 und 7). Nach DUNGER veröffentlichte 1918 sein späterer Gesinnungs- und Berufskollege Eduard ENGEL unter dem Eindruck der Feindseligkeiten des Ersten Weltkrieges in militanter puristischer Haltung sein Verdeutschungswörterbuch.

6.
Purismus heute

Während der anglo-amerikanische Einfluß sich im 19. Jahrhundert und noch zu Beginn des 20. Jahrhunderts in relativ engen Grenzen hielt und überschaubar war, aber dennoch bereits puristische Bestrebungen hervorrief, wie wir im Vorausgehenden gesehen haben, wurde aus diesem sprachlichen Bach nach dem Ersten und besonders nach dem Zweiten Weltkrieg ein reißender Strom. Es ist daher nicht verwunderlich, daß dieser übermächtige Einfluß, besonders des amerikanischen Englisch, auf andere Sprachen erneut Puristen in vielen Ländern der Erde auf den Plan rief. Bezeichnend für die tiefgehende anglo-amerikanische Einwirkung auf die verschiedenen Sprachen der Welt ist die Bildung solcher Wortkreuzungen wie *Franglais* für ein aus *Français* ‹Französisch› + *Anglais* ‹Englisch› gemischtes Französisch oder *Russlish* aus *Russian* ‹Russisch› + *English*, *Japlish* aus *Japanese* ‹Japanisch› + *English* oder schließlich auch *Denglisch, Engleutsch, Deutlisch, Gerglish* (aus *German* + *English*) usw., wobei bis auf den geglückten und allgemein bekannten und verwendeten Terminus *Franglais* die übrigen kontaminierten Wortbildungen sich nicht behauptet haben.

Der bekannteste, eifrigste, ja geradezu militante Nachkriegspurist gegen die Anglo-Amerikanismen war der französische Sprachgelehrte und Publizist René ÉTIEMBLE in Paris mit seinem bis heute vielbeachteten und wirkungsvollen Buch «Parlez-vous Franglais?», das 1964 in Paris erschien und auf das 1973 eine zweite Auflage mit einem ergänzenden Kapitel «Le Franglais, dix ans après» folgte. Étiemble fordert eine rigorose Französierung aller in die französische Sprache eingedrungenen Anglo-Amerikanismen, worunter selbst angelsächsische Ortsnamen fallen. Als einer der Initiatoren der 1965 gegründeten französischen staatlichen Kommission zur Verteidigung und Ausbreitung des Französischen trug er wesentlich zu dem staatlichen Erlaß des französischen ‹Sprachreinigungsgesetzes› vom 31. Dez. 1975 bei, demzufolge die Verwendung eines fremden Wortes oder einer fremden Wendung verboten ist, «wenn es eine Wendung oder ein Wort gibt, die unter den Bedingungen vorgeschrieben sind, welche die Verordnung Nr. 79–79 vom 7. Jan. 1972 betreffend die Bereicherung der französischen Sprache vorsieht». Seither sind noch zahlreiche weitere französische staatliche Anordnungen gegen den Gebrauch von aufgelisteten Anglo-Amerikanismen erschienen. Die Gründe für die unaufhörliche und in seinen Augen sehr schädliche sprachliche Überfremdung mit anglo-amerikanischem Wortmaterial sieht Étiemble vor allem in dem Eindringen von USA-Kapital in die französische Wirtschaft, in der militärischen Verflechtung im Atlantikpakt unter amerikanischer Führung, im Hereinströmen amerikanischer Touristen nach Frankreich, im Aufbau der Presse und Werbung, des Rundfunks und Fernsehens nach amerikanischem Muster und schließlich auch in der Verdrängung der französischen Sprache durch die englische auf diplomatischem, kulturellem und wissenschaftlichem Gebiet.

Der starke anglo-amerikanische Einfluß auf das Französische in Verbindung mit der internationalen Verdrängung der französischen Sprache durch die englische mußte den traditionsbewußten Franzosen um so unbegreiflicher und bedrohlicher erscheinen, als bisher jahrhundertelang seit der Normannischen Eroberung Englands durch Frankreich im Jahre 1066 ununterbrochen bis ins 20. Jahrhundert der umgekehrte Vorgang stattgefunden hatte. Erst kürzlich schrieb Reinhard Olt in einem «Das Eigene und das Fremde» betitelten Aufsatz in der «Frankfurter Allgemeinen Zeitung» vom 11. Mai 1989 (S. 1): «Längst haben Fremdwörter aus dem Englischen die ehedem vorherrschenden französischen verdrängt. So löste beispielsweise *Model* das Wort *Mannequin* ab, *Playboy* ersetzte *Belami*, das *Chanson* wandelte sich zu *Song*, die *Revue* zur *Show*. Für *Haute Volée* steht heute *High Society*, *Ticket* hat *Billet* verdrängt. Wörter aus dem Englischen scheinen unaufhaltsam auf dem Vormarsch. Mokierte man sich einst über deren bedenkenlose Verwendung, wurden sie gar im Duden [sowohl der BRD als auch der DDR] verzeichnet (*Babysitter, clever, Comeback, Feature, Publicity*), so scheint man derzeit dem grassierenden ‹English Feaver› [muß heißen *Fever*] hilflos ausgeliefert zu sein.» Über den bis heute in Frankreich mit großer

Emotion von privaten und offiziellen Stellen sowie der Académie française in aller Heftigkeit geführten Kampf gegen das Anglo-Amerikanische handle ich ausführlicher in einer Darstellung «Anglophonie und Frankophonie» (LEHNERT 1989). Bezeichnend für die französische Haltung gegenüber dem anglo-amerikanischen Spracheinfluß sind auch die Ausführungen des Akademiemitgliedes Maurice Druon in der Zeitschrift «L'Express» vom 9. Jan. 1987 (S. 44), worin dieser von einer hauptsächlich durch das Amerikanische herbeigeführten französischen ‹Sprachkrise› spricht, die heute alle Länder der Welt gefährde. Er schreibt: «Alle Länder kennen eine Krise ihrer Muttersprache; das Phänomen ist universal. Man beklagt sich darüber in Japan wie auch in Griechenland oder Ungarn; man beklagt sich darüber in Großbritannien, wo das Englische vom Einfluß des Amerikanischen mehr ergriffen ist als das Französische und sich in gefährlicherer Weise verschlechtert.

Deshalb ist unser Kampf für das Französische ein Kampf ohne Rivalität: wir, auch die Engländer wie wir selber und alle anderen, müssen uns wehren, um unser eigenes Wesen zu verteidigen, unseren spezifischen Charakter, folglich auch die Reinheit unserer Sprachen. Die Sprache verdirbt allerorts, das Französische ist nicht einmal das ungesundeste.»

Tatsächlich handelt es sich bei diesem jüngsten Sprachpurismus in Frankreich nicht um einen Sonderfall. Neu und bedenklich ist allerdings die strikte staatliche Reglementierung. Auch ohne jeglichen äußeren Zwang weisen kleinere Sprachen wie das Finnische, Ungarische oder Isländische starke puristische Tendenzen auf, die sich allgemein gegen das amerikanische Englisch richten. Mit Recht stellt die Zeitschrift «The Economist» am 20. Dez. 1986 (S. 133) fest, «daß sich in der Tat eine globale englische Wortliste aufstellen lasse mit Wörtern wie *airport, hotel, telephone; bar, soda, cigarette; sport, golf, tennis; stop, OK*, und zunehmend *weekend, jeans, know-how, sex-appeal* und *no problem*. Das Auftreten so vieler Wörter in Verbindung mit Reise, Verzehr und Sport zeuge von der wahren Quelle dieser Exporte – Amerika.» Doch im Gegensatz zu Frankreich gebe es heute in den deutschsprachigen Ländern – Bundesrepublik Deutschland, Deutsche Demokratische Republik, Österreich, Schweiz – «eine Bewegung gegen die Einflüsse des Englischen, wie sie immer wieder in Frankreich von sich reden mache, im deutschen Sprachbereich nicht», wie die Vertreter der deutschsprachigen Länder auf einer Tagung des Internationalen Deutschlehrerverbandes in Bern 1986 ausdrücklich feststellten (vgl. die «Frankfurter Rundschau» vom 13. Aug. 1986, S. 7).

Immerhin mehren sich neuerdings die warnenden Stimmen auch in der Bundesrepublik Deutschland gegen eine wahllose Aufnahme von Anglo-Amerikanismen. So veröffentlichte «Der Tagesspiegel» in Berlin (West) am 17. Aug. 1986 (S. 47) einen Artikel über «Das englische Deutsch», in dem ein Absatz wie folgt lautet: «Je ungebildeter jemand ist, desto unbekümmerter manscht er seine Sprache bis zum Kauderwelsch. So sprechen in Amerika die ungebildeten Einwanderer ein fürchterliches Kauderwelsch, zusammengeschüttelt aus groben amerikanischen Brocken und dem Bodensatz ihrer eigenen Sprache. Ihre Muttersprache vergessen sie schnell und Englisch lernen sie nie. Und eben dieser Situation nähern wir uns jetzt in Europa mit jenem amerikanischen Kauderwelsch.» In einem ganzseitigen Artikel mit der Überschrift «Was ist los mit der deutschen Sprache?» in der «Frankfurter Allgemeinen Zeitung» vom 8. Juli 1987 (S. 7) wendet sich auch der Leiter der Kulturabteilung des Bonner Auswärtigen Amtes, B. C. Witte, gegen «die massenhafte Übernahme englischer Ausdrücke» und fordert, daß Deutsch als eine der großen Wissenschaftssprachen erhalten bleiben müsse, denn «Deutsch als eine Bildungs- und Kultursprache bleibt unentbehrlich für jeden, der den großen deutschen Beitrag zur Weltkultur von Luther bis Marx, von Leibniz bis Max Planck, von Goethe bis Brecht selbst und unmittelbar erfahren will».

Die in allen Sprachen anzutreffenden puristischen Bestrebungen und «warnenden Stimmen ..., die allerdings heute immer leiser werden» (CARSTENSEN 1987b, S. 94), führen zu der uns naheliegenden Frage nach der Haltung der Bürger der DDR zu den Anglo-Amerikanismen.

7.
Anglo-Amerikanismus und Purismus in der DDR

Die Entwicklung der offiziösen und offiziellen Einstellung zu den Anglo-Amerikanismen verlief in der DDR über anfängliches Stillschweigen, gemäßigte Kritik, heftige Ablehnung schließlich zu Duldung und Anerkennung. In den ersten Jahren nach der Gründung der Deutschen Demokratischen Republik (1949) bestand aus begreiflichen Gründen kein merklicher anglo-amerikanischer Einfluß, obgleich durch die offene Grenze, den Viermächtestatus von Berlin und die westlichen Medien einige Anglo-Amerikanismen schon damals Eingang in den Sprachgebrauch der DDR fanden. In einem von F. C. Weiskopf im Auftrag der Deutschen Akademie der Künste zu Berlin 1955 herausgegebenen Sammelband mit dem Titel «Verteidigung der deutschen Sprache» wurde in einem Aufsatz «‹Ostdeutsch› und ‹Westdeutsch› oder über die Gefahr der Sprachentfremdung» (S. 57–74) vor allem auf das massive Eindringen amerikanischer Wörter in die Bundesrepublik aufmerksam gemacht. Es war die Zeit, wo von einigen Übereifrigen die englische Sprache insgesamt offiziös als ‹imperialistische Sprache› verschrieen und abgelehnt wurde, so daß ich mich in einer öffentlichen Großveranstaltung der Humboldt-Universität zu Berlin mit dem damaligen Ministerpräsidenten Otto Grotewohl am 23. September 1954 in der inzwischen abgerissenen Sporthalle in der damaligen Stalin- (jetzt Karl-Marx-)Allee als Anglist der Humboldt-Universität verpflichtet fühlte, diesem unsinnigen Trend in einem Korreferat nach dem Hauptreferat Grotewohls entgegenzutreten. Die erfreuliche Folge war eine Abkehr von dieser irrigen Auffassung und ein ständiger Anstieg der Zahl der Anglistik-Studierenden. Wie es 30 Jahre später in einem Artikel im «Spectrum» 10/1985 hieß, «sind heute alle Seiten froh, daß auf diesem Irrweg nicht weitergeschritten wurde»; in ähnlicher Weise berichtete auch die «Wochenpost» am 13. Juni 1986 über «Die imperialistische Sprache» (s. LEHNERT 1985/1986). Nunmehr, im Januar 1989, kann die englische Theatergruppe «The English Shakespeare Company» sogar eine ganze Woche lang Abend für Abend Shakespeares Königsdramen in der Berliner Volksbühne vor einem verstehenden und verständnisvollen Publikum in englischer Sprache spielen und dieses «sich von den drängenden, türmenden Satzkaskaden Shakespeares hinreißen lassen», wie das ND am 18. Jan. 1989 (S. 4) berichtete.

Eine erste offizielle Kritik an der «albernen Protzerei mit Amerikanismen» erfolgte durch das Mitglied des Politbüros des Zentralkomitees der SED Albert Norden im Jahre 1965 (KRISTENSSON 1977, S. 232). Wieder ein Jahrzehnt später erschien 1974 in Heft 53 der «Weltbühne» ein Artikel, in welchem der Verfasser mit seinen sprachnationalistischen Formulierungen eine enge Geistesverwandtschaft mit dem militanten französischen Puristen René Étiemble (s. 6. Kapitel) offenbart, wenn er schreibt: «Wir verzichten nicht auf die deutsche Sprache in ihrer Schönheit und ihrem Reichtum» (S. 1667), und weiter: «Die sozialistische Nation kämpft um ihre unverfälschte Nationalsprache, sie grenzt sich offensiv von der mit Amerikanismen und Anglizismen durchsetzten Sprache ab, die in der imperialistischen BRD gesprochen und geschrieben wird» (S. 1668). Von hier wäre es wie in Frankreich im Anschluß an Étiembles Kampfschrift nur noch ein Schritt zur offiziellen staatlichen Reglementierung des anglo-amerikanischen Lehngutes gewesen, das sich, wie das französische Beispiel zeigt, eben nicht reglementieren läßt (LEHNERT 1989). Erfreulicher- und klugerweise wurde dieser Schritt von der Regierung der DDR nie getan. Im allgemeinen wurde bis heute die Praxis verfolgt, wie sie bereits von Jürgen Scharnhorst im ND vom 27. Aug. 1966 (S. 8) zusammenfassend formuliert wurde: «Wir haben nicht die Absicht, die Fremdwörter [mithin auch nicht die Anglo-Amerikanismen] aus unserer Sprache möglichst zu verbannen, es geht uns vielmehr darum, daß unsere Presse die sprachliche Form erhält, die für die ihr gestellte gesellschaftliche Aufgabe am günstigsten ist.» Natürlich fehlt es auch heute nicht an meist gerechtfertigten Warnungen von Sprachpflegern und Schriftstellern vor einer allzu eilfertigen, übermäßigen, gedankenlosen oder modischen Verwendung immer neuer und weiterer Anglo-Amerikanismen.

Wie wir schon in unserer kurzen Akademieschrift (LEHNERT 1986b, S. 14ff.) dargelegt haben, nimmt der Einfluß des Anglo-Amerikanischen auf die deutsche Sprache in der DDR einen immer größer werdenden Umfang an. Zum gleichen Ergebnis gelangen die Verfasser ähnlicher Untersuchungen. So schreibt

LANGNER (1986, S. 415): «Der Einfluß des Anglo-Amerikanischen auf die deutsche Sprache in der DDR hat sich in den letzten zehn Jahren verstärkt und nimmt weiter zu. Das macht ein Vergleich mit Kristensson (1977) sehr deutlich. Diese Zunahme betrifft sowohl die Zahl der Entlehnungen als auch ihre Verwendung in den verschiedensten Bereichen der fachsprachlichen und der gemeinsprachlichen Kommunikation.»

Bei allen Nachteilen, die der Entlehnung aus dem Anglo-Amerikanischen von den Puristen vorgehalten werden, sollte man jedoch nicht die Vorteile übersehen. Schließlich ist das Englische in seiner Gesamtheit d i e neue Weltsprache, die im Gegensatz zu früheren Weltsprachen wie dem Lateinischen oder Französischen nicht nur von einem begrenzten Kreis von Menschen, den Gebildeten, gesprochen wird und überdies auf allen Kontinenten der Erde zu Hause ist. Als solche erleichtert sie die internationale, vor allem die wissenschaftlich-technische Kommunikation und bereichert zugleich die Wortschätze fremder Sprachen. So braucht nicht jedes einzelne Land für den gleichen Gegenstand oder Begriff eine eigene mehr oder minder geglückte Bezeichnung zu erfinden, die dann in den anderen Ländern doch unverständlich ist. KORLÉN (1987, S. 114) gibt zu dieser Frage ein praktisches Beispiel aus dem täglichen Leben: «Es ist aus einer europäischen Perspektive natürlich ein ‹kommunikativer› Vorteil, wenn der Reisende auf den Flughäfen mit dem Schild *Information* und nicht *Auskunft* konfrontiert wird. Aus dieser Sicht ist daher die Lufthansaneuerung *Flugbegleiter/in* für *Steward/ess* nicht unbedingt ein Gewinn.» Von einer entsprechenden Interflugneuerung in der DDR ist zum Glück bisher nicht die Rede. Sie würde nach den im D 1984 und D 1986 zu *Steward(ess)* gegebenen Erklärungen für den *Steward* = ‹Fahrgast/ bzw. Fluggastbetreuer› (auf Schiffen und in Flugzeugen) und für die *Stewardeß* entsprechend = ‹Fluggastbetreuerin› ergeben, wodurch aus den englischen zwei- bzw. dreisilbigen Wörtern fünf- bzw. sechssilbige deutsche Entsprechungen entstünden.

Wir gelangen zu dem Ergebnis: Während die enge Verwandtschaft der englischen und deutschen Sprache einerseits immer wieder zu modischer und überflüssiger Nachahmung anglo-amerikanischer Wörter und Wortverbindungen in einigen Bereichen und Kreisen ermuntert und verleitet, erleichtern die anglo-amerikanischen Internationalismen andererseits die internationale Kommunikation – wie allgemein bereits im internationalen Schiffs- und Luftverkehr – und bereichern in vielen Fällen zugleich die deutsche Sprache – auch in der DDR.

8.
Die Einstellung zu den Anglo-Amerikanismen in der DDR

Die heute in der DDR praktizierte Sprach(en)politik ist von Weltoffenheit gegenüber den Fremdwörtern, auch und besonders den anglo-amerikanischen, geleitet. ‹Affektations- oder Imponiervokabeln› (s. 36. Kap.) werden freilich von sprachbewußten Menschen geringgeschätzt. Sie widerstreben dem Begriff der Sprachkultur, das heißt der Sicherung einer Allgemeinverständlichkeit und der Erzielung eines hohen Niveaus der Sprachverwendung bei allen Schichten des Volkes. Dabei wird unter Sprachkultur für gewöhnlich das Ziel und unter Sprachpflege der Weg zu diesem Ziel verstanden. Anschauungen und Gewohnheiten der Generationen änderten sich unter Einwirkung der Sprache der Werbung, des Sports, der Wirtschaft, der Medien, der Wissenschaft und Technik usw. auf Grund der internationalen wirtschaftlichen und technischen Führungsrolle der USA. Der amerikanische Einfluß ergriff zum Teil in recht salopper Form zusammen mit der saloppen amerikanischen Kleidung und der neuartigen harten und lauten amerikanischen Tanzmusik mit ihrer eigenen und eigenartigen Terminologie zuerst die Jugend und war anfangs auf die unteren Unterhaltungsebenen in der DDR beschränkt, was der deutsch-amerikanische Germanist W. F. LEOPOLD (1967, S. 27) schon vor mehr als zwei Jahrzehnten in bezug auf die BRD feststellte: «Es läßt sich nicht leugnen, daß der englische [= amerikanische] Einfluß am stärksten in den unteren Unterhaltungsebenen und im alltäglichen Leben ist und daß er besonders bei jungen Leuten Anklang findet», was besonders auf die griffigen Einsilber amerikanischer Prägung zutrifft, wie *Gag, Hit, Pop, Rock, Streß, Team, Tip, Trip* usw. Für den Einfluß der anglo-amerikanischen Werbesprache auf den aktiven Sprachgebrauch und das Sprachverhalten von Jugendlichen in der BRD im Alter zwischen 15 und 25 Jahren liegt eine Paderborner Dissertation aus dem Jahre 1975 vor (OTTO 1975). Eine entsprechende Untersuchung für die DDR fehlt leider.

Im Vorwort der neuesten Ausgabe des DDR-Duden (1986) steht: «Während etwa 5000 neue Wörter, darunter viele Fachwörter der verschiedensten Gebiete, Eingang in den Duden fanden, wurden zahlreiche veraltete und überholte Wörter gestrichen.» Schon ein flüchtiges Durchblättern erweist, daß sich unter den Fachwörtern zahlreiche neue Anglo-Amerikanismen befinden. Dagegen ergab eine Auszählung des Duden von 1956 durch Ingrid HEISS (1987) nur «347 Anglizismen, die höchstwahrscheinlich ausnahmslos schon vor dem Zweiten Weltkrieg in der deutschen Sprache nachzuweisen sind. Eindeutige Belege für Wörter, die erst nach 1945 gebräuchlich wurden, konnten nicht gefunden werden.» Das neuerliche starke Anwachsen des amerikanischen Spracheinflusses auf die DDR veranlaßte den Schriftsteller Erwin Strittmatter zu der seither öfter kritisch zitierten Aussage in seiner Erzählung «Grüner Juni» (1985, S. 14): «Wir sind, obwohl russisch verbündet, in der Sprache, in den Moden und Tänzen amerikanisiert, und wer das abstreitet, ist ein Blindling.» Andererseits wird von einigen Leuten in der BRD immer wieder über die ‹terminologische Überfremdung› durch das Russische geklagt. So hieß es in einem Leserbrief an die «Frankfurter Allgemeine Zeitung» vom 21. April 1988 zum Beispiel: «... *Exponat*, keineswegs ein lateinisches, sondern ein russisches Wort, das von unserem neuheitensüchtigen Kunstbetrieb zuerst in Moskau begierig aufgegriffen und danach durch die in großer Zahl eingeführte DDR-Fachliteratur fest etabliert wurde.» Die tatsächliche Herkunft von *Exponat* aus dem Russischen – natürlich als neulateinische Bildung – wird von Prof. H. Bräuer in einem längeren Artikel in der «Frankfurter Allgemeinen Zeitung» vom 5. Sept. 1988 (S. 7) ausführlich dargestellt.

Obgleich Strittmatters obenzitierte, überspitzt formulierte Aussage nicht auf die Gemeinsprache in der DDR insgesamt zutrifft, gilt sie doch weitgehend für einige sprachliche Sonder- und Fachbereiche.

9.
Der anglo-amerikanische Einfluß auf die Jugend

Seit den 50er Jahren folgten Jugendliche in aller Welt, so auch in der DDR, in ihrem äußeren Erscheinungsbild und ihrer Sprache immer stärker dem Vorbild der amerikanischen Jugend. Wie J. Ronald Oakley in seinem Buch «God's Country: America in the Fifties» dargestellt hat, waren Amerikas *Teenager* – dieses in Amerika geprägte Wort erlangte damals seine große Bedeutung und Verbreitung (s. S. 149f.) – bis um 1950 herum im Grunde eine noch recht unauffällige und konservative Bevölkerungsgruppe. Von dem amerikanischen wirtschaftlichen Nachkriegsaufschwung und der damit verbundenen Wertschätzung materieller Güter, dem Streben nach Luxus, Reichtum, Vergnügungen und Genüssen ihrer Eltern fühlten sich viele amerikanische Jugendliche abgestoßen und suchten nach neuen Idealen und Lebenswerten. Zu den neuen Luxusgütern zählten nach dem Zweiten Weltkrieg die Fernsehapparate. Die Zahl der amerikanischen Haushalte mit Fernsehapparaten stieg von 8000 im Jahre 1946 auf 3,9 Millionen im Jahre 1950 und auf 60,6 Millionen im Jahre 1970. Nachdem mit dem Fernsehen die Welt in die Wohnstube gebracht worden war, ging die Zahl der erwachsenen Theater- und Kinobesucher drastisch zurück. Doch die jungen Menschen und *Teenager* strömten in ihrer Suche nach sozialer Gemeinschaft weiterhin in die Kinos und vor allem auch zu den Massenfestivals der Rockmusik. Von den amerikanischen Kinobesuchern waren in den 50er Jahren 72 % unter 30 Jahre alt. Die amerikanische Filmproduktion zog daraus ihre Konsequenzen und machte aus der Unzufriedenheit der Jugend mit den Älteren ein Geschäft. Sie behandelte in ihren Filmen nunmehr vor allem die Problematik zwischen Eltern und Kindern, wobei die Erwachsenen als grob, ungebildet und uneinsichtig, die Jugendlichen dagegen als feinfühlig, gebildet und einsichtig dargestellt wurden. Neue aufrührerische junge Filmhelden wurden geschaffen, die eine ebenso schockierende wie exzentrische Haartracht und Bekleidung trugen. Mit dieser neuen jugendlichen Strömung verband sich eine ebenso aufsässige und aufreizende Musik, die *Rock-and-Roll*-(Tanz)Musik (s. 26. Kap.) als musikalischer Ausdruck der amerikanischen *Teenager*-Generation in der Mitte der 50er Jahre. Ihre antiautoritären Idole waren die Rocksänger Elvis Presley und Bill Haley sowie die englischen *Beatles* mit ihren langen Haaren und ihrer Kleidung als Gruppensymbole. Eine verstärkte jugendliche Richtung brachten danach die *Rock-Musicals* «Hair» von G. McDermot (1968) und «Jesus Christ Superstar» von A. L. Webster (1971) zum Ausdruck.

Vom «Teenage America» erreichte und bewegte sie die Jugend in der ganzen Welt. Wie vorher die Eltern der amerikanischen *Teenager* wurden nun auch die Eltern in aller Welt durch ihre Kinder schockiert, und die Erwachsenen fühlten sich durch die mit anglo-amerikanischen Wörtern durchsetzte Jugendsprache, durch die ungewöhnliche Mode, die laute und harte Musik sowie das gesamte Gebaren der Jugendlichen provoziert. So erschienen einst das Tragen amerikanischer *Jeans* und die langen Haare der Jugendlichen fälschlich als pro-amerikanische Einstellung (sie war es nicht einmal in der BRD) und als gegen die staatliche Ordnung statt tatsächlich gegen die ältere Generation gerichtet (vgl. etwa Ulrich Plenzdorfs Roman «Die neuen Leiden des jungen W.» vom Jahre 1973). Selbst bei der sowjetischen Jugend wurden *džinsy (Jeans)* ohne jede amerikafreundliche Haltung zum begehrten und beliebten Kleidungsstück. Wie der Schweizer Anglist Ernst LEISI (1985, S. 255) ausführt, verwenden selbst aus der Gesellschaft ausgestiegene Jugendliche in der Schweiz, die den *American way of life* nachdrücklich ablehnen, unter sich ein sehr ausgedehntes anglo-amerikanisches Vokabular. Mit solcher von Anglo-Amerikanismen durchsetzten Jugendsprache will sich die heranwachsende Generation eigene Ausdrucksmöglichkeiten schaffen und sich damit zugleich von den Älteren abgrenzen. Natürlich spielen dabei allgemeine jugendliche Wichtigtuerei und Halbstarkentum eine besondere Rolle. Ihre den Älteren fremdartig bis unverständlich erscheinende modisch-saloppe anglo-amerikanische Ausdrucksweise bereitet den Jugendlichen ein zusätzliches Vergnügen. Die BZ gibt auf ihrer Humorseite öfters DDR-Proben jugendlichen Gebarens in Wort und Bild, wie etwa am 7./8. März 1987 (S. 16), wo unter der abgebildeten Statue der «nackten Jungfrau Carmen» ein Oberschüler der Klasse 12a steht, der «sie zum Tanz gewinkt hatte: Obwohl der erfahrene Klassen-Eros die Aktion *urst clever* und *softy* anging, blieb Carmen trotz enger *Love-*

Tour hart. Und das beim gewaltigen *Hi-Fi-Sound* der *Gruppe* ‹*Cow-drivers*›. *Mächtig* stark von Carmen.» Das im Zitat verwendete Wort *urst* wurde zuerst im DDU 1983 als der DDR-Jugendsprache [!] angehörig gebucht. Mit gleicher Erklärung erschien es erstmalig im D 1986 als ‹umgangssprachlich: scherzhafte Superlativbildung zu *ur-*› mit der Bedeutung ‹großartig, sehr schön›. *Softy*, das als Substantiv im Englischen ‹Schwächling, Schlappschwanz›, im Deutschen der BRD als Substantiv (der) *Softy, Softie* ‹(jüngerer) Mann von sanftem, zärtlichem Wesen› (DDU 1983) bedeutet, steht hier adverbial in Anlehnung an das englische Adjektiv *soft* für ‹sanft, weich, seinen Gefühlen Ausdruck gebend›, ähnlich wie in *Soft Rock*. *Mächtig* wird hier für das englische Adverb *mighty* gebraucht.

Zu weiteren anglo-amerikanischen Lieblingsvokabeln der Jugendlichen in der DDR, vor allem *happy*/'hepi/‹glücklich, freudig›, die zumeist im gesamten deutschsprachigen Raum verbreitet sind, bemerkt eine Leserin der BZ am 1./2. April 1989 (S. 16) in einer Zusendung unter der Überschrift «Sei happy!» folgendes: «‹Is mein *Swettschört* [engl. *sweatshirt*] nich fetzig [‹toll, prima›]›, sagt mein Enkel und deutet auf diesen dünnen, langärmligen *Pullover* [engl. *pullover*], den wir seinerzeit noch *Nicky* (s. S. 107) nannten. Dafür hatte damals auch kein *Designer* [engl. *designer*] dort mit *Pop-* [engl. *pop-*] Schrift aufgedruckt *BE HAPPY!* [engl. *b e happy!* ‹sei glücklich!›]. – ‹Ja, der kleidet dich›, sage ich. Mein Enkel mustert mich unsicher. ‹Also, du findest ihn nicht echt steil [‹sehr beeindruckend, auffallend›]?› erkundigt er sich vorsichtig. ‹Dabei hatte ich *mächtig Streß* [engl. *mighty stress*], ehe ich im Jumo- [Kurzform für ‹Jugendmode›-]Shop [engl. *shop*] noch einen erwischte. War total *high* [engl. *high* /hai/ ‹hoch›, hier: ‹selig›].› – Verzweiflung erfaßt mich bei solchen Gesprächen. Wer will schon zugeben, daß er nur die Hälfte der eigenen Landessprache versteht, obwohl er sie fünfzig, sechzig Jahre lang fleißig benutzt hat. Versteht man Begriffe wie *Story* [engl. *story*], *Frust* [Kurzform für engl. *frustration*], *Jogging* [engl. *jogging*] oder *Streß* [engl. *stress*], dann kommen schon neue Wörter wie *Dancing* [engl. *dancing*], *Tschipps* [engl. *chips*], *zellawieh* [französ. *c'est la vie* ‹so ist das Leben›], *Oldie* [s. Wörterverzeichnis], *kuul* [engl. *cool*] und *tutti pal(l)etti* [italien. ‹es ist alles in Ordnung›]. Jedenfalls hören sie sich so an.»

In einer Besprechung des in Berlin (DDR) spielenden DEFA-

Jugendfilms mit dem Titel «Die Entfernung zwischen dir und mir und ihr», worin «eine Art Kunst-Slang, aus den Seitenstraßen der Schönhauser und der Prenzlauer [Allee] etwa in Höhe Dimitroffstraße kommend», durchsetzt mit englischen Wörtern, verwendet wird, lesen wir in der BZ vom 31. Mai 1988 (S. 7) über den Auftritt eines *Alternativundergroundpoeten* (engl. *alternative underground poet*) *Robert* und einer *Rocklady Anne*. Der Rezensent faßt im Sinne und Gefolge der Redeweise der Personen des Films seinen Eindruck über diesen wie folgt zusammen: «Eh, Mann, richtig angemacht hat mich das *Movie* nicht, aber einige *Jokes* hatte ich. Will sagen: Vergnüglich fand ich den Film.» Anglo-amerikanische Wendungen wie *das ist schau* aus *that's a show, er ist sauer* aus *he is (or turns) sour, ein Faß aufmachen* aus *to make a fuss of, in sein* aus *to be in, hallo!, Kein Problem!* neben *No problem!* usw. werden der Jugend in der DDR ständig über das Fernsehen und Radio der BRD übermittelt, selbst auf der Straße über ihre Kofferradios oder Kassettenrecorder mit kleinen Kopfhörern, letztere in der allgemein bekannten und gebräuchlichen Benennung *Walkmans*.

Bei *Walkman* handelt es sich um einen japanischen Markenartikel mit japanisch-englischer (amerikanischer) Bezeichnung. Auf seine außer-anglo-amerikanische Herkunft weist bereits seine unenglische, analog zu der Mehrzahl der englischen Plurale auf *-s* gebildete Mehrzahlform *Walkmans* (*walkmans*) hin. Diese falsche Pluralbildung wurde sogar ins britische und amerikanische Englisch übernommen. Die amerikanische Zeitschrift «Times» berichtete z. B. am 27. Mai 1983 über «The growing high-street popularity of *Sony Walkmans* [!] and portable stereo cassette players («ghetto blasters»)» (= Die wachsende Hauptstraßenpopularität der *Sony-Walkmans* und der Kofferstereokassettenspieler – ‹Ghetto-Vergnüger›). Bis jetzt ist die allgemein bekannte und gebräuchliche Bezeichnung *Walkman* noch in keinem DDR-Wörterbuch verzeichnet. Nur der DDU 1983 bucht *Walkman* /ˈwɔːkmən/ mit der Angabe: zu engl. *to walk* = gehen und *man* = Mann: ‹kleiner Kassettenrecorder mit [kleinen] Kopfhörern›. Im OEDS IV (1986) stammt der erste Beleg für *walkman* aus «The Japan Times» vom 31. Dez. 1981 und lautet: «*Sony Walkmans* [!], easy-driving Honda *scooters* and aluminium household Buddhist altars sold like hot-cakes during 1981» (= *Sony Walkmans*, leichtfahrbare Honda-(Kinder)Roller und Haushalts-Buddha-Altäre aus Aluminium verkauften sich (gingen weg) wie warme Semmeln während des

Jahres 1981). Aufschlußreich ist eine Meldung in der BZ vom 28. Febr. 1987 (S. 3), worin sich der Generaldirektor des Zentralen Warenkontors der DDR beklagt, daß kein einziger Berliner Betrieb seine im Juni 1986 unterbreiteten Vorschläge für eine Produktion von «Campingtoiletten, Kühltaschen und einem *Walkman*» aufgenommen habe. Das Wort *Walkman* erscheint hier ohne jegliche nähere Erklärung, wird also auch ohne Vorhandensein weder als DDR-Handelsartikel noch als Name in den DDR-Wörterbüchern als allgemein bekannt vorausgesetzt, was ja auch zutraf.

Immer wieder stößt man unter den An- und Verkaufsanzeigen in der Presse auf das Wort *Walkman*, etwa in der BZA am 24. Juli 1987 (S. 6): «Ankauf von *Walkman* mit Radio, evtl. mit Boxen». In einer satirischen Zeichnung in der BZ vom 13. April 1987 (S. 8) sieht man einen vollbärtigen Affen mit umgehängtem *Recorder* und kleinen Kopfhörern und darunter die Bemerkung «Mit *Walkman* sieht er jugendlicher aus».

Die «Lieblingsvokabel der Jugendszene» in der BRD ist nach MÜLLER-THURAUS Angabe (1985, S. 32) *Action*. Sie hat auch in die Jugendsprache der DDR Eingang gefunden und wird heute über den Teenager-Bereich hinaus verwendet. So hieß es etwa in einer kritischen Leserzuschrift über den DEFA-Film «Der Bruch» in der BZ am 10. Febr. 1989 (S. 7) in der Überschrift: «Ein *Action*-Krimi ist es nicht». Die Wörterbücher der DDR verzeichnen (die) *Action* mit der englischen Aussprache /'ækʃən/ (noch) nicht. Wohl aber steht das Wort bereits im DDU 1983 mit der Bedeutungsangabe ‹spannende Handlung (in einer Erzählung, im Film u. a.)›, dazu das Kompositum (der) *Actionfilm* ‹Spielfilm mit einer spannungs- und abwechslungsreichen Handlung, in dem der Dialog auf das Nötigste beschränkt ist›. Eine weitere Lieblingsvokabel der Jugend beider deutscher Staaten ist *happy* ‹glücklich, freudig› (DDU 1983).

Verwunderlich ist, daß bei der Übernahme von Anglo-Amerikanismen in die deutsche Sprache der DDR englische Sprachkenntnisse keine unbedingte Voraussetzung sind. Bekanntlich ist Russisch in der DDR die obligatorische erste Fremdsprache in den Schulen. Englisch wird – abgesehen von den Schulen mit erweitertem Sprachunterricht – nur mit wenigen Wochenstunden von der 7. Klasse an fakultativ unterrichtet. Dennoch spielt Russisch im Vergleich zu Englisch im alltäglichen Sprachgebrauch der DDR-Jugend praktisch keine Rolle. Doch wuchs und wächst jede Generation mit zunehmendem Alter aus der jugendlichen Exotik und Exzentrik wie aus einer zu eng- und kleinwerdenden bzw. kleingewordenen Kleidung heraus und in das nüchterne Erwerbs- und Wettbewerbsleben hinein. Mit jeder neuen Generation entstehen immer wieder neue Wörter und Ausdrucksweisen, wobei viele veraltete und überholte verschwinden und so manche sprachlichen und anderen Moden oft sehr kurzlebig sind. Nach allem hat die äußerliche Amerikanisierung der Jugend in aller Welt in den letzten Jahrzehnten und Jahren jedoch eher zu- als abgenommen.

10.
Die Erforschung
der Anglo-Amerikanismen in der DDR

Aus den zu Anfang des 7. Kapitels dargestellten Entwicklungsphasen der Einstellung zu den Anglo-Amerikanismen in der DDR erklärt sich die Tatsache, daß bis in die Mitte der 50er Jahre keine diesbezüglichen Äußerungen oder Darstellungen aus der germanistischen oder anglistischen Sprachwissenschaft vorliegen. Zu der anfänglichen Verteidigungshaltung gegenüber anglo-amerikanischer Überfremdung gesellte sich häufig eine a-priori-Unterschätzung und Ignorierung des anglo-amerikanischen Spracheinflusses, «und so schloß man messerscharf, daß nicht ist, was nicht sein darf» – nach Christian Morgensterns Lebensphilosophie. Vor allem aber erklärt sich die Zurückhaltung gegenüber den Anglo-Amerikanismen in der Wissenschaftsdarstellung daraus, daß es sich hierbei um ein Grenzgebiet, ein ‹wissenschaftliches Niemandsland› zwischen Anglistik – Amerikanistik – Germanistik und schließlich auch Russistik handelt, da zahlreiche Anglo-Amerikanismen nach 1945 auch über das Russische in die deutsche Sprache der DDR gelangt sind (vgl. 35. Kap.). Auch in der BRD setzte die Erforschung des anglo-amerikanischen Spracheinflusses nach dem Zweiten Weltkrieg aus dem zuletzt genannten Grund erst seit Anfang der 60er Jahre ein, wie LEISI (1985, S. 253) feststellt.

Die Erforschung des anglo-amerikanischen Spracheinflusses auf die deutsche Sprache in der DDR im besonderen führt zugleich zu der Frage nach dem Wesen und Grund der Sprachveränderung im allgemeinen. Dabei ergeben sich neue Aufgaben für die Sprachwissenschaft, den Sprachunterricht und die Sprachpflege, um «die fremden Einflüsse so zu verarbeiten, daß sie der Verbesserung der nationalen und internationalen Kommunikation dienen» (LANGNER 1980, S. 73). Hinter den von jedermann deutlich empfundenen und auffälligen Anglo-Amerikanismen stehen in vielen Fällen weder ein akutes Bedürfnis noch ein sprachlicher Zwang, da «für die meisten neuen Begriffe auch mit internen Mitteln der deutschen Sprache sich Ausdrücke hätten schaffen lassen» (LEISI 1985, S. 254). Wir stimmen Leisi auch darin zu, daß es wichtig und richtig sei, die Erforschung des anglo-amerikanischen Einflusses auf unsere Sprache wegen seiner besonderen Bedeutung und seines großen Ausmaßes unverzüglich schon heute durchzuführen, solange uns die Quellen noch leicht zugänglich und die Vorgänge durchschaubar sind. Daher haben wir uns zu dieser ersten zusammenfassenden, wenn auch sicherlich noch lückenhaften Gesamtdarstellung für die DDR entschlossen. Die im folgenden als Beispiel angeführten anglo-amerikanischen Wörter, Wortverbindungen und Wendungen sind in der Regel solche, die der Mehrheit der Bürger der DDR zumindest passiv bekannt sind, großenteils aber auch von ihr aktiv verwendet werden und überwiegend auch in den jüngsten Ausgaben des DDR-Dudens, besonders seit 1986, aufgeführt und durchweg als «engl.» bezeichnet werden.

11.
Arten und Formen
der anglo-amerikanischen Entlehnungen

Die häufigste Art der Entlehnung aus dem Anglo-Amerikanischen geschieht in Form der Übernahme der fremden Wörter oder Wortverbindungen in ihrer ursprünglichen Schreibweise und in der (meist nur angenäherten) englischen Aussprache als *Direktentlehnungen*. Es handelt sich hierbei um evidente, das heißt leicht erkennbare Anglo-Amerikanismen wie (der) *Babysitter*, (das) *Bowling*, (das) *Comeback*, (das) *Engineering*, (der) *Fan*, (das) *Image*, (der)

Job, (die) *Jeans,* (das) *Paperback* usw. In vielen Fällen handelt es sich jedoch um latente, das heißt nicht unmittelbar sichtbare und erkennbare Anglo-Amerikanismen, da sie in deutscher Übersetzung auftreten, wie *Außenseiter* aus *outsider, Familienplanung* aus *family planning, Geburtenkontrolle* aus *birth control, Gemeinwohl* aus *common weal, Gipfelkonferenz* aus *summit conference, harmlos* aus *harmless, Leitartikel* aus *leading article, Umweltverschmutzung* aus *environment(al) pollution* usw. In diesen sehr häufigen Fällen, wo anglo-amerikanische Wörter oder auch Wortverbindungen in allen ihren Teilen, das heißt durch semantisch entsprechende Sprachelemente, ins Deutsche übertragen werden, handelt es sich um sogenannte *Lehnübersetzungen* (engl. *loan translations*). Werden ganze anglo-amerikanische Wortverbindungen oder Wendungen wörtlich ins Deutsche umgesetzt, bezeichnet man diese als *Lehnwendungen,* wie etwa in *eine gute (oder schlechte) Presse haben* aus *to have a good (or bad) press* oder *Wir sitzen alle im selben Boot* aus *We are all in the same boat* (s. 32. Kap.).

Solche Lehnübersetzungen und Lehnwendungen als «genaue Glied-für-Glied-Übersetzungen des Vorbildes» (BETZ 1949, S. 27) sind zu allen Zeiten und bei allen Völkern anzutreffen. So wurden zum Beispiel schon in althochdeutscher Zeit lateinisch *compassio, conscientia* und *spiritualis* zu *Mitleid, Gewissen* und *geistlich* (seit dem 15. Jahrhundert auch *der Geistliche*) übertragen, lateinisch *liber epistolaris* und *liber missalis* zu altenglisch *pistolboc* und *mæsseboc* (Gneuss 1985, S. 119), französisch *demi-monde* zu deutsch *Halbwelt* oder (Winston Churchills) *iron curtain* ‹eiserner Vorhang› zu chinesisch *tiĕ-mù* aus *tiĕ* ‹Eisen› und *mù* ‹Vorhang› (STÖRIG 1987, S. 201 und 296). Neuerdings hat sich CARSTENSEN (1988, S. 85–92) erneut den theoretischen und praktischen Problemen der Lehnübersetzung aus dem Anglo-Amerikanischen zugewandt. Anhand von rund zweihundert Fällen von Lehnübersetzungen ins Deutsche aus dem reichen Material seines in Arbeit befindlichen «Dictionary of Anglicisms» (Paderborn) gliedert er die Lehnübersetzungen 1. nach f o r m a l e n Kriterien in a) Substantiv + Substantiv, wie *Körpersprache* aus *body-language;* b) Adjektiv + Substantiv, wie *kalter Krieg* aus *cold war;* c) Substantiv + Präposition + Substantiv, wie *der Mann auf der Straße* aus *the man in* (amerikan. *on*) *the street;* d) Substantiv + Verb oder Verb + Substantiv, wie *das Beste aus etwas machen* aus *to make the best of something* oder *das macht (k)einen Unterschied* aus *that makes a (no) differ-*

ence. – 2. nach l e x i k a l i s c h e n Kriterien (mit der Unterscheidung, ob die deutsche Entsprechung das gleiche Etymon oder die gleichen Etyma enthält wie das englische Vorbild) in a) *brandneu* aus *brandnew*; b) *Raumfähre* aus *space shuttle*. – 3. nach s e m a n t i s c h e n Kriterien (mit der Unterscheidung, ob die Lehnübersetzung schon vorher mit einer anderen Bedeutung bestand oder nicht) in a) (alt:) *Flaschenhals* aus *bottle neck* = ‹Hals der Flasche› bzw. engl. ‹neck of the bottle›, (neu:) *Flaschenhals* ‹schmale Stelle einer Verkehrsstraße, an der sich der Verkehr staut› bzw. ‹a point of traffic obstruction or congestion›; b) neue deutsche Komposita aus dem Anglo-Amerikanischen sind *Traum-* oder *Denkfabrik* aus *dream-* or *think factory*, *Urschrei* aus *primal scream*. Ungeklärt bleibt, warum viele anglo-amerikanische Lexemverbindungen nicht als Lehnübersetzungen, sondern in ihrer Originalform ins Deutsche (auch in der DDR) übernommen werden, etwa *der* oder *das Countdown* (D 1984 und D 1986), *der Longdrink* (D 1984 und D 1986) ‹ein mit Mineralwasser, Fruchtsäften, Eiswürfeln u. ä. verlängertes alkoholisches Getränk›, *das Playback*(verfahren) (D 1984 und D 1986), *der Playboy* (D 1984 und D 1986) und viele weitere. Während *park and ride* bisher in der BRD noch keine Lehnübersetzung erfahren hat (CARSTENSEN 1988, S. 88), ist in der DDR dafür *Parken und Reisen* üblich.

Als *Lehnübertragungen* (engl. *loan renditions*) bezeichnet man solche Wörter oder Wortverbindungen, in denen nicht a l l e Sprachelemente eines anglo-amerikanischen Vorbildes durch entsprechende deutsche ersetzt worden sind, wobei jedoch mindestens e i n semantisch entsprechendes Element vorhanden sein muß wie in *Datenverarbeitung* aus *data processing*, *gewaltloser Widerstand* aus *non-violent resistance*, *Drogenabhängiger* aus *drug addict* usw. Oft bestehen die teilweise und die vollständige Lehnübertragung gleichwertig nebeneinander, wie in *Unterhaltungsgeschäft* neben *Schaugeschäft*, wofern man nicht die Direktentlehnung *Show business* vorzieht.

Lehnbedeutungen (engl. *loan meanings*) liegen vor, wenn bereits im Deutschen vorhandene Wörter oder Wortverbindungen unter dem Einfluß gleicher anglo-amerikanischer Wörter oder Wortverbindungen deren weitere Bedeutung annehmen. So erhielt zum Beispiel das deutsche Verb *kontrollieren* ‹überwachen, nachprüfen› (nach französisch *contrôler*) unter dem Einfluß von *to control* die weitere Bedeutung ‹beherrschen›. Diese Lehnbedeutung hat nach

CARSTENSEN (1987b, S. 97) zuerst Eduard ENGEL in seinem Verdeutschungswörterbuch (1918) gebucht: «(als neueste amerikanische Nachäffung) ‹beherrschen, beeinflussen, leiten›». Ebenso nahm das deutsche Verb *realisieren* (nach französisch *réaliser* ‹realisieren, verwirklichen, ausführen›) unter dem Einfluß von *to realize* die zusätzlichen Bedeutungen ‹einsehen, erfassen, merken; etwas erkennen, sich etwas vergegenwärtigen› an, wozu das HWDG 1984 unter *realisieren* 2. als Beispielsatz zitiert: «die eigentliche Problematik der Sache, die Gefahr, in der er sich befand, hat er gar nicht realisiert». Unter die Lehnbedeutungen fallen auch zahlreiche alte deutsche Wörter, die unter dem Einfluß entsprechender anglo-amerikanischer Wörter zusätzliche moderne Bedeutungen angenommen haben, wie *Ebene, feuern, füttern, Generation, Hexenjagd, Klima, Schrittmacher, Schwelle (Schwellenreiz, Schwellenwert* usw.), *Wanze* usw. nach anglo-amerikanisch *level, to fire, to feed, generation, witch-hunt(ing), climate, pacemaker, threshold (threshold stimulus* med., *threshold value* phys.), *bug* ‹Abhörgerät› usw.

Von *Lehnschöpfungen* (engl. *loan creations*) spricht man, wenn aus Großbritannien oder den USA übernommene Sachen oder Erscheinungen vom Originalterminus unabhängige deutsche Bezeichnungen erhalten, weil der Originalbegriff nicht, nur schwer oder unsinnig (wie *pipeline* zu *Pfeifenlinie* !) übersetzbar ist. So wird zum Beispiel *to air-condition, air-conditioning, air-conditioned* durch *klimatisieren, Klimaanlage,* (voll)*klimatisiert* ersetzt, *convenience food* oder *fast food* durch *Fertiggericht* oder *Schnellgericht, pipeline* /'paiplain/ durch *Fernrohrleitung* für Erdöl (D 1986), *windsurfer, windsurfing* durch *Stehsegler, Stehsegeln* oder *Brettsegler, Brettsegeln* neben der Beibehaltung der Originaltermini im Deutschen. Die umstrittene Kategorie der Lehnschöpfung hat CARSTENSEN (1983b, S. 22) wieder aufgegeben. Vorher führte er als weitere Beispiele für Lehnschöpfungen an (CARSTENSEN 1981a, S. 27): *Blockfreiheit* für *non-alignment, Dienst nach Vorschrift* für *work to rule, Flitzer* für *streaker, Helligkeitsregler* für *dimmer, Luft- und Windleitblech* für *spoiler* und *Wasserglätte* für englisches, oder genauer mit lateinischenglischem Wortmaterial gebildetes, *aquaplaning*. Zuletzt erklärte er (CARSTENSEN 1985b, S. 138): «Da es ‹modern› geworden ist, sich zur Frage der Lehnschöpfung zu äußern, will ich hier mit großem Nachdruck erklären, daß die Lehnschöpfung für mich selbstverständlich zu den Lehnbildungen gehört.» Weniger kategorisch äußerte er sich später zu der aus unserer Sicht noch immer praktikablen Kategorie der Lehnschöpfung (CARSTENSEN 1987b, S. 97): «In anderen Fällen – Betz nannte sie Lehnschöpfung – gibt ein englisches Wort den Anstoß für ein deutsches, d. h., eine Übersetzung ist nicht möglich: *Blockfreiheit* (für *non-alignment*).»

Weitere Arten der Entlehnung sind die Hybridbildungen oder Mischkomposita als Verbindungen von anglo-amerikanischen und deutschen Sprachelementen, wie *Hobbygärtner* oder *Managerkrankheit* (s. 38. Kap.), sowie schließlich die semantischen Scheinentlehnungen (s. 37. Kap.).

Gewöhnlich setzen sich *Lehnbildungen* (*loan formations*), zu denen BETZ (1949, S. 27) die Lehnübersetzung, die Lehnübertragung und die Lehnschöpfung zählt, gegenüber Direktentlehnungen nur in einem sehr frühen Entlehnungsstadium durch. Ist ein angloamerikanischer Terminus wie *Babysitter, Countdown* oder *Makeup* in seiner Originalform bereits eine Weile in Gebrauch, besteht keine oder eine nur sehr geringe Aussicht auf seine nachträgliche Lehnübersetzung oder eine entsprechende Lehnschöpfung. Darin liegt auch die Kalamität und Erfolglosigkeit des offiziellen französischen Kampfes gegen die Anglo-Amerikanismen (vgl. 6. Kap.). Auch nachträgliche Eindeutschungsversuche von anglo-amerikanischen Wortverbindungen haben in der Regel wenig Aussicht auf Erfolg. So schreibt GILDE (1985, S. 230) zwar: «*Versuch und Irrtum* sind der einfachste Weg zum Erfolg», doch hat sich die angloamerikanische Wissenschaftsformel *Trial and Error* auch in der Wissenschaftssprache der DDR so fest eingebürgert, daß die deutsche Entsprechung ungewöhnlich klingt.

Die allgemeinen Ursachen für die Entlehnungen einer Sprache durch eine andere hat SCHÖNFELDER (1956) im einzelnen untersucht und dazu vieles ausgeführt, was auch auf die anglo-amerikanischen Lehnwörter im Deutschen zutrifft: «Lehngut, für dessen Aufnahme eine echtes Bedürfnis vorliegt, deutet auf eine gewisse sachliche Überlegenheit des gebenden Volkes hin ... Solche sachbezüglichen Kulturwörter wandern häufig vom Ursprungsland über die ganze Welt und werden in den meisten Kultursprachen heimisch» (S. 58). «Nicht für jede Entlehnung liegt eine wirkliche Notwendigkeit oder ein echtes Bedürfnis vor. Wo man die Kultur und die Sprache eines fremden Volkes höher bewertet und für vornehmer hält als die eigene, wird aus Affektation entlehnt. Hierbei sind es vor allen Dingen die gebildeten Schichten eines Volkes, die ihre Muttersprache mit Lehngut aus einer oder mehreren Sprachen durchsetzen. Da die Sprachgewohnheiten der oberen Schichten von den übrigen Bevölkerungsschichten häufig als vornehm und nachahmenswert empfunden werden, können zahlreiche Lehnwörter auch in die Sprache der übrigen Bevölkerung eindringen und dort feste Wurzeln schlagen» (S. 59). «Auch der Wunsch, durch das Einflechten fremder Wörter in die Muttersprache für gebildet und vornehm gehalten zu werden, ist natürlich vorhanden» (S. 60).

Für die Klassifizierung der Einbürgerungsformen anglo-amerikanischer Wörter, Wortverbindungen und Wendungen eignet sich auch die in den Untersuchungen von FINK (1970) und KRISTENSSON (1977) nach HAUGENs (1952) Vorbild durchgeführte Grobeinteilung in:

(1) *Nullsubstitution*, das heißt a) eine direkte und unveränderte Übernahme eines anglo-amerikanischen Wortes oder einer Wortgruppe, etwa in *Puzzle, Swimming-pool* oder *up to date*; b) (von mir ergänzt) eine direkte Übernahme eines Anglo-Amerikanismus mit phonologisch-morphologischer deutscher Adap(ta)tion, wie *Finalproduzenten* (BZ am 28. Dez. 1984 auf S. 1) aus *final producers*, *Militärpräsenz* und *Obstruktionskurs* (ND am 28. Dez. 1984, S. 1) aus *military presence* und *obstruction course, institutionalisieren, internationalisieren, objektivieren* usw. aus *to institutionalize, internationalize, objectivize*, etc.

(2) *Teilsubstitution*, wobei aus einem englischen und einem deutschen Element ein Mischkompositum entsteht, wie in *Campingplatz* aus *camping site* oder *camping ground; Charterflugzeug* oder *-maschine* aus *charter(ed) plane; Fußball-Fan* aus *football fan; Live-Sendung* aus *live broadcast; Nonstopflug* aus *nonstop flight; Schlagerfestival* aus *pop-song festival; Surfbrett* aus *surfboard*; ja selbst Verben aus deutscher Partikel + engl. Verb, wie *ein-, ab-, aus-* oder *durchchecken* weisen solche Mischung auf.

(3) *Vollsubstitution*, das heißt die vollständige Umsetzung eines anglo-amerikanischen Kompositums oder einer Wendung ins Deutsche, wie *Flutlicht* aus *floodlight, Selbstbedienung* aus *self-service* oder *das Sagen haben* aus *to have the say, ich rufe dich zurück* (Telefon) aus *I'll call you back*.

12.
Älteres deutsch-englisches Wortgut als Direktentlehnung

Die deutsche Geschichte und Erfahrung haben gelehrt, daß sich der Einfluß fremder Sprachen, in unserem Fall der englischen Sprache auf die deutsche Sprache, weder aufhalten noch unterbinden läßt. Je nach der politischen, kulturellen, technologischen und ökonomischen Bedeutung Englands und später Amerikas war er zeitweilig schwächer oder stärker. Der anglo-amerikanische Einfluß auf Deutschland verstärkte sich nach dem Ersten Weltkrieg und nahm nach dem Zweiten Weltkrieg vorher nie gekannte Ausmaße an. Viele in früherer Zeit entlehnte anglo-amerikanische Wörter haben im Deutschen, wo immer es gesprochen wird, einen festen Platz eingenommen und sind in vielen Fällen nur noch vom Fachmann als englische Wörter zu erschließen. Beispiele für bleibende Übernahme anglo-amerikanischen Wortgutes aus früherer Zeit sind in alphabetischer Reihenfolge: (die) *Ballade*, von Goethe 1771 und Bürger 1773 aus engl. *ballad* übernommen. – (die) *Banknote*, seit 1778 aus engl. *bank note*. – *boxen* und (der) *Boxer*, seit dem 18. Jahrhundert aus engl. *to box* und *the boxer*. – (der) *Boykott*, seit 1880 nach Charles Boycott, engl. *boycott* mit dem Verb *to boycott*, deutsch *boykottieren*. – (der) *Brecher* ‹Sturzsee›, seit 1883 nach engl. *breaker*. – (der) *Kohlenbunker*, im 19. Jahrhundert aus engl. *coal bunker* entlehnt. – (der) *Clown*, aus der englischen Zirkussprache im 19. Jahrhundert entlehnt, zusammen mit *Attraktion, Exzentrik* und *Star*. – (der) *Dandy* ‹Stutzer›, seit 1830 mit der Ableitung (das) *Dandytum*, engl. *dandyism*. – (der) *Detektiv*, eine Kurzform aus engl. *detective policeman* ‹Geheimpolizist›, seit 1868 im Deutschen. – *exklusiv* aus engl. *exclusive*, etwa gleichzeitig mit *Dandy, fashionable* und *Gentleman* um 1830 entlehnt. – *fesch* aus engl. *fashionable*, verkürzt über die Wiener Umgangssprache um 1830 mit anderen Wörtern der englischen Gesellschaftssprache entlehnt und durch Fürst Pückler modisch geworden.– (der) *Flammeri* mit einer alten deutschen Nebenform *Flommri* 1859 geht auf engl. ‹Flamerie or Flumerie› (so in einer englischen Kochanweisung von 1625) zurück (s. OED), neuengl. *flummery*. Wie im D 1984 und D 1986 steht, wird *Flammeri* oft mit engl. *pudding* gleichgesetzt, dessen Name im OED bereits seit 1544 bezeugt ist und von *plumpudding* 1711 gefolgt wird. Im D 1984 und D 1986 werden die beiden Aussprachen /'plum-/ und /'plam-/ und die Bedeutung ‹schwerer Rosinenpudding› angegeben. – (der) *Flirt* (D 1984 und 1986 ‹Liebelei›), /flirt/ und /flö:rt/ gesprochen, dazu das Verb *flirten* /'flirtən/ und /'flö:rtən/, seit der Mitte des 18. Jahrhunderts im Englischen, seit 1890 im Deutschen. – (der) *Frack* (so seit Goethes «Werther» 1774) aus engl. *frock*. – (der) *Gin* (D 1984 und D 1986: /dʒin/ ‹Wacholderbranntwein›) ist eine verkürzte Form von *Geneva* (s. OED für 1706: «*Geneva*, a kind of strong water so called»), seit 1714 im Englischen als *Gin* bezeugt, später durch die Seemannssprache ins Deutsche eingeführt. – (der) *Grog*, seit 1770 im Deutschen; Näheres s. KLUGE/MITZKA. – (der oder das) *Gully*, engl. *gull(e)y*, seit dem 17. Jahrhundert im Deutschen. – (das) *Handikap*, *handikapen* und *gehandikapt*, engl. *handicap, to handicap* und *handicapped*, seit dem 17. Jahrhundert in England bezeugt, im 18. Jahrhundert auf Pferderennen erweitert, seit 1850 besonders als Verb im allgemeinen englischen Gebrauch und von dort auf das Deutsche übertragen (zur Etymologie s. ODEE). – (der) *Humbug* (D 1984 und 1986: ‹Schwindel, Unsinn›), engl. *humbug*, ein um 1750 in England und Nordamerika aufgekommenes Modewort unbekannter Herkunft. – (das) *Interview* ist seit 1869 ein Fachwort amerikanischer Journalisten und seit 1875 im Deutschen bezeugt. – (der) *Jockei* oder *Jockey* ‹berufsmäßiger Rennreiter›, engl. *jockey*, bürgerte sich mit dem ersten Berliner Rennen 1830 im Deutschen ein. – (der) *Joker* aus dem englischen Kartenspiel, seit 1885 bezeugt (OED), engl. *joker* ‹Spaßmacher›, ‹eine zusätzliche, für jede andere Karte einsetzbare Spielkarte mit der Abbildung eines Narren› (DDU 1983). – (das) *Klosett* ist eine gekürzte Form aus *Watssrklosett*, engl. *water closet* (W. C.), seit 1840 im Deutschen. – (der) *Club, Klub*, eines der ersten deutschen Gesellschaftswörter aus England um 1750, im 19. Jahrhundert unter erneuter Einwirkung Englands auf den Sport ausgedehnt. – (die) *Landratte* stammt aus der englischen Seemannssprache, seit 1837 im Deutschen, engl. *land rat*. – (der) *Lift* ‹Personenaufzug in Häusern› erscheint im Deutschen seit 1889 nach engl. *lift*. – (die) *Lokomotive* ist seit 1838 bezeugt und nach engl. *locomotive engine* gebildet. – *lynchen*, seit 1841 bezeugt, stammt von amerikanisch *to lynch*. – (der) *Mumps* ‹Ziegenpeter› (med.) stammt aus engl. *mumps* und wurde im 19. Jahrhundert von Berlin aus im Deutschen bekannt. – (das oder der) *Plaid* (D 1984 und D 1986: /pleːt/ ‹[karierte] Reisedecke›), engl. /plæd/, ist seit 1512 bezeugt (OED), im Deutschen erst 1772. – (der) *Repoter*, engl. *reporter* ‹Berichterstatter›, ist seit dem Ende des 18. Jahrhunderts bis heute in immer neuen Zusammensetzungen auch im Deutschen gebräuchlich, wie Bild-, Fernseh-, Funk-, Gerichts-, Lokal-, Sportreporter usw. – (der) *Revolver*, engl. *revolver*, nach der von dem amerikanischen Industriellen Samuel Colt erfundenen und 1835 patentierten Drehpistole (früher auch *revolving pistol*) benannt, erscheint im Deutschen zuerst 1873. Nach Colt wurde auch der ‹im Wilden Westen Amerikas verwendete *Colt*› aus verkürztem *Colt's revolver* benannt, mit der englischen Aussprache /koult/ und der deutschen /kɔlt/ (s. D 1984 und D 1986). – (der) *Rowdy* ist unbekannten Ursprungs und bezeichnete eigentlich den rauhen Hinterwäldler zu Beginn des 19. Jahrhunderts; um die Mitte des 19. Jahrhunderts gelangte das Wort ins Deutsche mit der Bedeutung ‹Lümmel, Rohling, Raufbold›. – (der) *Rum*, engl. *rum*, seit der Mitte des 17. Jahrhunderts im Englischen, seit 1673 im Deutschen bezeugt. – Das uralte Wort *seal* /siːl/ stammt aus dem altenglischen *seolh* und lebt frisch weiter; statt der Aussprache /siːl/ des D 1984 und D 1986 nennt das HWDG 1984 /ziːl/ vor /siːl/, und das DDU 1983 verzeichnet deutsch nur/ziːl/, engl. /siːl/. – *Sentimental* und *Sentimentalität* sowie (der) *Spleen*, engl. *sentimental* und *sentimentality* sowie *spleen*, gelangten in der zweiten Hälfte des 18. Jahrhunderts ins Deutsche. – (der) *Snob, Snobismus* und *snobistisch* aus engl. *snob, snobbism* und *snobbish* wurden seit 1867 ins Deutsche aufgenommen, wobei der Snob durch Thackerays «The Book of Snobs» 1848 zum Modewort für ‹Protz› wurde. – (der) *Teddy (Bär)* ‹Stoffbär als Kinderspielzeug› ist eine englische Verkleinerungsform von *Theodor*, dem Vornamen des bärenjagenden USA-Präsidenten Theodor Roosevelt; die Geschichte der Entstehung des Namens *teddy bear* wird im OEDS IV (1986) erzählt. – In *Teddy Boy* geht *Teddy* auf die Koseform von *Edward* zurück mit Bezug auf König Edward VII. von England (1901–1910) und bedeutet gemäß DU 1983: ‹Jugendlicher, der sich in Kleidung und Lebensstil an den 50er Jahren orientiert›, ‹aufsässiger junger Mann, der sich nach der Mode der Regierungszeit Edwards VII. kleidet›. – (der) *Tip*, engl. *tip*, gelangte seit der Jahrhundertwende aus der englischen Börsensprache und aus dem Pferderennjargon ins Deutsche. – *tipptopp* aus engl. *tiptop* (zu engl. *tip* ‹Spitze› und *top* ‹Spitze der Spitze›) ist im Deutschen seit 1896 bezeugt. – (der) *Trick* mit Komposita wie *Trickaufnahme, Trickdieb, Trickfilm* usw., engl. *trick, trickster* ‹Gauner(in)›, ‹Schwindler(in)›, gelangte im 19. Jahrhundert als englischer Spielerausdruck in die deutsche Sprache. – (der) *Trust*, engl. *trust* aus *trust company* gekürzt, gelangte kurz nach 1870 aus den USA ins Deutsche. – (der) *Tunnel* kam aus engl. *tunnel* ‹Unterführung› 1839 ins Deutsche, als zwischen Leipzig und Dresden der erste Eisenbahndurchstich gebaut wurde. Neben der heute allgemein gültigen englischen anfangsbetonten Aussprache /ˈtunəl/ bestand in der ersten Hälfte des 20. Jahrhunderts die häufigere französische endbetonte Aussprache /tuˈnel/. Das OEDS IV (1986) bringt den frühesten (amerikanischen) Beleg für 1765: «Mr. Brindley ... is driving a large tunnel through the center of this hill.» – (der) *Vegetarier* ‹Pflanzenkostesser› mit den Ableitungen *vegetarisch* und (der) *Vegetarismus*, engl. *vegetarian* Subst. und Adj., *vegetarism*, geht auf die 1847 in London von Joseph Simpson gegründete *Vegetarian Society* zurück; diese Bewegung und das Wort gelangten bald danach ins Deutsche.

Ein sprachliches Sonderfeld, auf dem im Deutschen seit dem 18. Jahrhundert zahlreiche englische Bezeichnungen bestehen, sind die verschiedenen Hunderassen, wie (der) *Boxer*, (die) *Bulldogge* (engl. *bulldog*), (der) *Bullterrier*, (der) *Chow-Chow* chinesischer Herkunft, (der) *Cockerspaniel*, (der) *Collie*, (der) *Foxterrier*, (der) *Scotterrier*, (der) *Setter*, (der) *Skyeterrier*, (der) *Spaniel*, (der) *Terrier*, ja selbst (der) *Kennel* wird als ‹Hundezwinger› im D 1984 und D 1986 gebucht wie auch alle genannten Hunderassen. Andererseits wurden gerade auf diesem Gebiet umgekehrt viele deutsche Hundebezeichnungen ins Englische übernommen, wie *Dachshund, Dobermann (pinscher), Pinscher poodle* aus *Pudel(hund), Schnauzer, (German) Shepherd Dog* als Lehnübersetzung von *(deutscher) Schäferhund, Weimaraner*. Näheres zu den Hunderassen s. «Encyclopædia Britannica» unter dem Stichwort ‹DOG› und für die englischen Entlehnungen aus dem Deutschen J. Alan PFEFFER (1987).

Die englische Vorliebe für Hunde aller Art spricht auch schon aus Shakespeares Werken, wo unter anderen folgende Bezeichnungen für *dog* ‹Hund› auftreten: *bandog* ‹Kettenhund›, *beagle* ‹Bracke, kleiner Spürhund›, *bitch* ‹Hündin›, *blood-hound* ‹Blut-, Schweißhund›, *brach* ‹Brache, Jagdhund›, *cur* ‹Köter, Schweinehund›, *ditch-dog* ‹toter Hund›, *dog* ‹Hund, Rüde›, *greyhound* ‹Windhund›, *hound* ‹Jagd-, Spürhund›, *lyam* ‹Bluthund›, *mastiff* ‹Bulldogge, engl. Dogge, Bullenbeißer›, *mongrel* ‹Promenadenmischung›, *night-dog* ‹bei Nacht Wild jagender Hund›, *puppy* ‹junger Hund, Welpe›, *sheep-dog* ‹Schäferhund›, *shough* ‹Pudel›, *spaniel* ‹Spaniel, Wachtelhund›, *tike, tyke* ‹Köter›, *trundle-tail* ‹Schleppschwanz›, *watchdog* ‹Wachhund›, *water-rug* ‹rauhhaariger Wasserhund›, *water-spaniel* ‹Wachtelhund, der ins Wasser geht›, *whelp* ‹Welpe, Junges bei Hunden usw.›. Alle genannten Hundebezeichnungen werden von Shakespeare auch verächtlich auf Menschen bezogen.

13.
Älteres deutsch-englisches Wortgut als Lehnübersetzung

Besonders schwierig sind die älteren deutschen Lehnübersetzungen aus dem Anglo-Amerikanischen als solche zu erkennen. Solche frühen Lehnübersetzungen, die in den modernen Lehnkomposita (s. 29. Kap.) ein weit größeres Ausmaß als je zuvor angenommen haben, sind beispielsweise (wieder in alphabetischer Folge): *Dampfer* und *Dampfschiff* (deutsch zuerst 1816) nach engl. *steamer* und *steamship.* – *Dampfmaschine* (deutsch zuerst 1782) nach engl. *steam-engine.* – *fragwürdig* wurde 1798 in A. W. Schlegels Übersetzung von Shakespeares «Hamlet» I, 4 dem engl. *questionable* nachgebildet (zur Bedeutungsentwicklung vgl. KLUGE/MITZKA). – *Gemeinplatz*, als Lehnübersetzung von engl. *common place* bei Wieland 1770 und Goethe 1786, wurde von Adelung noch 1796 schroff abgelehnt. – *Heißsporn* nach engl. *Hotspur*, Beiname des heißblütigen Jünglings Heinrich Percy in Shakespeares «König Heinrich IV., Teil 1», von A. W. Schlegel 1800 wörtlich übersetzt, ist danach in die deutsche Schriftsprache, auch mit dem Adjektiv *heißspornig*, übergegangen. – *Hinterwäldler* (im Deutschen seit 1833), Adj. *hinterwäldlerisch*, ist eine Lehnübersetzung von amerikan. *backwoodsman*. – *Leitartikel*, nach engl. *leading article*, besteht im Deutschen seit der Mitte des 19. Jahrhunderts. – *(jemdn.) schneiden* ‹jemanden geflissentlich und in kränkender Absicht übersehen› (KLUGE/MITZKA) ist eine weitere nach 1850 durchgedrungene deutsche Lehnübersetzung des gleichbedeutenden engl. *to cut one.* – *Schnapp-*

schuß (D 1984 und D 1986 ‹charakterist. Momentaufnahme›) aus amerikan. *snap shot*, auch als Verb *to snap shot*, kam gegen Ende des 19. Jahrhunderts in den USA auf. – *Schrittmacher*, amerikan. *pacemaker*, heißt seit 1899 der Kradfahrer vor dem Rennfahrer auf Radrennbahnen, der diesem den Luftwiderstand bricht. – *Tagesordnung*, aus engl. *order of the day*, drang als Fachwort des englischen Parlamentarismus zuerst nach Frankreich, 1789 als Lehnübersetzung frz. *ordre du jour*, und erschien 1790 als *Tagesordnung* auch in deutschen Texten. – *Volkslied* lernte Herder aus Percys «Reliques of Ancient English Poetry» (1765) als *popular song* kennen und nannte seine eigene Sammlung danach «*Volkslieder*» (1778), die erst in der 2. Auflage 1807 von Johannes Müller in «Stimmen der Völker in Liedern» umbenannt wurde. Um die Mitte des 19. Jahrhunderts wurde dann umgekehrt das deutsche Wort *Volkslied* anglo-amerikanisch als *folk-song* zurückübersetzt (s. OEDS I, 1972, unter *folk-song*). In unserer Zeit wurden *Folksong* und *Folkmusik* (D 1986: /ˈfoːk-/ oder /ˈfɔlk-/) erneut aus dem anglo-amerikanischen *folk-song* und *folk-music* ins Deutsche für moderne Tanz- und Unterhaltungsmusik in folkloristischem Musikstil entlehnt. – *Zuchtwahl* geht auf Darwins in «Origin of Species» 1859 geprägtes Schlagwort *natural selection* zurück, das von seinen deutschen Übersetzern (zuerst Heinrich-Georg Bronn 1860) als *(natürliche) Zuchtwahl* übernommen und allgemein verbreitet wurde. Hierzu gesellt sich eine Reihe indianisch-amerikanischer Lehnübersetzungen.

14.
Älteres deutsch-englisches Wortgut aus dem amerikanischen Wilden Westen

Ein Haupteingangstor für allgemein gebräuchliche Anglo-Amerikanismen in der DDR sind vor allem die in jedem Haushalt der DDR vorhandenen Fernsehapparate, über die auch zahlreiche klischierte *Western*, die im *Wilden Westen (the Wild West)* Nordamerikas zur Zeit der Kolonisation im 19. Jahrhundert spielen, allabendlich empfangen werden. Der D 1986 bucht (den) *Western* als ein ‹amerikanisches Filmgenre›. Darin erscheinen unaufhörlich *Cowboys* mit *Colts*, *S(c)heriffs* und *Mayors*, *Gangster* mit *Girls*, *Ranchers* mit *Ranches* usw. (alle genannten Wörter stehen auch im D 1984 und D 1986). Die amerikanische Filmindustrie *Hollywoods* hat auch mit ihren Liebesfilmen zum internationalen Vokabular beigesteuert, wie (der) *Sex-Appeal* 1924 (D 1984 und D 1986 ‹starke [unbewußte, ungewollte] Anziehungskraft auf das andere Geschlecht›) und (der) *Sexpot* 1957 (s. BURCHFIELD 1988b, S. 173). Das im D 1984 und D 1986 aufgeführte Wort (die) *Sexbombe* für eine ‹stark sexuell wirkende Frau (besonders Filmstar)› wurde später analog dazu als unenglische bzw. unamerikanische Form gebildet.

Schon im 19. Jahrhundert waren über die Abenteuer- und Reiseliteratur, etwa die Erzählungen Friedrich Gerstäckers, Karl Mays oder die deutschen Übersetzungen der Indianerromane des amerikanischen Schriftstellers James Fenimore Cooper und anderer Erzähler, zahlreiche indianisch-amerikanische Wörter in die deutsche Sprache eingedrungen. Zu diesen gehören z. B. (der) *Mokassin* (D 1984 und D 1986: Plural -s, auch -e, ‹wildlederner Halbschuh nordamerikanischer Indianer; nach diesem Schnitt gearbeiteter Haus- und Straßenschuh›), engl. *moccasin*. – (der) *Skalp* (D 1984 und D 1986): ‹abgezogene behaarte Kopfhaut des besiegten Feindes, ehemals indian. Siegeszeichen›). – (der) *Skunk* ‹amerikanisches Stinktier› und (der) *Skunks* ‹Pelz des Skunks› (urspr. Plural von *Skunk*, s. D 1984 und D 1986), anglo-amerikan. *skunk* ‹Skunk(s)pelz›. – (die) *Squaw* (D 1984 und D 1986: ‹indian. Ehefrau›), neuerdings durch die olympischen Winterspiele in *Squaw Valley* in Amerika geläufig. – (der) *Toboggan* ‹Indianerschlitten› (D 1984 und D 1986: ‹kufenloser kanadischer Sportschlitten›). – (der) *Tomahawk* (D 1984 und D 1986: ‹Waffe der nordamerikanischen Indianer›). – (das) *Totem*, engl. *totem* (D 1984 und D 1986) und (der) *Totempfahl*, engl. *totem pole*. – (der) *Wigwam* (D 1984 und D 1986: ‹Indianerhütte oder -zelt›). – Unrühmlich verbunden mit den indianisch-amerikanischen Namen sind die *Squatters* (D 1984 und D 1986: ‹amerikan. Ansiedler, Viehzüchter›), die Siedler in Nordamerika, die unter rücksichtsloser Vertreibung der Indianer deren unbebautes Land ohne Rechtsgrundlage besetzten und bebauten. – Die deutsche Lehnwendung *die Friedenspfeife rauchen* aus engl. *to smoke the pipe of peace* spielt besonders in Coopers «Lederstrumpferzählungen» («Leather-Stocking Tales»), so benannt nach dem Namen des Helden, eine besondere Rolle. Ursprünglich war die *Friedenspfeife* (engl. *pipe of peace*) eine mit

Federn und anderem Schmuck versehene Pfeife der Indianer Nordamerikas, die zur Besiegelung von Friedensschlüssen, Verträgen usw. reihum geraucht wurde (s. DDU 1983). Heute gebraucht man diese Redewendung scherzhaft für ‹sich mit jemandem versöhnen›. In Coopers Roman «The Last of the Mohicans» (1826), deutsch «Der letzte der Mohikaner» (1826), spielt auch *the paleface*, in deutscher Lehnübersetzung *das Bleichgesicht*, eine wichtige Rolle als Bezeichnung des weißen Mannes durch die Indianer. Im 4. Kapitel heißt es dort: «‹Die Bleichgesichter machen sich zu Hunden gegenüber ihren Weibern›, murmelte der Indianer in seiner Eingeborenensprache». Heute lebt *Bleichgesicht* umgangssprachlich in der Bedeutung ‹Mensch mit blasser Hautfarbe› weiter. Aus Coopers Indianerroman «The Pathfinder» von 1840, der im gleichen Jahr als «Der Pfadfinder» in deutscher Übersetzung erschien, stammt auch das allgemein bekannte Wort (der) *Pfadfinder*, vorwiegend zur Bezeichnung eines Mitgliedes einer internationalen Jugendorganisation, in neuerer Zeit auch als deutsche Übersetzung von engl. *Boy Scout*.

15.
Ungezielte und gezielte Einführung und Verbreitung anglo-amerikanischer Entlehnungen

Zu ungezielten und ungesteuerten anglo-amerikanischen Entlehnungen kommt es in der DDR besonders über das sogenannte Westfernsehen, das heißt über die von der BRD aus die DDR-Haushalte erreichenden englischen und amerikanischen Filme sowie die Radiosendungen, wozu noch die im Austausch eingeführten, im DDR-Fernsehen und in den Kinos gezeigten anglo-amerikanischen Filme treten. Während früher hauptsächlich die Bücher, das heißt das gedruckte Wort, den Sprachschatz der meisten Menschen beeinflußten, üben heute weit mehr und vorwiegend das Fernsehen und das Kino, das heißt das gesprochene Wort, in vorher unvorstellbarer Masse und großem Maße ihren sprachlichen Einfluß (und natürlich nicht nur diesen) aus. Die Zahl der jährlich in die DDR hineingestrahlten Filme wird auf 750–800 angegeben, wobei Serien bis zu 45 Minuten nicht mitgerechnet worden sind (BISKY 1984, S. 1426). Der Vizepräsident der Akademie der Künste zu Berlin legte 1984 in einer anschließend gedruckten Rede dar, daß der Unterhaltungsbereich der DDR zu 58 %, der der Sowjetunion zu 68 % und der Ungarns sogar zu 98 % aus westlichen Importen lebe, und leitete daraus die Forderung nach «einer rechtzeitigen Organisation offensiven Widerstandes» (WEIMANN 1984, S. 933) ab.

Durch die täglichen mehrfachen Nachrichtenmeldungen, die zum großen Teil von anglo-amerikanischen Agenturen geliefert und über das Fernsehen und Radio der BRD verbreitet werden, gelangen immer wieder neue anglo-amerikanische Wörter und Wendungen sowohl über diese als auch unter Zeitdruck und Übersetzungsschwierigkeiten über unsere eigenen DDR-Medien ungezielt und unbeabsichtigt in die DDR. Da die meisten Menschen in der DDR täglich Zeitungen lesen, fernsehen oder Radio hören, sind sie ständig dem Spracheinfluß der Medien ausgesetzt. Es ist daher verständlich und berechtigt, wenn in vielen Untersuchungen die Zeitungs- und Zeitschriftensprache als Grundlage für die Erforschung des anglo-amerikanischen Einflusses dient, wie auch wir uns häufig auf die wichtigsten DDR-Tageszeitungen, das «Neue Deutschland» (= ND) und die «Berliner Zeitung» (= BZ), beziehen, der Aktualität wegen vor allem auf die Ausgaben der letzten Jahre.

Neben der ungezielten und ungesteuerten Aufnahme anglo-amerikanischen Sprachmaterials in den Wortschatz der DDR besteht eine gezielte und gesteuerte. Soll ein für wichtig, aber nur für schwer ins Deutsche übertragbar gehaltener anglo-amerikanischer Terminus der Öffentlichkeit in der DDR zugänglich gemacht werden, wird er anfangs in der Tagespresse und in den anderen Massenmedien näher und wiederholt erläutert.

16.
Der verschiedenen Arten und Formen gezielter Einbürgerung von Anglo-Amerikanismen

Wie ich bereits in meiner Besprechung von Kristenssons Untersuchung (LEHNERT 1980) ausgeführt habe, geht die von ihm dargestellte Entwicklung in der DDR-Presse unvermindert weiter. So hat sich der Terminus *Roll-on-Roll-off-Schiffe*, ja sogar *Ro-Ro-Schiffe*, eingebürgert; vgl. ND vom 27. Oktober 1978, S. 3: «Fährschiffähnliche *Roll-on-Roll-off-Schiffe* befördern seit mehr als drei Jahren PKW vom Typ ‹Lada› und ‹Moskwitsch›»; ferner BZ vom 11. August 1977, S. 1: «im fährschiffähnlichen *Roll-on/Roll-off-Dienst* zwischen Reedereien der DDR und der Republik Finnland ... nimmt seit drei Jahren ein *Ro-Ro-Schiff* vom Rostocker Überseehafen ... Kurs auf Helsinki.» In der BZ vom 20. Nov. 1986 (S. 3) wurde bereits nur noch ohne jeden weiteren Zusatz von «Frachtschiffen für den *Lo/Ro* und *Ro/Ro*-Umschlag der Warnowwerft» berichtet. Das OEDS III (1982) bringt unter *roll-on, roll-off* als «eine Methode des Transports von Fahrzeugen per Schiff, auf welches sie bei Beginn der Reise einfach heraufgefahren und am Ende heruntergefahren werden», einen ersten amerikanischen Beleg für das Jahr 1955. – Über den 150. Hochseefrachter der Rostocker Warnowwerft für die Sowjetunion der «Serie der *Lo/Ro (Lift on – Roll off)*-Frachter» berichtete das ND am 23. Nov. 1987 (S. 3) mit Foto. – In der BZ vom 16. Jan. 1975 wurde in einem längeren Artikel «Was hat es mit dem *Swing* auf sich?» (S. 9) «*Swing* als Fachausdruck des internationalen Handels» erklärt. Ein weiterer Aufsatz in der BZ vom 28. Febr. 1987 (S. 3) trug die Überschrift «*Biotechnologie* erklärt». – In der BZ am 23. Mai 1984 (S. 4) wurde *Country-Musik* noch näher erklärt: «das ist eine Musizierweise, die als Teil des nordamerikanischen Folklore vor allem den Gefühlen und Lebenserfahrungen der einfachen Leute Ausdruck verleiht. Die Themen der Lieder sind dem Alltag entnommen.» Dagegen wurde *Country-Show* im ND vom 13. Jan. 1984 (S. 8) unter der Rubrik «Die kurze Nachricht» bereits als bekannt vorausgesetzt. – Die amerikanische *Freeze-Bewegung (-Movement)* wurde in der BZA vom 14. Juni 1984 wie folgt erklärt: «Die USA-Bewegung für das Einfrieren der nuklearen Rüstungen – *Freeze* – hat ihre Forderungen ... bekräftigt.» Am 23. Nov. 1987 berichtete das ND auf der Titelseite: «Die USA-Friedensorganisationen *SANE* und *Freeze* haben an diesem Wochenende in Cleveland (Bundesstaat Ohio) offiziell ihren Zusammenschluß vollzogen. *SANE/Freeze* zählt 350 000 Mitglieder und ist damit die größte Vereinigung von Friedenskräften der USA. ... Im Entwurf des Grundsatzdokuments heißt es, *SANE/Freeze* werde sich für den Stopp und die Umkehrung des nuklearen Wettrüstens, die Abschaffung der Kernwaffen, die Verhinderung der Militarisierung des Weltraums und die Reduzierung der konventionellen Streitkräfte einsetzen.» Die Bildungen *Freeze* (engl. Subst. *freeze* ‹Einfrieren, Stopp, Stillstand›) und *SANE* (engl. Adj. *sane* ‹vernünftig, gescheit›) wurden im Hinblick auf ein sinnvolles Initialwort geprägt. – Die *Black Power-Bewegung (-Movement)* ‹Bewegung der Afro-Amerikaner gegen die Rassendiskriminierung› bedarf in der DDR-Presse gewöhnlich keines erklärenden Zusatzes mehr. – Das Wort *Patchwork,* das im Englischen sowohl die negative Bedeutung ‹Flickwerk, Flickarbeit› hat als auch die positive ‹Flickenwerk, Flickenarbeit›, ‹Nähwerk, das aus Zusammensetzung einer Anzahl von Stoffstücken verschiedener Farben, Muster und Formen entsteht› (LDCE 1978 und 1987), wurde in seiner positiven Bedeutung wegen der im Deutschen fehlenden Doppelbedeutung von ‹Flickwerk, Flickarbeit› direkt aus dem Englischen übernommen. Wegen seiner Neuartigkeit mußte *Patchwork* anfangs noch erklärt werden. Daher begann ein Artikel über «Patchwork» im ND vom 27./28. Okt. 1984 (S. 16) wie folgt: «*Patchwork* ist nicht nur auf den Britischen Inseln eine verbreitete Handarbeit. Stoffreste – möglichst gleicher Stoffart, farblich aufeinander abgestimmt, aber doch bunt – werden aus geometrischen Formen zu Mustern gefügt.» Ein Jahr später hatte sich *Patchwork* bereits eingebürgert, so daß das ND an gleicher Stelle in seiner Ausgabe vom 7./8. Dez. 1985 (S. 16) darüber einen Artikel ohne besondere Erklärung mit «Gestoppelt und in *Patchwork*» betiteln konnte, worin unter anderem berichtet wurde: «Im Studentenklub fand ein ‹Stoppelpullover›, aus Resten abgetragener Stücke geschickt kombiniert, ebensolchen Anklang wie das bedruckte *T-Shirt,* eine Bluse mit Applikationen, oder das *Patchwork*-Ensemble aus Jacke, Bluse, Rock und Hose.» Da sage einer noch, die Mode komme aus Paris! Erst der anglo-amerikanische Ausdruck *Patchwork* machte auch diese modische Angelegenheit für die Jugend in der DDR (und sonstwo) attraktiv. Wer hätte sich vorher wohl ohne Not Kleidungsstücke aus alten Flicken hergestellt?! Die Wörterbücher der DDR buchen *Patchwork* übrigens nicht, auch der neueste D 1986 und das Große Fremdwörterbuch 1985 nicht.

Bisweilen werden die anfangs noch unbekannten anglo-amerikanischen Wörter oder Wendungen, die für eine breitere Öffentlichkeit von Bedeutung und Interesse sind, in Parenthese (Gedankenstrichen, Klammern) zu den deutschen und umgekehrt gesetzt, wie in der BZ vom 27. Juni 1984 (S. 3): «Es werden neue Füllstoffe *(Extender)* entwickelt, die den Anstrichstoffen ... eine größere Farbkraft verleihen»; oder in der BZ vom 2./3. Febr. 1985 (S. 11): «Das schwenkbare Babybett entstand mit der Absicht, das anerkannte *Rooming-in-System* (gemeinsame Unterbringung von Wöchnerin und Neugeborenem) zu fördern.» In ähnlicher Weise wurde im ND vom 31. Juli 1986 (S. 8) unter der Überschrift «‹Doppelbett› für Mütter und Neugeborene» erklärt, «was man international *rooming in* nennt». Im ND vom 17. Juni 1987 (S. 2) wurde bereits ohne zusätzliche Erklärung von der «Wöchnerinnenstation mit dem *Rooming-in-Prinzip* der Berliner Charité» berichtet. – Im ND vom 23. Jan. 1987 (S. 6) wurde von einem «*Remake*, wie es in der Filmsprache heißt», gesprochen. Die DDR-Wörterbücher buchen *Remake* noch nicht, auch der D 1986 nicht, obgleich das Wort in der Presse und ständig auch in Kreuzworträtseln auftaucht. Nur im DDR-Fremdwörterbuch 1985 finden wir (das) *Remake* als ‹Neuverfilmung eines Erfolgstitels›. Bezeichnenderweise wird auch bei *Remake* die Endbetonung /ri'meik/ im Deutschen statt der englischen Anfangsbetonung von *remake* /'ri:meik/ angegeben. – Die im ND vom 24. August 1984 (S. 2) im Zusammenhang mit der Leipziger Herbstmesse erwähnten «*Consulting-* und *Engineering*leistungen» werden anschließend näher erklärt. Im ND vom 26./27. Juli 1986 (S. 2) stand, daß «ein *Shredder* – das ist eine Art Hammermühle – ... für Schrotte aus der Elektrotechnik und Elektronik ... entwickelt wurde». – Ebenfalls in jüngster Zeit erschien in der DDR-Presse, vorerst noch in Klammern zu der deutschen Übersetzung, das englische Substantiv *spin-off* ‹(techn.) Neben-, Abfallprodukt; (übertr.) Neben-, Begleiterscheinung›, besonders in Verbindung mit dem SDI-Programm der USA-Administration. So wurde in einem Artikel «USA wollen das *Know-how* der alten Welt anzapfen» in der BZ vom 20. Febr. 1986 (S. 4) auf «eine Studie über den [vermeintlichen] zivilen Nutzen *(Spinn-Off)* militärischer Forschungsprogramme» verwiesen, wobei allerdings das englische Substantiv *spin-off* wiederholt auch in den Zitaten aus der westdeutschen Presse als *Spinn-Off*, Plural *Spinn-Offs*, mit Doppel-*n* falsch eingedeutscht geschrieben bzw. gedruckt wurde. Falsche Schreibung erschien auch in einem «*Know-how* und *Engeneering*» überschriebenen längeren Artikel in der BZ vom 5. Sept. 1984 (S. 3), wo statt *Engineering* falsches *Engeneering* stand, das weder in der einen noch der anderen Form im D 1986 und im HWDG 1984 bisher Aufnahme gefunden hat. Seltsamerweise steht (das) *Engineering* nicht einmal im DDR-Fremdwörterbuch 1985, obgleich es in DDR-Publikationen immer wieder verwendet wird. *Engineering* ist eine verkürzte Form von *Industrial Engineering* wie *Design* von *Industrial Design*. Fritz und Ingeborg Neske (1972) schreiben zu *Industrial Engineering*: «Aus Amerika stammender Begriff. Die Anwendung von technik- und wirtschaftswissenschaftlichen Prinzipien zur Rationalisierung industriebetrieblicher Arbeitsprozesse.» Im DDU 1983 wird *(Industrial) Engineering* wie folgt erklärt: «Wissenschaft und Technik der Rationalisierung von Arbeitsprozessen in der Industrie (besonders in den USA).» In dem oben genannten Artikel steht auch: «Zum Schluß ein Wort zu den *Consulting-*, den Beratungsunternehmen. In der DDR gibt es vier große *Consulting*-Betriebe ... VEB *Industrie-Consult* ... VEB *Elektro-Consult* ... VEB *agro-consult* ... VEB *Construction Consult* ...» In einer in der BZ vom 19. Sept. 1984 (S. 3) abgedruckten Leserzuschrift zu diesem Artikel hieß es, daß es für «die Begriffe ‹*Know how* und *Engineering*› ... auch eine deutsche Übersetzung gibt. Warum also immer englisch?» Bezeichnenderweise lautet die Überschrift der Redaktion dazu: «Muß es denn immer *in Englisch* sein?» mit dem Anglizismus *in Englisch* statt deutsch *auf Englisch*. Allerdings läßt das moderne DDR-Wörterbuch HWDG 1984 die Wendung ‹etwas in Englisch sagen› (unter *in* 3.) bereits kommentarlos zu. – Eine ähnliche Form der erklärenden Einführung eines englischen Fachausdruckes ist seine Wiederholung in deutscher Übersetzung. So hieß es in der BZ vom 4. Jan. 1985 (S. 1) in einer kurzen Meldung über den Ausgang des Eishockey-Europapokals: «... die Entscheidung fiel erst in einem *Penaltyschießen*. ... so mußte das *Strafstoß-schießen* entscheiden.» – Ein neues, in deutschen Wörterbüchern noch nicht gebuchtes Wort ist *pixel* ‹Bild-, Rasterpunkt›, von dem die BZ am 7./8. Febr. 1987 (S. 13) wie folgt berichtete: «Einen elektronischen *Bildsensor* mit 1,4 Millionen *Pixels* (Bildpunkten) stellt die Eastman Kodak Company vor.» Wie *Pixel* beruht auch (der) *Bildsensor* nach *picture sensor* auf amerikanischem Vorbild. Für *pixel* gibt das OEDS III (1982) einen Erstbeleg aus dem Jahre 1969 mit der Bedeutung *picture element* ‹Bildelement›.

Eine gezielte direkte und ausführliche Erklärung für die breite Öffentlichkeit brachte die BZ am 11. Dez. 1980 für das westliche politische Schlagwort *Pluralismus* in einem Artikel mit der Überschrift «Was versteht man unter Pluralismus?» Darin wird unter anderem ausgeführt: «Der Begriff *Pluralismus* hat die Forderung nach Zulassung mehrerer entgegengesetzter politischer Kräfte, Ideen und Standpunkte zum Inhalt. Als bürgerliche politische und ideologische Konzeption dient er der Verschleierung der Klassengegensätze zwischen Proletariat und Bourgeoisie.» Auch im D 1984 und D 1986 wird (der) *Pluralismus* (engl. *pluralism*) genauer erklärt und als entsprechendes Adj. *pluralistisch* (engl. *pluralist, pluralistic*) angegeben. Am 8. Nov. 1984 (S. 9) erläuterte die BZ das auch in der DDR immer häufiger verwendete Schlagwort *Disponibilität* (engl. *disponibility*) unter der fettgedruckten Überschrift «Was ist *Disponibilität*?» unter anderem wie folgt: «Wir verstehen darunter die Voraussetzungen der Werktätigen, ihr Arbeitsvermögen effektiv für wechselnde, aber auch wachsende Anforderungen im Arbeitsprozeß einzusetzen. In diesem Sinne ist also mit *Disponibilität* (auf Deutsch: *Verfügbarkeit*) auch Beweglichkeit gemeint.» In gleicher Weise waren vorher *Gerontologie*, engl. *gerontology*, und später *Informatik* von der BZ erklärt worden.– In der BZ vom 4. April 1986 (S. 3) wurde ein neues Glas, das *Floatglas*, unter ausdrücklicher Angabe seiner englischen Herkunft mit der Überschrift «Was ist *Floatglas*?» unter anderem wie folgt beschrieben: «*Floatglas* ist *Flachglas*. ... Es zeichnet sich durch eine sehr gute Oberflächenqualität aus. ... Kern dieser neuen Technologie ist das *Floatbad* (engl. *to float* ‹schwimmen›)» usw. Abschließend hieß es, daß die *Floatglasproduktion* im VEB *Flachglaskombinat* Torgau geschieht. In einem weiteren Artikel zu diesem neuen Glas in der BZ vom 15. Juli 1986 (S. 3) mit dem Titel «Ist Glas und geht doch schwer entzwei» wurde von «*Flachglas* als *Floatglas*» berichtet und gesagt: «Im Olbernhauer Glaswerk wird seit 25 Jahren aus *Floatglas* hochwertiges Sicherheitsglas hergestellt.» Und im ND vom 26. Aug. 1986 (S. 3) wird in einem ganzseitigen Artikel Näheres über die *Floatglasanlage* und über die

Floatglasherstellung im «*Flachglaskombinat* Torgau» berichtet, so unter anderem: «Das englische ‹to float› bedeutet ‹schwimmen›. Das *Floatglas* schwimmt bei seiner Herstellung auf einem Metallbad. ... Sand, Soda, Dolomit, Kalk und Glaubersalz – das sind die wichtigsten Ausgangsstoffe für das *Floatglas*. ... Großbritannien ist das Mutterland des *Floatglasverfahrens*.» Das OEDS I (1972) bringt zu *float glass* einen ersten Beleg aus «The Times» vom 21. Jan. 1959. Trotz der vorherrschenden Bezeichnung *Floatglas* scheint seine Ersetzung durch *Flachglas* (s. oben *Flachglaskombinat*) durchaus möglich. – Eine neueingeführte Baumethode beim Bau des Großplanetariums der Hauptstadt Berlin erklärte die BZ in ihrer Ausgabe vom 6./7. Sept. 1986 (S. 8) wie folgt: «Zu den neuen Methoden gehört das sogenannte *Lift-Slab-Verfahren* für die Zwischendecken der Umbauung. Am Boden aus Beton gegossen, wurden die vier Decken nacheinander hydraulisch zwischen die Stahlbetonstützen gehoben und verankert.» Der Name *Lift-Slab-Methode*, engl. *lift-slab method*, ist eine Zusammensetzung aus *lift* ‹(Hoch-, Auf-)Heben› + *slab* ‹(Metall-, Stein-, Holz- usw.) Platte›. – Das für die DDR bis Ende 1987 unbezeugte Wort *Jingle* ist für die BRD bereits im DDU 1983 als Subst. «(der) *Jingle* = Geklingel, (Werbesprache:) ‹kurze einprägsame Melodie, Tonfolge› als Bestandteil eines [gesungenen] Werbespots (in Rundfunk und Fernsehen)» bezeugt. Dieses neue Lexem für eine auch in der DDR seit längerem bekannte Sache wurde in der BZ vom 24. Dez. 1987 sowohl mit großer Hinweisschlagzeile auf der Titelseite «Akustisch-frisches *Make-up* mit *Jingles*» als auch mit ausführlichem Erläuterungsartikel (auf S. 3) nachdrücklich eingeführt und propagiert. Es heißt darin, daß sich der Berliner Rundfunk ein «akustisch frisches *Make-up* auflegte: Letzteres heißt: Vor, während und nach den Sendungen wird, internationalem *Trend* folgend, ‹gedschingelt› (von engl. *to jingle* ‹rasseln›). *Jingles* sind akustische Signale, die musikalisch andeuten, was folgt: das Mittagsmagazin, ‹Treffpunkt Alexanderplatz›, das neue Abendmagazin ‹Berliner Luft›, die Zeitfunksendung ‹Pulsschlag der Zeit› haben solche Kennungen genauso wie Sendungen der Redaktionen von Kultur, Sport, Lokales und die Nachrichten.» Über den DDU 1983 hinausgehend, wird hier zum Subst. *Jingle* (engl. *jingle*) das deutsche Verb *jingeln, dschingeln* nach engl. *to jingle* ‹klimpern (von Münzen), bimmeln (von Glöckchen) usw.› eingeführt.

Gelegentlich werden allgemein verwendete und strapazierte

anglo-amerikanische Wörter neu auf ihren Gebrauchswert und Inhalt hin öffentlich überprüft. Die BZ vom 29. Okt. 1984 (S. 6) widmet dem *Streß* bzw. *Stress* (engl. *stress*), «über den wir nur ständig reden, aber zu wenig darüber laut nachdenken», eine ganze Spalte, die so beginnt: «Dieses Wort *Streß* zählt sicherlich zu den am häufigsten gebrauchten. Das war nicht immer so. Ich möchte fast wetten, noch vor zwei, drei Jahrzehnten war es den meisten Zeitgenossen sogar unbekannt. ... Indes, wer weiß wirklich, was sich hinter diesem modischen Wort verbirgt und was es bedeutet?» Eine wissenschaftliche Antwort auf diese Frage gaben zwei Jahre danach Klaus Scheuch und Gert Schreinicke in ihrem Buch «*Stress*. Gedanken – Theorien – Probleme», Berlin 1986. Inzwischen beschäftigt sich die Tagespresse mit dem *Streß* eingehender. So brachte die BZ am 6./7. Juni 1987 (S. 11) einen Artikel über Prüfungen «mit *stressendem* Charakter», wobei zwischen *Eustreß* ‹zu griech. *eū* = gut; anregender stimulierender *Streß*› (DDU 1983) und *Disstreß* ‹zu griech. *dys-* = miß-; langandauernder starker *Streß*› unterschieden wird: «*Eustreß* gehört folglich zur Prüfung. *Disstreß* ist dagegen zu verbannen.» Bereits eine Woche später veröffentlichte die BZ am 11./12. Juli 1987 (S. 11) in gewohnter Manier einen weiteren Beitrag dazu unter der fettgedruckten Überschrift «Was unterscheidet *Eu-* und *Disstreß*?» Über den «*Eustreß* (*Eu* = echt, d. h. physiologischer Streß)» wird darin u. a. ausgeführt, daß «ohne diese *Streßform* der Mensch nicht lebensfähig wäre». Der «*Disstreß* (desorganisierender Streß) tritt dagegen ein, ... wenn Menschen nicht ‹abschalten›, besser: nicht ‹umschalten› können. ... Der Übergang vom *Eustreß* zu *Disstreß* kann fließend sein.» Das überaus häufige und modische Wort *Streß* hat erwartungsgemäß zu einer ganzen Wortfamilie geführt, wie *Streßsituation* (HWGD 1984), *stressig, stressen, gestreßt*, die trotz ihrer allgemeinen Verwendung noch keine Aufnahme im D 1986 gefunden haben. Dieser gibt für *Streß* nunmehr die Definition: ‹(gesundheitsschädigende) Überbeanspruchung des menschlichen Organismus›. Neuerdings beschäftigt man sich sogar mit der Frage «Wie reagiert eine Pflanze auf *Streß*?» (laut ND vom 6. Jan. 1988, S. 4).

Aber auch die ins Deutsche übertragenen anglo-amerikanischen Lehnwörter erfordern und erhalten häufig für eine breitere Öffentlichkeit nähere Erklärung. So wird z. B. *Schlüsseltechnologie* aus engl. *key technology* im «Spectrum» Heft 8, 1987 (S. 4), wie folgt definiert: «Generell kann man als *Schlüsseltechnologie* jene Neuerungen bezeichnen, die unter den konkreten Reproduktionsbedingungen eines Landes oder einer Wirtschaftsregion (z. B. RGW) in einer bestimmten Periode dem Eindringen von *Basisinnovationen* der wissenschaftlich-technischen Revolution in die materielltechnische Basis der Volkswirtschaft dienen (*Mikroelektronik, Biotechnologie, Lasertechnik* und andere) ...» (aus engl. *microelectronics, biotechnology, lasertechnology*).

17.
Ausmaß und Anlaß der anglo-amerikanischen Entlehnungen

Auf die Bedeutung des anglo-amerikanischen Worteinflusses werden die Bürger der DDR täglich bereits durch große Leuchtreklameschilder mit der Aufschrift *Elektrotechnik, Elektronik, Automatik* (engl. *electronics, electrotechnics, automatics*) auf dem Berliner Alexanderplatz oder durch eine ähnliche für jedermann unübersehbare Leuchtreklame *Computers Components Engineering* am Hauptbahnhof Halle und anderswo hingewiesen. Die Leipziger Frühjahrsmesse 1989 stand laut DDR-Presse unter dem Motto *flexible Automatisierung*. Ein beträchtliches Ausmaß an (Anglo-)Amerikanisierung der täglichen Umgangssprache, also nicht nur des fachwissenschaftlichen Wortschatzes, bezeugen auch die in die Tagespresse eingedrungenen und von dieser den Lesern täglich präsentierten Anglo-Amerikanismen. Im Anzeigenteil der BZA vom 28. Juli 1987 (S. 6) wurden zum Beispiel in der Rubrik Ankauf und Verkauf angeboten: *Adapter, Combivision, Dynacord Electrodums ‹Percuter S› mit 5 Pads, alles exquisit, Integralhelme, portable Farbfernseher, Surf-Anzug, Surfbrett-Funbord, Surfbrett-Windglider, Tuner HiFi, Walkman, Werkextras* und anderes mehr. In der BZ vom 1. Juni 1988 (S. 8) wurde unter «Berlin-Information» von *Saisonhostessen* für Stadtauskünfte (= Schülerinnen aus erweiterten Oberschulen mit Fremdsprachenkenntnissen) berichtet; ferner: «Ein Neuling ist auch ein *Spielposter* mit Farbfotos von Sehenswürdigkeiten. Es kann in Quadrate zerschnitten und als Kartenspiel genutzt werden; dazu kommen auch die vor allem bei jungen Leuten beliebten *Sticker* (Anstecker) zum Verkauf.» Der *Sticker* bezieht sich hier auf Anstecker für Personen, während *sticker* im Englischen gewöhnlich als Anstecker für Sachen in der Bedeutung ‹Aufkleber› (so auch für *Sticker* im DDU 1983) oder ‹Aufklebezettel› gebraucht wird (vgl. LDCE 1987). – Um das kulturelle Leben im neuerbauten großen Berliner Stadtteil Marzahn wie auch in anderen Neubaugebieten der DDR attraktiver zu gestalten, bedient man sich unter anderem auch amerikanischer Einrichtungen und ihrer Terminologie. So kündigte die BZ am 20. Juli 1988 (S. 8) *Country-Musik* «als Reverenz an die ehemals ländliche Gegend» an. Zugleich soll die Attraktivität der Klubgaststätten in den Marzahner Wohngebieten durch eine «*Talk-Show* am Eichenstammtisch», eine «*Rock-and-Roll-Disko*» und sogar durch «Spezialitäten der amerikanischen Küche wie Bohnen mit Speck nach Bostoner Art, gebackenes Hähnchen ‹*Maryland*›, *Rauchsteak*, amerikanische Kraftbrühe mit einem Schuß *Whisky*» erhöht werden. Im Grunde handelt es sich hierbei um Speisen und Getränke, die einst von deutschen Auswanderern in Amerika eingeführt wurden und nunmehr unter amerikanischem Decknamen als Modeerscheinung in die deutschsprachigen Länder zurückkehren (vgl. 28. Kap.). Bekanntlich unterliegen auch die Gewohnheiten und Geschmacksrichtungen des Essens und Trinkens seit jeher der Mode.

Der regelmäßig in der BZA veröffentlichte «Veranstaltungsplan der Abteilungen Jugendfragen, Körperkultur und Sport sowie Künste des Magistrats von Berlin» («Allerlei für junge Leute») strotzt geradezu von Anglo-Amerikanismen aller Art. Greifen wir einmal wahllos die Ausgabe der BZA vom 19. Jan. 1989 (S. 6) heraus – die Durchsicht jeder anderen Ausgabe würde zu einem ähnlichen Ergebnis führen –, so finden wir allein auf dieser Seite nacheinander folgende Anglo-Amerikanismen in Direkt- oder Teilentlehnungen: *OKK-Blues, Superdisko, Tips-Spaß, Disko-theke, Dance Floor – Fun beim Tanz, Rock-Küche, Livemusik* und *Live-Musik, Jazzdiskothek, Oldie-Nacht, Off-Ground-Fete, Bühne-live, Rock'n'Roll-Party, Jazz-in, Jazzdance, Jazzdanceabend, Oldie-Laden – Oldies zum Hören und Tanzen, Diskotour* mit den Tanzmusikgruppen *Swing-Connection, Swing-Kiste, Swing Society, Müller Beat, Whisky & Soda, Lolly Boys, Tropical, Rock-Pop-Band, High light* und ‹*intercollection*›. Aus dem Jugendradio-Programm vom 20. bis 26. 1. 1989 auf der gleichen Seite unten entnehmen wir überdies die Anglo-

Amerikanismen *Morgen-rock, Hit-Globus, Hit-Umschau, electronics Tangerine Dream, Computerclub, Tendenz von Hard bis Heavy, Oldies-Party, Pa-Rocktikum* (Wortkreuzung aus engl. *panopticon + rock*), *Pop-Café, Songs, Black Music mit Soul & Funk, Podiumdiskothek, Vibrationen Reggae, Feature, Blues*.

Aber auch die nicht nur auf die Jugend zugeschnittenen allgemeinen populären Veranstaltungsprogramme sind ein wahrer Tummelplatz für Anglo-Amerikanismen. So enthielt, um einmal nur meinen eigenen Wohnort Berlin-Köpenick in Betracht zu ziehen, das gedruckte kleine und nur wenige Seiten umfassende Veranstaltungsprogramm für den «Köpenicker Sommer 10./11./12. Juli 1987», das für die gesamte Bevölkerung bestimmt und somit auch (umgangs)sprachlich auf diese abgestimmt war, eine erdrückende Fülle anglo-amerikanischer Ausdrücke und Bezeichnungen. Wir lesen darin von *Hits* und *Gags, präsentiert* von der «Modebühne Berlin», von *Rock, Blues & Soul*, von einem *Rocktheater*, von einer *Laser-Show* mit den *Musikformationen Rockhaus* und *Jonathans Blues Band*, von Tante Emmas *Modeshow*, einem *Showprogramm* mit *Moderation*, von einer *Unterhaltungsschau Pop-Fit* mit *Willy's (sic!) Show-Band*, von einer Veranstaltung *Show-Pop '87*, von Tanz und *Show*, durchgehend von *Diskos* oder *Diskotheken* sowie von einer *Pop-Modegruppe*. Da wird ferner ‹*Country* oder wie ...› *moderiert*, da laden der *Minimarkt* und das *Pop-Color*-Haarstudio ein; «es *swingen* die *Piano Swing Time*»; für Kinder gibt es *Quiz, Riesenpuzzle, Dixieland* und *Kinderclownerie*, eine *Show* für kleine Leute mit einer *Diskothek*. Köpenicker *Rocknachwuchs* wird dort *präsentiert, Illumination* im *Laserlicht*, von Musik *non stop* begleitet, *präsentiert* von weiteren ‹Tanzorchestern› (mein altmodisches Wort!) mit meist zünftigen englischen Namen wie *Speedarts, Tele-Band, Blamu Jazz Orchestrion, Tenteam Berlin, Olly's (sic!) Disko, Hummel's (sic!) Disko, Hammer-Disko* und andere mehr. Ja selbst das noch in keinem DDR-Wörterbuch verzeichnete angloamerikanische Wort *skiffle* erscheint gleich zweimal in unserem Köpenicker Veranstaltungsprogramm 1987 als «*Lose Skiffelgemeinschaft*» und «*Skiffle* (Schwerin)». Im DDU 1983 wird (der, auch das) *Skiffle* als ‹Art des Jazz, der auf primitiven Instrumenten, z. B. Waschbrett, gespielt wird› beschrieben. Das OEDS IV (1986) gibt eine eingehende Erklärung des etymologisch unbekannten Wortes *skiffle*, das zuerst 1926 als *Chicago-skiffle* ‹Jazzmusiktitel› bezeugt ist. Nehmen wir nunmehr ein Programm einer Großveranstaltung im Rahmen der Berliner 750-Jahrfeier zur Hand, wie es z. B. in der BZ am 31. Juli 1987 (S. 8) für «ein großes Marktspektakel in der (Berliner) Alexanderstraße» abgedruckt stand, so erfahren wir darin von einer *Computer-Spielwiese, Programmierer-Olympiade,* von *Finalisten, Informationen – Improvisationen – Interviews,* von *Simultan-Wissenschaft live, Informatik interdisziplinär,* von *Winnetou und Old Shatterhand, die zur Friedenspfeife bitten,* von *Clowns nonstop,* von *Skate-Board-Slalom,* von einem *Festivalcafé* und von *Dixieland-Musik.*

Anglo-Amerikanismen sind mithin auch in der DDR in allen Schichten und Altersgruppen gebräuchlich, wobei die Jugend bei deren Übernahme oft vorangeht (s. 9. Kap.), besonders auf solchen Lebensgebieten, die ihr bedeutsam erscheinen. Bisweilen treten gleichbedeutende Anglo-Amerikanismen nicht nur neben die deutschen Wörter, sondern drängen sie zeitweilig zurück oder verdrängen sie sogar für immer. Während man früher zum Beispiel unter *Druck* stand, steht man heute im *Streß,* statt des früheren *Steckenpferdes* hat man heute ein *Hobby* (wobei *Steckenpferd* seinerseits eine frühere deutsche Lehnübersetzung von englisch *hobby horse* ist), statt *Grenze* sagt man in gewissen Zusammensetzungen *Limit* (wie in Gewichts-, Kredit-, Not- oder Preislimit), für *Schau* tritt häufig *Show* ein, das *Schwimmbecken* wird mehr und mehr durch den *Swimmingpool* verdrängt. Man hört oft nicht mehr einen *Schlager,* sondern einen *Hit,* man ist *clever* statt *klug* usw. – alles Wörter, die im Grunde das gleiche bedeuten. An zahlreichen anglo-amerikanischen Wörtern erkennen wir zugleich, wie selbst die ideologische Auseinandersetzung mit Erscheinungen und Einrichtungen der kapitalistischen Welt eine weitere wichtige Quelle für das Eindringen anglo-amerikanischen Sprachmaterials in die sozialistische Welt und damit auch in die DDR bildet. So buchen etwa das HWDG 1984 und der D 1986 (noch nicht der D 1984) (die) *Lobby,* ersteres als ‹Gesamtheit der Angehörigen monopolistischer Interessengruppen, die in imperialistischen Staaten hinter den Kulissen von Parlament und Regierung den Gesetzgeber, die Parlamentsmitglieder zugunsten ihrer Interessen zu beeinflussen suchen›, letzterer als ‹Wandelhalle im bürgerlichen Parlament, übertragen: Interessengruppe, die auf Parlamentarier und deren Entscheidungen Einfluß zu gewinnen sucht›, jeweils mit den Zusammensetzungen *Lobbyismus* und *Lobbyist.* Engl. *lobby* ‹Wandelhalle, -gang, Foyer; polit.: (Vertreter von) Interessengruppen› mit dem Verb *to lobby* ‹Abgeordnete beeinflussen oder bearbeiten›, *lobbyism* und *lobbyist*. Ein häufig in der DDR-Presse wie auch im mündlichen Gebrauch der DDR-Bürger verwendetes Wort ist (der) *Pluralismus* mit dem Adj. *pluralistisch*, engl. *pluralism* und *pluralistic*, etwa in *pluralistischer Gesellschaft(sform)*. Im D 1984 und D 1986 wird für *Pluralismus* sowohl die philosophische Bedeutung ‹idealistische Auffassung, nach der die Welt aus einer Vielzahl zusammenhangloser Wesenheiten besteht›, als auch die politische Bedeutung ‹revisionistische Theorie, die die Notwendigkeit mehrerer Weltanschauungen, politischer Parteien usw. in der Gesellschaft behauptet› angegeben. In dem heute üblichen und oft gebrauchten Sinne taucht das englische Wort *pluralism* gemäß dem OEDS III (1982) erst später auf: Im Jahre 1941 erschien ein Buch von H. M. Magid mit dem Titel «English *Political Pluralism*». Ein Beleg aus dem Jahre 1954 lautet wie folgt: «Als ein ‹Parteisystem› (‹party system›) ist die Einheitspartei offensichtlich verschieden vom Vielparteiensystem oder ‹Pluralismus› (‹*pluralism*›).» Oft entfallen nach einiger Zeit die polemischen Verwendungen und äußeren Vorbehalte gegenüber bestimmten Anglo-Amerikanismen, die dann allmählich stillschweigend eingebürgert werden. Das zeigt sich bereits beim Vergleich der beiden jüngsten DDR-Duden von 1984 und 1986 (s. etwa *Comic Strips* oder *Boom*). Dabei ist auch zu beachten und zu beobachten, daß viele Anglo-Amerikanismen nicht direkt aus dem britischen oder amerikanischen Englisch übernommen werden, sondern indirekt über die BRD, vor allem durch das Fernsehen. Aber auch das Umgekehrte kann zuweilen eintreten. Die «Frankfurter Allgemeine Zeitung» brachte am 28. Nov. 1988 auf S. 31 eine kurze, «Deutschstunde» betitelte Meldung, worin ein Journalist aus Frankfurt am Main seinen Gesprächspartner in Berlin (DDR) telefonisch fragt: «Können Sie mich bitte in Ihren Verteiler aufnehmen?» und die Antwort erhält: «Aber gerne, ich setze Sie auf unsere *Mailing List*!» (engl. *mailing list* ‹Adressen-, Austauschliste›). Aber auch über das Russische gelangen durch die Presse Anglo-Amerikanismen in die DDR (s. 35. Kap.). Bisweilen dienen die Anglo-Amerikanismen auch nur zur stilistischen Variation deutscher Ausdrücke. In vielen Fällen verwendet man sie zur Herstellung eines gewissen Lokalkolorits. Selbst einer snobistischen Bevorzugung verdanken viele Anglo-Amerikanismen als sogenannte Imponiervokabeln oder Prestigewörter und -phrasen, denen unbegründeterweise ein höherer stilistischer Wert beigemessen wird (s. 36. Kap.), ihre Verwendung.

Gelegentlich steht hinter dem Gebrauch von Anglo-Amerikanismen auch der Hang zur Sprachspielerei mit Überraschungseffekt, etwa wenn in einem Artikel über ein *Theater-Pop-Spektakel* «die Herren *live-haftig* in Augenschein zu nehmen» waren (BZ vom 27. Jan. 1989, S. 7). In vielen Fällen findet eine Wiederbelebung und ein verstärkter Gebrauch älterer Anglizismen statt, etwa in Wörtern wie *Bar, Festival, Folklore, Partner, Star* in neuen Zusammensetzungen. Zuweilen wandern bestimmte Bezeichnungen wie etwa für das *Volkslied* mehrfach von England nach Deutschland und umgekehrt (s. S. 45). Auf diese und weitere spezielle Motive für die Übernahme oder Bevorzugung von Anglo-Amerikanismen wird jeweils an entsprechender Stelle eingegangen.

18.
Die Aufnahme der Anglo-Amerikanismen in die DDR-Duden

Wie wir bereits gegen Ende des 8. Kapitels ausgeführt haben, spiegeln die in zeitlichen Abständen in der DDR herausgegebenen Duden den sich laufend verstärkenden anglo-amerikanischen Einfluß auf den deutschen Wortschatz in der DDR deutlich wider. Naturgemäß hinken sie mit ihrer Aufnahme der Anglo-Amerikanismen der Entwicklung in der gesprochenen Sprache nach, da ihre Verfasser erst abwarten (müssen), ob und wieweit sich diese auch in der geschriebenen Sprache, also in der Schriftsprache, durchsetzen. Schließlich ist der Duden ein «Wörterbuch und Leitfaden der deutschen Rechtschreibung», wie der Untertitel besagt. Während uns zur Zeit der Abfassung der vorausgehenden Akademie-Abhandlung (LEHNERT 1986b) die Duden-Ausgabe von 1984 (D 1984) zur Verfügung stand, ist inzwischen die erweiterte Neuauflage von 1986 (D 1986) erschienen. Schon ein flüchtiger Vergleich des D 1986 mit dem D 1984 erweist eine beachtliche Zunahme von Anglo-Amerikanismen in allen Lebensbereichen und eine fortschreitende Eindeutschung anglo-amerikanischer Wörter in der DDR. Um einen Eindruck von der fortgeschrittenen Anglo-Amerikanisierung unseres Sprachgebrauchs zu geben, führen wir im folgenden eine Reihe anglo-amerikanischer Wörter an, die gegenüber dem D 1984 nunmehr im D 1986 Aufnahme und Heimatrecht in der DDR gefunden haben: (der) *Allroundman* ‹Alleskönner, der auf vielen Gebieten beschlagene Mensch› (dafür entfiel hier der *Allroundsportler* des D 1984). – (der) *Assembler* (in der Datenverarbeitung). – (das) *Bit* ‹Informationseinheit› (in der Datenverarbeitung) aus engl. *binary digit* ‹Zweierschritt›.– (die) *Black box* (in der Informationstheorie) aus engl. *black box* ‹schwarzer Kasten› mit dem Kompositum *Black-Box-Methode.* – (das) *Blackout* ‹Ausfall der Funkverbindung› usw. – (der) *Caravan* ‹Autowohnwagen, Wohnmobil› und (das) *Caravaning* ‹Urlaub im Wohnwagen›. – (die) *Country-music* ‹Volksmusik in den USA›. – (der) *Decoder* oder *Dekoder* ‹Datenentschlüsseler› (in der Elektronik) mit dem Verb *decodieren* oder *dekodieren* ‹Wörter oder einen Text entschlüsseln›, engl. *to decode.* – (der) *Diskjockei* oder *Diskjockey* ‹Conférencier für Schallplattensendungen und -veranstaltungen›, engl. *disc jockey.* – (der) *Drummer* ‹Schlagzeuger im Jazz- und Tanzorchester›. – *dry* ‹trocken, herb› (für alkoholische Getränke). – (der) *Entertainer* ‹Unterhalter›. – *floaten* /'flo:tən/ ‹schwanken› (der Währungskurse). – (der) *Glencheck* ‹Gewebe mit großflächigem Karomuster› und (der) *Glencheckanzug.* – (der) *Holocaust* ‹Massenvernichtung, besonders der Juden während des Hitlerfaschismus›. – (das) *Inlay* ‹Zahnfüllung, -plombe.› – (der oder das) *Input* ‹Eingabe› (in der Datenverarbeitung). – Ergänzend zu (der) *Jazz* im D 1984 steht das Verb *jazzen* im D 1986, aber noch nicht das Subst. *Jazzer(in).* – (das) *Jogging* ‹sportliches Laufen› (es fehlen aber noch der *Jogger,* die *Joggerin* und das Verb *joggen*). – (das oder der) *Negro Spiritual,* auch kurz (das oder der) *Spiritual* ‹geistliches Lied der Afroamerikaner in den USA›.– (der) *Oldie,* meist im Pl. *Oldies* ‹wieder aktuelle(r) Schlager vergangener Jahre› (amerikan.). – (der oder das) *Output* ‹Ausgabe› (in der Datenverarbeitung). – (der) *Pacemaker* /'pe:sme:kər/ med. ‹Herzschrittmacher›. – (der) *Penalty* /'penəlti/ ‹Strafstoß› (beim Eishockey). – (die) *Public Relations* Pl. ‹Öffentlichkeitsarbeit› (in der kapitalist. Wirtschaft). – (das) *Recycling* /ri'saikliŋ/ ‹Rückgewinnung von Rohstoffen zur Wiederverwendung›. – (der) *referee* /refə'ri:/ ‹Schieds-, Ringrichter› (im Sport). – (die) *Shortstory* ‹Kurzgeschichte›, engl. *short story.* – (die) *Single* ‹Schallplatte mit nur je einem Titel je Seite›; ‹Einzelspiel› (im Tennis); aber noch nicht: einzeln, allein lebender Mensch (Alleinstehende[r]). – (der) *Spoiler* ‹Luftleiteinrichtung an Fahrzeugen›. –

(der) *Stick*, meist im Pl. *Sticks* ‹Salzstange(n)›. – (der) *Stuntman* ‹Double für gefährliche Szenen› (im Film). – (der) *Surfer* oder (die) *Surferin* ‹Brettsegler(in)› auf dem *Surfbrett* (engl. *surfboard*) mit dem Verb *surfen* (engl. *to surf* oder *to surfride* ‹wellenreiten›) und dem Subst. (das) *Surfing* oder das *Surfriding* (die beiden letzteren Substantive fehlen noch im D 1986). – (der) *Synthesizer* ‹Gerät in der Musik zur elektronischen Klangerzeugung›. – (die) *Talk-Show* ‹Unterhaltungssendung mit Interviews bekannter Persönlichkeiten im Fernsehen›. – (der oder das) *Terminal* ‹Abfertigungshalle auf Flughäfen; Containerumschlagplatz›; (das) *Terminal* ‹Ein- und Ausgabegerät einer Datenverarbeitungsanlage›. – *timen* /'taimən/ ‹zeitliche Vorgänge aufeinander abstimmen›. – (das) *Timing* /'taimiŋ/ ‹Festlegung eines zeitlichen Ablaufs›. – (das) *Tonic* ‹leicht bitter schmeckendes Mineralwasser›, verkürzt aus engl. *tonic water*. – (der) *Tranquil(l)izer* ‹psychisch dämpfendes Arzneimittel› (in der Pharmakologie). – (das) *T-Shirt* ‹leichtes Oberbekleidungsstück mit kurzen Ärmeln›. – *tubeless* ‹schlauchlos› (von Autoreifen gesagt). – (das) *Understatement* ‹(bewußte) Untertreibung› (auffälligerweise bucht bisher kein deutsches Wörterbuch das englische Gegenwort *Overstatement* ‹[bewußte] Übertreibung›). – (der) *Windsurfer* und (die) *Windsurferin* ‹Brettsegler(in)› (vgl. *Surfer*) und (das) *Windsurfing* ‹Brettsegeln› (engl. *windsurfer* und *windsurfing*). – (das) *Zoom* /zu:m/ ‹Fotoobjektiv mit stufenlos veränderbarer Brennweite›.

Zu diesen vom jüngsten Duden neugebuchten anglo-amerikanischen Wörtern kommen noch zahlreiche in der Zwischenzeit in den deutschen Sprachgebrauch der DDR gelangte Anglo-Amerikanismen, die wir, soweit sie uns erfaßbar waren, in den folgenden Kapiteln mitbehandeln.

19.
Genauer Vergleich der in den DDR-Duden von 1984 und 1986 gebuchten anglo-amerikanischen Stichwörter unter dem Buchstaben C

Allein unter dem Buchstaben C wurden im D 1984 folgende Wörter mit englischem Herkunftsverweis und näheren Angaben gebucht: (der) *Calypso*, (das) *Camp, campen*, (der) *Camper*, (das) *Camping*, (der) *Cant*, (das) *Cape*, (der) *Catchup* (auch *Ketchup*), (der) *Cent*, (der) *Champion*, (der oder die) *Change*, (der) *Charter*, (der) *Charterer, Charter-* (in *Charterflugzeug, Chartergesellschaft* usw.), *chartern*, (der) *Cherry Brandy*, (der) *Chesterkäse*, (der) *Cheviot*, (der) *Chintz*, (der oder das) *Chippendale*, (der) *Chip*, (die) *Chips* Pl., (der) *Chow-Chow*, (das) *Cinemascope*, (die) *City*, (das) *Claim*, (der) *Clan*, (das) *Clearing*, (das) *Clearingabkommen, clever*, (der) *Clinch*, (der) *Clip* (oder *Klipp*), (der) *Clown*, (die) *Clownerie* (engl. *clownery*), (der) *Club* (oder *Klub*), (der) *Cobbler*, (das) *Cockpit*, (der) *Cocktail*, (die) *Cocktailparty*, (der) *Code* (oder *Kode*), (der) *Codeschlüssel* (engl. *code key*), (das) *College*, (der) *Collie*, (der) *Colt*, (die) *Combo*, (das) *ComEBack*, (die) *Comics*, (die) *Comic Strips* Pl., (der) *Common Sense*, (das) *Commonwealth*, (das) *Commonwealth Country, Commonwealth of Nations*, (der) *Computer*, (der) *Container*, (der) *Conveyer*, (das) *Copyright*, (das) *Corned beef*, (die) *Cornflakes* Pl., (das) *Cottage*, (das) *Cotton*, (die) *Cottonmaschine*, (die) *Couch*, (der) *Count*, (der oder das) *Countdown*, (die) *Counteß*, (die) *County*, (der) *Cowboy*, (der) *Crack*, (die) *Cracker(s)* Pl., (die oder der) *Crew*, (der) *Cross* oder *Croß*, (das) *Cross-* oder *Croß-Country*, (der) *Cup*, (das) *Curling*, (der oder das) *Curry*, (der) *Cut(away)*, (der) *Cutter, cuttern*.

Im D 1986 wurden zusätzlich zum D 1984 folgende C-Anglo-Amerikanismen aufgenommen: (das) *Callgirl*, (der) *Caravan*, (das) *Caravaning*, (der oder das) *Cartoon*, (der) *Check* (im Eishockey), *checken*, (die) *Checkliste*, (die) *Cleverneß*, (die) *Clogs* Pl., (der) *Cluster*, (der) *Coach*, (der) *Cockerspaniel*, (der) *Colorfilm*, (der) *Compiler*, (der) *Composer*, (der) *Countertenor*, (die) *Country-music*. – Im D 1986 wird gegenüber dem D 1984 die eindeutschende Schreibweise *Kautsch* neben *Couch* nicht mehr verzeichnet, in *Cockpit* nicht mehr daneben *Kockpit*, während neben *Code* auch weiterhin die Schreibung

Kode zugelassen wird. Bei den *Comic Strips* ist nunmehr die negative Definition aufgegeben worden.

Immerhin fehlen auch im D 1986 noch einige vielgebrauchte anglo-amerikanische Wörter mit C – wie *Catch-as-catch-can* ‹brutaler Freistilringkampf, bei dem alle Griffe erlaubt sind› (WDG), *catchen* (engl. *to catch*), (der) *Catcher*, *einchecken* (engl. *to check in*), *auschecken* (engl. *to check out*), (der) *Checkpoint* ‹Kontrollpunkt an Grenzübergängen› (*Checkpoint Charlie* in Berlin), (der) *Choke* oder *Choker* ‹Luftklappe am Autovergaser als Hilfe beim Kaltstart›. Der *Choke*, engl. *choke* /tʃouk/, meist ohne Kenntnis seiner englischen Herkunft mit deutsch *Schock* zusammengebracht und auch so gesprochen, fehlt trotz seiner Bedeutung für alle Autofahrer selbst im DDR-Fremdwörterbuch 1985. Andererseits wird auf dessen Bedeutung und richtige Handhabung publizistisch immer wieder hingewiesen, wie im ND vom 10./11. Jan. 1987 (S. 16) in einem längeren Artikel «*Choke* braucht Feingefühl». – Weiterhin sind im D 1986 nicht verzeichnet: (das) *Cinerama*, *clinchen* (engl. *to clinch*), (die) *Cola* als Kurzform für *Coca-Cola* ‹koffeinhaltiges Erfrischungsgetränk›, in der DDR als *Club Cola* im Handel, (der oder das) *Comecon*, (die) *Cruise Missiles* /kru:z 'misailz/ oder /'misəlz/ Pl. neben der Lehnübertragung *Marschflugkörper*. Das HWDG 1984 bucht von diesen fehlenden C-Wörtern *Catch-as-catch-can*, *catchen* und *Cola*.

20.
Das Auf und Ab der Anglo-Amerikanismen

Viele Anglo-Amerikanismen sind erst nach dem Zweiten Weltkrieg in die deutsche Sprache und danach in die DDR eingedrungen, andere weisen nur eine gesteigerte Verwendung oder Bedeutungsveränderungen gegenüber der Zeit vor dem Zweiten Weltkrieg auf. Wir haben auch und besonders bei dem in die deutsche Sprache der DDR übernommenen anglo-amerikanischen Wortgut stets mit einer Veränderung der Wortinhalte und Worthäufigkeiten im Laufe der Zeit zu rechnen. Dabei werden manche anglo-amerikanischen Wörter und Wortgruppen, die vorher nur von einzelnen Personen oder in kleineren Lebensbereichen verwendet wurden, zum Allgemeingut, während viele andere Wörter wieder aus der Mode und aus dem Gebrauch kommen. Den schnellen Auf- und Abstieg eines Anglo-Amerikanismus innerhalb eines einzigen Jahres (1983) schildert Carstensen am Musterbeispiel von *Aerobic* bzw. *Aerobics* (engl. *aerobics*) ‹Fitneßtraining, bei dem durch tänzerische und gymnastische Übungen der Umsatz von Sauerstoff im Körper verstärkt wird› (DDU 1983). «Als Urheberin der *Aerobics*-Gymnastik gilt die Schauspielerin Jane Fonda, die behauptet, ihre Kunst von dem amerikanischen Sportarzt, Astronauten- und Pilotentrainer Dr. Kenneth H. Cooper aus Dallas, Texas, erlernt zu haben bzw. sich auf seine Erkenntnisse zu stützen, die ursprünglich für Astronauten entwickelt worden waren und die er in seinem 1968 erschienenen Buch *Aerobics* niedergelegt hatte» (CARSTENSEN 1984b, S. 159). Das westdeutsche Magazin «Der Spiegel» schrieb am 25. Juli 1983 (S. 150): «Die Leute können das Wort nicht mehr hören», und ein Aufsatz in den «Würzburger Anglistischen Mitteilungen», Heft 5 vom 20. Okt. 1983 (S. 13–15), trug den Titel «*Aerobics*, das Zauberwort des Jahres». Sache und Wort verschwanden in der BRD so schnell, wie sie aufgekommen waren, und gelangten daher erst gar nicht in die DDR. Der ungewöhnliche und schwerfällige Terminus *Aerobics* wurde durch das griffigere Wort *Popgymnastik* (*Pop-* aus engl. *popular* verkürzt) ersetzt, wodurch zugleich der Übergang vom Einzel- zum Massensport Ausdruck fand. Zu *Pop* wurde sogar das Verb *popen* gebildet. Die BZA berichtete am 28. April 1987 (S. 5) unter der Überschrift «Sparta popt wieder», daß «wieder regelmäßig die *Popgymnastik* der BSG [= Betriebssportgemeinschaft] Sparta stattfindet». Als verspäteter fremder Nachzügler erschien das Wort *Aerobic* in einem in der DDR im Sommer 1986 gezeigten kanadisch-amerikanischen Gemeinschaftsfilm unter dem Titel «Himmlische Körper – *Aerobic nonstop*» mit dem erläuternden Zusatz im ND vom 17. Juli 1986 (S. 7): «Rivalen im Sport und in der Liebe. Ein Konditionsmarathon soll die Entscheidung bringen ... *Aerobic-Show* nach bekannten Diskoklängen.» Im amerikanischen Fernsehen wird noch immer im «Sports Video» regelmäßig «*Aerobics*: Medicine, Health, and Exercise» gesendet.

21.
Ein DDR-spezifischer anglo-amerikanischer Terminus – *Broiler*

Ein anfangs auf die sozialistischen Staaten beschränkter anglo-amerikanischer Terminus, der in kürzester Zeit zum Allgemeinwort in der DDR wurde, ist (der) *Broiler*. Dieses Wort ist allen DDR-Bürgern ebenso geläufig und vertraut, wie es den BRD-Bürgern unverständlich und unbekannt ist. Noch in seinem Büchlein «Beim Wort genommen» wiederholt CARSTENSEN (1986a, S. 29): «Interessant sind die englischen Fremdwörter, die nur in der DDR bekannt sind, von denen *Broiler* (für das, was in der Bundesrepublik *Brathähnchen* genannt wird) das auffälligste ist.» KORLÉN (1981, S. 253) bemerkte zu *Broiler*: «ein DDR-spezifischer Anglizismus, für den es in der BRD eine Reihe von wortgeographischen Varianten wie *Brathähnchen*, *Brathendl* usw. gibt.» Da der Broiler zu einem der beliebtesten Nahrungsmittel in der DDR geworden ist, verweilen wir ein wenig bei diesem Terminus und seiner Entstehung. KRISTENSSON (1977, S. 133) führt zu *Broiler* aus: «Unter dem Begriff *Broiler* ‹a tender young chicken suitable for broiling› wird im Sprachgebrauch der DDR ein Brathähndel oder gegrilltes Hähnchen mit leicht biegsamem Brustbeinfortsatz verstanden (s. ‹Lexikon für das Gaststätten- und Hotelwesen› Berlin, DDR, 1972). Das Lexem verdankt seine allgemeine Verbreitung in der DDR der Bildung von Kombinaten für *i*ndustrielle *M*ast (KIM) im Zusammmenhang mit der Industrialisierung der Landwirtschaft.» Zu der Bezeichnung *Goldbroiler*, einer häufigen Variante von *Broiler*, die oft auch zur Bezeichnung von Gaststätten wie «Zum Goldbroiler» dient, schrieb er (S. 189): «Aus dem Fachbegriff *Broiler* ist die Produktionsbezeichnung *Goldbroiler* gebildet. Die erste Konstituente gehört nach Ruth Römer, ‹Die Sprache der Anzeigenwerbung›, Düsseldorf ²1971, zu den meist gebrauchten Warenattributen der BRD.» In der DDR assoziiert man mit *Goldbroiler* jedoch vor allem die goldbraune appetitanregende Farbe des gegrillten Broilers. Natürlich erscheint der *Broiler* auch in zahlreichen Zusammensetzungen wie *Broiler-Cocktail*, *Broilerbrust*, *Broilerspezialitäten* usw.

Im D 1984 und D 1986 steht zu *Broiler* in Klammern nur ‹junges Mastgeflügel› und der Hinweis ‹englisch›. Im HWDG 1984 wird der *Broiler* als ‹junges, industriemäßig gemästetes, fettarmes Huhn› definiert. Das WDG der DDR verzeichnet das Wort nicht, da es zur Zeit der Abfassung der Einträge unter *B* noch nicht im Sprachgebrauch der DDR war. Auch WAHRIG buchte 1975 *Broiler* noch nicht. Doch der DDU 1983 führt zu *Broiler* bereits folgendes aus: «englisch *broiler*, zu *to broil* = braten, grillen (bes. DDR): Brathähnchen, gegrilltes Hähnchen; *Broilermast* ohne Plural (bes. DDR): Mast von Broilern.» Das DDR-FREMDWÖRTERBUCH 1985 erweitert unter dem Stichwort *Broiler* dessen Bedeutung: ‹industriemäßig gezüchtetes Hähnchen oder anderes Geflügel sowie Kaninchen›. Die neueren englischen und amerikanischen sowie englisch-deutschen Wörterbücher weisen auf die amerikanische Herkunft von *broiler* hin, etwa das LDCE 1978 und 1987 mit der doppelten Bedeutung 1. Bratrost, Bratofen mit Grillvorrichtung; 2. kleines, junges bratfertiges Hühnchen oder Hähnchen ‹to be cooked by broiling›; so auch in LANGENSCHEIDTS HANDWÖRTERBUCH 1988. Von dem *broiler* als amerikanischem Bratofen mit Grillvorrichtung wurde das Wort auf das gegrillte Brathähnchen oder Brathühnchen übertragen. Eine parallele Entwicklung haben auch andere anglo-amerikanische Wörter bei ihrer Übernahme ins Deutsche erfahren: so bedeutete zum Beispiel englisch *spray*, deutsch *Spray*, zunächst nur ‹Zerstäuber, Sprühgerät› und wurde erst später auf die ‹Zerstäuberflüssigkeit, zerstäubte Flüssigkeit› erweitert. In ähnlicher Weise bezeichnete engl. *bowl*, deutsch *Bowle*, anfangs nur das Bowlengefäß, bald jedoch auch das Bowlengetränk. Beide Bezeichnungen für *broiler* bucht auch Webster III (1965); nur den Grillapparat verzeichnet das DAHP 1951. Im OED ist das Wort *broiler* als Bezeichnung für das Brathähnchen erstmalig für 1886 belegt. Einen früheren Beleg bietet das OEDS I (1972) für das Jahr 1875 aus dem «Rep. Vermont Agric.» III, 244, in welchem es heißt, daß «die Hähnchen als Broiler verkauft werden sollen, sobald sie groß genug sind». Weitere Belege aus neuerer Zeit für die amerikanische Herkunft der industriellen Broilerzucht bringt dieser Band an gleicher Stelle für das Jahr 1952 aus dem «Daily Telegraph» vom 4. Dez.: «Die *Broiler*-Produktion steht seit sechs Jahren in Amerika in voller Blüte.» Ähnlich berichtete die gleiche Zeitung am 5. März 1959 über «die kontinuierliche Ausbreitung von *Broiler-Häusern (broiler-houses)*, von Gebäuden zur

Aufzucht von Hühnchen». Von Amerika aus scheint die Broiler-Industrie zuerst in die östlichen und erst später in die westlichen Länder Europas übertragen worden zu sein. Die BZ berichtete in ihrer Ausgabe vom 4. Okt. 1972 (S. 7): «Bei der Entwicklung der Broilerproduktion wirkt die VR Bulgarien als Koordinator innerhalb des RGW [= Rat für gegenseitige Wirtschaftshilfe der sozialistischen Staaten]» und kündigte an, daß «bis 1975 noch 18 Broiler-Kombinate in Bulgarien errichtet würden». Auch in der Sowjetunion spielt die *Broiler*-Produktion eine wesentliche Rolle, wie aus einem im ND vom 27./28. Juni 1987 (S. 9) abgedruckten Wirtschaftsreferat Gorbatschows in Moskau hervorgeht. Darin sprach er unter anderem auch über «die moderne Produktion von Geflügelerzeugnissen, besonders von Broilern, auf der Grundlage von industriellen Technologien». So haben jedes in die deutsche Sprache allgemein und in den Wortschatz der DDR speziell aufgenommene anglo-amerikanische Wort und jede Wendung ihre eigene Geschichte und bedürften streng genommen auch einer eigenen Monographie in ihrem Wortumfeld.

22.
Die anglo-amerikanischen mehrsilbigen Direktentlehnungen

Wie bereits im 11. Kapitel eingangs gesagt, nehmen die anglo-amerikanischen ein- und mehrsilbigen Direktentlehnungen auch im Wortschatz der DDR den größten Raum ein. Wir wollen sie daher in diesem und in dem folgenden Kapitel etwas genauer betrachten.

Hauptanlaß für die Aufnahme von Direktentlehnungen aus dem Anglo-Amerikanischen ist, daß mit einer neuen, attraktiven, modischen, nützlichen oder wichtigen Sache, Einrichtung oder Vorstellung die dazugehörige Originalbezeichnung übernommen wird, besonders in den Fällen, wo der Wortimport auf einem Sachimport beruht. Es liegt im Wesen dieser sowohl fachsprachlichen als auch gemeinsprachlichen Entlehnungen, daß vor allem Substantive in den Allgemeingebrauch übernommen werden. Die Entlehnung von Verben und Adjektiven ist dagegen wesentlich geringer und die von den anderen Wortarten selten, wie wir es übrigens in der gesamten Sprachgeschichte beobachten können. Eine günstige Voraussetzung für die Direktentlehnung ist eine orthographische, phonemische, morphologische und syntaktische Integrierbarkeit. Im Gegensatz zur unbekümmerten lautlichen Integration deutscher und anderer fremder Wörter im Anglo-Amerikanischen wie /ˈɛəzæts/ für deutsch *Ersatz* oder /ˈhæmbɔːgə/ für *hamburger* (gekürzt aus *Hamburger Steak*) bemüht man sich im Deutschen bei der Übernahme anglo-amerikanischen Wortmaterials um Beibehaltung der Originalschreibung und Originalaussprache, was Sprachkundigen allerdings für gewöhnlich nur annähernd und Sprachunkundigen gar nicht gelingt, wie in *Engineering, Jazz, Sandwich, Thriller* oder gar in *Worcestersoße*. Selbst der D 1984 gab für *Greenwich* die unenglische Aussprache /ˈgriːnitʃ/ an, die der D 1986 noch beibehält neben richtiger Aussprache /ˈgrinidʒ/. Ein in unseren Tagen so aktuelles anglo-amerikanisches Wort wie *skyjacker* oder *hijacker* eignete sich allerdings weder formal noch inhaltlich zur direkten oder übersetzten Übernahme ins Deutsche und wurde daher durch *Flugzeugentführer* oder *Luftpirat* ersetzt, wie auch das entsprechende Verb *to skyjack* /ˈskaidʒek/ oder *hijack* /ˈhaidʒek/ durch *ein Flugzeug entführen* und das Substantiv *skyjacking* oder *hijacking* durch *Flugzeugentführung*. Wenn dennoch gelegentlich ein schwer ins Deutsche integrierbares englisches Wort wie *Digest* als (der oder das) *Digest* /ˈdaidʒəst/ ‹Sammlung, Zusammenstellung; ein Zeitschriftentyp› im D 1984 und D 1986 Aufnahme gefunden hat, so handelt es sich dabei um ein literarisches, in der Allgemeinsprache nicht lebendiges Wort. Übrigens stimmt bei allem Bemühen um die richtige Aussprache die angegebene nicht ganz mit der originalenglischen /ˈdaidʒest/ überein, die aber vom DDU 1983 richtig wiedergegeben wird.

Eine Direktentlehnung erfolgt vor allem in den Fällen, wo eine deutsche Übertragung (Lehnübersetzung) aus dem Anglo-Amerikanischen nur umständlich oder gar mißverständlich zuwege gebracht werden könnte. Der umgekehrte Fall liegt vor, wo spezifisch deutsche Begriffe und Vorstellungen wie *gemütlich* oder *Schadenfreude* oder *Sitzfleisch* (s. DNE 1973) in der deutschen Form ins Englische übernommen worden sind (s. Pfeffer 1987 und Lehnert 1988). Ein instruktives Beispiel einer direkten Entlehnung aus dem Englischen ist (das) *Establishment* (engl. *the Establishment*).

Der locus classicus für einen definierten Erstbeleg ist der «Spectator» vom 23. Sept. 1955 (S. 380/1), wo es heißt: «Mit dem *Establishment* meine ich nicht nur die Zentren der offiziellen Macht – obgleich sie zweifellos dazugehören –, sondern vielmehr die gesamte Matrix der offiziellen und sozialen Beziehungen, innerhalb derer Macht ausgeübt wird» (s. auch DNE 1973). Der D 1984 gibt für *Establishment* folgende umschreibende Definition: ‹etablierte staatsmonopolistische Ordnung und Herrschaftsstruktur›, die im D 1986 wie folgt geändert worden ist: ‹(oft abwertend) etablierte bürgerliche Oberschicht›. Im HWDG 1984 steht ausführlicher: ‹(vorwiegend im bürgerlichen Sprachgebrauch) die auf die Erhaltung der bürgerlichen Gesellschaftsordnung gerichtete Ideologie und die sie vertretenden Institutionen, besonders ihre saturierte Führungsschicht›.

Ein weiteres typisches Wort mit einer Fülle sozialer Inhalte und Bezüge ist (das) *Hearing* mit dem Plural *Hearings*. Es fehlt noch im D 1984 und wird erst im D 1986 mit der eindeutschenden Aussprache /ˈhiːriŋ/ für engl. /ˈhiəriŋ/ und der Bedeutung ‹öffentliche Anhörung durch ein bürgerliches Parlament› gebucht. In der DDR-Presse erscheint es bereits in erweiterter Bedeutung als ‹Gedankenaustausch über (soziale) Mißstände›, zum Beispiel in der BZ am 26. Juni 1987 (s. 5), wo unter der fetten Überschrift «*Hearings* auf dem Weltfrauenkongreß in Moskau» unter anderem berichtet wird: «In mehreren *Hearings* brachten sie Verletzungen der Rechte der Frauen in der kapitalistischen Welt zur Sprache und erörterten die Beteiligung der Frauen am Kampf um nationale Befreiung und Unabhängigkeit.» Das HWDG der DDR brachte jedoch schon 1984 das Stichwort *Hearing* als ‹(öffentliche) Sitzung besonders von Ausschüssen bürgerlicher Parlamente, in der Sachverständige, Zeugen zu einem bestimmten Problemfall angehört werden›. Übrigens handelt es sich bei *hearing* um einen juristischen Terminus, der als solcher schon bei Shakespeare begegnet.

Weitere mehrsilbige englische Lehnwörter, die sich nur umständlich durch deutsche Äquivalente oder mit Umschreibungen ersetzen lassen und auch alle im D 1984 und D 1986 stehen, sind: (der) *Adapter*, (der) *Bulldozer*, (der oder das) *Countdown*, (die) *Eskalation*, (das) *Feature*, (der) *Gangster*, (die) *Gangway*, (das) *Happening*, (der) *Hattrick*, (das) *Image*, (das) *Keep-smiling*, (das) *Knowhow*, (das) *Layout*, (der) *Longdrink*, (das) *Make-up*, (das) *Musical*, *Nonstop*(-flug), -kino, -konzert, -musik usw.), (das) *Playback*(verfahren), (der) *Playboy*, (das oder der) *Poster*, *programmieren*, (der, die) *Programmierer(in)*, (die) *Programmierung* (Computer) nach engl. *to program(me)*, *program(m)er*, *program(m)ing*, (die) *Publicity*, (der) *Punchingball*, (das) *Puzzle* (D 1984 und D 1986: /ˈpasəl/ oder /ˈpusəl/, engl. /pʌz(ə)l/, ‹ein Geduldsspiel, aus kleinen Teilen zusammensetzbares Bild›, auch *Puzzlespiel*), (die oder das) *Rallye*, (die) *Roundtable-Konferenz* oder (das) *Roundtable-Gespräch* (engl. *roundtable conference, talk*), (die) *Science-fiction* (Film, Roman usw.), (der) *Service*, (der) *Sprinkler*, (das) *Striptease*, (der) *Stuntman* /ˈstantmən/ ‹Double im Filmwesen für gefährliche Szenen› gemäß D 1986; (der) *Teenager*, (der) *Transfer* (*Waren-*, *Wissens-*, *Technologietransfer* usw.). Man vermißt sowohl im D 1984 als auch im D 1986 einige mehrsilbige häufige Anglo-Amerikanismen wie *Engineering*, *Partnerlook* (s. HWDG 1983), *Pokerface* (s. DDU 1983), usw. Als erstes DDR-Wörterbuch bringt der D 1986 jedoch das zeit- und raumsparende Substantiv (das) *Timing* /ˈtaimiŋ/, engl. *timing*, und das Verb *timen* /ˈtaimən/ mit den Bedeutungen ‹Festlegung eines zeitlichen Ablaufs› und ‹zeitliche Vorgänge aufeinander abstimmen›, engl. *to time*.

Zu den mehrsilbigen anglo-amerikanischen Direktentlehnungen, die sich noch umständlicher und unpraktischer als die vorher genannten durch entsprechende deutsche Lehnschöpfungen oder Umschreibungen wiedergeben ließen und daher auch sämtlich in ihrer Originalform im D 1984 und D 1986 stehen, gehören ferner: (die) *Antibabypille*, meist in der Kurzform *Pille* gebraucht wie engl. *anti-babypill* neben *pill*, (der) *Babysitter*, (der) *Bestseller*, (der) *Boiler*, (die) *Fairneß*, (das) *Fair play*, (die) *Fitneß*, (das) *Fitting*, *gentleman-like (ladylike)*, (das) *Gentleman's* oder *Gentlemen's Agreement*, *groggy*, (die) *Hitparade*, (die) *Hostess* oder *Hosteß*, (der) *Instant-Kaffee* (engl. *instant coffee*), (die) *Jazzband*, (das) *Limit*, (der) *Moderator*, *nuklear*, (das) *Paperback*, *parken*, (die) *Pitchpine*, (der) *Recorder* (*Kassetten-*, *Videorecorder*), (der) *Reprint*, *sexy*, (der) *Slipper*, (der) *Slogan*, (der) *Sprinter*, (die) *Story*, (der) *Thriller*, (der) *Transistor*, (das) *Twist-off-Glas* (D 1986), (der) *Warrant* usw. – Viele zweisilbige englische Substantive erhalten bei ihrer Übernahme ins Deutsche sowohl Anfangs- als auch Endbetonung nach dem Muster bereits bestehender, ähnlich gebauter deutscher Substantive. Nach *Kongreß*, *Prozeß* usw. betont man *Hostess*, *Hosteß* auf der zweiten Silbe, nach *Kattun*, *Tribun* usw. betont man auch *Shampoo(n)*, *Schampun* meist auf der zweiten Silbe, ebenso *Warrant* nach *Garant*, *Passant* usw.

Eine der jüngsten Direktentlehnungen ist (das) *Overkill-Potential*. Am 22. Januar 1988 gaben alle DDR-Zeitungen auf ihrer Titelseite (so vor allem das ND und die BZ) den Wortlaut der «Deklaration von Stockholm» der Repräsentanten der 6-Staaten-Initiative (Argentinien, Griechenland, Indien, Mexiko, Schweden und Tansania) in deutscher Übersetzung wieder, wobei der Begriff und das Wort *Overkill-Potential* (engl. *overkill potential*) unübersetzt blieb. Der jüngste D 1986 bucht (das oder den) *Overkill* noch nicht, wohl aber der DDU 1983 als eine ‹Situation, in der Staaten mehr Waffen (besonders Atomwaffen) besitzen, als nötig wären, um den Gegner zu vernichten›; aus engl. *over* ‹darüber hinaus› und *kill* ‹töten›, eigtl. ‹mehr als einmal töten›, gebildet.

23.
Die anglo-amerikanischen einsilbigen Direktentlehnungen

Eine besondere Rolle spielt bei der direkten Entlehnung auch die Sprachökonomie als eine der stärksten sprachlichen Triebkräfte. Das kurze einsilbige anglo-amerikanische Wort ist griffiger und handlicher (im Sinne von englisch *handy*), das heißt mundgerechter, bequemer, prägnanter und einprägsamer als das entsprechende deutsche mehrsilbige und schwerfällige Kompositum. Oft läßt bzw. ließe es sich nur durch umständliche deutsche Umschreibungen ersetzen. Die englischen Wörter *boom* /bu:m/ und *zoom* /zu:m/ zum Beispiel ersparen als (der) *Boom* /bu:m/ und (das) *Zoom* /zu:m/ Zeit und Kraft beim Sprechen und Raum und Aufwand beim Schreiben und Drucken gegenüber dem entsprechenden Wort *Wirtschaftsaufschwung*, das trotz seiner Inhaltswiedergabe doch nur Teilinformationen enthält, wie bereits ein Blick in den D 1984 und D 1986 zeigt: ‹plötzlicher kurzer wirtschaftlicher Aufschwung (in kapitalistischen Ländern), z. B. durch Börsenmanöver›. Für *Zoom* gibt der D 1986 (noch nicht der D 1984) die Erklärung ‹(Foto) Objektiv mit stufenlos veränderbarer Brennweite›. Ähnlich wie mit *Boom* und *Zoom* steht es mit vielen anderen gängigen anglo-amerikanischen Einsilbern im Deutschen, wie (das) *Bit* für ‹Informationseinheit›, (der) *Fan* für ‹begeisterter

Anhänger›, *fit* (D 1984 und 1986: ‹tauglich, leistungsfähig, in bester sportlicher Form›), (der) *Flip* ‹alkoholisches Mischgetränk; Sprung im Eiskunstlauf mit einer vollen Drehung und einer Landung auf dem Bein, mit dem abgesprungen wurde› (s. HWDG 1984 und D 1986), (der) *Gag* für ‹filmischer oder kabarettistischer witziger Einfall›, (der) *Grit* ‹grober Sand, Sandstein› (D 1986), (der) *Hit* für ‹Erfolgs- und Spitzenschlager›, (der) *Look* /luk/ für ‹Modestil oder dessen charakteristisches Aussehen› bzw. (der oder das) *New Look* (D 1984 und D 1986) ‹neue Mode, neue Richtung›, engl. *new look* ‹neues Aussehen›, auch und besonders als zweite Komponente in zahlreichen Zusammensetzungen wie *Partnerlook, Sportlook, Teenager-Look* usw., (der) *Pool* für ‹Kartell zur Verteilung von Gewinnen, Preis- und Verkehrsvereinbarungen zwischen Schiffahrtsgesellschaften›, (das) *Quiz* für ‹Denksportaufgabe, Frage- und Antwort-Spiel› (D 1984 und D 1986), (das oder der, im D 1986 nur noch: das) *Set* für ‹Satz, Serie zusammengehöriger Gegenstände›, (der) *Shake* /ʃeːk/ für ‹1. Mischgetränk [*Milchshake*], 2. englischer Modetanz› (D 1984 und D 1986), (der) *Sound* für ‹charakteristische Klangfarbe einer Instrumentalgruppe› (D 1986), (der) *Swing* für ‹Kreditspielraum im bilateralen Außenhandel› (D 1984 und D 1986), (der) *Tip* (D 1984 und D 1986) ‹Wink, Andeutung, Vorhersage, Hinweis› – auch für ‹ausgefüllter Wettschein›, mit dem umgangssprachlichen Verb *tippen* ‹vermuten, auf eine Sache setzen, wetten›, (der) *Trend* für ‹Bewegungs-, Entwicklungsrichtung›. Weitere einsilbige ‹handy anglicisms› sind etwa noch (der) *Boß*, (der) *Jeep*, (der) *Jet*, (der) *Job*, (der oder das) *Juice*, (der) *Lift*, (der oder das) *Match*, (das) *Raft* (D 1984 und D 1986) /raːft/ ‹schwimmende Insel› [aus (Treib)Holz], engl. *raft*, ‹(Rettungs)Floß, Ansammlung von Treibholz›, (der) *Raid* (D 1984 /reːd/, D 1986/reːt/ ‹Überraschungsangriff, Streifzug›), (der) *Run* (D 1986: /ran/, besonders in Wirtschaft und Sport, ‹Ansturm, Lauf›; DDU 1983: engl. *run* zu *to run* ‹rennen, laufen› = ‹Ansturm auf etwas wegen drohender Knappheit in einer krisenhaften Situation›, (der) *Scrip* oder *Skrip* (D 1984 und D 1986: Wirtsch. ‹Gutschein›; genauer wieder im DDU 1983: aus engl. *subscription* ‹Unterzeichnung›: ‹Schuldschein für nicht gezahlte Zinsen von Schuldverschreibungen usw.›, (der) *Sex*, (der) *Shop*, (der) *Shunt* (D 1984 und D 1986: /ʃant/ elektrotechn. ‹Nebenschlußwiderstand›), (die) *Single* (D 1986: 1. Schallplatte mit nur einem Titel je Seite; 2. Tennis: Einzelspiel), (der) *Sket(s)ch*, (der oder das) *Slang* (D 1984; im D 1986 nur noch *der Slang*), (der) *Slip*,

Slums (D 1984 und D 1986 Pl. ‹Elendswohnviertel kapitalistischer Großstädte›), (der) *Song*, (der) *Spot* (erst im D 1986 ‹kurzer Werbetext, Werbefilm›), (der) *Speech* (D 1984 und D 1986: /spi:tʃ/ ‹Rede, Ansprache›), (der oder das) *Spray* (mit dem Verb *sprayen*), (der) *Sprint* (mit dem Verb *sprinten*), (der) *Spurt* (mit dem Verb *spurten*), (der) *Streß* oder *Stress* mit zahlreichen Ableitungen, (das) *Team* mit zahlreichen Zusammensetzungen, (der) *Test* (mit dem Verb *testen*), (der) *Trip*, (der) *Trust*, (der) *Vamp* usw.

Daß im Deutschen zum Subst. (der) *Tip* auch das Verb *tippen* gebräuchlich ist, aber zum Subst. (der) *Trip* (D 1984 und D 1986: ‹Ausflug, kurze Reise›) kein entsprechendes Verb *trippen*, erklärt sich daraus, daß dessen Stelle bereits durch das gleichlautende Verb *trippen* (D 1986: norddeutsch ‹tropfen›) besetzt war. In ähnlicher Weise konnte sich das moderne Verb *campen* für *zelten* nicht auf das gesamte morphologische Wortfeld ausbreiten und blieb auf *campen*, *Camper* und *Camping* beschränkt. Das Subst. (das) *Camp* /kemp/ war nämlich bereits durch die Bedeutung ‹Zelt-, Gefangenenlager› (D 1986) besetzt, und die Vergangenheitsformen von *campen* /'kempən/ ‹ich *kampte, wir *kampten, haben *gekampt usw.› erwiesen sich durch Zusammenfall mit den bereits bestehenden Formen von *kämmen* (‹die Haare kämmen›), alt- und mittelhochdeutsch *kemben, kempen*, als untauglich und sind auch nicht bezeugt. Diesen Umständen verdanken das altdeutsche Subst. *Zelt* und die Vergangenheitsformen *zeltete(n), gezeltet* und der durch sie gestützte Infinitiv *zelten* neben *campen* ihr Fortbestehen, wenn auch in stark geminderter Weise: «In 10 Texten aus 3 verschiedenen Zeitungen der Jahre 1984/85 wurden 118mal Elemente der Wortfamilie *campen* und nur 34mal Elemente der Wortfamilie *zelten* gebraucht» (LANGNER 1986, S. 411). Zu dem obengenannten, erst nach dem Zweiten Weltkrieg mit dem Aufkommen des Fernsehens verbreiteten Subst. *Quiz* mit unbekannter Etymologie (vielleicht aus engl. *in-quis-itive* ‹wißbegierig›) besteht im Gegensatz zu anglo-amerikanisch *to quiz* ‹prüfen, ab-, ausfragen› kein entsprechendes deutsches Verb. Zum Subst. *quiz* (D 1984 und D 1986: ‹Denksportaufgabe, Frage- und Antwortspiel› im Radio und Fernsehen), gibt das OEDS III (1982) für 1951 den folgenden Beleg: «Die Quizmanie zeigte keinerlei Zeichen der Verminderung während des Jahres.»

Es fällt auf, daß nur wenige anglo-amerikanische Einsilber im Deutschen Feminina sind, wie (die) *Band (Jazzband)*, (die) *Box* (sowohl anglo-amerikanisch als auch deutsch mit vielfacher Bedeutung), (die) *Crew*, (die) *Show*. Als einsilbiges feminines Neuwort verzeichnet das WDG (die) *Gang* ‹organisierte Gruppe von Verbrechern›, ein Wort, das der D 1984 und D 1986 noch nicht aufgenommen haben, obwohl seit dem 12. Okt. 1984 sogar ein Fortsetzungskriminalroman in der BZ mit dem ominösen Titel «Die Damengang» erschien.

Ein im deutschsprachigen Raum vielgebrauchtes anglo-amerikanisches Adjektiv der Nachkriegszeit ist *live* (D 1984: /laiv/ im Rundfunk und Fernsehen: ‹unmittelbar, original›, ‹zur Bezeichnung einer Sendung, die nicht als Aufzeichnung, sondern unmittelbar übertragen wird›). In verkürzter Form wird *live* so auch im D 1986 definiert. In einem Artikel in der BZ vom 4. Dez. 1987 (S. 7) hieß es, «daß Mary und Gordy alles *live* machten in ihrem Programm ‹*Live '87* im Metropol›». Es wird englisch /laiv/ ausgesprochen, dessen /-v/ meist stimmlos wie /-f/ gesprochen wird. Dadurch kommt es immer wieder zu Verwechslungen von engl. *live* ‹lebendig› mit engl. *life* ‹Leben› und zu Unsicherheiten in der Schreibweise. CARSTENSEN (1986a, S. 58) vermutet daher, daß man bald *Life-Sendung* statt *Live-Sendung* im Deutschen sagen und schreiben wird. Wie in *live* werden auch in allen anderen aus dem Englischen übernommenen Wörtern die stimmhaften Endkonsonanten im Deutschen stimmlos gesprochen, z. B. in *Job*, *Gag*, *Grog*, *Smog* oder *Trend*. Für (die) *Big Band* ‹großes Tanz- oder Jazzorchester› gibt der D 1986 (noch nicht der D 1984) somit die Aussprache /'bik'bent/ an. In (der) *Mob* (D 1984 und D 1986: ‹undisziplinierter, randalierender Haufen von Menschen›), engl. /mɔb/, und (der) *Mop* (D 1984 und D 1986: ‹ein Fransenbesen›), engl. *mop* /mɔp/, ist in der deutschen Aussprache daher Zusammenfall unter /mɔp/ eingetreten.

Das einsilbige anglo-amerikanische Wort eignet sich auch gut zur Bildung von Komposita, wie *live* in *Live-Sendung*, *Live-Studio* ‹Senderaum, aus dem *live* übertragen wird›, *Live-Übertragung* (nach engl. *live broadcast*) oder *Live-Show* usw., oder *Set* etwa in dem vielgliedrigen Kompositum *Wohnraumleuchtenset* (in der BZ am 28. Dez. 1987, S.1). Wegen seiner praktischen Kürze und Prägnanz wird der gleiche englische Einsilber oft in mehreren Fachsprachen in verschiedener Bedeutung verwendet, z. B. *break* ‹Durchbruch, Unterbrechung› in (der oder das) *Break* /breːk/ im Eishockey, Tennis, Boxen, in der modernen Musik usw. (s. DDU

1983). Von den 22 englischen und amerikanischen Bedeutungen, die LANGENSCHEIDTs ENZYKL. WÖRTERBUCH Englisch-Deutsch für *break* als Substantiv anführt, verzeichnet der D 1984 nur (der oder das) *Break* als ‹leichter, offener Wagen›, das WDG nur ‹freie, kurze Kadenz eines Soloinstruments im Rahmen einer Jazzkomposition›, während das HWDG 1984 und der D 1986 das Wort *Break* überhaupt nicht buchen. In ähnlicher Weise dient engl. *gig* zur Bezeichnung verschiedener Gegenstände und Vorgänge im Deutschen, wie (das) *Gig* ‹leichter, offener Zweiradwagen›, (das) *Gig*(boot), ‹Beiboot›, (die oder das) *Gig* ‹Sportruderboot›, (die) *Gig* (‹Tuch)Rauhmaschine›, (der) *Gig* ‹Auftritt für einen Abend bei einem Pop-, Jazzkonzert› o. ä.

24.
Neubelebung älterer lateinisch-französischer Wörter unter anglo-amerikanischem Einfluß

Bei den zahlreichen meist von Intellektuellen (engl. *highbrows*) verwendeten lateinisch-französischen-anglo-amerikanischen gelehrten Wörtern handelt es sich vorwiegend um Termini der Bildungs- und Wissenschaftssprache. Allerdings werden sie von übereifrigen Bildungsbeflissenen zum Beweis ihrer Gelehrsamkeit vorzugsweise und oft überflüssigerweise als ‹Imponiervokabeln› verwendet, die sich leicht durch deutsche Synonyme ersetzen ließen und damit für jedermann verständlich wären. Aus der fast unbegrenzten Zahl solcher lateinisch-französischer Wörter, meist Mehrsilbler, die unter anglo-amerikanischem Einfluß in neuerer Zeit erhebliche Stützung und Wiederbelebung, größere Verbreitung und häufigere Verwendung erfahren haben, seien die folgenden genannt:

ADJEKTIVE

deutsch	englisch	französisch
alert	*alert*	*alerte*
bilateral	*bilateral*	*bilatéral*
(uni-, multi-)	*(uni-, multi-)*	*(uni-, multi-)*

destruktiv	*destructive*	*destructif*
dilatorisch	*dilatory*	*dilatoire*
disparat	*disparate*	*disparate*
distinktiv	*distinctive*	*distinctif*
effizient	*efficient*	*efficient*
eminent	*eminent*	*éminent*
evident	*evident*	*évident*
exklusiv	*exclusive*	*exclusif*
extraordinär	*extraordinary*	*extraordinaire*
inferior	*inferior*	*inférieur*
inflammabel	*inflammable*	*inflammable*
kompatibel	*compatible*	*compatible*
kompetent	*competent*	*compétent*
komplex	*complex*	*complexe*
permanent	*permanent*	*permanent*
profitabel	*profitable*	*profitable*
resistent	*resistant*	*résistant*
retrospektiv	*retrospective*	*rétrospectif*
signifikant	*significant*	*signifiant*
spezifisch	*specific*	*spécifique*
suspekt	*suspect*	*suspect*
vehement	*vehement*	*véhément*

SUBSTANTIVE

Alternative	*alternative*	*alternative*
Effizienz	*efficiency*	*efficience*
Exhibition	*exhibition*	*exhibition*
Frustration	*frustration*	*frustration*
Kompetenz	*competence (competency)*	*compétence*
Reputation	*reputation*	*réputation*
Vehemenz	*vehemence*	*véhémence*

VERBEN

adaptieren	*adapt*	*adapter*
alternieren	*alternate*	*alterner*
frustrieren	*frustrate*	*frustrer*

kontaktieren	*contact*	*contacter*
limitieren	*limit*	*limiter*
partizipieren	*participate*	*participer*
zelebrieren	*celebrate*	*célébrer*

Die «zahllosen verba auf IEREN, die von den regierenden oben bis zu den buchstabierenden und liniierenden schülern hinab wie schlingkraut den ebnen boden unsrer rede überziehen», bekämpfte Jacob Grimm schon 1847 in seiner Berliner Akademie-Rede «Über das Pedantische in der deutschen Sprache» (GRIMM 1984, S. 54).

Ein besonderes Wortfeld ist in unserer Zeit des modernen und modischen *Tourismus* um das aus dem Französischen stammende Wort *tour* ‹Spaziergang, Ausflug, Wanderung›, engl. *tour* und deutsch *Tour*, entstanden. Hinter den zahlreichen *Tour*-Ableitungen steht heute das anglo-amerikanische Vorbild, wie auch die im Französischen gebräuchlichen Zusammensetzungen vom Typ *touring-car* ‹Gesellschafts-, Reisebus›, *touring-club* ‹Touristenverein› und *Touring-Secours* ‹motorisierte erste Hilfe› und andere zeigen. Weitere moderne *Tour*-Komposita sind etwa noch deutsch *Tourismus, Tourist, Touristik*, engl. *tourism, tourist*, französisch *tourisme, touriste;* deutsch *Touristenklasse*, engl. *tourist class*, französisch *classe touriste*.

25.
Ältere und neuere anglo-amerikanische Sportterminologie

Die international verbreitete Sportterminologie erhielt und erhält aus Großbritannien und den USA immer neue Zugänge.

Wie in der ganzen Welt ist auch in der DDR der aus Amerika kommende Modesport *Jogging*, zu engl. *to jog* ‹(dahin)trotten›, ‹ein Fitneßtraining, bei dem man entspannt in mäßigem Tempo läuft› (DDU 1983), beliebt und verbreitet. Im Grunde genommen ist die Modebewegung des *Jogging* nichts anderes als der Wald-, Lang-, Gelände- oder Dauerlauf vorausgegangener Generationen. Zu *Jogging* wurde das deutsche Verb *joggen*, engl. *to jog*, und das Substantiv (der) *Jogger*, engl. *jogger*, (die) *Joggerin*, gebildet bzw. übernommen. Für *Jogger* stammen die ersten amerikanischen Belege aus dem Jahre 1968, von denen die Nachricht in der «Chicago Tribune» vom 9. Juli 1968 (I, 12/1) besonders aufschlußreich ist. Sie lautete: «*Joggers* sind im letzten Jahr zu einem fast vertrauten Anblick in ganz Amerika geworden.» Von Amerika aus verbreitete sich diese Sportart schnell über die ganze Welt, so daß «The Times» bereits am 24. Mai 1968 (N. Z. Supplement, S. VIII/5) melden konnte: «In Neuseeland ist das Substantiv *jogger* zu einem willkommenen Wort geworden, weil so viele Menschen laufen, um fit zu bleiben.» Vor einigen Jahren hat die *Jogging*-Welle auch die DDR erreicht, und man wird von ihr noch kräftig allerorts getrieben. Nicht erreicht hatte sie bis 1984 die DDR-Wörterbücher. Erst der D 1986 hat nunmehr (das) *Jogging* als ‹(sportl.) Laufen› gebucht, aber noch nicht das Substantiv *Jogger(in)* und das Verb *joggen*. Das ND berichtete in der Ausgabe vom 14./15. Febr. 1987 (S. 10) in einem Artikel «Wie Psychologen Computer nutzen» über zukünftiges *Gehirnjogging*.

Der in der DDR beliebte und gepflegte Massensport, «das Laufen im Gelände oder *Cross-Country*[,] hat wie alle anderen heutigen leichtathletischen Laufdisziplinen seinen Ursprung in England», heißt es in der NBI Nr. 49/1984 (S. 18). Der einzeln oder gruppenweise betriebene Laufsport, vor allem als Fitneßtraining, steht unter dem Slogan «*Trimm dich fit!*». Das englische Verb *to trim*, deutsch *trimmen*, das als ursprüngliches Fachwort der Seemannssprache in die Hochsprache gedrungen ist und viele Bedeutungen angenommen hat, wie jedes moderne englische und deutsche Wörterbuch ausweist, dient neuerdings auch zum Ausdruck der «Neubedeutungen ‹jemanden auf eine bestimmte Verhaltensweise festlegen, auf den Erwerb bestimmter Eigenschaften drillen, jemanden durch intensives Training körperlich sehr leistungsfähig machen›» (WDG). In ähnlicher Weise verzeichnet das HWDG 1984 unter *trimmen* die Bedeutung ‹sich, jemanden, durch intensives Training körperlich leistungsfähig erhalten, machen: trimm dich!›. Die englischen und englisch-deutschen Wörterbücher geben den Bezug von *to trim* ‹trimmen› auf den Sport nur zögernd an. Ich fand ihn nur im OALD 1975 unter *trim* ‹state, readiness, fitness› als Substantiv mit den Beispielen «The crew is in/out of *trim* for the boat-race» und «We must get into (good) *trim* for the sports meeting.» Ein weiterer Bezug von *to trim* auf den Sport im LDCE

1978 «(not formal) to defeat completely, especially in sport», stammt ebenfalls aus der Seemannssprache und entspricht deutschem *vertrimmen* ‹(salopp) jemanden verprügeln› (WDG). Auch der veraltete *Kohlentrimmer* ‹jemand, der besonders in Häfen und auf Schiffen beruflich Kohlen verlädt› (WDG) gehört der Seemannssprache an. – Das Adjektiv *fit*, das gewöhnlich als Sportausdruck für ‹leistungsfähig, in bester sportlicher Form› (D 1984 und D 1986) dient, kann gelegentlich auch in bezug auf Gegenstände verwendet werden. So hieß es in einer großen Überschrift im ND vom 31. Jan. 1984 (S. 3): «Maschinen *fit* fürs Frühjahr» (mit alliterierendem f-). Ebenso begegnet der Sportterminus (das) *Finish* ‹Endkampf, Endphase eines Wettkampfes› auch in der Bedeutung ‹letzter Schliff, Vollendung, Fertigstellung› in der Technik und Industrie.

Wie im Laufsport herrschen auch in jeder anderen Sportart die anglo-amerikanischen Benennungen vor. Bekanntlich ist das Wort *Sport* (engl. *sport*) selbst englischen Ursprungs. Es stellt eine Kürzung aus *disport* zu *sport* dar im Sinne von ‹Zerstreuung, Belustigung, Vergnügen›. Im Deutschen erscheint *Sport* im modernen Sinne zuerst in einem Brief des Fürsten Pückler-Muskau am 9. Okt. 1829 (s. S. 18). Noch 1844 urteilt J. G. Kohl in seinem Buch «Land und Leute der britischen Inseln»: «Die *Sports* ... wir haben für dieses Wort kein entsprechendes und sind daher fast gezwungen, es in unserer Sprache aufzunehmen» (s. KLUGE/MITZKA). Die deutsche Einbürgerung des Wortes *Sport* erfolgte erst nach der Mitte des 19. Jahrhunderts. In neuerer Zeit entstand eine lange Reihe von *Sport-*, *-sport*-Komposita. Ähnlich wie in *Sport* machte auch in dem Terminus *Rekord* das zugrunde liegende englische Wort *record*, das ursprünglich eine Urkunde oder Aufzeichnung bedeutete, einen Bedeutungswandel durch. Es erhielt im Sport gegen Ende des 19. Jahrhunderts die neue Bedeutung ‹eine unter gleichen Bedingungen erreichte Höchstleistung› (DDU 1983). Schon früh gelangte das anfangsbetonte englische *record* /ˈrekɔːd/ mit französischer Endbetonung (!) *Reˈkord* ins Deutsche und wurde wie im Englischen auch in zahlreichen Komposita wie *Rekordergebnis, Rekordhalter, Rekordleistung* usw. wie auch in vielen verbalen Fügungen wie *einen Rekord aufstellen, brechen, erzielen, halten* usw. verwendet.

Aus der englischen Sportsprache stammen auch die sportlichen wie allgemein ethischen Begriffe *fair* und *foul* als Adjektive, (die)

Fairneß und (das) *Fair play* als Substantive sowie das Verb *foulen (gefoult)* und (das) *Foul* ‹Regelverstoß im Sport›, die sämtlich auch im D 1984 und D 1986 gebucht sind. Trübner bemerkt in einer kurzen Untersuchung zur Sprache des Sports: «England gilt seit der Mitte des 19. Jahrhunderts als das Mutterland des modernen Sports, und viele Sportanglizismen kann man heute in fast allen Sprachen der Welt finden. Sie werden oft mit einer solchen Selbstverständlichkeit gebraucht, daß der sprachlich weniger Geschulte oft kaum die englische Herkunft erkennt. ... In der Gegenwart, in der der amerikanische Spracheinfluß im Englischen ohnehin sehr auffällig ist, zeigt sich, daß auch Termini von Sportarten, die in den USA sehr gepflegt werden, immer stärker die internationale Sprache des Sports beeinflussen. Hier seien besonders Sportarten wie *Bowling, Basketball* und *Baseball* genannt» (HANSEN 1983, S. 61 und 63). Das auch in der DDR bekannte *Golf(spiel)* ging von Schottland aus und ist schon 1457 als *golf* bezeugt.

Nach dem Zweiten Weltkrieg wurden in der DDR die amerikanischen, auch in der Sowjetunion eifrig gepflegten Mannschaftsspiele *Basketball* und *Volleyball* sehr beliebt. Bereits im Januar 1892 kündigte der Amerikaner J. Naismith in der Zeitschrift «Triangle» in großen Lettern *Basket Ball* als seine ‹Erfindung› mit den Worten an: «Wir stellen unseren Lesern ein neues Ballspiel vor.» Vier Jahre später wurde in der Zeitschrift «Physical Education» 1896 (V, 50,1) berichtet: «Mr. W. G. Morgan aus Holyoke, Mass., hat ein Spiel entwickelt, welches *Volley Ball* heißt. ... Das Spiel besteht darin, einen Ball über ein hohes Netz in ständiger Bewegung zu halten ..., wodurch die Charakteristika zweier Spiele vereinigt werden – Tennis und Handball.» Das Basketballspiel entwickelte sich allmählich zu einem der beliebtesten amerikanischen sportlichen Mannschaftsspiele, so daß es in dem großen Nachschlagewerk der «Encyclopaedia Britannica» 1926 (Supplement I, 337) als «das nationale Hallenspiel der Vereinigten Staaten» bezeichnet wurde. Schon ein Vierteljahrhundert vorher hatte die «Westminster Gazette» am 1. Mai 1901 über ein *Basketballspiel (a game of basket ball)* berichtet, «das von zehn überhitzten und zerzausten Damen gespielt wurde – in *Bloomers*!» In Webster's NWD werden *bloomers* erklärt als «weite, ausgebeulte und an den Knien aufgenommene Hosen, die von Mädchen und Frauen bei sportlicher Betätigung getragen werden». Übrigens sind *Basketball* und dessen deutsche Übersetzung *Korbball* nicht, wie von mir irrtümlich angegeben (1986b, S. 33), gleichbedeutend. Ihre Gemeinsamkeit besteht lediglich darin, daß ein Ball nach bestimmten Regeln in den gegnerischen Korb geworfen werden muß, wobei *Korbball* besonders von Frauen gespielt wird. Überdies ist das Korbballspiel holländischen Ursprungs *(korfbal)*, über das im «Phoenix Dictionary of Games» (rev. ed. 1955 von J. B. Pick) wie folgt berichtet wird: «*Korfball* ... ist ein Netzball-Basketballspiel holländischen Ursprungs ..., gewöhnlich von Mannschaften aus sechs Damen und sechs Herren bestehend gespielt. Nachdem es im Jahre 1902 in den Niederlanden bescheiden anfing, wurde das Spiel 1946 in Großbritannien eingeführt» (s. OEDS). Das *Baseballspiel* (D 1984: ‹nordamerikanisches Schlagballspiel›, D 1986: ‹dem Schlagball ähnliches Ballspiel›, beide /ˈbeːsbɔːl/), reicht sogar in den Anfang des 19. Jahrhunderts zurück.

Wie die amerikanischen ‹Erfinder› des Basketballs und Volleyballs ist auch der englische ‹Erfinder› des *Lawn-Tennis* ‹Tennis auf Rasenplätzen› bekannt. Das *Lawn-Tennis* (engl. *lawn* ‹Rasen›) löste das bereits im 14. Jahrhundert in England bekannte und praktizierte *field-tennis* (engl. *field* ‹Feld›) ab. Die «Army & Navy Gazette» berichtete 1874 (XV, 151): «Ein neues Spiel wurde soeben dem Major Wingfield patentiert – *Lawn Tennis*; denn das ist sein Name ... eine kluge Anpassung des Tennis an die Erfordernisse eines gewöhnlichen Rasens» (OED). Der englische Politiker Sir William Hart Dyke stellte im Jahre 1873 die bis heute im modernen Tennis gültigen Regeln auf (KLUGE/MITZKA). Viele englische Tennis-Termini wie (der) *Backhand* ‹Rückhandschlag beim Tennis›, (der) *Matchball* ‹spielentscheidender Ball (Aufschlag) beim Tennis›, (das) *Racket* /ˈrekət/, auch *Rakett* /raˈket/ ‹Tennisschläger› (D 1984 und D 1986: *Racket* und *Rakett*), (die) *Single* (D 1984 und D 1986: ‹Einzelspiel beim Tennis›), (der) *Smash* ‹Schmetterschlag, Schmetterball› (DDU 1983) usw. fanden internationale Verbreitung. Im ND wurde am 5. Jan. 1989 (S. 7) von einem ehemaligen *Tennis-Crack* berichtet. Die D 1984 und D 1986 verzeichnen unter dem Stichwort (der) *Crack* /krek/ die beiden Bedeutungen ‹hervorragender Sportler› und ‹gutes Rennpferd›.

Beliebt und verbreitet ist in der DDR das amerikanische Spiel mit dem *Frisbee* (engl. *frisbee*) oder *Frisby* (engl. *frisby*) ‹eine Handelsbezeichnung für eine kleine runde Plastescheibe, die in die Luft geworfen wird› (DNE 1973), ‹ein Sportgerät in Form einer runden Wurfscheibe aus Plastik› (DDU 1983). In den DDR-Wörterbüchern ist (das) *Frisbee* oder *Frisby* nicht verzeichnet. Aus einem Beleg in «Sports Illustrated» vom 3. Aug. 1970 (s. OEDS I, 1972, unter *Frisbee, frisbee*) geht hervor, daß eine kalifornische Firma die Rechte für die Herstellung des Frisbees von einem Bauinspektor in Los Angeles erwarb, der durch die Tortenbackformen der *Frisbie*-Bäckerei in Bridgeport, Connecticut, auf die Idee der *Frisbee*-Herstellung gebracht worden war, jener «faszinierenden untertassenartigen Flugkörper aus leichtem Plast, die eine so erfreulich lange Strecke bei so geringer Anstrengung fliegen», wie es in «The Times» (London) am 4. Mai 1970 (S. 8) hieß. Um rechtliche Schwierigkeiten zu vermeiden, hatte man eine Änderung der Schreibweise dieses neuen Sport- und Spielgerätes von *Frisbie* zu *Frisbee* vorgenommen. Wie das Spiel mit dem *Frisbee* oder *Frisby* war vor Jahren das aus Amerika stammende *Hula-Hoop*-Spiel auch in der DDR sehr beliebt und verbreitet. Zuweilen wird es noch heute praktiziert. Die DDR-Wörterbücher verzeichnen es allerdings nicht. Das Wort geht auf hawaiisch *hula* ‹kultischer Tanz der Eingeborenen auf Hawaii› und englisch *hoop* ‹Reifen› zurück. Bei diesem Spiel, das zugleich als gymnastische Übung besonders für beleibte Personen dient bzw. dienen soll, wird ein größerer Reifen aus leichtem Material über den Kopf gehoben und durch kreisende Bewegung des Körpers im Bereich der Hüften in kreisende Bewegung versetzt (s. DDU 1983: der oder das *Hula-Hoop*, umgangssprachlich auch *Hula-hopp*). Als Erstbeleg bringt das OEDS II (1976) eine Meldung aus «The Economist» vom 11. Okt. 1958, worin es heißt: «In einer an ein primitives Stammesritual erinnernden Art und Weise, die dem Hüfteschwingen einer hawaiischen Tänzerin ähnelt, kann der *Hula Hoop* in kreisende Bewegung um den Körper, den Arm, das Bein oder den Hals gebracht werden.»

Der *Flop* aus engl. *flop* ‹Hinplumpsen›, eine Kurzform von *Fosbury-Flop* nach der Hochsprungtechnik des amerikanischen Leichtathleten R. Fosbury (geboren 1947), ist in der DDR wie international allgemein verbreitet. Dazu wurde das Verb *floppen* (engl. *to flop*) gebildet. In Mode und auf allen Gewässern der DDR betrieben ist auch das *Windsurfing* ‹Wassersportart für eine Person mit einem Kunststoffbrett als Schwimmkörper und Segel›. Im D 1984 findet sich das Wort noch nicht, wohl aber im HWDG 1984 ohne weitere Erklärung als (das) *Windsurfing* oder *Surfing* ‹(Steh)Brettsegeln› und (der) *Windsurfer* oder *Surfer* (engl. *surfboarder*) ‹jemand, der auf einem *Surfbrett* (engl. *surfboard*) *Windsurfing* betreibt›, ‹Stehbrettsegler›. Im Gefolge des HWDG 1984 brachte auch der D 1986 den *Windsurfer* und das *Windsurfing*, dazu die Kurzform *Surfer* und *Surfbrett* sowie das Verb *surfen* ‹brettsegeln›, aber merkwürdigerweise nicht das in den Fachgeschäften der DDR propagierte Substantiv (das) *Surfing*. Wie aus einer Mitteilung im amerikanischen «Christian Science Monitor» (Boston, Mass.) vom 17. Nov. 1969 (S. 17) hervorgeht, kam das Windsurfing damals gerade auf. «*Windsurfing* ist neu, so neu, daß es erst seit dem vergangenen Monat auf dem Markt ist» (s. OEDS IV, 1986, unter *windsurf*). Innerhalb nur eines Jahrzehnts haben sich Wort und Sache über die ganze DDR verbreitet. Weitere Bereicherung erfuhren der Wassersport und seine Terminologie etwa durch den *Flying Dutchman*, wörtlich ‹Fliegender Holländer› (eine Segelbootklasse), das *Skiff* ‹Rennbooteiner›, das *Skullboot* ‹leichtes Sportruderboot›, *skullen* ‹(mit Skulls) rudern› und *Skuller* ‹Sportruderer›, engl. *skull, to skull, skuller*; den *Spinnaker* ‹großes Zusatzsegel auf Jachten›, engl. *spinnaker*, die *Yawl* /jɔːl/ ‹ein anderthalbmastiges Segelsportboot›, engl. *yawl* ‹Segeljolle›, und weitere Bezeichnungen.

Aus dem Amerikanischen stammt die Schwimmbewegung des *Kraulens* oder *Kraulschwimmens* ‹Schwimmart in Brustlage mit wechselseitiger koordinierter Arm- und Beinbewegung› (D 1986). Dem anglo-amerikanischen Verb *to crawl* und dem Substantiv *crawler* wurde kurz vor 1930 deutsch *kraulen* und der *Krauler* entlehnt. Das OEDS I (1972) bezeugt das Aufkommen von *crawl* für das Jahr 1903 mit dem folgenden Beleg: «Ein junger amerikanischer Schwimmer revolutionierte alle Vorstellungen vom Schnellschwimmen, indem er den Kraulschlag einführte.» Oft bestehen für einheitliche englische seemännische Namen im Deutschen verschiedene Formen nebeneinander, wie etwa für englisch *sloop* /sluːp/ ‹Schaluppe›, deutsch (die) *Sloop, Slup* oder *Schlup* ‹einmastiges Fischerei- oder Küstenfahrzeug› (D 1984 und D 1986). Zu den vielen deutschen Fachwörtern aus der englischen Seemannssprache der einst führenden und seebeherrschenden englischen Nation vergleiche man KLUGE/MITZKA unter «Seemännisches» im Sachverzeichnis.

Aus dem Eiskunstlauf stammt der *Flip jump* oder kurz *Flip*, für den das OEDS I (1972) den ersten Beleg mit genauerer Erklärung für das Jahr 1940 bucht. Den Kunstläufern auf dem Eis machen auf der Straße nach den Rollschuhläufern die *Skateboarders* ‹Roll(er)brettfahrer› Konkurrenz. Ein *Skateboard* (aus engl. *to skate* ‹gleiten› und *board* ‹Brett›, also ‹Gleit- oder Rollerbrett›) ist laut HWDG 1984 ‹ein Sportgerät, das aus einem mit kleinen Rädern versehenen Brett besteht und auf dem man sich stehend und durch Abstoßen fortbewegt›. Das DNE 1973 führt einen Beleg für *skateboarding* aus dem Jahre 1965 an, wo es heißt: «*Skateboarding* oder *Skurfing*, wie es auch genannt wird, wurde vor vier Jahren in Kalifornien von einer Gruppe von *Surfing*-Enthusiasten begonnen, die nach einer sportlichen Betätigung suchten für die Zeit, wo die pazifischen Gezeiten ausblieben.» Als ersten Beleg bringt das OEDS IV (1986) eine Mitteilung aus der amerikanischen Zeitschrift «Life» vom 5. Juni 1964 (S. 89): «*Skateboarders* tauchten im vergangenen Herbst im südlichen Kalifornien auf.» Die BZ kündigte in ihrer Ausgabe vom 24. März 1988 (S. 3) die Einrichtung einer *Skateboardanlage* im FDGB-Ferienheim Waren (Müritz) an, und die BZA berichtete unter «Rollsport» am 2. Juni 1988 (S. 5) von einem *Skateboardvergleich* zwischen Leipzig, Dresden und Berlin.

Ein weiteres englisches Neuwort der DDR im Skilanglauf ist *Skating*, von dem die BZ am 17. Jan. 1986 (S. 6) unter der fetten Überschrift «Im *Skating* soll es bis zur Weltspitze gehen» berichtet: «Der *Skating*-Schritt (bei uns als Schlittschuh- oder Siitonen-Schritt [nach seinem finnischen Erfinder] bekannt) wurde speziell auf Skirollern geübt. ... Das ist die schnellste Art, sich auf Skiern zu bewegen.» Der D 1984 buchte nur ‹(das) *Skating*, schweiz. für Eislauf›, im D 1986 fehlt das Wort. Das OEDS bringt unter *to skate* und *skating* sowie *to roller-skate* und *roller-skating* weitere Informationen. – Aus dem älteren englischen *field hockey* ‹Feldhockey› entwickelte sich das neuere amerikanische *ice-hockey* ‹Eishockey›, eine der beliebtesten Mannschaftssportarten in der Welt.

Beliebt sind in der DDR auch (das oder der) *Moto-Cross* oder *-Croß* (D 1984 und D 1986: ‹motorsportliche Geschwindigkeitsprüfung im Gelände›), (der oder das) *Speedway* (D 1984: ‹Motorsport – Sandbahnrennen›; D 1986: ‹Disziplin im Motorradsport›) sowie (das) *Trial* (engl. *trial* ‹Probe, Erprobung, Versuch›) ‹Geschicklichkeitsprüfung für Motorradfahrer› (DDU 1983). Über den «Woltersdorfer Novemberpokal im *Trial*» berichteten ausführlich die BZ am 3. Nov. 1986 (S. 8) und das ND am gleichen Tage (S. 7). Nach der 1987 erweiterten Pflicht zum Tragen von Schutzhelmen in der DDR erhalten die in der BZ vom 13. Jan. 1988 (S. 1) für das Planjahr 1988 angekündigten «rund 313 000 Motorradschutzhelme, darunter 150 000 *Jet*- und *Integralhelme, auf* die der Betrieb VEB Perfekt *orientiert*», eine besondere Bedeutung. Der Name *Jethelm* wurde analog zu anderen Komposita wie *Jetliner*, aus engl. *jet* ‹Düse, Strahl› und *liner* ‹Linienflugzeug› gebildet, wobei engl. *jet liner* aus *jet (air) liner* schließlich zu *jet*, deutsch (der) *Jet*, gekürzt wurde. Während der *Jethelm* weder im D 1984 und D 1986 noch im DDU 1983 steht, erscheint der *Integralhelm* im DDU 1983 als ‹ein mit einem herunterklappbaren Visier aus durchsichtigem Kunststoff versehener, Kopf und Hals bedeckender Schutzhelm, besonders für Motorradfahrer›, im D 1986 als ‹ein im Kinnbereich geschlossener Helm für Kradfahrer›. Neben dem *Moto-Cross*, engl. *moto-cross*, steht (der oder das) *Rallye-Cross*, engl. *rally(e)-cross*, ‹dem Moto-Cross ähnliches, jedoch mit Autos gefahrenes Rennen im Gelände› (DDU 1983). Der D 1984 gibt für (die) *Rallye* ‹Zuverlässigkeitsfahrt für Serienautomobile› die beiden Aussprachen /ra'li:/ und /'rali:/ an. Inzwischen überwiegt jedoch im Deutschen statt der französischen endbetonten Aussprache die englische Aussprache /'rali/ oder /'reli/ (HWDG 1984), der sich auch der D 1986 angeschlossen hat. Allerdings wurde die französische Schreibweise *Rallye* (engl. *rallye*) beibehalten, die im Amerikanischen gewöhnlich *rally* ist.

Im Reitsport herrschen die älteren englischen Termini vor, wie (der) *Crack* ‹gutes Rennpferd› – (das) *Cross-* oder *Croß-Country* ‹Jagdrennen zu Pferde› – (das) *Derby* ‹(Zucht)Pferderennen›, auch ‹sportlicher Wettbewerb›, so genannt nach dem englischen Grafen Derby 1780, deutsch /'derbi/, engl. /'da:bi/ – (die) *Pace* (D 1984 und D 1986: /pe:s/ ‹Schritt, Gangart; Renntempo (eines Pferdes)› mit dem daraus abgeleiteten umgangssprachlichen deutschen Verb *pesen* /pe:sən/ ‹eilen, rennen›, auch *lospesen*, engl. *the pace, to pace* /peis/ – (der) *Hunter* (D 1984 und D 1986: /'hantər/ ‹im Reitsport und weidmännisch; Jagdpferd, Jagdhund›) – (der) *Paddock* ‹Laufgarten, besonders für Pferde (zur Herkunft von *Paddock* vgl. HORN/LEHNERT 1954, S. 1003 und 1202) – *pullen* (D 1984 und D 1986: im Reitsport ‹(ein Pferd) zurückhalten›), engl. *to pull* – (die) *Military* ‹Vielseitigkeitsprüfung bei Reitturnieren› – (der) *Tattersall* (s. D 1984 und D 1986 sowie DDU 1983) – (der) *Turf* ‹Pferderennen; Rennwesen›, engl. *turf* ‹Rasen(stück), Pferderennsport, Rennsportwelt›. In allen DDR-Wörterbüchern ist (das) *Sulky* /'salki/, engl. *sulky*, ‹zweirädriger Wagen bei Trabrennen› aufgeführt. Aus dem englischen Reitsport stammen auch die heute allgemeingebräuchlichen ‹deutschen› Wörter *Training*, *Trainer* und *trainieren*, aus engl.

training, trainer und *to train*, die bereits im frühen 19. Jahrhundert ins Deutsche gelangten. Das OEDS IV (1986) bringt nunmehr einen Beleg bereits aus dem Jahre 1786 bei, worin es heißt: «I shall talk you into *training*, as the jockeys say» (= «Ich werde dich schon zum Training [Trainieren] überreden, wie die Jockeis sagen»). Ein weiterer früher Beleg für *trainieren* nach englisch *to train* stammt aus Fürst Pückler-Muskaus «Tour of a German Prince» vom Jahre 1832: «I kept race-horses myself, and had a Newmarket jockey for a time in my service. It amused me greatly to see this fellow ‹training› himself.»

Besonderer Beliebtheit erfreut sich in der DDR (das) *Bowling* ‹ein Kegelspiel mit zehn Kegeln auf einer Bowlingbahn›, u. a. in dem bekannten und vielbesuchten *Bowling-Zentrum* am Alexanderplatz in Berlin. In den Sportberichten der DDR-Tageszeitungen begegnet man häufig dem *Oldie* ‹ein einer älteren Generation angehöriger Sportler› (im D 1986 ist der *Oldie* nur als ‹wieder aktueller Schlager vergangener Jahre› gebucht) sowie dem *Referee* ‹Schieds-, Ringrichter›. Einige weitere oft verwendete Sportausdrücke in der DDR sind (das) *Powerplay* besonders im Eishockey für ‹kraftvolles Spiel›, das heißt ‹anhaltender gemeinsamer Ansturm auf das gegnerische Tor› (DDU 1983), und das *Penalty-Schießen*. Im D 1984 findet sich das Stichwort (der) *Penalty* noch nicht, wohl aber im D 1986: /'pen(ə)lti/ ‹Strafstoß (beim Eishockey)›. Neben dem *Puck* ‹Eishockeyscheibe› stammt auch (das) *Bully* (D 1984 und D 1986: ‹im Hockey und Eishockey der von zwei Spielern ausgeführte Abschlag›) aus dem Englischen. Allgemein bekannt sind auch die Anglo-Amerikanismen (das) *Doping* und das Verb *dopen* (engl. *to dope*) ‹im Sport: durch verbotene Anregungsmittel zu Höchstleistungen antreiben› (D 1984 und D 1986). Über den Boxsport hinaus sind auch *kontern* (engl. *to counter*) und (der) *Fighter* /'faitər/ ‹Kämpfer, Draufgänger, besonders beim Boxen› in die Allgemeinsprache eingedrungen. Eine olympische Disziplin im Winter ist das *Bobfahren* bzw. *Bobrennen* auf *Bobbahnen* (engl. *bobsledding, bobsledder, bobsled race, bob(sled)run*). Schon im frühen 19. Jahrhundert taucht im Englischen auch *Bobsleighing* auf. Der D 1984 bucht neben *Bobsleigh* ‹Bobschlitten› auch die Kurzform *Bob*, engl. *bob(sleigh)*; der D 1986 bucht nur noch (der) *Bob* ‹Spezialrennschlitten› mit dem Kompositum *Bobbahn*. In der BZ vom 25. Jan. 1989 (S. 6) stand ein Bericht über einen «*Bobpiloten* im *Zweierbob*, der einer *Bob-Crew* mit einem *Nationalcoach*» angehörte. Zu dem noch nicht im D 1984 aufgenommenen *Coach* gibt der D 1986 die Bedeutung ‹Trainer im Sport› an. Das Verb *coachen* (engl. *to coach*) mit der Bedeutung ‹einen Sportler oder eine Sportmannschaft trainieren und betreuen› (DDU 1983) wurde noch nicht aufgenommen. Im Englischen wird für die übertragene Bedeutung von *coach* ‹Einpauker› im OED ein Erstbeleg aus dem Jahre 1848 aus dem Universitätsslang mit der Bedeutung ‹ein Privatlehrer, der einen Kandidaten für das Examen vorbereitet› angegeben. Erst 1885 taucht *coach* auch für den Trainer im Sport auf als ‹jemand, der andere für einen Sportwettkampf trainiert, besonders für ein Bootrennen›. Das entsprechende Verb *to coach* taucht in ersterer Bedeutung zuerst 1849, in letzterer 1867 auf, ebenfalls vor allem in bezug auf Bootrennen.

Im Zusammenhang mit den «Wurftaubenwettbewerben *Trap* und *Skeet*» wird in der BZ vom 22. Juli 1986 (S. 6) der DDR-*Skeet*-Weltmeister vorgestellt. Der Name für die Sportart *Skeet(schießen)* ‹Wurftaubenschießen› wurde erst 1926 in den USA geprägt. Im OEDS IV (1986) wird darüber unter dem Stichwort *skeet* unter anderem folgendes berichtet :«‹The National Sportsman› (U.S.) meldet am 18. Mai 1926 unter der Überschrift ‹*Skeet*, the New Sport›: ‹Da ein Preis von einhundert Dollar für den geeignetsten Namen für den neuen Schießsport ausgesetzt war, sind fast zehntausend Vorschläge eingegangen. Nach sorgfältiger Prüfung erschien *Skeet* als geeignetster Name, eine sehr alte Form unseres heutigen Wortes *shoot* (‹schießen›).›» Weitere Belege lauten dort wie folgt: «1955: R. Churchill, ‹Game Shooting› III, 1, 173: ‹Im Jahre 1927 habe ich selbst das *Skeet*-Spiel in England eingeführt.›» – «1975: ‹The Oxford Companion to Sports and Games›, ed. by J. Arlott, 927/1: – ‹Die ersten nationalen USA-Skeet-Meisterschaften wurden im Jahre 1935 durchgeführt.›» Bei *Trap* (engl. *trap* ‹Falle›) und *Skeet* lassen uns alle DDR-Wörterbücher im Stich, selbst das DDR-FREMDWÖRTERBUCH 1985. Allein das DDU 1983 gibt unter dem Stichwort *Skeetschießen* die Erklärung: ‹1. Wurftaubenschießen, bei dem die Schützen im Halbkreis um die Wurfmaschinen stehen und auf jede Taube nur einen Schuß abgeben dürfen; 2. Veranstaltung, Wettkampf des Skeetschießens›. Und unter dem Stichwort *Trapschießen* (engl. *trap-shooting*) steht dort: ‹[engl. *trap (Trap)* = Wurfmaschine beim Trapschießen]: 1. Wurftauben- oder Tontaubenschießen, bei dem die Schützen in einer Linie parallel vor den Wurfmaschinen stehen und jeweils zwei

Schüsse auf die in wechselnden Richtungen geworfenen Tauben abgeben dürfen; 2. Veranstaltung, Wettkampf des Trapschießens.›

Einen wesentlichen Anteil an der *Freizeitbeschäftigung* (engl. *leisure-time occupation*) oder an der *Freizeitgestaltung* (engl. *leisure-time activities*) verschiedenster Art hat der *Freizeitsport (leisure-time sport)* mit verschiedener *Freizeit(be)kleidung (leisure-[time]wear)*. Obgleich diese *Freizeit*-Komposita eine große Rolle im Leben und im Vokabular der DDR-Bürger spielen, sind weder das Bestimmungswort *Freizeit* (engl. *leisure-time*) noch dessen Komposita im WDG und D 1984 verzeichnet und erscheinen erst im HWDG 1984 und danach im D 1986 mit *Freizeit* und *Freizeitgestaltung*. Das DDU 1983 brachte dagegen bereits alle genannten Wörter sowie als weitere *Freizeit*-Komposita die Stichwörter *Freizeitanzug, Freizeithemd, Freizeitgesellschaft, Freizeitindustrie, Freizeitkostüm, Freizeitwert* (‹der Wert [einer Landschaft o. ä.], der durch die zum sinnvollen und erholsamen Verbringen der Freizeit vorhandenen Möglichkeiten bestimmt wird›) und *Freizeitzentrum*. Mit Hilfe des *Freizeitsports* möchte man *in Form bleiben* (engl. *to keep in form*) bzw. *sich fit erhalten* (engl. *to keep fit*) nach dem erwähnten Slogan *Trimm dich fit!* Diesem Zweck dienen auch der *Expander* (D 1984 und D 1986: ‹Trainingsgerät für Muskelkräftigungsübungen›) und der *Impander* (D 1986: ‹biegbarer Stab zum Muskeltraining›), engl. *expander* zu *to expand* ‹ausdehnen, strecken› (d. h. Metallspiralen, die man mit beiden Armen auseinanderzieht). Aber auch alle anderen Wendungen mit *Form* (engl. *form*), die aus der englischen Sportsprache stammen, sind in aller Munde, wie *in guter, besserer, schlechter(er) Form sein*, engl. *to be in good, better, bad, worse form*, *nicht in Form sein*, engl. *to be not in form, unter seiner gewöhnlichen Form sein*, engl. *to be below one's usual form*. Schließlich möchte jeder möglichst *topfit* oder *in top form* sein. *Topfit* wird erstmalig im D 1986 als ‹in ausgezeichnetem Zustand, in sportlicher Höchstform› gebucht. Als Intensivpräfix erscheint *top-* auch in der Verbindung *top secret* in der Bedeutung ‹streng geheim›, ist jedoch noch in keinem DDR-Wörterbuch verzeichnet, wohl aber im DDU 1983. Als Intensivsuffix dient *-top* in der Kombination *tiptop* im Englischen, *tipptopp* im Deutschen.

Einen lehrreichen Abriß der Geschichte der einzelnen Sportarten unter besonderer Berücksichtigung der englischen Sportgeschichte vom 18. bis zum 20. Jahrhundert gibt Ernst BURGSCHMIDT (1980).

26.
Neue anglo-amerikanische Musikterminologie

Einen großen Reiz und eine bedeutende Anziehungskraft übten von Anfang an die (anglo-)amerikanische Musik und Tanzmusik samt ihrer Terminologie besonders auf die Jugend in der DDR aus. Von ihrer Begeisterung wurden bald auch viele Ältere ergriffen. Doch wurden auch sehr früh schon kritische Stimmen laut. So wie einst gegen den neuen und neuartigen anglo-amerikanischen Spracheinfluß und den Anglo-Amerikanismus überhaupt (s. 7. Kap.), gab es anfangs auch gegen die neue und neuartige anglo-amerikanische Musik und ihre Terminologie heftigen Widerstand, wie etwa von seiten des 1988 verstorbenen DDR-Komponisten und Musikwissenschaftlers Ernst Hermann Meyer. Doch bemühten sich in den 60er Jahren andere verdienstvolle Musikfachleute um eine differenziertere Einschätzung des vor allem amerikanischen Musikeinflusses. Bereits 1956 wies Hanns Eisler in seinem Beitrag «Über den Jazz» auf die zunehmende Beliebtheit der neuen amerikanischen Musik bei den Jugendlichen in der DDR hin und forderte, daß man die jungen Leute bei ihren Problemen auch in dieser Hinsicht unterstützen sollte (EISLER 1976). Eislers Haltung erklärt sich aus seiner Grundeinstellung als Initiator neuer Musik, «der die alten bürgerlichen Trennungen zwischen ernster und unterhaltsamer, zwischen ‹hoher und niederer Musik› aufgehoben wissen wollte» (s. BZ am 6. Juli 1988, S. 2: «Hanns Eisler zum 90. Geburtstag»). Schließlich fanden die neuen Musiktermini auch in den DDR-Wörterbüchern Aufnahme, wenn anfangs auch noch mit negativen Wertungen, etwa bei *Boogie-Woogie* oder *Rock 'n' Roll* im DDR-FREMDWÖRTERBUCH, die nunmehr 1985 fehlen.

Wie in aller Welt sind besonders der *Jazz* und die *Jazzmusik* mit allen ihren zahlreichen Variationen in der DDR verbreitet und beliebt. Das HWDG 1984 definiert *Jazz* kurz als «/dʒɛs/ auch /jats/ [,] aus den Arbeits-, Tanz- und religiösen Liedern des afro-amerikanischen Bevölkerungsteils im Süden der USA hervorgegangene Musik, die durch synkopenreiche Rhythmik und durch Improvisation gekennzeichnet ist». In ähnlicher Weise wird *Jazz* im

D 1984 und D 1986 beschrieben. Die BZ berichtete am 19. März 1987 (S. 7) über ein «New Orleans *Soul Festival*» mit der «*Soul Queen* of New Orleans»: «In New Orleans, der Hauptstadt der einstigen französischen Kolonie Louisiana, schlug Ende des vorigen Jahrhunderts als Folge der Verschmelzung extrem verschiedener musikalischer Elemente die Geburtsstunde des *Jazz*. Seitdem hat New Orleans ... immer wieder führende *Interpreten* hervorgebracht. Häufig waren sie stilbildend, kreierten neue Richtungen. Immer waren sie Farbige.» Weiter wurde über diese *Soul Queen* an gleicher Stelle im modernen Tanzmusikjargon berichtet, daß sie *softige Titel* voller *Drive interpretierte*, dazu *Instrumentalisten Riffs präsentierten* und die *Formation* der ‹Neville Brothers› einen *harten Rock* bevorzugte, durchsetzt mit *Elementen* des *Funk*, des *Jazz*, aber ebenso der karibischen Musik, wie *Reggae* und *Calypso* – was gemeinsprachlich etwa heißt, daß die afro-amerikanische Königin der *Soulmusik* aus New Orleans sanfte, zärtliche Schlager voller Dynamik sang, dazu Berufsmusiker *Jazz-Refrains* (sich ständig wiederholende und rhythmisch prägnante Melodien) spielten und die Musikergruppe der N.-Brüder Rockmusik in harten, lauten Tönen bevorzugte.

Die früheste Nachahmung des in New Orleans geschaffenen *Jazz*, des sogenannten *New-Orleans-Jazz*, ist der *Dixie(land)-Jazz* von 1900 bis 1920 (*Dixieland* war im 19. Jahrhundert die Bezeichnung für die Südstaaten der USA). Ihnen folgten der *Chicago-Jazz* mit dem Zentrum in Chicago von 1920 bis 1930, der *Swing-Jazz* von 1930 bis 1940 mit New York als Mittelpunkt, der exzentrische *Bebop-Jazz* von 1940 bis 1950 in New York, dessen Name aus einer Lautmalerei, den in einem bestimmten Rhythmus vorkommenden Lallsilben, hervorgegangen ist, wie ein Beleg im OEDS I (1972) aus dem Jahre 1955 bezeugt. Aus dem *Bebop-Jazz* entwickelte sich der *Hardbop-Jazz*. Der gegen alle Exzentrik gerichtete *Cool Jazz* von 1950 bis 1960 mit differenzierter Kammermusik wurde von dem *Hot Jazz* oder einfach dem *Hot* (D 1986: ‹stark rhythmisch betonte Jazzmusik›) und dem *Rock Jazz* gefolgt. Seit etwa 1953 wurde an der Ostküste der USA mit Zentrum in New York der *East-Coast-Jazz* besonders von Afro-Amerikanern ausgebildet (s. DDU 1983). Von 1960 bis 1970 herrschten der *Modern Jazz* und der *Free Jazz* vor, und danach kam von 1970 bis 1980 der *Electric Jazz* in Mode, der, unter dem Einfluß des *Rock* stehend, die Technik der Elektronik nutzte und zum *elektronischen Jazz (electronic jazz)* führte. Das

Nebeneinanderbestehen einer Vielzahl von Jazzstilen und Jazzstilrichtungen ist für die heutige Zeit auch in der DDR kennzeichnend. Am 3. Febr. 1987 berichtete die BZ (S. 7) von einer Veranstaltung «Junge Lyrik und *elektronischer Jazz*» im Palast der Republik in Berlin unter anderem wie folgt: «Die Bühne voller unterschiedlicher Schlagwerke, im Zuschauerraum ein umfänglicher *Musik-Computer,* H. Naehring, *percussion,* und E. Rödger, *live-electronic,* ... schufen nie gehörte Klanggemälde, *assoziiert* von klassischem *Jazz* und *Folklore.*» Unter dem Stichwort *Perkussion* (engl. percussion) bringt der D 1986 neben der herkömmlichen endbetonten Aussprache des lateinisch-französischen Wortes und seiner medizinischen Bedeutung ‹Untersuchung innerer Organe durch Beklopfen der Körperoberfläche› nunmehr auch die englische Aussprache /pœːrˈkaʃ(ə)n/ mit der Bedeutung ‹(Jazz) Gruppe von Schlaginstrumenten›. Eine Spezialabhandlung über den Jazz hat André Asriel (1985) verfaßt.

Zu *Jazz* (engl. *jazz*) bestehen zahlreiche Zusammensetzungen wie (der) *Jazzer* (engl. *jazzer*) ‹Jazzmusiker, Jazzkomponist›, (die) *Jazzband* (engl. *jazzband*) ‹Jazzkapelle›, (die) *Jazzmusik* (engl. *jazz music*) usw. sowie das Verb *jazzen* (engl. *to jazz*) ‹Jazz spielen, singen, nach Jazzmusik tanzen›. Der Name *Jazz* ist «vielleicht entstanden aus der bei der kreolischen Bevölkerung der Stadt New Orleans üblichen Aussprache von englisch *to chase,* das umgangssprachlich ‹Dampf hinter etwas machen› bedeutet, oder von gleichbedeutendem französischem *chasser;* also als Bezeichnung für die dem Jazz innewohnende Dynamik, die die Musik zu immer höherer Spannung steigert» (DDU 1983). Hierzu passen auch die Bedeutungsangaben für das Verb *to jazz* im OEDS II (1976), wo neben *Jazz spielen, nach Jazzmusik tanzen* als erste amerikanische Slangbedeutung ‹beschleunigen oder beleben; farbiger, moderner oder gefühlvoller gestalten; erregen› angegeben wird. Noch im heutigen Anglo-Amerikanischen bedeutet *to jazz (up)* auch ‹Leben hineinbringen in, aufpulvern, aufmöbeln› (s. Langenscheidts Enzykl. Wörterbuch). Eine unmittelbare Quelle des *Jazz* sind die *(Negro) Spirituals,* über die Ulrich Michels (1985, S. 541) schreibt: «Die Neger der Südstaaten sangen ihre geistlichen Lieder zum Gottesdienst mit alten afrikanischen Bräuchen wie ostinates Händeklatschen und Fußstampfen, Reigentänzen vor der Kirche mit aktiver Teilnahme an der Liturgie. *Call* und *Response* belebten den Priestervortrag der biblischen Geschichte und des Evangeliums (*Gospel*

Songs) ... Noch in den 20er Jahren gab es solche spontanen Gesänge in den Negerkirchen.» Die Wörter *Spiritual* und *Gospelsong* haben wegen ihrer Bedeutung im Musikleben der DDR in allen genannten neueren deutschen Wörterbüchern der DDR Aufnahme gefunden.

In gewisser Weise erinnern die ab und an in der DDR durchgeführten *Hootenannys* oder Mitsingeveranstaltungen, aus amerikanisch *hoot(e)nanny, hootananny* mit unbekannter Herkunft, an die *Spirituals*. Im D 1984 und D 1986 wird beim *Spiritual* auf das Stichwort (das oder der) *Negro Spiritual* verwiesen mit der Bedeutung ‹geistliches Lied der Afroamerikaner in den USA›. Webster III erklärt 1965 *hootenanny* (‹origin unknown› – Ursprung unbekannt) an zweiter Stelle als ‹ein zwangloses, geselliges Beisammensein (eine Party) mit Volkstanz und gemeinsamem Singen›. Im OEDS II (1976) werden für *hoot(e)nanny* (ebenfalls mit der Angabe seiner unbekannten Herkunft) zwei Bedeutungen angegeben: ‹1. A ‹thingumjig› (= ein Dingsda, Dingsbums); 2. Ein zwangloses Zusammentreffen oder Konzert mit Volksmusik und Gemeinschaftssingen›. Einer der Belege im OEDS für *Hootenanny* stammt aus dem «White House Diary» der Gattin des früheren amerikanischen Präsidenten L. B. Johnson aus dem Jahre 1964 und lautet: «Ich liebe Volksmusik, doch der Name *Hootenanny* ist mir ziemlich zuwider.» Möglicherweise handelt es sich bei *Hootenanny* um die ‹(Vieh)Hüte-Annie›, dem deutschen *Gänseliesel* vergleichbar, wie man abwertend auch das Wort *Hillbilly* ‹Hinterwäldler› mit dem Spitznamen *Billy* für *William* bildete. Zu *Nanny* wird in «The Oxford Dictionary of English Christian Names» (ed. by E. G. Withycombe, Oxford 1953, S. 24) ausgeführt: «Der Vorname *Anna* wurde im 18. Jahrhundert modern. Die frühen Verkleinerungsformen waren *Nan* und *Nanny* aus *min* oder *an Anny* mit falscher Abtrennung zu *mi (my)* oder *a Nanny*, aber sie wurden im Laufe der Zeit zur Bezeichnung einer losen Frau gebraucht und im 18. Jahrhundert daher durch *Nancy* ersetzt.» Neben *Hootenanny* steht im Amerikanischen *Cattle Annie* als weibliche Entsprechung zu *cattleman* (Webster III: ‹one who tends cattle› = ‹einer, der das Vieh hütet›). Der D 1984 erklärt zu *Hootenanny*: ‹(die oder das) *Hootenanny* /'huːtneni/, Veranstaltung zum gemeinsamen (improvisierten) Volksliedersingen, amerikanisch›. Im D 1986 ist das Wort nicht mehr vorhanden. Tatsächlich hat das bis vor einigen Jahren noch sehr populäre *Hootenanny*, besonders nach dem Tod des amerikanischen Volkssängers Dean Reed, in der DDR an Bedeutung verloren. Dagegen hat der D 1986 das im D 1984 gebuchte (das) *Shanty* /'ʃenti/ auch /'ʃanti/ ‹englisches Seemannslied (mit Refrain)› bewahrt. Es geht auf engl. *chanty* zurück, das um die Mitte des 19. Jahrhunderts entstand (s. OED) und auf französisch *chanter* ‹singen› bzw. *chant* ‹Gesang, Lied› mit dem englischen Verkleinerungs- bzw. Kosesuffix *-y (-ie)* beruht. Das ODCE 1985 verweist unter engl. *chanty* /tʃaːnti/ auf die gebräuchlichere engl. Form *shanty* /'ʃænti/ ‹Gesang der Seeleute, wenn sie die Taue einholten›.

Die nach 1945 erfolgte verstärkte Übernahme amerikanischer Namen für Tänze setzte einen Prozeß fort, der um 1918 mit der Einführung des *Shimmy* begann. Die Herkunft des amerikanischen Namens für den *Shimmy* (eigtl. ‹Hemdröckchen›) ist wie die vieler weiterer neuer Tänze im 20. Jahrhundert unbekannt. Das OEDS IV (1986) bringt einen frühen Beleg zu *Shimmy* aus der Zeitschrift «Dancing Times» vom November 1918, worin es heißt: «Er ist noch sehr, sehr grob – und heißt *Shaking the Shimmy* (Shimmyschütteln) ... Es handelt sich natürlich um einen Niggertanz, und er erscheint wie ein langsamer Gang mit häufigen Schulterzuckungen.» Auf den *Shimmy* folgten viele weitere anglo-amerikanische Tänze und Musikstile wie der *Blues*, der *Boogie-Woogie*, der *Charleston*, der *Fox(trott)*, der *Slowfox*, der *Soul*, der *Step*, der *Swing*, der *Twist*, der *Twostep* usw. Viele Tänze und ihre dazugehörigen Tanzmusiken erlebten nach dem Zweiten Weltkrieg eine neue Blüte, wie etwa die (oder der) *Rumba* aus spanisch-kubanisch *rumbo* ‹Herausforderung›, ein aus Kuba stammender Gesellschaftstanz, oder die (oder der) *Samba*, ein brasilianischer Tanz afrikanischer Herkunft. In John Steinbecks Roman «Sweet Thursday» 1954 steht: «Die verrückte Trompete mischte einen *Samba-Beat* in den ‹Hochzeitsmarsch›.» In den 50er Jahren entstand auch der aus dem südamerikanischen Gesellschaftstanz (die oder der) *Mambo* entwickelte kubanische Modetanz *Cha-Cha-Cha*. Vom *Mambo* kennen wir sogar den Zeitpunkt seines Aufkommens. Das «Call Bulletin» in San Francisco meldete am 17. Sept. 1948: «Tony de Marco prophezeit, daß der neue Modetanz ‹The Mambo› (der Mambo) sein wird, der in der vergangenen Woche eingeführt wurde. Eine schwungvollere Form des *Rumba*» (s. OEDS II, 1976). Auch der *Hully-Gully* /'hali'gali/ (s. OEDS II, 1976) ist im D 1984 und D 1986 als Modetanz verzeichnet. Ein erster Beleg stammt aus dem Jahre 1964. Alle genannten Tänze und Musikstile leben in der einen oder anderen

Form auch in der DDR fort. Wie die Tänze und Tanzmusiken tragen auch die Tanzkapellen in der DDR mit Vorliebe anglo-amerikanische Namen (s. 17. Kap.).

Ohne *Disco* oder *Disko*, eine Kurzform aus *Diskothek*, französisch *discothèque* ‹Schallplattenarchiv oder -sammlung›, englisch *discotheque*, ist das Jugendleben in der DDR für die Jugendlichen beiderlei Geschlechts kaum noch vorstellbar. *Diskothek* mit der fast ausschließlich gebrauchten Kurzform *Disko* gehört in die noch immer fruchtbare Reihenbildung auf *-thek*, wie *Artothek, Filmothek, Fotothek, Mikrothek* usw. Das Wort *Disko(thek)* (auf engl. *disk* ‹Schallplatte› beruhend) hat eine ständige Bedeutungserweiterung erfahren, die schließlich bis zu den bei der Jugend sehr beliebten Tanzräumlichkeiten in den Jugendklubs der DDR mit überlauter Schallplatten- und Tonbandmusik führte. LANGNER (1986, S. 405) stellte anhand seiner Materialsammlung fünf Sememe oder Bedeutungsvarianten für *Disko(thek)* fest: 1. Schallplatten- oder Tonbandsammlung, 2. Gruppe, die Disko-Musik macht, 3. Tanzveranstaltung, 4. Raum oder Haus, in dem die Tanzveranstaltung stattfindet, 5. Anlage zur Gestaltung einer Diskothek. Für die *Disko-Fans* sendet Radio DDR regelmäßig *Tip-Disko*. In einem Artikel mit der Überschrift «*Disk-Jockeis* zeigen, was sie ‹auf dem Kasten› haben» in der BZ vom 8. Nov. 1984 (S. 12) erfahren wir: «Zur Zeit gibt es in Berlin rund 220 *Amateur-Diskomoderatoren*, weitere 33 befinden sich in der Ausbildung. 80 Prozent aller Tanzveranstaltungen in Jugendklubs, Kulturhäusern, Gaststätten und sonstigen kulturellen Einrichtungen werden durch *Disk-Jockeys* [engl. *disc jockeys*] gestaltet.» Welche große Bedeutung den *Diskjockeys* im kulturellen Jugendleben der DDR beigemessen wird, geht auch aus einer Meldung der BZ vom 8. April 1988 (S. 8) hervor, wo unter der Überschrift «Berliner *Diskjockeys* stellen sich vor» auf einen «Bezirksleistungsvergleich der zehn besten *Amateurdiskomoderatoren* [!]» und auf die «zentrale Leistungsschau der *Diskomoderatoren* im November in Karl-Marx-Stadt» hingewiesen wird.

Besonderer Beliebtheit erfreut sich die moderne amerikanische *Pop- und Rockmusik* (engl. *pop and rock music*). In der BZ vom 27. Juni 1984 hieß es (S. 8): «*Pop, Rock, Jazz, Folklore* – nichts kommt zu kurz»; und im ND wurde am 1. April 1987 (S. 8) berichtet, daß es einfach nicht möglich sei, alle modernen Musikstile, denen sich die über 190 *Bands* in Berlin verschrieben haben, an dieser Stelle aufzuzählen. Im ND vom 29. Juni 1984 (S. 4) kündigte eine Sängerin ein *Pop-Medley* (engl. *pop medley*) ‹Pop-Potpourri› an. In der BZ vom 18. Okt. 1984 (S. 7) wurde von *Country-Medleys* (engl. *country-medleys*) berichtet. Dabei stellt *Country-Medley* eine Klammerform aus amerikanisch *country(music)medley* dar, bestehend aus *country* ‹Land(schaft), ländliche Gegend›, *country-music* ‹hier speziell: Volksmusik des Südens und Mittelwestens der USA› (DDU 1983) und engl. *medley* ‹Gemisch, Potpourri›. Im D 1984 steht das Stichwort *Country-music* noch nicht, wohl aber im D 1986 als ‹Volksmusik aus den USA›. In selbständiger Verwendung erschien das Wort *Medley* (nicht im D 1984, doch im D 1986) als (das) *Medley* ‹Melodienfolge, Potpourri› in einem Bericht der BZ vom 4. März 1987 (S. 7), wo es hieß, daß «zahllose *Evergreens* im *Medley* angesungen wurden». Von einem «FDJ-Treff auf dem Rosa-Luxemburg-Platz in Berlin mit einem *Open-air-Konzert, Rock-* und *Popmusik,* der *Modern-Soul-Band*» berichtet die BZ am 20./21. Juni 1987 (S. 1). Auch (das) *Open-air-Festival* ‹eine im Freien stattfindende kulturelle Großveranstaltung für *Folklore, Popmusik* o. ä.› (DDU 1983) ist in der DDR geläufig. *Pop* als Kurzform von *Popmusik* wird im HDWG 1984 wie folgt erklärt: «(spätbürgerliche) moderne (Tanz)musik, in der besonders Elemente des *Beat, Rock, Jazz* und bestimmter *Folklore*formen vermischt sind». Bei MICHELS (1985, S. 545) heißt es: «*Popmusik* bezeichnet seit etwa 1960 eine Mischung aus *White Blues, Rock* und Lied, oft mit politischem und sozialem Engagement (*Protestsong, Arbeitersong*); wie *Pop-Art* auf Massenwirkung angelegt; *Popmusik* steht synonym für *Rockmusik,* deren weichere Komponente sie vertritt.» Doch gibt es neuerdings auch einen *Hardpop* mit einer auch so benannten DDR-Gruppe, «die ihre aggressive Spielweise mit eigenen Worten als ‹Großstadtmusik der 80er Jahre› beschreibt», wie die BZ am 14. Aug. 1986 (S. 7) berichtet. Die Kurzform *Pop* (im D 1984 und D 1986 als ‹eine Richtung in Kunst und Musik› gebucht) wird für gewöhnlich als Kürzung aus engl. *popular* ‹volkstümlich› gedeutet, geht aber eher auf engl. *pop* ‹Knall(er), Knüller, Schlag› zurück. Mit der *Popmusik* gehen andere moderne anglo-amerikanische Kunstrichtungen Hand in Hand mit bewußter Hinwendung zum Trivial-Populären, Provozierend-Primitiven, Unkonventionellen, Exzentrischen und Obszönen, wie die *Pop-Art,* die *Pop-Kultur* und die *Pop-Literatur,* vertreten von *Popmusikern, Popsängern, Popartisten, Popkünstlern* und *Popliteraten.* Das entsprechende Adjektiv zum Substantiv *Pop* ist *poppig* (D 1984 und D 1986: ‹auffallend [modern]›). Es dient zum Ausdruck der Stilelemente aller dieser Richtungen und bezeichnet zugleich die bewußt *poppige*, auffällige Aufmachung und das unkonventionelle Gebaren ihrer meist jugendlichen Vertreter. Oft wird *Popmusik* auch gleichbedeutend mit *Rockmusik* verstanden und verwendet, doch ist sie weniger aggressiv als diese und für gewöhnlich ohne deren harte Rhythmen.

Die *Rockmusik* (engl. *rock music*) mit der Kurzform (der) *Rock* ist aus dem *Rock and Roll* hervorgegangen, einem meist in der Form *Rock'n' Roll* (engl. *rock'n' roll*) gebrauchten, aus den USA stammenden, stark rhythmischen Modetanz nach *Rockmusik* (HDWG 1984). Das OEDS III (1982) beschreibt *rock and roll* (*rock-and-roll, rock 'n ' roll*) als «1. einen Typ von volkstümlicher Tanzmusik, die durch einen schweren *Beat* und einfache Melodien gekennzeichnet ist, oft mit Elementen des *Blues*; 2. einen Tanz zu dieser Musik». Das Substantiv *Rock 'n' Roll* beruht auf dem Verb *to rock and roll* ‹schaukeln (schunkeln) und rollen› beim Tanzen. In Zusammensetzungen führt die verkürzte Form (der) *Rock* für die *Rockmusik* bisweilen zu unfreiwillig komischen Bildungen, etwa wenn in der BZ vom 19. Jan. 1987 (S. 1) von einem *Friedensrock* und von *Spitzenrock-Gruppen* der DDR die Rede ist. Die *Rock*-Komposita sind in der Tat außerordentlich zahlreich: *Rockband, Rockfan, Rockfestival, Rockformation, Rockgruppe, Rockhaus, Rockkonzert, Rocklady, Rock-Musical, Rockmusiker, Rockoper, Rockradio, Rockrhythmen, Rockspektakel, Rockstar, Rockszene* usw. Das ND kündigte in seiner Ausgabe vom 31. Jan. 1989 (S. 8) einen ‹Berliner *Rocksommer*› an. Ableitungen zum Subst. *Rock* sind das Adj. *rockig* ‹in der Art der Rockmusik›, das Verb *rocken* ‹nach Rockmusik tanzen› und *Rocker* neben *Rockfan*.

Über die Geschichte des *Rock* handelt Werner Faulstick in seinen «Tübinger Vorlesungen zur Rockgeschichte» (Band I–III, 1983, 1985, 1986). – Auch im Reclam-Verlag zu Leipzig ist ein Bändchen über «Rockmusik» erschienen.

Die um die Mitte der 50er Jahre entstandene Form der *Rock(tanz)musik* wurde mit der vorangegangenen *Boogie-Woogie-(Tanz)Musik* (amerik. *boogiewoogie*), einer Stilart des *Blues*, verbunden. Weltbekannte ‹Interpreten› oder Sänger der *Rockmusik* waren die Amerikaner Bill Haley mit seinem *Rock around the clock* 1954 und Elvis Presley. Ihr heute bekanntester Nachfolger ist der 1949 geborene *Superstar* Bruce Springsteen. Über ihn und seine Musik hieß es in der von der USA-Regierung herausgegebenen Vierteljahresschrift «Dialogue» (Washington, D.C.) No. 73, 3/1986, S. 25:

«*Rock and Roll*, lange Zeit die vorherrschende Form der Volksmusik in den Vereinigten Staaten, entwickelte sich um die Mitte der 1950er Jahre aus dem *Rhythm-and-Blues*, wie er von amerikanischen Schwarzen gespielt wurde. Als die erste Musik, die speziell durch die Jugend für die Jugend geschaffen und gespielt wurde, wird *Rock* heute vielleicht am besten durch die außergewöhnlich populären Lieder von Bruce Springsteen zum Ausdruck gebracht. Springsteens drängender *Beat* und seine tiefempfundene Gefühlsbetontheit, welche die Belange der Jugend der Arbeiterklasse erschließen, legen Zeugnis ab von den mächtigen Wurzeln der Musik.» Mit welcher großen Begeisterung die amerikanische Rockmusik auch von der Jugend in der DDR aufgenommen wird, zeigte eindrucksvoll Springsteens mehrstündiges Konzert in Form einer *Open-Air-Rock(music)-Show* auf den Sportplätzen in Berlin-Weißensee am 19. Juli 1988 vor mehr als 160 000 *Rock-Fans*. Das ND und die BZ berichteten darüber auf ihren Titelseiten am 20. Juli 1988. Im ND vom 21. Juli 1988 (S. 4) stand, daß in den *Songs* des amerikanischen *Rockstars* Springsteen und seiner *E-Street-Band* aus den einzelnen Stilformen von *Soul*, *Rockability* und *Blues* eine neue und individuelle *Soundfarbe* entstanden sei. – Begeistert äußerte sich ein Kritiker im ND vom 7. April 1987 (S. 4) auch über ein *Rockkonzert* des in Mexiko geborenen *Rockgitarristen* aus den USA, Carlos Santana, im Palast der Republik in Berlin. Von diesem wurde in dem Bericht gesagt, daß seine Musik die *internationale Rockszene* seit zwanzig Jahren präge, sein *Latin Rock* Elemente latein-amerikanischer *Folklore*, afro-cubanischer Rhythmen, *Jazz*, *Rock*, *Blues* und *Soul* integriere und er noch immer junge *Oldies* singe, wobei auch der *Drive* der *Rhythmusgruppen* (engl. *rhythm groups*), die eingängigen Melodien der *Keyboards* und der *Keyboardspieler* sowie die *rockigen Töne* (engl. *rocky sounds*) eines weiteren Sängers besonders gelobt wurden. Zu unserer Überraschung fanden wir *Keyboards* und *Keyboardspieler* im D 1986 als einzigem deutschem allgemeinerem Wörterbuch verzeichnet. Die Bedeutung von *Keyboards* wird mit ‹Pl. Gesamtheit der in der Beat- und Rockmusik eingesetzten Tasteninstrumente› angegeben.

Die zuerst in den USA und anderen kapitalistischen Staaten seit Ende der 60er Jahre veranstalteten *Massenfestivals* (engl. *mass festivals*) der Rockmusik mit vielen neuauftretenden Rockvarianten wie *Hard Rock*, *Soft Rock*, *Folk Rock*, *Punk Rock*, *Hard Rock Samba*, *Heavy Rock*, *Latin Rock* usw. wurden im Laufe der Zeit immer mehr unter Einsetzung von Verstärkern kommerzialisiert, verbreiteten sich über die ganze Welt und gelangten so auch in die DDR. Hier hat sich eine Rockmusik ausgebreitet, die von «*härterem Sound*, wie ihn die *Gruppe Hardpop* bevorzugt, bis hin zum *Schwermetallrock*, dem sicher nicht alle Ohren gewachsen sind», reicht, wie das ND am 1. April 1987 (S. 8) – nicht etwa als Aprilscherz – berichtete. Bei letzterer Musik ist das musikalische bereits zum medizinischen Problem geworden. In seiner ursprünglichen anglo-amerikanischen Form *Heavy Metal Rock* erschien der *Schwermetallrock* dagegen in einem Bericht der BZ vom 19. Jan. 1988 (S. 7), worin es unter anderem hieß: «Den Auftakt zu den internationalen Konzerten [im Palast der Republik] gab die sowjetische Gruppe Arija, die das gewachsene Spektrum an *Rockmusik* in der UdSSR mit einem *Heavy-Metal-Konzert* demonstrierte.» Ein Jahr später beginnt ein Bericht in der BZ vom 8. Febr. 1989 (S. 7) unter der Überschrift «*Heavy Metal Bands* spielten für UNICEF» mit: «*Heavy Metal*, das ist härtester *Rock 'n' Roll*, eine in den letzten zehn Jahren auch in der DDR nicht mehr wegzudenkende Form der populären Musik», und er schließt mit der Bemerkung, daß «der gleichbleibende schmerzhaft hohe Lautstärkepegel kein Hörvergnügen» war.

Beim *Rock* wie beim *Jazz* spielt die Elektronik, nicht etwa nur als Musikverstärkung, sondern auch als neue Musikform zusätzlich zur Vokal- und Instrumentalmusik mit ihren elektronisch erzeugten Klängen und Kompositionen eine immer größer werdende Rolle. Das ND berichtete am 1. April 1987 (S. 8) weiter, daß «in der 2. republikoffenen Nachwuchswerkstatt am vergangenen Wochenende in Neubrandenburg ... die *Elektro Artists* für einiges Aufsehen sorgten». In den «Mitteilungen» der Akademie der Künste der DDR, Nr. 2/1987 (S. 16), wird von der «Gründung des *Elektronischen Studios* der Akademie» berichtet, zu dessen erster Veranstaltung am 18. Nov. 1986 mehr als 300 Interessenten *elektronischer Musik* gekommen waren: «Den Abschluß der *Musikwerkstatt* [engl. *music workshop*] bildeten ‹Installationen› für *Live-Elektronik*.» Weiteres wird über die Tätigkeit des «Studios für elektroakustische Musik der Akademie der Künste der DDR» in Berlin in deren «Mitteilungen» Nr. 1/1989, S. 21, berichtet. – Für die *Live-Elektronik* werden sogenannte *Synthesizer* (engl. *synthesizers*) – zum Verb *to synthesize* ‹durch Synthese aufbauen, synthetisch zusammensetzen› gehörig – verwendet, das sind elektronische Musikinstrumente, die aus einer Kombination aufeinander abgestimmter elektronischer Bauelemente zur Erzeugung von Klängen und Geräuschen bestehen (DDU 1983). Im D 1984 und HWDG 1984 findet sich der *Synthesizer* noch nicht, wohl aber nunmehr im D 1986 als /'sinθisaizər/ ‹Gerät zur elektronischen Klangerzeugung›. Schließlich hat sich der Computer nun auch der Musik wie anderer Künste bemächtigt und eine neue *Computermusik* (engl. *computer music*) hervorgebracht. Mit Hilfe des elektronischen Rechners lassen sich heute bereits Musikkompositionen herstellen. Die BZ berichtete in ihrer Ausgabe vom 11./12. Jan. 1985 (S. 13) wie auch das ND am gleichen Tage (S. 12) unter der Überschrift «Mathematiker erforschen Bach» bzw. «Melodiegesetze»: «An der lettischen Universität in Riga arbeiten Computer als Musikwissenschaftler. Zu untersuchende Notenschriften verschiedener Musikstücke werden in die jeweilige Programmiersprache übersetzt und im Rechner gespeichert. Nach entsprechenden mathematischen Programmen analysiert dieser die Struktur des Werkes» (BZ). Der *Rock* zog auch in das amerikanische *Musical* (engl. *musical*) ein, das eine verkürzte Wortform von *musical play* oder *musical comedy* ist, eine am Broadway in New York entstandene und von hier aus verbreitete neue Art von Bühnenwerk mit Elementen aus Singspiel, Revue, Operette, Kabarett, mit Tänzen und *Show-Effekten* (engl. *show effects*). Das *Rock Musical* (engl. *rock musical*), zum Beispiel «Hair» 1968 oder «Jesus Christ Superstar» 1971, vergröberte das *Musical*.

Eine Abart des *Rock* ist der *Punkrock* ‹eine primitive Rockmusik mit wenigen harten Akkorden›. Ein *Punk* bzw. in der wohl erst im Deutschen erweiterten Form *Punker* (zu amerikan. *punk* ‹Schund, Abfall, Mist›) wird in doppelter Bedeutung verwendet, und zwar (1) als Musiker oder Liebhaber des *Punkrock*, (2) als Anhänger einer Protestbewegung von Jugendlichen mit bewußt exaltiertem Auftreten und Aussehen (DDU 1983). Im letzteren Sinne berichtet das ND am 2. Sept. 1988 (S. 1) über Moskauer *Punks* und ein *Briefing* der Moskauer Miliz gegen «Unruhe stiftende Jugendgruppierungen von der Art der ‹Ljubery›, ‹Metallisty› und ‹Punks›». Wie die *Punks* oder *Punker* stellen sich auch die *Hippies* oder *Hippys* bewußt außerhalb der etablierten Gesellschaft mit dem Ziel, eine bessere Welt zu schaffen. Sie zeigen das äußerlich durch unkonventionelles Verhalten, exotische Kleidung und Haartracht (Näheres s. DDU 1983, DNE 1973 und OEDS II, 1976, unter *hippie, hippy* mit

Belegen, zuerst für 1953). Ihr Name, aus dem Slang-Adjektiv *hip*, *hep* ‹eingeweiht, informiert› + Suffix *-ie* gebildet, und ihr Erscheinungsbild tauchen auch in der DDR auf. Überdies sind sie durch Film und Fernsehen des Auslands in der DDR durchaus bekannt. Eine politisch aktivere und radikalere Gruppe sind die *Yippies* (engl. *yippies*). Ihr Name stellt eine Bildung aus den Anfangsbuchstaben, ein Akronym (s. 31. Kap.) aus *Youth International Party* + *Hippie* dar. Einen Erstbeleg bringt das OEDS IV (1986) unter *yippie, Yippie* aus der Zeitschrift «Time» vom 5. April 1968: «Die *Yippies*, eine 1968er Version der *Hippies* ... Das Wort *Yippie* kommt von *Youth International Party*.» Eine andere Benennung für *Hippie* ist *Freak* (engl. *freak*): ‹Eine Person, die aus der konventionellen Gesellschaft ausgebrochen ist, besonders ein *Hippie*› (s. DNE 1979 und OEDS I, 1972). Für den *Freak* verzeichnet das DDU 1983 neben der 1. Bedeutung ‹jemand, der sich nicht in das normale bürgerliche Leben einfügt›, als 2. Bedeutung ‹jemand, der sich in übertriebener, fanatischer Weise für etwas begeistert›.

Eine weitere Kurzform in der Tanzmusikterminologie ist (der) *Beat* für *Beatmusik* mit dem Verb *beaten* (engl. *to beat*). Der D 1984 und D 1986 erklären zu *Beat* /bi:t/ ‹gleichmäßiger Schlagrhythmus im Jazz und in moderner Tanz- und Unterhaltungsmusik› und zu *beaten* umgangssprachlich für ‹nach Beatmusik tanzen›. Auch der *Soul* (engl. *soul* ‹Seele›) ist eine Verkürzung aus *Soulmusik* (engl. *soul music*), eine ‹expressive afro-amerikanische Jazzmusik als bestimmte Variante des *Rhythm and Blues*, zugleich ein auf *Soul* getanzter Paartanz› (DDU 1983) bzw. ‹ein gefühlsbetonter Tanzmusikstil› (D 1984 und D 1986). In einem Beleg zu *soul music* aus dem Jahre 1968 heißt es im OEDS IV (1986): «*Soulmusik* ist eine Mischung der Intensität des Ausdrucks religiösen Gesanges, der Form und des instrumentalen Charakters des *Blues* und der rührseligen Gefühle der *Popmusik*.» Am 19. März 1987 (S. 7) schrieb die BZ: «New Orleans beansprucht heute für sich, auch eines der Zentren der *Soulmusik* zu sein. Erhebt sich die Frage, was ist *Soul*? Vereinfacht gesagt: schwarze *Popmusik, Rhythm & Blues*, die moderne städtische Variante des alten *Blues*, dazu der *Gospel*, die inbrünstige afro-amerikanische Kirchenmusik, sind hier neben weiteren Popmusikströmungen eine Verschmelzung eingegangen, die der emotionalen Situation vieler Afro-Amerikaner während der 60er und 70er Jahre besonders entsprach.» Auch der *Rag* ist eine verkürzte Form, und zwar von *Ragtime* (engl. *ragtime*), eigentlich ‹ein zerrissener Takt in der Musik›, der im D 1984 und D 1986 als ‹rhythmischer, stark synkopierter Musizierstil der Afroamerikaner in den USA› definiert wird.

Natürlich findet diese vorwiegend amerikanische Musikterminologie tagtäglich auch in der Presse und in den anderen Medien ihren Niederschlag. In den Ankündigungen der BZA «Allerlei für junge Leute» strotzt es geradezu von solchen Termini. Das ND brachte am 22. März 1984 (S. 4) unter der Rubrik «Kultur» ein Interview mit der «Interessengemeinschaft ‹Oldies› beim Komitee für Unterhaltungskunst» und berichtete von der Wiederbelebung der *Evergreens* und *Hits*. Wenige Tage darauf schrieb die BZ am 28. März 1984 (S. 7) ebenfalls unter «Kulturpolitik» mit der Überschrift «Von harten Klängen und sanften Schlager-Erinnerungen» erneut über die ‹Oldies› (in Anführungsstrichen) und ihre *Evergreens* und erwähnte dabei *Diskotheker, Beatles-Hits, Pop-Interpreten, Rockmusik(er), Rockmusikformationen, Rockbands, Blues- und Rockklänge* sowie *Rock- und Popmusik*. Das Wort *Oldie* findet sich im D 1984 noch nicht, wohl aber im D 1986 als ‹wieder aktueller Schlager vergangener Jahre›, während der Bezug auf einen älteren Menschen noch fehlt. Im DDU 1983 steht: ‹*Oldie* = 1. etwas (besonders Schlager, Film), was nach langer Zeit noch oder wieder aktuell ist; 2. (scherzhaft) jemand, der einer älteren Generation angehört›. In der DDR ist das Wort *Oldie* nicht nur in der Schlagermusik, sondern auch in der Sportsprache geläufig. Die BZ berichtete am 20. Febr. 1986 (S. 6) unter der großen Überschrift «Ein *Oldie* will noch ganz nach vorn»: «*Oldies*, die einstmals große Schlager waren, legt man in der Musik immer wieder gerne auf. Und manchmal gelangen sie nach Jahren wieder in die Spitze der aktuellen *Hitparaden* ... Der Oberhofer ASK-Biathlet Matthias Jacob ist zwar erst 25 Jahre jung, aber schon ein erfolgreicher und erfahrener *Oldie* ... Er, der *Oldie*, ist durchaus in der Lage, noch einmal einen ganz großen *Hit* zu starten». Das Wort ist aus engl. *old* ‹alt› und dem englischen vertraulich-liebevollen Suffix *-ie* zusammengesetzt. In einem Bericht in der BZ vom 25. Juli 1984 über einen «Jugendtreff» im Palast der Republik in Berlin standen viele anglo-amerikanische Wörter und Wortverbindungen, mit denen die ältere Leserschaft der Zeitung nicht viel anzufangen wußte. Da war die Rede von *Disco-Hits, Extras, Soul und Funk*, von einer *Illusionsschau* und *Focus-Diskothek*, von *Rock- und Pop-Gruppen* der nationalen und internationalen Szene; ein *Mode-*

rator präsentierte Video-Einspielungen auf *fünf Monitoren*, ein *Showtrio* offerierte dazu *Popgymnastikelemente*, und schließlich gab es sogar einen *Break dance*. Der zuletzt genannte *Break dance*, ein auf öffentlichen Plätzen und auf Straßen vieler Städte der BRD von Jugendlichen vorgeführter halsbrecherischer Tanz, der auch in der DDR bekannt ist, hier aber nur in geschlossenen Räumlichkeiten praktiziert wird, ist noch in keinem neueren Wörterbuch aufgeführt, nicht einmal in dem sonst so verläßlichen modernen DDU 1983. Er ist demnach recht jungen Ursprungs. Es handelt sich dabei um eine ad absurdum geführte Form des Tanzes mit artistischen Gliederverrenkungen und rotierenden Körperbewegungen, die sogar im Kopfstand ausgeführt werden. Das ND lud am 7. April 1987 (S. 8) «junge Leute zwischen 14 und 18» in den Pionierpalast ein, wo unter anderem «Schautanzpaare *Breakdancer*» auftraten. Das viele Bedeutungen aufweisende Substantiv (der oder das) *Break* (engl. *break*) ‹Ab-, Zer-, Durchbrechen› bedeutet unter anderem auch ‹kurzes Zwischensolo im Jazz›. Die Liste anglo-amerikanischer neuer Musiktermini aus der DDR-Tagespresse ließe sich beliebig fortsetzen.

Nach anglo-amerikanischem Muster sind die von CARSTENSEN (1986a, S. 49f.) aufs Korn genommenen *modernen Interpreten* (engl. *modern interpreters*) in der Unterhaltungsindustrie anstelle der unmodernen Sänger(innen) auch in die DDR eingezogen. Den *Rock- und Pop-Interpreten* sind wir oben bereits begegnet. Die BZ berichtete am 23. Juli 1986 (S. 8) vom Köpenicker Sommerfest wie folgt: «Zum *Jazz* wurde im Park eingeladen, namhafte *Chansons-* und *Liederinterpreten* stellten sich auf dem *Liedercircus* vor.» In der BZ vom 14. Aug. 1986 (S. 7) lud die Kulturdirektion Berlin zum *Liedercircus extra* auf die Parkbühne in Berlin-Biesdorf ein mit verschiedenen *Liedermachern* und dem *Liedertheater*. Zu dem neuen *Interpreten* für den alten *Sänger* bemerkt Carstensen: «Aber so wie wir uns längst an *Moderator* für *Ansager* gewöhnt haben, wird uns wohl bald auch *Interpret* statt *Sänger* über die Lippen gehen, und wir werden lernen müssen, *interpretieren* statt *singen* zu sagen. Merke: ‹Interpretiere, wem die Interpretationspotenz inhärent ist›, auf deutsch: ‹Singe, wem Gesang gegeben›.» In einem Bericht in der BZ vom 4. März 1987 (S. 7) über eine *Lieder- und Schlager-Show* «artikulierte der *Interpret* auch seine Ängste». Beide Ausdrücke werden hier in ihrer neuen modischen Bedeutung verwendet. Zu der wiederholt zitierten Neuprägung *Lieder-*

circus bemerkt CARSTENSEN (1986a, S. 84): «Das ursprünglich lateinische Wort *Zirkus* hat in unserer Zeit seine Bedeutung erweitert; es kann jetzt auch unterhaltende Darbietungen literarischer und musikalischer Dinge bezeichnen, wie *Literaturzirkus, Liederzirkus* und andere Neubildungen zeigen.» In NEUBERT/GRÖGERs Wörterbuch (1988) werden unter *circus* die Bedeutungen ‹Zirkus(vorstellung), umgangssprachlich *Trubel* (wie im Deutschen) und im amerikan. Slang Unterhaltung, Spaß› angegeben. Neben den Lieder- und Schlagersängern werden mehr und mehr auch die Musiker als *Interpreten* bezeichnet. Im ND vom 1. April 1987 (S. 8) wurde zum Beispiel berichtet, daß «für zwei Jahre mit den *Interpreten* der talentiertesten Musikgruppen und Solisten» Förderverträge abgeschlossen wurden.

27.
Ältere und neuere anglo-amerikanische Bekleidungsterminologie

Bei vielen modernen bzw. modischen Kleidungsstücken ist der anglo-amerikanische Bezug in der Vorstellung ihrer Träger bereits weitgehend verlorengegangen, wie etwa bei *Jumper, Pullover* oder *Sweater*. Diese sind phonetisch schlecht und recht eingedeutscht worden, und zwar aus engl. /'dʒʌmpə/ zu deutsch /'jumpə/ neben /'dʒampər/; aus engl. /'pulouvə/ zu deutsch /pul'o:vər/ und aus engl. /'swetə/ zu engl. *to sweat* /swet/ ‹schwitzen›, also eigentlich ‹Schwitzer›, zu deutsch /'sve:tər/ oder /'svetər/ (vgl. 22. Kap.). Während es sich früher vorwiegend um formelle, festliche Kleidung handelte, sind heute meist saloppe, bequeme und alltägliche Bekleidungsstücke anglo-amerikanischer Herkunft und Benennung in Mode. Wie die BZ am 6. Aug. 1984 (S. 3) berichtete, trägt man zur Zeit «Hosen im *Sportswearstil*». Aus dem *Blazer* (engl. *blazer*, zu *to blaze* ‹leuchten, glänzen in der Farbe›), der vornehmen englischen blauen Herrenklubjacke mit Klubabzeichen, ist heute die Bezeichnung für die leichte Herren- und Damensportjacke geworden. Der *Smoking*, ein festlicher Gesellschaftsanzug als Kurzform aus engl. *smoking-suit* ‹Rauchanzug, Rauchjacket›, wurde früher in vornehmer Gesellschaft nach dem Essen statt des

Fracks (aus engl. *frock* seit 1750 deutsch der *Frack*) zum Rauchen getragen. Das ‹deutsche› Wort *Smoking* ist inzwischen in England gewöhnlich durch *dinner-suit* oder *dinner-jacket*, in Amerika durch *tuxedo* ersetzt worden, sofern es nicht gelegentlich in der alten wiederbelebten Kurzform ‹smoking› (meist in Anführungszeichen) auftritt. In dem Roman «Just Desserts» von T. V. Heald (1977) steht: «Gäste trugen *tuxedos*, wenn sie Amerikaner waren, und schwarze *dinner jackets* als Europäer (... mit Ausnahme des komischen Italieners im tabakbraunen ‹smoking›)». Wie ein früher Beleg aus dem Jahre 1922 im OEDS IV (1986) ausweist («Er zog einen Abendanzug an. ... Er stand Argentiniern sehr gut – *le smoking*»), wurde ‹smoking› aus Frankreich als dem damals in der Mode führenden Land rückentlehnt (frz. *le smoking* /smo'kiŋ/). Der ‹deutsche› *Frack* heißt im Englischen *dress-* oder *tail-coat*, umgangssprachlich *tails* mit dem Verb *to be in tails, to wear tails*. Der ‹deutsche› *Cut* oder *Cutaway* (D 1984 und D 1986: ‹ein Herrenschoßrock mit abgerundeten Vorderecken›), der mit veralteter deutscher Schulaussprache häufig noch /köt/ statt /kʌt/ ausgesprochen wird (wie auch /-ö-/ in *Cutter*, *cuttern* und *Pumps* gesprochen wird), beruht auf engl. *cutaway* /'kʌtəwei/, wofür auch *tailcoat* oder *morning coat* gebraucht wird. Für *Jumper* ‹lose fallende längere Bluse› wird im D 1984 und D 1986 bereits nur die moderne Aussprache /'dʒampər/ angegeben. Auf dem engl. Subst. *smock* ‹Arbeitskittel, Hänger, Umstandskleid› (Neubert/Gröger 1988) und dem engl. Verb *to smock* ‹eine Bluse etc. *smoken*, mit *Smokarbeit* verzieren› (Langenscheidts Großwörterbuch I, 1985), ‹(Stoff) mit Zierstichen fälteln, smoken› (Neubert/Gröger 1988), beruhen die im D 1984 und 1986 als *Smokarbeit* ‹eine Verzierungsarbeit an Kleidern und Blusen› und *smoken* als Verb gebuchten Wörter.

Die früher modernen saloppen *Knickerbocker(s)* ‹lose sitzende, an den Knien aufgenommene Hosen› (Kluge/Mitzka), ‹halblange Pumphose› (D 1986), die seit 1927 aus den englischen *knickerbockers* in die deutsche Sport- und Wanderwelt eingeführt wurden und zum Teil auch heute noch (oder wieder) getragen werden (zur Etymologie s. Kluge/Mitzka), sind heute durch die amerikanischen *Jeans* ersetzt worden. Sie stellen in der ganzen Welt wie auch in der DDR das bekannteste und beliebteste amerikanische Kleidungsstück dar und tragen die Bezeichnungen *Blue Jeans*, *Levi-Jeans* oder einfach *Jeans* (D 1984: *Blue jeans*, auch *Bluejeans* oder *Jeans* /dʒiːns/ ‹blaue Arbeits- und Freizeithose›; D 1986: ‹Hose aus strapazierfähigem Baumwollstoff›), auch *Niet(en)hosen* genannt. Über die Wortgeographie von *Bluejeans, Levis* usw. hat EICHHOFF (1980) gehandelt. Der erste Beleg für *Levis* stammt aus dem Jahre 1926 mit «My *Levis* was brand-new» (OEDS III, 1976). Der Konzern Levi Strauss besaß als größter Hosenproduzent der Welt zur *Jeans*-Blütezeit 50 Fabriken in 35 Ländern mit einem Jahresumsatz von drei Miliarden Dollar. Mit dem Rückgang der *Jeans*-Popularität seit 1983 wurden bereits 20 Herstellerfabriken geschlossen, und man ist nun auf der Suche nach einem neuen Modeschlager (s. BZ vom 22. Febr. 1985, S. 4). An die Stelle der *Levis* bzw. neben sie sind inzwischen die *Wranglers* ‹ein Markenname für *Jeans* seit 1963› (s. OEDS IV, 1986) sowie die vielgetragenen *Cordjeans* ‹Jeans aus Cord› getreten. Die in der DDR von jungen und älteren Angehörigen beiderlei Geschlechts gleichfalls gern und viel getragenen *Stretchers*, das sind *Stretch-Kordhosen*, bucht noch kein Wörterbuch. Im D 1984 und D 1986 steht nur *Stretch* als ‹Bezeichnung für hochelastische Fäden und Gewebe aus Chemiefasern›, im DDR-FREMDWÖRTERBUCH 1985 wird nunmehr *Stretchkleidung* als ‹anliegende Kleidung aus *Stretchmaterial*› ergänzt. Weitverbreitet sind seit längerem auch *Shorts* (D 1984 und D 1986 ‹kurze Sport- oder Sommerhose›). In Mode ist auch das *T-Shirt* (engl. *T-shirt* oder *tee shirt*), ein nach dem T-förmigen Schnitt bezeichnetes sportliches Kleidungsstück amerikanischer Herkunft für Männer, Frauen und Kinder (s. OEDS IV, 1986, unter *T-shirt*). Der D 1984 bucht (das) *T-Shirt* noch nicht, wohl aber der D 1986 ‹leichtes Oberbekleidungsstück mit kurzen Ärmeln›. Der *Nicki* (D 1984 und D 1986: ‹eine Art Pullover; nach dem Namen Nikolaus›), engl. *Nicky* als Verkleinerungsform des englischen Vornamens *Nicholas*, das *Nickihemd* ‹leichtes Sommerhemd› und der *Nickipullover* sind ebenfalls allgemein verbreitet. Neben dem *Pullover* steht die umgangssprachliche unenglische deutsche Kurzform (der) *Pulli* (D 1984 und D 1986: ‹(kurzärmeliger) Sommerpullover›). Der *Westover* (D 1984 und 1986: ‹ärmelloser Pullover›) ist eine Wortmischung aus *Weste* + *Pullover*. Der *Lumberjack* (D 1984 und D 1986: ‹eine Art Ärmelweste›) beruht auf amerikan. *lumber jacket* ‹kurze hochgeschlossene Jacke aus Cord, Leder oder ähnlichem Material, meist mit Reißverschluß›, die von *lumberjacks* ‹amerikanischen oder kanadischen Holzfällern› getragen wird. Der *Overall* (D 1984 und D 1986: ‹Schutz-, Überanzug; auch ein einteiliger Hosenanzug›) wird sowohl als Berufs- und Arbeitskleidung als auch als Straßenkleidung von Frauen und Männern getragen. Der *Waterproof (waterproof[coat])* ‹wasserdichter Regenmantel› ist ein weiteres nützliches Kleidungsstück, wie auch der *Raglan* (D 1984 und D 1986: ‹Schnittform; Sportmantel›, nach Feldmarschall Lord Raglan), englisch *raglan* ‹Sport- oder Wettermantel mit Raglanärmeln›. Nach dem englischen Grafen G. J. Spencer (1758–1834) erhielt das deutsche Kleidungsstück (der) *Spenzer* gemäß dem DDU 1983 die Bedeutungen (1) kurze, enganliegende Jacke; (2) kurzärmeliges, enganliegendes Unterhemd für Damen. Der D 1984 und D 1986 geben für den *Spenzer* nur die Bedeutung ‹enganliegendes Jäckchen für Frauen› an. Das OEDS IV (1986) bucht als ersten Beleg aus dem «Sporting Magazine» 1795 folgende Stelle für das männliche Kleidungsstück: «Dann näherte sich ein junger Mann, mit einem leichten Jackett und einem blauen Spenzer *[a blue spencer]* bekleidet»; und vier Jahre später aus dem «Diary» von J. Woodforde am 19. Juni 1799 einen weiteren Beleg für das weibliche Kleidungsstück: «Heute ist es wieder sehr kalt, so kalt, daß Mrs. Custance in ihrem *Spenzer* mit ihrer Busenfreundin spazierenging.» Bei dem *Glencheck (glencheck* aus *glen* ‹Tal im schottischen Hochland› und *check* ‹Karomuster›) handelt es sich gemäß WDG um ein englisches Neuwort mit der Bedeutung ‹fein kariertes (Woll)gewebe, ein Anzug oder Kostüm aus Glencheck›. Der D 1984 bucht das Wort (der) *Glencheck* nicht, doch der D 1986 als ‹Gewebe mit großflächigem Karomuster› und dazu *Glencheckanzug*. In der Modezeitschrift der DDR «Sibylle» (Berlin 4/1987, S. 16) stand: «Als klassisches Material gelten *Tweed* [engl. *tweed*], *Flanell* [engl. *flannell*], *Jersey* [engl. *jersey*] und *Leinen* [engl. *linen*]; Schur-, *Lamm-* [engl. *lamb-*] und *Kaschmirwolle* [engl. *cashmere wool*] sowie Seide. Klassische Dessins sind *Nadelstreifen* [engl. *pin-stripe*], *Hahnentritt* [engl. *cocktread*], *Fischgräten(muster)* [engl. *herringbone (pattern)*], *Glencheck* und *Schottenkaro*. *Trenchcoat* [engl. *trench coat*], *Paletot* [engl. *paletot*], *Blazer* [engl. *blazer*] und *Anzug*, *Marinestil* [*naval style*], das (zweireihige) *Tailorkostüm*, *Faltenrock* [engl. *pleated skirt*], *Hemdbluse* [engl. *shirt-blouse*] und *Twinset* [engl. *twin-set*] sind Grundformen der klassischen Mode. Fast alles, was hier aufgezählt wurde, ist englischen Ursprungs.» Im D 1984 und D 1986 steht (der) *Tropical* für ‹leichter Anzugstoff›, im DDU 1983 für ‹leichtes, poröses Kammgarngewebe in Leinwandbindung für leichte Sommeranzüge und Damenkleidung›, gekürzt aus engl.

tropical linen, suiting etc. (Belege stehen im OEDS IV [1986] für 1920 und für 1938). Die Bezeichnung *Tweed*, Plural *-s* oder *-e*, für ‹ein meliertes Gewebe› (D 1984 und D 1986 /twi:t/) bildete sich bereits um die Mitte des 19. Jahrhunderts nach dem schottischen Fluß *Tweed* im Herstellungsgebiet heraus (s. OED). Unter *Homespun* (D 1984 und D 1986: [das] /'ho:mspan/, auch /...spu:n/) wird ein genopptes, grobes Wollgewebe, ‹Hausgesponnenes›, verstanden. Es war bereits zu Shakespeares Zeit um 1600 sowohl als Adjektiv als auch als Substantiv gebräuchlich. In Shakespeares «Sommernachtstraum» wird das Substantiv *homespun* im Sinne von ‹ungeschlachte, grobe Person› verwendet; da sagt Puck (III, 1,68: «*What hempen homespuns* have we swagg'ring here?» («Was für ein *hanfenes Grobzeug* [mit Bezug auf die Kleidung der Handwerker als Amateurschauspieler] stolziert denn hier herum?»)

Ausgesprochen weibliche Kleidungsstücke amerikanischer Herkunft und Bezeichnung sind: (der) *Bikini* (D 1984 und D 1986: ‹knapper zweiteiliger Badeanzug [nach dem Südseeatoll]›); DDU 1983 führt dazu ergänzend aus: «Phantasiebezeichnung, gebildet nach dem gleichnamigen Südseeatoll [auf den Marshall-Inseln], als dieses durch die ersten großen amerikanischen Atomversuche [im Juli 1946] weltbekannt geworden war: ‹knapper zweiteiliger Badeanzug für weibliche Personen›», dessen weitere Verkleinerung man auch *Minibikini* und *Minikini* (als Wortmischung aus *Miniatur* und *Bikini*) genannt hat. Ferner sind zu nennen (der) *Petticoat* (D 1984 und D 1986: ‹gesteifter Halbunterrock›) aus *petticoat*; (der) *Slip* (D 1984 und D 1986: ‹Unterhöschen›; HWDG 1984: ‹kurzer Schlüpfer für Damen; kurze Unterhose für Herren›). Das oder der *Twinset* (D 1984 und D 1986: ‹Kombination von *Pullover* und dazu passender Jacke›) beruht auf engl. *twin set*.

28.
Ältere und neuere anglo-amerikanische Nahrungs- und Genußmittelterminologie

Während in früheren Jahrhunderten zahlreiche Nahrungs- und Genußmittel mit ihren Benennungen als deutsches Lehngut nach Amerika gelangten, haben sich die Verhältnisse im Laufe unseres Jahrhunderts mehr und mehr umgekehrt (vgl. 17. Kap.). Für den früheren Einzug deutscher Nahrungs- und Genußmittel in Amerika gibt SCHÖNFELDER (1957, S. 114–147) zahlreiche Beispiele, wie *delicatessen, frankfurt(er)* ‹Frankfurter (Würstchen)›, *hamburger* ‹deutsches Beefsteak›, *marzipan* ‹Marzipan›, *pretzel* ‹(Salz)Bre(t)zel› – die heute überall an Ständen verkauften *hot pretzels* sind übrigens nichts weiter als aufgewärmte Brezeln –, *sauerkraut* ‹Sauerkraut›, *schnap(p)s, schnitzel* ‹Wiener Schnitzel›, *smearcase* ‹Schmierkäse, Quark› usw. Schon vor Schönfelder schrieb MENCKEN (1949, S. 155): «Die Einwanderer, die nach 1848 hereinkamen, steuerten bei: *pumpernickel, hausfrau, beer-garden (biergarten), lager-beer, wienerwurst* (oft zu *wiener* oder *wienie* verkürzt), *frankfurter, bock-beer, sauerbraten, schnitzel, leberwurst* (manchmal nur halb übersetzt als *liverwurst*), *blutwurst, dachshund, zwieback, stein* ‹Trinkgefäß, Bierkrug›, *rathskeller, schweizer (Käse), delicatessen, hamburger (Steak), kindergarten* und *katzenjammer.* ... Die Mehrheit dieser Wörter bezieht sich, wie man sieht, auf Essen und Trinken. Sie spiegeln die tiefe Wirkung wider, welche die deutsche Einwanderung auf amerikanische Trinkgewohnheiten und auf die amerikanische Küche ausübte.» Die zahlreichen Spottnamen für die Deutschen in Amerika bezogen sich daher vor allem auf deutsche Speisen. «Ihrer Vorliebe für Wurst- und Fleischwaren verdanken die Deutschen in Amerika die Spottnamen: *Hans Wurst, Metzel, Sausage*» (SCHÖNFELDER 1957, S. 79). In ihrer Fleischvorliebe übernahmen die Deutschen auch mit *Roastbeef* das schon früh bei den Anglo-Amerikanern sehr beliebte engl. *roastbeef*. Das OED bringt bereits für 1635 den ersten typischen englischen Beleg mit «Meine Nase riecht den köstlichen Geruch von *Roastbeef*»; und in einem weiteren Beleg von 1806 heißt es: «Lang möge ... *Roastbeef* der Stolz und Ruhm dieser glücklichen Insel sein.» Dem *Roastbeef* folgten das englische *Beefsteak* ‹Rinds(lenden)stück›, das deutsche *Beefsteak* ‹gebratenes Fleischklößchen› und das englische *Rumpsteak* ‹kurzgebratene Rindfleischscheibe› mit der Kurzform (das) *Steak*, engl. *steak* /steik/. Der Spitzname *Sauerkrauts* oder einfacher und häufiger *Krauts*, aus *sauerkraut eaters* ‹Sauerkrautesser› gekürzt, hat sich bis auf den heutigen Tag bei den Amerikanern als Spottname für die Deutschen im allgemeinen und für die deutschen Soldaten im besonderen erhalten. Die englische Tageszeitung «The Times» bemerkte dazu in ihrer Ausgabe am 29. Dez. 1973 (10/2) laut OEDS III (1982) unter *sauerkraut, sourcrout*: «Die Klischees vom Deutschen als einem Menschen, der gewaltige Mengen von Wurst und Sauerkraut ißt, sollten wahrhaftig abgelegt werden. Schließlich essen die Franzosen mehr Sauerkraut», und man kann hinzufügen, daß Sauerkraut auch in den USA sehr beliebt ist.

Die in neuerer Zeit, meist erst nach 1945, gewöhnlich aus den USA zu uns gelangten Nahrungs- und Genußmittel sind teils in originaler, teils in veränderter oder scheinbar amerikanischer Bezeichnung übernommen worden. «*Chips*, im Deutschen ‹in Fett gebackene Scheibchen roher Kartoffeln› [ähnlich auch im D 1984 und D 1986] zeigt, wie wichtig die Berücksichtigung des amerikanischen Englisch ist. Die deutschen *Chips* entsprechen englischen *crisps*, die wiederum im amerikanischen Englisch *chips* heißen. Englische *chips* hingegen sind deutsche *Pommes frites*, die im amerikanischen Englisch *French fries* heißen» (CARSTENSEN 1980a, S. 90). Ebenfalls meist nur im Plural *Sticks* gebraucht wird (der) *Stick* (D 1986: ‹Salzstange›). Richtiger sollte es ‹Salzstäbchen› heißen, da es sich nicht um das schon vorher bekannte ‹stangenförmige›, sondern um ein kleines ‹stäbchenförmiges›, mit groben Salzkörnern bestreutes Gebäck handelt, das in der DDR als *Salzsticks* (engl. *salt sticks*) gehandelt und gern zu Hause zu alkoholischen Getränken gegessen wird. Älteren Ursprungs ist das in allen Kaufhallen der DDR angebotene und gern gekaufte *Grahambrot* (engl. *Graham bread*) mit der im D 1984 und D 1986 angegebenen Aussprache /'gre:əm/ und der Bemerkung ‹nach dem amerikan. Arzt Graham›. Das DDU 1983 ergänzt unter dem Stichwort *Grahambrot*: «nach dem amerikan. Arzt S. Graham (1794–1851), Weizenschrot-Vollkornbrot in Kastenform (urspr. ohne Hefe und Sauerteig hergestellt)». Das OEDS I (1972) bringt einen ersten Beleg bereits aus dem Jahre 1834, der lautet: «‹Hail!› said I, ‹thou pure, unadulterated substitute – *Graham bread*.›» Ein Keksgebäck in der DDR heißt

Nuß-Cookies nach *cookie* oder *cooky,* ‹besonders im amerikanischen Englisch: ein süßer Keks› (LDCE 1987). Die allgemein bekannten und verbreiteten *Cornflakes* (D 1984 und D 1986: ‹geröstete Maisflocken› Pl.) weisen bereits durch ihren Namen *corn* = *Mais* auf ihre amerikanische Herkunft hin. Den *Cracker*(s) im Plural (D 1984 und D 1986: ‹sprödes, ungesüßtes Kleingebäck›) liegt die englische Entsprechung *a cracker* zugrunde; nach dem HWDG 1984: ‹kleiner spröder, salziger Keks, der besonders als würzige Beigabe zu Bier, Wein gegessen wird›. Die beliebten *Flips* bzw. *Erdnußflips* ‹ein Knabbergebäck aus Erdnüssen› haben weder eine englische noch eine amerikanische Bezeichnung als Vorlage. Im D 1984 und D 1986 wird (der) *Flip* als ‹ein alkoholisches Mischgetränk› gebucht und im HDWG 1984 wie folgt präzisiert: ‹Mixgetränk aus Alkohol, rohem Ei, Zucker, Eisstückchen und Gewürzen›. Neben dem *Flip* verzeichnet jetzt der D 1986 auch den *Fizz* /fis/ in gleicher Bedeutung als ‹ein alkoholisches Mischgetränk› (mit Früchten oder Fruchtsäften) amerikanischer Herkunft (s. OEDS I, 1972). *Softeis* ‹sahniges Weicheis› (D 1986: ‹Speiseeis von weicher, luftiger Konsistenz›), das nach *soft ice-cream* gebildet worden ist, erfreut sich im Sommer wie im Winter allgemeiner Beliebtheit in der DDR. Neben *Navelorange* (engl. *navel orange*) ist *Nabelorange* und vor allem *Nabelfrucht* üblich, neben englischem *Grapefruit* steht *Pampelmuse* aus dem Niederländischen.

Das aus amerikanischem *tonic (water)* verkürzte (das) *Tonic* ‹ein mit Kohlensäure und Chinin versetztes, leicht bitter schmeckendes Wasser› (DDU 1983, danach fast gleichlautend im DDR-Fremdwörterbuch 1985 unter *Tonic*), in der DDR mit der Flaschenaufschrift «*Bitter Tonic – Tonic Water,* chininfrei» im öffentlichen Handel erhältlich, und (das) *Bitter Lemon* ‹ein mit Kohlensäure und Chinin versetztes, leicht bitter schmeckendes Zitronengetränk›, die in allen Hotels und Restaurants der DDR angeboten und getrunken werden, sind lange Zeit in keinem Wörterbuch der DDR registriert worden. Erst der D 1986 bucht (das) *Tonic* als ‹leicht bitter schmeckendes Mineralwasser›. Allgemein hat sich im DDR-Wortschatz (der) *Juice* für ‹Obst-, Gemüsesaft› (D 1984 und D 1986) durchgesetzt, obwohl das Wort im WDG noch fehlt. Ebenso vermißt man das Wort (der) *Cobbler* im WDG und im HWDG 1984, obgleich es im D 1984 und danach im D 1986 als ein ‹alkoholhaltiges Erfrischungsgetränk› verzeichnet ist, das im DDU 1983 genauer als ‹Cocktail aus Likör, Weinbrand oder Weißwein,

Fruchtsaft, Früchten und Zucker› definiert wird. Keiner Definition bedürfen jedoch der seit langem bekannte und teure *Scotch Whisky* und der *Sherry*. Das auf vielen Wein- und Sektflaschen stehende Adjektiv *dry* für ‹trocken, herb› und *extra dry* ‹besonders trocken oder herb› (daher für Diabetiker geeignet) war bisher gleichfalls in keinem DDR-Wörterbuch, auch nicht im HDWG 1984, nachschlagbar, es sei denn im DDR-FREMDWÖRTERBUCH 1985, doch nun endlich auch im D 1986 unter *dry* /drai/ ‹von alkoholischen Getränken gesagt: herb, zuckerfrei (engl. ‹trocken›)›. Die in den Intershops und Delikatläden der DDR angebotenen *Filter-* und *Instant*-Kaffee-Tüten oder -Gläser sind *vakuumverpackt* (engl. *vacuum-packed*). Man erhält sie in *Vakuumverpackungen* (engl. *vacuum-packings*) als *Filter-Kaffee* (engl. *filter[ed]* oder *drip coffee*) oder als *Instant*-(Pulver-)*Kaffee* (engl. *instant coffee*).

Selbst der von einer ganzen Generation von Kindern und Jugendlichen der DDR beiderlei Geschlechts wie auch von vielen Erwachsenen in der ganzen Welt durch ständige Kaubewegung öffentlich zur Schau gestellte *Kaugummi* (engl. *chewing gum*) fehlte noch im D 1984 und im WDG (dazu meine Bemerkungen in der «Wochenpost» vom 13. Juni 1986, S. 16). Er erscheint erst im DDU 1983 als (der oder das) *Kaugummi* und danach im HDWG 1984 nur als (der) *Kaugummi* ‹aromatisierte, gesüßte, gummiähnlich elastische und unlösliche Masse, die gekaut wird›, und schließlich auch im D 1986 ohne Kommentar ebenfalls als (der) *Kaugummi*. Name und Sache wurden bereits im «Chicago Daily Democrat» am 25. Okt. 1850 erwähnt mit «Chewing gum! A new and superior preparation of Spruce Gum» (= Kaugummi! Ein neues und erlesenes Erzeugnis aus Fichten-Kautschuk). Doch bestand der *Kaugummi* damals in den USA noch aus anderer Substanz als heute, wie das OED weiter berichtet: «die verhärtete Absonderung der Fichte (oder Rottanne), die nach Art des Tabaks von Jungen und Mädchen gekaut wird». Die amerikanische Herkunft des heute weltweit verbreiteten Nachfolgeerzeugnisses *Kaugummi* anderer Zusammensetzung (DDU 1983: ‹beim Kauen weich und gummiartig werdende Masse mit erfrischendem Frucht- oder Pfefferminzgeschmack›) geht aus einer historisch interessanten Meldung in «The Economist» vom 5. Nov. 1949 hervor (OEDS I, 1972), in der es heißt: «Der sowjetische Delegierte ... beschuldigte die Vereinigten Staaten, den Exporten von Kaugummis den Vorrang zu geben.» Neben der Lehnübersetzung *Kaugummi* für *chewing gum* steht heute die anglo-amerikanische Direktentlehnung *Bubble Gum* von *bubble gum* ‹ein Kaugummi, der zu großen Blasen aufgeblasen werden kann› (LDCE 1978 und 1987) neben deutsch *Ballon-* oder *Knallkaugummi*. Dagegen ist (das) *Toffee* ‹(weicher) Sahnebonbon› britisch-englischer Herkunft. Das Wort wird als *toffee, toffy* vom OED bereits für 1825 bezeugt, vom OEDS IV (1986) zusätzlich für 1938 und 1984. Im D 1984 und D 1986 wird neben der französischen Aussprache /tɔˈfeː/ auch die englische Aussprache /ˈtɔfi/ sowie der Plural *Toffees* mit der Bedeutung ‹eine Art Sahnebonbons› angegeben.

Dem Einfluß des Anglo-Amerikanischen auf den deutschen Wortschatz im Bereich von Essen und Trinken hat Urs FISCHER (1980) eine spezielle Untersuchung anhand schweizerischer Quellen gewidmet.

29.
Neue anglo-amerikanische Lehnkomposita

In vielen Fällen, besonders bei Zusammensetzungen, greift man nach bewährtem Muster zur Lehnübersetzung, wie in *Kreuzworträtsel* nach amerikanischem *crossword puzzle*, das zuerst 1914 in New York belegt ist (s. OEDS II, 1976). Über die Art und Form der Lehnübersetzung haben wir bereits im 11. Kapitel gehandelt. Für Lehnübersetzung aus dem Anglo-Amerikanischen ins Deutsche gibt es zahlreiche erkannte und noch mehr unerkannte Beispiele, wobei allerdings CARSTENSENs Warnung (1981a, S. 29) zu beachten ist: «Das größte Problem bei den Komposita liegt darin, daß in den meisten Fällen nicht erkennbar ist, ob ein Mischkompositum ein englisches Vorbild hat oder nicht, wie wir [CARSTENSEN 1979a] dargestellt haben. Bei *Managerkrankheit* und *Achselspray* wissen wir, daß das nicht der Fall ist, bei *Sexbombe* haben wir es lange geglaubt.»

Auf Grund verschiedener Indizien, die aus Platzmangel nicht in jedem Fall angegeben werden können, meinen wir, daß die folgenden neueren Komposita versteckte (latente) Anglo-Amerikanismen sind:

Afroamerikaner(in) nach *Afro-American; afroamerikanisch* nach *Afro-American;* Atombombe nach *atomic bomb;* Atomenergie nach *atom(ic) energy; Atommächte* nach *atomic powers; Atomschwelle* nach *atomic threshold; Atomwaffen* nach *atomic weapons* und weitere *Atom*-Komposita; *Autofriedhof* nach amerikanisch *auto-graveyard* (engl. *car dump*); *Bildröhre* nach *picture tube; Bildsensor* nach *picture sensor; Datenaustausch, Datenbank, Datenschutz, Datenspeicher, Datenverarbeitung* nach *data processing, data bank, data protection, data storage,* etc.; *Demarkationslinie* nach *demarcation line; Einkaufszentrum* nach *shopping center/centre* (POLEC 1967: ‹zunächst in den USA übliche neue Betriebsform des Einzelhandels›); *Einwegflasche* nach *one-way bottle; Elementarteilchen* nach *elementary particle; Endverbraucher* nach *end-consumer* oder *end-user; Entwicklungshilfe* nach *development aid; Entwicklungsland* nach *developing country; Familienplanung* nach *family planning; Ferienlager* nach *vacation camp; Flutlicht* nach *floodlight; Frischhaltebeutel* nach *keep-fresh bag* (mit Wortumstellung im Deutschen), *Frischhaltepackung* nach *keep-fresh package; Fußgängerzone* nach *pedestrian zone; Gangsterboß* nach *gangster boss, Gangsterfilm* nach *gangster film, Gangstermethoden* nach *gangster methods,* etc.; *Geburtenkontrolle* nach *birth control; Geisterschreiber* nach *ghost writer; Gipfelgespräch* nach *summit talk, Gipfelkonferenz* nach *summit conference, Gipfeltreffen* nach *summit meeting; Globalstrategie* nach *global strategy; Gruppentherapie* nach *group therapy; gutaussehend* nach *good-looking; gutnachbarlich* nach *good-neighbo(u)rly; Halbtagsarbeit* nach *half-day job, Halbtagsbeschäftigung* nach *half-day employment; heißer Draht* (polit.) nach *hot line; Herrenausstatter* nach engl. *(gentle)men's outfitter; Herzschrittmacher* nach *cardiac or heart pacemaker; Herzverpflanzung* nach *heart transplant; Hintergrundinformation* nach *background information; Hochtechnologie* nach *high technology; Horrorfilm* nach *horror film* (s. Beleg im OEDS II, 1976, vom Juli 1958: «Die amerikanischen *Horrorfilme [horror films]* kommen durchschnittlich alle drei Monate heraus.»); *kalter Krieg(er)* nach *cold war(rior); Kapitalverbrechen* nach *capital crime; Kontrollturm* (auf Flugplätzen) nach *control tower; künstliche Intelligenz* nach *artificial intelligence; Lautsprecher* nach *loudspeaker; Lebensqualität* (s. KORLÉN 1987, S. 117) nach *quality of life; Leitartikel* nach *leading article; Luftkissenboot* oder *-fahrzeug* nach amerikanisch *air-cushion vehicle o r -craft,* auch unter dem englischen Namen *Hovercraft,* eigtl. ‹Schwebefahrzeug›, bei uns bekannt; *Luftverschmutzung* nach *air-pollution; Marktforschung* nach *market research; Marktlücke* nach *market gap, gap in the market; Massenkommunikation(smittel)* nach *mass communication (media); Massenmedien* nach *mass media* (neben engl. *mass media* steht die Kurzform *media* wie deutsch *Massenmedien* neben *Medien*); *Nachrichtensatellit* nach *communications satellite; Neutronenbombe* nach *neutron bomb; Operationsforschung* (D 1984 und D 1986: ‹Wissenschaftsdisziplin, die durch die Kombination von Methoden verschiedener Wissenschaften optimale Entscheidungen vorbereitet›) nach *operations research* oder *operational research; Organverpflanzung* nach *organ transplant(ation); Pferdeschwanz* (als Haartracht) nach *pony-* oder *horsetail; Plattenspieler* nach *record player; Presseagentur, -bericht, -feldzug, -kommentar, -konferenz* usw. nach *press agency, -report, -campaign, -commentary, -conference*, etc.; *Problemlösung* nach *problem solving; Produktionslinie* nach *production line; Prozeßautomatisierung* nach *process automation; psychologische Kriegführung* nach *psychological warfare; Raumflug* oder *Raumfahrt* nach *space-flight* oder *space-travel; Raumflug-* oder *Raumfahrtindustrie, -labor, -medizin, -projekt, -technik, -zeitalter* usw. nach *space-industry, -laboratory, -medicine, -project, -technology, -age*, etc.; *rechnergestützt* nach *computer-supported; Satellitenbild, -fernsehen, -stadt, -übertragung* usw. nach *satellite picture, -television, -town, -transmission*, etc.; *Schaugeschäft* nach *show business* (wofür das OEDS IV, 1986, bereits für das Jahr 1850 [!] einen Beleg liefert aus T. Fords «Peep behind Curtain» VII, 26: «Dieser Herr ist im *Schaugeschäft* [*show business*] tätig, und dieses ist fraglos das beste»), mit dem modernen Slogan «There is no business like show business!»; *Schlüsseltechnologie* nach *key technology; schmutziger Krieg* (der Amerikaner in Vietnam) nach *dirty war; Schrittmacher* (in Sport und Medizin) nach *pacemaker; schwarzer Humor* nach *black humo(u)r; schwarzer Markt* nach *black market; Selbstbedienung* nach *self-service* (den ersten Beleg für *self-service* bringt das OEDS IV, 1986, bereits für Januar 1919, wo es im «Ladies' Home Journal» hieß: «Die Duffy-Powers Company, die ein vollausgestattetes Warenhaus in Rochester, New York, unterhält, hat *Selbstbedienung (self-service)* eingeführt, das heißt, die Kunden und nicht der Warenhausinhaber versehen den Dienst in der Lebensmittelabteilung.»); *Sommerzeit* nach *summer time* (seit 1916 in Großbritannien); *Spätentwickler* nach *late developer; Spielstraße* nach *play street; Sprachlabor* nach *language laboratory; Statussymbol* nach *status symbol; Sternenkrieg* oder *Krieg der Sterne* nach amerikanisch *Star Wars; Stromlinie (stromlinienförmig)* nach *streamline (streamlined); Technokratie* mit der Ableitung

Technokrat nach amerikanisch (New York) *technocracy* und *technocrat;* *technologische Linie* nach *technological line;* *Teppichfliese* nach *carpet tile;* *tiefkühlen* nach *to deep-freeze;* *Tiefkühlfach* nach *deep-freeze-* oder *freezing-compartment;* *Tiefkühltruhe* nach *deep-freeze cabinet* oder *-chest;* *Tourenwagen* nach *touring car;* *Trainingslager* nach *training camp;* *Trockenwäsche* nach *dry wash;* *Überbeschäftigung* nach *overemployment;* *überlappen* nach *to overlap;* *Umweltschutz* nach *environment(al) protection;* *Umweltverschmutzung* nach *environment(al) pollution;* *Unterbeschäftigung* nach *underemployment;* *Untergrund(eisen)bahn* nach *underground (railway);* *Untergrundbewegung* nach *underground movement;* *vollautomatische Waschmaschine* nach *fully automatic washing machine;* *Vollbeschäftigung* nach *full employment;* *vorgefertigt* oder *vorfabriziert* nach *prefabricated;* *Wachstumsrate* nach *growth rate;* *Warteliste* nach engl. *waiting-list,* amerikan. *wait-list;* *weiche Landung* nach *soft landing;* *weltweit* nach *world-wide;* *Wochenendler* (WDG: Neuprägung) nach *weekender;* *Zentralheizung* nach *central heating;* *zwischenmenschliche Beziehungen* (WDG: Neuprägung) nach *interhuman relations.*

Wie in der älteren scherzhaften Lehnübersetzung *Wolkenkratzer* statt wörtlich **Himmelskratzer* aus *skyscraper* eine kleine realistische Übersetzungskorrektur von *Himmel* zu *Wolken* im Deutschen seit etwa 1905 vorgenommen wurde, so ersetzte man in dem neueren Wort *Lidschatten* statt wörtlichem *Augenschatten* aus *eyeshadow Auge* durch genaueres *(Augen)Lid. Eyeshadow* ist weder im OED noch im OEDS I (1972), wohl aber im großen WEBSTER III (1965) verzeichnet, und zwar als ‹eine Schönheitscreme in verschiedenartigen Farben, die man auf die Augenlider aufträgt, um die Augen hervorzuheben›. Das Wort findet sich auch in LANGENSCHEIDTS GROSSWÖRTERBUCH. Das DDU 1983 erklärt *Lidschatten* in seiner doppelten Bedeutung als Färbung des Augenlids und als kosmetisches Mittel zum Schminken der Lider, ebenso das HWDG 1984.

Bisweilen steht die anglo-amerikanische Wortverbindung gleichwertig und gleichbedeutend neben der deutschen oder neben einem Teil von ihr, wie (der) *Background* (erst im D 1986: im Filmwesen und Theater ‹Hintergrund›) neben (der) *Hintergrund* (s. S. 151); (die) *Backgroundmusik* neben *Hintergrundmusik;* (das) *Badminton* neben *Federball;* (das) *Finalprodukt* neben *Endprodukt, Fertigprodukt* oder *Fertigerzeugnis;* (das) *Inlay* (D 1986: /'inle:/ ‹aus Metall oder Porzellan gegossene Zahnfüllung›) neben *Einlage;* (der) *Outsider* neben *Außenseiter; Pingpong* neben *Tischtennis;* (das)

Shakehands (oder selteneres *Handshake*) neben *Händeschütteln;* (das) *Show business* neben *Unterhaltungsgeschäft;* (das) *Teamwork* neben *Teamarbeit.* Doch nicht jedes sich zur deutschen Übersetzung anbietende anglo-amerikanische Kompositum eignet sich zur Lehnübersetzung, besonders dann nicht, wenn sein Platz im Deutschen schon anderweitig besetzt ist: Aus dem *Cocktail* war kein *Hahnenschwanz,* aus dem *Cowboy* kein *Kuhjunge,* aus dem *Evergreen* kein *Immergrün,* aus dem *Playboy* kein *Spieljunge, Spielknabe* oder *Spielbursche* zu machen. Von den beiden englischen Schreibweisen *T-Shirt* und *Tee-Shirt* konnte nur die erste Schreibweise im Deutschen verwendet werden, um einen Zusammenfall mit deutsch *Tee* zu vermeiden. Dieser Zusammenfall wird auch durch die englische Aussprache /'tiːʃœːrt/ (gemäß D 1986) vermieden. Umgekehrt konnte die nach englischem Muster gebildete deutsche Kurzform *Stretchers* aus *Stretchkord(samt)hosen* vom Anglo-Amerikanischen nicht übernommen werden, da dieser Platz bereits durch engl. *stretchers* ‹Krankentragen› besetzt war.

30.
Neue anglo-amerikanische Wortmischungen

Die meisten anglo-amerikanischen Wortmischungen *(blends)* sind als solche nur noch dem Experten durchsichtig. Beispiele dieser Art sind: (das) *Betatron* (D 1986: ‹In der Kernphysik: Anlage zur Beschleunigung elektrisch geladener Teilchen; Kurzwort aus *Beta*strahlen + Elek*tron*›), von dem Amerikaner Donald William Kerst im Jahre 1940 erfunden und so genannt (s. OEDS I, 1972); (die) *Bionik* aus *Biologie* + *Elektronik,* engl. *bionics* aus *biology* + *electronics;* (das) *Bit* ‹ein Kunstwort aus *binary* + *digit* ‹binäre Ziffer› in der Datenverarbeitung und Nachrichtentechnik› (DDU 1983, nunmehr auch im D 1986 als ‹Informationseinheit›); (das) *Isotron,* engl. *isotron,* ‹Gerät zur Isotopentrennung in der Kernphysik›, aus *Isotop,* engl. *isotop,* + griech. *-tron* ‹Suffix zur Bezeichnung eines Geräts oder Werkzeugs›; (das) *Mokick* aus *moped* + *kickstarter* ‹Moped mit Kickstarter› (anstelle von Tretkurbeln) – die BZ kündigte am 7. Sept. 1984 (S. 8) die erste Berliner *Mokick-Rallye* der FDJ an –; (das) *Moped* ‹Kleinkraftrad› ist zwar schwedischer Herkunft (1952 als ‹tramcykel med *mo*tor och *ped*aler›, engl. *motor + ped*al), verdankt seine internationale Verbreitung aber anglo-amerikanischer Verwendung, wofür das OEDS II (1976) den folgenden Beleg aus F. Farr, «Mo-peds & Scooters» I,14 (1960), beibringt: «Der Name *mo-ped* entstand in Schweden, wurde in Deutschland popularisiert und ist nunmehr allgemein angenommen.» Der erste englische Beleg stammt aus dem Jahre 1956 von I. Dunlop «Going to Britain» (S. 21): «Man braucht einen Führerschein, um ein *autocycle* zu fahren.» Die Sache und der Name für das *Motel*, eine Wortmischung aus *motor + hotel*, stammen aus den USA, wie der erste Beleg aus dem Jahre 1925 im OEDS II (1976) bezeugt: «Die Milestone Interstate Corporation ... schlägt vor, eine Kette von *Motorhotels (motor hotels)* zwischen San Diego und Seattle zu bauen und zu betreiben und diesen Hotels den Namen *Motel (motel)* zu geben» («Hotel Monthly», March 1925, S. 37). Weltweit verbreiteten sich die Einrichtung und der Name des *Motels* in den 50er Jahren. Auf *Motel* folgte die Wortmischung *Botel*, anglo-amerikan. *botel*, auch *boatel* /bəu'tel/, aus *boat* ‹Boot› + *hotel* ‹Hotel›. Als ersten Beleg bringt das OEDS I (1972) aus der Zeitung «New York Times» vom 3. Juni 1956 (S. 25) *boatel*, einen weiteren Beleg mit der Schreibweise *botel* 1959. Im D 1984 ist das Wort noch nicht gebucht; der D 1986 verzeichnet (das) *Botel* sowohl mit Anfangs- als auch mit Endbetonung in der Bedeutung ‹schwimmendes Hotel für Bootsreisende (aus Boot + Hotel). Der *Pulsar* (engl. *pulsar*) wurde aus engl. *puls*e ‹Impuls› + *quasar* zur Bezeichnung einer ‹Quelle kosmischer Strahlung, die mit großer Regelmäßigkeit Impulse einer Strahlung mit sehr hoher Frequenz abgibt› (s. DDU 1983 wie auch im folgenden), gebildet. Der *Quasar*, engl. *quasar*, aus *quasi-stellar (object)* gebildet, ist ‹ein sehr fernes kosmisches Objekt, das besonders starke Radiofrequenzstrahlung aussendet›. *Pulsar* und *Quasar*, die im D 1984 noch fehlen, wurden in den D 1986 aufgenommen. Die Bezeichnung für das *Redoxsystem* ‹chemische Vorgänge, bei denen *Reduktion* und *Oxydation* miteinander gekoppelt ablaufen›, ist eine Wortmischung aus engl. *reduction + oxidation system*. Eine der neuesten amerikanischen technischen Wortmischungen ist *Sigint*, «ein mit hochgezüchteter Elektronik vollgestopfter Super-Spion», der gegen die Sowjetunion gerichtet ist. Die NBI Heft 8/1985 erklärte (S. 6f.): «*Sigint* ist von *Signal-*

Intelligence abgeleitet, was Funkaufklärung bedeutet, und wird von den USA-Geheimdiensten zur Unterscheidung von *Human Intelligence*, der menschlichen Spionagetätigkeit, verwendet.» Das in unseren Tagen erhöhter Umweltverschmutzung besonders aktuell gewordene ältere Wort (der) *Smog* ‹mit Nebel vermischte industrielle Luftverunreinigung› wurde aus *smoke* ‹Rauch› + *fog* ‹Nebel› gebildet, wozu das Kompositum *Smogalarm* (engl. *smog alarm*) besteht. Der Name *smog* wurde nach einem Beleg im OEDS IV (1986) bereits 1905 geprägt: «Kürzlich machte sich Dr. Des Vœux auf einem Treffen des Public Health Congress allgemein verdient, indem er ein neues Wort für den Londoner Nebel prägte, welchen er als *smog* bezeichnete, eine Zusammensetzung aus *smoke* und *fog*.» In ähnlicher Weise wurde im Englischen schon ein Jahrzehnt früher (1895) *brunch* ‹Gabelfrühstück› (spätes Frühstück und frühes Mittagessen in einem) aus *breakfast* + *lunch* gebildet. Das *Synchroton* ‹Beschleuniger für geladene Elementarteilchen in der Kernphysik› ist eine künstliche Wortbildung aus engl. *synchronous* ‹synchron› + griech. *-tron* (s. *Isotron* oben). Das *Telex* ‹Teilnehmerfernschreibdienst› ist eine Mischung aus *teleprinter* ‹Fernschreiber› + *exchange* ‹Austausch›, der *Transistor* ‹ein in der Elektronik verstärkendes Halbleiterbauelement› aus *transfer* ‹Übertragung› + *resistor* ‹elektrischer Widerstand›, also eigtl. ‹Übertragungswiderstand›. Über den 1947 erfundenen *Transistor* schrieb die BZ am 28./29. Juni 1986 (S. 9): «Als 1948 in der Tagespresse die Entwicklung des ersten Transistors vermeldet wurde, erregte das kein allzu großes Aufsehen. Kaum jemand ahnte damals, daß damit eine der aufregendsten Entwicklungen in der Geschichte der Produktivkräfte anbrach. Inzwischen ist die *Mikroelektronik* herangewachsen, begegnet uns im Beruf wie in der Freizeit und wächst und wächst.» Das *Turboprop*(triebwerk) ‹Strömungstriebwerk für Flugzeuge› ist eine Bildung aus *turbo-* bzw. *turbine* + *propeller*. Noch keine feste deutsche Bezeichnung gibt es für den im «Science News Letter» am 8. Okt. 1955 angekündigten *Travolator* oder *Travel(l)ator* aus *travel* ‹Reise, Bewegung› + *escalator* ‹Rolltreppe› (s. OEDS IV, 1986). Es handelt sich um das verkehrserleichternde fahrende Laufband im Personenverkehr auf Flugplätzen, Bahnhöfen usw.

Neue international verbreitete Wortmischungen treten auch außerhalb des anglo-amerikanischen Sprachraums vor allem bei der Bildung neuer Wörter für technische Erzeugnisse auf. Doch sind sie nicht auf diese beschränkt, wie die Bildung *Intervision* aus *International* + *Television* ‹Zusammenschluß osteuropäischer Fernsehnetze zur gemeinsamen Übertragung von Programmen› zeigt, der als westeuropäisches Gegenstück die *Eurovision* aus *Europe* + *Television* gegenübersteht. Eine scherzhafte deutsch-englische Wortmischung stellt das *Grusical* dar, das aus deutsch *Grusel-*(geschichte) + englisch (das) *Musical* gebildet wurde und einen Gruselfilm oder ein Gruselstück nach Art eines Musicals bezeichnet. In der BZ vom 17. Jan. 1989 (S. 7) steht in einer Theaterrezension: «Zum Schluß ließ er das *Grusical* in einer Fernsehaufzeichnung enden, in der Sieger Richmond *cool* die Versöhnung mitteilt.» Das im Deutschen als Adjektiv und Adverb verwendete engl. *cool* /ku:l/ ‹kühl› ist heute in der DDR ein Modewort mit vielfacher Bedeutung, das allerdings nur vom DDU 1983 gebucht wird als ‹(stets) die Ruhe bewahrend, keine Angst habend, nicht nervös (werdend), sich nicht aus der Fassung bringen lassend› usw. mit Hinweis auf den *Cool Jazz* (s. S. 92). Weitere neuere Wortmischungen sind *Fringlish* ‹ein mit französischen Wörtern und Wendungen durchsetztes Englisch›, *Hinglish* ‹eine Mischung von *Hindi* und *English* in Indien›, *Japlish* ‹eine Mischung von *Japanese* und *English* in Japan›, *Spanglish* ‹eine Mischung von *Spanish* und *English* in Teilen der westlichen Vereinigten Staaten und in Lateinamerika›, alle im DNE 1973 verzeichnet (vgl. 19). Dazu gesellt sich seit 1951 *Yinglish* als eine ursprünglich amerikanische Wortmischung aus *Yiddish* + *English* (s. OEDS IV, 1986). Für Nov. 1965 ist erstmalig *Stagflation* im OEDS IV (1986) mit folgendem Zitat bezeugt: «Wir haben jetzt die schlechteste beider Welten – eben nicht *Inflation* auf der einen Seite oder *Stagnation* auf der anderen, sondern gleich beide zusammen. Wir haben eine Art von *Stagflation*.» Im D 1984 und D 1986 wird *Stagflation* als ein Kurzwort für eine ‹krisenhafte Verbindung von wirtschaftlicher *Stagnation* und *Inflation* in der kapitalistischen Wirtschaft› gebucht. Seit 1970 besteht die Wortmischung *Slimnastics* als Verbindung von *Slimming* ‹Schlankheitskur› + *Gymnastics* ‹Gymnastik› innerhalb einer Gruppe (s. OEDS IV, 1986). Neuesten Datums sind die aus den USA stammenden Benennungen *Visiot* aus *(Tele)vision* + *Idiot* für fernsehabhängige Kinder sowie *Workaholic* für einen Menschen, der unter dem Zwang steht, ununterbrochen arbeiten zu müssen, eine Mischung aus *work* ‹Arbeit› und *alcoholic* ‹Alkoholiker› (s. DDU 1983). Eine neue publizistisch verbreitete englische Wortmischung ist auch

Chunnel /tʃanl/ aus *Channel* ‹der (Ärmel)Kanal› + *tunnel* /tanl/ ‹Tunnel›. Die BZ berichtete am 6. Febr. 1987 (S. 4) unter der Überschrift «Grünes Licht für den ‹Chunnel›»: «Indem das (englische) Unterhaus nach langen Debatten nun das Projekt eines 50 Kilometer langen Tunnels zwischen England und Frankreich endgültig gebilligt hat, ist faktisch grünes Licht für den Bau des ‹Chunnels› gegeben.»

31.
Neue anglo-amerikanische Initialwörter

Einige anglo-amerikanische Wörter sind als Initialwörter ins Deutsche gelangt, das heißt als Abkürzungen, die aus den Anfangsbuchstaben einer Wortverbindung bestehen. Ein bald nach dem Zweiten Weltkrieg aktuelles und in Deutschland und Europa bekanntes amerikanisches Initialwort oder Akronym ‹Buchstabenwort› war *CARE* für die in den USA gegründete Hilfsorganisation *Cooperative for American Remittances to Europe*, deren *CARE-Pakete* (*CARE packages*) zur Linderung der größten Nachkriegsnot in Europa beitragen sollten. Der Name der Organisation CARE, die später zu *Cooperative for American Relief to Everywhere* umgetauft wurde, lehnt sich bewußt an das englische Substantiv *care* ‹Fürsorge› an und ist damit zugleich ein bedeutungstragendes Initialwort. Ralf Nestmann nennt diese Art von Akronymen ‹meaningful acronyms› (s. GLÄSER 1987, S. 83–91). Als eine non-plus-ultra-Akronymbildung zitiert er aus der Zeitschrift «American Speech» (1982) A.C.R.O.N.Y.M. mit der Auflösung «*Aroused Citizens Representing Oppressed New York Minorities*», die aus einer New Yorker Witzbildzeitung stammt und eine Tür mit diesen Initialen zeigt. Als weitere ‹meaningful acronyms› führt er an: *BASIC* aus *British American Scientific International Commercial* – stark vereinfachtes Englisch mit 850 Vokabeln (= 600 Substantiven, 150 Adjektiven, 18 Verben und 82 Pronomen, Konjunktionen und Adverbien), wozu weitere 150 Wörter für wissenschaftliche Zwecke treten (entwickelt von C. K. Ogden); ferner *AID* aus *Agency for International Development*, *AIM* aus *American Indian Move-*

ment, *GASP* aus *Group against Smoking in Public*, *PUSH* aus *People United to Save Humanity* und weitere.

Weitere anglo-amerikanische Initialwörter von modernem Belang sind: *ECOSOC* aus *Economic and Social Council* ‹Wirtschafts- und Sozialrat› (der UN); (die) *EURATOM* aus *European Atomic Energy Community* ‹Europäische Atom(energie)gemeinschaft›; (der) *Jeep* /dʒiːp/, amerikanischen Ursprungs (1941), nach den englisch ausgesprochenen Anfangsbuchstaben von *General Purpose* ‹(militärisches) Allzweckfahrzeug (Geländefahrzeug)›; (der) *Laser* aus *Light amplification by stimulated emission of radiation* (D 1984 und D 1986: ‹Verstärker für Lichtwellen bzw. für kohärentes Licht›); (der) *Maser* aus *Microware amplification by stimulated emission of radiation* (D 1984 und D 1986: ‹Verstärker für Mikrowellen›); (die) *NASA* aus *National Aeronautics and Space Administration* ‹Nationale Luft- und Raumfahrtbehörde› (der USA); (die) *NATO* aus *North Atlantic Treaty Organization* ‹Nordatlantikpakt›; (der) *PEN*-Club aus (*International Association of*) *Poets, Playwrights, Editors, Essayists, Novelists* ‹Internationale Schriftstellervereinigung›; (der oder das) *Radar* aus *Radio detection and ranging* ‹Funkermittlung und Funkmessung›; *SALT* aus *Strategic Arms Limitation Talks* (*Conference*) ‹Gespräche über die Begrenzung der strategischen Rüstung› (zwischen den USA und der UdSSR); (die) *UNESCO* aus *United Nations Educational, Scientific, and Cultural Organization* ‹Organisation der Vereinten Nationen für Erziehung, Wissenschaft und Kultur›; (die) *UNICEF* aus *United Nations International Children's Emergency Fund* ‹Weltkinderhilfswerk der UNO›; (die) *UNO* aus *United Nations* (UN oder U.N.) *Organization* ‹Organisation der Vereinten Nationen›. Vgl. auch *Freeze* und *SANE* (S. 49f.).

Eines der jüngsten amerikanischen Initialwörter ist *AIDS* /eːds/, das sich schnell über die ganze Welt ausbreitete und heute von größter Aktualität ist. Es wurde bereits in LANGENSCHEIDTS GROSSWÖRTERBUCH aufgenommen mit «AIDS /eidz/ Subst. med. Neutrum, erworbene Immunschwäche aus *Acquired Immunity Deficiency Syndrome*». CARSTENSEN (1985a, S. 112) berichtet unter anderem darüber: «Die 1979 erstmals in den Vereinigten Staaten aufgetretene und dort 1981 diagnostizierte Krankheit (besonders unter Homosexuellen) ist noch nicht in deutschen Wörterbüchern verzeichnet ... Was die Hochsprache nicht – oder: noch nicht – zu leisten vermochte, war in der Umgangssprache kein Problem: Man nannte die neue Krankheit *Schwulenpest* (wohl als analoge Neubildung zum alten Wort *Schweinepest*).» In seinem Büchlein «Beim Wort genommen» (1986a) widmet CARSTENSEN diesem Wort ein eigenes Kapitel. Hinsichtlich des Genus schreibt er (S. 20: «‹*Der, die* oder *das AIDS* ist eine heimtückische Krankheit› klingt merkwürdig: ‹AIDS ist eine moderne Seuche› genügt.» Tatsächlich wird in einem «AIDS – eine neue Pandemie» betitelten Aufsatz im «Spectrum» Heft 6/1987 (S. 18–21) AIDS durchgehend ohne grammatische Genusbestimmung (also ohne *der, die, das*) gebraucht. Die BZ berichtete am 22./23. Aug. 1987 (S. 11) in einem Fachartikel «HIV steht weiter im Mittelpunkt», daß bis zum 1. Juni 1987 in der DDR 25 AIDS-Infizierte erfaßt worden seien und in New York beispielsweise monatlich etwa 200 AIDS-Kranke sterben. Im Verlag Volk und Gesundheit ist 1988 eine Broschüre unter dem Titel «AIDS – was muß ich wissen – wie kann ich mich schützen?» von Niels Sönnichsen, dem Direktor der Hautklinik der Berliner Charité, erschienen. Mit AIDS in enger Verbindung steht das sich heute ausbreitende Wort *Safer Sex* für das aus Amerika kommende *safe sex*. «Für amerikanische Ohren klingt das deutsche Neuwort im Komparativ falsch», schrieb ein Beiträger in einem Artikel über «Safe Sex» in der «Frankfurter Allgemeinen Zeitung» am 15. Febr. 1988 (S. 23). Es ist ein Euphemismus für (das oder den) *Kondom*, Plural *Kondome* oder *Kondoms*, gemäß D 1984 und D 1986 ein ‹empfängnis- und infektionsverhütendes Schutzmittel›, das auf engl. *condom* beruht. Das OEDS I (1972) zitiert aus einer Abhandlung über «Syphilis» von D. Turner aus dem Jahre 1717 die folgende Stelle (I, 74): «The *Condum* being the best, if not the only *Preservative* our Libertines have found out at present» (= Das *Kondom* ist das beste, wenn nicht gar das einzige *Präservativ*, das unsere ausschweifend lebenden Menschen gegenwärtig herausgefunden haben). Das heute wiederbelebte englische Wort *Kondom*, übrigens im Deutschen mit französischer Endbetonung statt englischer Anfangsbetonung gesprochen, ist seinerseits ein Euphemismus für seither üblicheres *Präservativ* (s. CARSTENSEN 1987c, S. 107).

32.
Neue anglo-amerikanische Lehnwendungen

Neben die Lehnübersetzung von Wörtern tritt auch in der DDR die Übersetzung weiterer anglo-amerikanischer Lehnwendungen. Auch diese neuen Phraseologismen sind bisher nur zum Teil erkannt und dargestellt worden. Beispiele dafür sind: ‹Wir sitzen alle im selben Boot› nach *We are all in the same boat* – ‹grünes Licht geben (bekommen)› nach *to give (get) green light* – ‹sein Gesicht verlieren› nach *to lose one's face* – ‹sein Gesicht wahren› nach *to save one's face* – ‹das Beste aus etwas machen› nach *to make the best of something* – ‹eine Affaire herunterspielen› nach *to play down an affair* – ‹in den Untergrund gehen› nach *to go underground* – ‹jemandem die Schau stehlen› nach *to steal (a person) the show* – ‹das macht (k)einen Unterschied› nach *it (that) makes no (all the) difference* – ‹eine Party geben› oder ‹auf eine Party gehen› nach *to give (or to go to) a party* – ‹Prioritäten setzen› nach *to set priorities* – ‹rund um die Uhr› nach *round the clock* – ‹das geht unter die Haut› nach *that gets under your skin* – ‹Verbrechen gegen die Menschlichkeit› nach *crimes against humanities* (als Strafrechtsnorm erstmals festgelegt durch das Londoner Statut des Internationalen Militärtribunals am 8. August 1945 im Zusammenhang mit den Nürnberger Prozessen; s. POLEC 1967). – Eine allgemein bekannte technische anglo-amerikanische Lehnwendung ist ‹einen Computer mit Daten füttern› nach *to feed a computer with data*. – Eine aus der englischen Sportsprache kommende allgemeine Redensart ist ‹ein guter (schlechter) Verlierer sein› nach *to be a good (bad) loser*.

Zu der deutschen Modephrase *in sein* gibt das DDU 1983 unter ²*in* neben der englischen Herkunft die folgenden Bedeutungen an: ‹1. im Brennpunkt des Interesses stehen, gefragt sein; 2. sehr in Mode sein, von vielen begehrt sein, betrieben werden›. Das COD bucht die Redewendung *to be in* in gleicher Bedeutung und Verwendung: ‹to be in fashion, season, office, effective or favourable, action›. Der D 1984 bucht diese auch in der DDR allgemein geläufige Wendung *in sein* noch nicht, wohl aber der D 1986 unter ²*i n* (engl.) umgangssprachlich nur in der Wendung ‹zeitgemäß, in

Mode sein›. Bei dieser scheinbar ganz neuen Modephrase *in sein* handelt es sich, wie wahrscheinlich in manchen anderen Fällen auch, nur um Wiederbelebung einer älteren englischen Redewendung, die bereits von Karl Marx verwendet wurde. Das OED zitiert unter *in* adv. 6. *i.* Belege aus dem vorigen Jahrhundert mit der Bedeutung ‹in the market, in season, in fashion› und das OEDS II (1976) einen weiteren Beleg für die Bedeutung ‹in Mode› aus dem Jahre 1923 in «Ladies' Home Journal». Ein weiterer bezeichnender englischer Beleg für die heutige Bedeutung von *in sein* aus dem Jahre 1965 lautet wie folgt: «Perhaps ‹being at a party› is a qualification for being ‹in›?»

Das gleiche wie für *to be in* ‹in sein› gilt auch für die Modephrase *to have the say* ‹das Sagen haben›, die, amerikanischen Ursprungs, auch in England verbreitet ist. Das OEDS III (1982) bringt ergänzend zu den Belegen des OED je einen früheren und späteren Beleg aus den Jahren 1838 und 1944 («I had the ‹say› now»). LANGENSCHEIDTS ENZYKL. WÖRTERBUCH gibt unter *say* Subst. als ursprünglich amerikanisch das Beispiel «who has the say in this matter? – wer hat in der Sache zu entscheiden *oder* das letzte Wort (zu reden)?» Im Deutschen klingt die wörtliche Übersetzung der englischen Lehnphrase *to have the say* mit *das Sagen haben* unidiomatisch, etwa im ND vom 15. März 1984 (S. 8), wo eine Überschrift lautete: «Jetzt *haben* die Gärtner am Arnimplatz *das Sagen*»; oder in der BZ vom 21./22. Juli 1984 (S. 9), wo es hieß, «daß Rüstungsmonopole *das Sagen haben*».

Andere oft verwendete modische Lehnphrasen sind *Prioritäten setzen* (ND vom 2. Febr. 1984, S. 6: «neue Prioritäten setzen» oder in der BZ vom 3. Febr. 1984, S. 5: «an den von der Regierung der USA gesetzten Prioritäten») nach engl. *to set priorities.* – ‹Welchen Sinn macht es (das)?› nach engl. *What sense does it (this) make?* bzw. ‹Es (Das) macht keinen Sinn!› nach engl. *It (this) does not make sense!* Ein Beispielsatz im LDCE 1987 lautet: «the sentence didn't make (any) sense (to me)». Modisch ist auch die Telefonphrase ‹Ich rufe dich zurück› nach engl. *I'll call you back!* (s. S. 39). Eine bildhafte modische Wendung ist *to sweep something under the carpet* ‹etwas unter den Teppich kehren› im Sinne von ‹etwas vertuschen, nicht offen darlegen› (DDU 1983) oder ‹etwas als unangenehm oder unbequem abtun›: «ein Problem unter den Teppich kehren» (HWDG 1984). Obwohl in den DDR-Wörterbüchern nicht verzeichnet, hält sich umgangssprachliches *herumhängen* im Sinne von ‹bummeln, untätig sein› nach engl. *to hang about (around)* schon seit geraumer Zeit. Die im Deutschen als *rund um die Uhr* völlig eingebürgerte englische Redensart *(a)round the clock* in der englischen und deutschen Bedeutung ‹(im) 24-Stunden-Betrieb, Tag und Nacht› ist unlogisch, da das Zifferblatt bekanntlich nur 12 und nicht 24 Stunden aufweist. «Die älteren Belege zeigen, daß die Wendung ursprünglich wohl nur mit *schlafen/sleep* verwendet wurde und in diesem Zusammenhang einen 12-Stunden-Rhythmus bezeichnete» (CARSTENSEN 1977). Die frühere höfliche Frage von Verkäuferinnen und Verkäufern «Womit kann ich Ihnen dienen?» wird in beiden deutschen Staaten heute meist durch die Frage *Was kann ich für Sie tun?* nach englischem Muster *What can I do for you?* ersetzt, sofern man nicht andere Floskeln wie «Was bekommen (oder wünschen) Sie?» benutzt. *Danke für Ihre Aufmerksamkeit* am Schluß eines Vortrages geht auf die engl. Floskel *Thank you for your attention* zurück.

In meiner Besprechung des Buches von CARSTENSEN (1965) bemerkte ich (1967, S. 72): «Hätten nicht auch die deutschen Übersetzungen aus dem Engl.-Amerikan. von *that's a show* in *das ist 'ne Schau, das ist schau, das Stück ist schau, das Buch ist schau*, danach *ein schaues Buch* usw. [s. D 1984 und D 1986 unter *schau*: umgangssprachlich für ‹erstklassig, ausgezeichnet, prächtig, wirkungsvoll›] im Sinne von ‹etwas Attraktivem, Besonderem, schön, reizend› und die volksetymologische Lehnübersetzung *ein Faß aufmachen* im Sinne von ‹ein großes Aufheben von etwas machen› aus angloamerikan. *to make a fuss of* aufgenommen werden sollen, die zumindest im Sprachgebrauch aller Jugendlichen (sicherlich auch in der Bundesrepublik) gang und gäbe sind?» Die letztere Herleitung «schien» CARSTENSEN (1973/74, S. 7) «unwahrscheinlich zu sein», und später (1987b, S. 96) lehnte er sie ohne Begründung schließlich ganz ab. Dennoch liegt hier derselbe Trieb zur Volksetymologie vor, das heißt das Bestreben, mit einem Wort oder einer Wendung auch einen gewissen Sinn zu verbinden, wie er in der deutschen Sprache schon einmal tiefgreifend gewirkt hat, als sie unter starkem französischem Einfluß, besonders der eingewanderten Hugenotten, stand und man zum Beispiel französisch *valise* ‹Mantelsack› mit deutsch *Felleisen* (mit unsinniger Umdeutung nach und zu *Fell* und *Eisen*) wiedergab oder die französische Wendung *mon cher joli!* zu *mein lieber Scholli!* als Ausruf des Erstaunens oder der Ermahnung umformte. Auch den bekannten *Muckefuck* ‹dünner Kaffee, Kornkaffee› bildete man dem französischen *mocca faux* der Hugenotten in Deutschland nach, und französisch *tout chic* ‹ganz schick› wurde zu *todschick* umgebildet. Selbst das französische Gesellschaftsspiel *coup d'aveugle* ‹Blindenabschlagen› wurde zu dem Kinderspiel *Blinde Kuh* umgedeutet: «Ich habe sogar einmal eine sachliche Rechtfertigung des dümmsten aller Mißverständnisse, des Ausdrucks ‹Blinde Kuh› (Kinderspiel) gehört, das mit dem braven Haustier nichts zu tun hat, sondern von französisch *coup d'aveugle* (Blindenabschlagen) kommt», schreibt Friedrich KAINZ (1941, S. 265). Für die Entstehung der ver(un)deutschten Wendung *ein Faß aufmachen* aus engl. *to make a fuss of* (nach LANGENSCHEIDTS HANDWÖRTERBUCH 1988 unter *fuss 5. to fuss about, over, of* ‹viel Wirbel oder Wind machen um jemanden oder etwas›) nach dem Zweiten Weltkrieg spricht auch ihre Zugehörigkeit zum Wortfeld der Wirtshaussprache. In den Wirtshäusern wetteiferten oft unter Alkoholeinfluß amerikanische und englische jugendliche Besatzungssoldaten mit westdeutschen Jugendlichen, wobei die einen von den anderen Sprachbrocken aufschnappten. In ähnlicher Weise wurde schon im Ersten Weltkrieg französisch *tout de suite* ‹sofort› von den englischen Soldaten als *toot sweet* übernommen und sogar in der Redewendung *the tooter the sweeter* ‹je eher, desto besser› verwendet, was das OEDS IV (1986) seit 1917 («Tommy's French for *hurry up*») bezeugt. Ein historisches literarisches englisches Parallelstück bietet auch die Volksetymologie von neuengl. *derring-do* in der Bedeutung ‹Tollkühnheit, Verwegenheit›, das seinen Ursprung in Geoffrey Chaucers mittelenglischer Dichtung «Troilus and Criseyde», V. Buch, Zeile 837, aus den Jahren 1382–1384 hat. Diese Zeile lautet: «in duryng don that longeth to a knyght», in neuenglischer Übersetzung ‹in daring to do what belongs to a knight›. In den gedruckten Ausgaben von John Lydgates «The Hystory, Sege and Destruccyon of Troye» 1513 und 1555 erschien Chaucers *in duryng do* in der Schreibweise *in derrynge do*. Diese führte dann Shakespeares älteren Zeitgenossen Edmund Spenser, der ein Liebhaber des archaischen Englisch war, zu der irrigen Annahme, daß es sich bei dieser Gerundialkonstruktion um ein altes Nominalkompositum handele, das er im Glossar zu seinem «Shepheardes Calender» 1579 als ‹manhood and chevalrie› erklärte und seinem poetischen Vokabular einverleibte. Durch Sir Walter Scotts berühmten historischen Roman «Ivanhoe» 1820 gelangte dieses Geisterwort (ghost-word) schließlich in die englische

Gemeinsprache als *derring-do* ‹desperate courage› (‹verzweifelter Mut›), wie Scott im 29. Kapitel seines «Ivanhoe» selber glossierte. Nach NEUBERT/GRÖGER (1988) hat *derring-do* heute die Bedeutung ‹leicht arch., scherzhaft: Tollkühnheit, Verwegenheit (deeds of ~ ‹tollkühne Taten›), in der Wirtschaft: ‹Unternehmungsgeist›. Auch hier liegt, wie so häufig in der Sprache, «a chain of misunderstandings and errors» (‹eine Kette von Mißverständnissen und Irrtümern›) vor, wie es im OED heißt.

Eine volksetymologische Anlehnung eines deutschen Wortes an ein ähnlich klingendes englisches Wort liegt auch in *sauber* für engl. *sober* ‹nüchtern, nicht betrunken› vor. So sagen geheilte Alkoholiker und ehemalige Drogenabhängige von sich, daß sie nunmehr *sauber* seien, was man häufig auch im Fernsehen hört.

Auf die amerikanische Herkunft des erwähnten deutschen Terminus *Schau* in gleicher Bedeutung vor mehr als einem halben Jahrhundert hat Victor Klemperer hingewiesen. Er zitiert eine Stelle aus dem Buch «Vom Kaiserhof zur Reichskanzlei» des Nazipropagandaministers und Hauptkriegsverbrechers Joseph Goebbels, in welchem dieser unter dem 27. Febr. 1933 schrieb: «Die große Propagandaaktion zum Tage der erwachenden Nation ... wird wie eine herrliche *Schau* in ganz Deutschland abrollen.» KLEMPERER (1946/1970, S. 179) bemerkt dazu: «Hier hat das Wort *Schau* mit Innerlichkeit und Mystik nicht das geringste zu schaffen, hier ist es dem englischen *show* angeglichen, das eine Schaustellung, ein Schaugepränge bedeutet, hier steht es ganz unter dem Einfluß der Zirkusschau, der Barnumschau der Amerikaner.» Obgleich CARSTENSEN (1987a) zu *Schau* richtig bemerkt, daß es im Deutschen ‹uralt› sei und auf Grimms «Deutsches Wörterbuch» (S. 2292: «schon althochdeutsch wird *scuuo* mit *spectaculum* glossiert») verweist, so handelt es sich doch um eine Wiederbelebung und Aktualisierung eines alten Wortes unter neuem amerikanischen Einfluß.

Zu den anglo-amerikanischen Lehnwendungen gehören auch die neueren *Slogans* ‹Schlagworte oder Losungen›. Sie setzen eine ältere Tradition fort wie in *Time is money!* «Zeit ist Geld!» und werden teils in Lehnübersetzung, teils in Originalform übernommen. Neuere Slogans sind etwa *Do it yourself!* «Mach es selbst! Selbst ist der Mann!» (= Heimwerker, nicht auf Handwerker angewiesen); *Keep smiling!* «Immer nur lächeln!» (D 1984 und D 1986: ‹ein in jeder Lebenslage zur Schau getragener Optimismus›); *Safety first!* «Sicherheit zuerst!» (‹Sicherheit geht vor!›); *Trimm dich (fit)!* «Mach dich leistungsfähig!» (HDWG 1984 zu *trimmen* 2.3. ‹sich oder jemanden durch intensives Training körperlich leistungsfähig erhalten oder machen›). Ähnlich steht im D 1986 ergänzend zu *trimmen* ‹(körperlich) leistungsfähig machen›, das im D 1984 noch fehlt. Mit der Sache stammen auch die DDR-Losung *Parken und Reisen* und die entsprechenden Verkehrsschilder P + R in der DDR aus *Park-and-Ride* (P + R). In einem Erstbeleg im «Leicester Mercury» vom 30. Dez. 1966 hieß es: «*Park 'n' Ride* was the success of the year» (OEDS III, 1982). Die BZ schrieb am 15. Juli 1985 (S. 8) unter der Überschrift «Mehr als 1000 Fahrzeuge auf den ‹P + R›-Plätzen»: «Gut beraten sind da diejenigen Berlin-Besucher, die ihren fahrbaren Untersatz auf den zehn ‹P + R› *(Parken und Reisen)*-Plätzen an der Peripherie der Hauptstadt und in deren Nähe abstellen.» CARSTENSEN zitierte bereits 1965 (S. 158) aus der BRD-Zeitung «Die Welt» vom 30. Nov. 1962 (S. 20), die unter der Überschrift «Frankfurt führt das *Park-and-Ride-System* ein» unter anderem meldete: «Frankfurt ist damit vermutlich die erste Stadt Deutschlands, die das in Amerika bewährte ‹*Park-and-Ride*›-*System* (fahren und gefahren werden) einführt.» Laut Umfrage des «Hamburger Abendblatts» vom 30. Nov./1. Dez. 1963 (S. 10) erwies sich von den vielen vorgeschlagenen deutschen Bezeichnungen wie Umsteigepark, Parken (oder Halten) und Umsteigen, Halt und weiter, Randparker, Parkfahrer usw. keine für den Allgemeingebrauch als geeignet, so daß die Redaktion am 7./8. Dez. 1963 (S. 4) resigniert erklärte: «Auch angestrengtes Grübeln im Kreise der Redaktionskollegen hat bisher keine greifbaren Ergebnisse gebracht.» Selbst das sonst so vollständige DDU 1983 bringt unter dem Stichwort *Park-and-Ride-System* (engl. *park-and-ride system*) keine deutsche Bezeichnung und beschränkt sich auf die Angabe der Bedeutung: «Regelung, nach der Kraftfahrer ihre Autos auf Parkplätzen am Stadtrand abstellen und von dort mit den öffentlichen Verkehrsmitteln in das Stadtzentrum weiterfahren.» In der DDR-Praxis hat sich zwar die offizielle P + R (Parken + Reisen)-Bezeichnung durchgesetzt, doch ist sie bisher noch von keinem DDR-Wörterbuch aufgenommen worden.

Ein neues und weites Betätigungsfeld für die Erfindung von *Slogans* verschiedenster Aussagen in humorvoll-warnender Aufforderung zu vernünftiger Lebens- und Autofahrweise haben vor allem die anglo-amerikanischen Autofahrer mit ihren Autofensteraufklebern erschlossen: «Carstickers are ‹in›». Sie reichen von humorvoller Warnung über politische Meinungsäußerung bis zu frivolen oder zweideutig-sexuellen Slogans. An dieser modischen aphoristischen Meinungsäußerung nehmen auch Millionen Nichtmotorisierte mit derartigen Aufschriften und Aufklebern an ihren Aktentaschen, Rucksäcken, Sweatern, Pullovern oder anderen Kleidungsstücken teil. Spezialgeschäfte machen mit dem Verkauf solcher Aufkleber ein lukratives Geschäft. Von England und Amerika hat die Losungsaufklebermode auf andere Länder, so auch auf die DDR, zum Teil sogar in englischsprachiger Version, übergegriffen. So las ich hier kürzlich an der Autoscheibe eines Windsurfer-Fans den zweideutigen *Slogan* «Windsurfers do it standing up!» «Windsurfer machen es im Stehen!» Andere hier gebräuchliche Losungen und Warnungen sind etwa «Wenn Sie dieses kleine [= klein gedruckte] Schild lesen können, befinden Sie sich in großer Gefahr!», «Nicht hupen, Fahrer träumt!», «Baby an Bord!» usw. usw. Einige anglo-amerikanische Autofahrerlosungen hat Herbert HIDDEMANN (1984) in einem Aufsatz mit der schwarzhumorigen Überschrift «Keep death off the road – drive on the pavement!» (= Halten Sie den Tod fern von der Autostraße – fahren Sie auf dem Fußweg!) zusammengestellt. Weitere solcher anglo-amerikanischen Devisen an Autoscheiben usw. sind etwa noch: «If you can read this, you're too damn close!» – «Better late than the late!» – «Hike, bike, cruise, or fly; safety first, travel dry!» – «Make love – not war!» – «In peace – not pieces!» – «Is there life before death?» – «Jogging is good for the heart – so are kissing and cuddling!» Auf deutsch etwa: «Wenn Sie dieses lesen können, sind Sie allzu verdammt nahe!» – «Besser verspätet, als früh verstorben!» (mit einem Wortspiel von engl. *late* ‹spät, verspätet› und *(the) late* ‹(der) kürzlich Verstorbene, kürzlich verstorben›) – «Wandere, radle, kreuze oder fliege; Sicherheit geht vor, reise trocken!» – «Macht in Liebe – nicht in Krieg!» (*to make love* ‹sich sexuell betätigen›) – «In Frieden – nicht in Stücke!» (wieder mit einem gleichlautenden Wortspiel von *peace* ‹Friede› und *piece* ‹Stück›) – «Gibt es ein Leben vor dem Tode?» – «*Jogging* ist gut für das Herz – aber auch Küssen und Herzen!»

33.
Anglo-amerikanische Vollintegration

Wie tiefgehend der anglo-amerikanische Einfluß auf die deutsche Sprache in der DDR ist, zeigt auch eine Reihe allgemein verbreiteter Spracherscheinungen, die man nicht mehr als Fremdlinge empfindet oder erkennt, obgleich sie häufig erst nach 1945 aufgenommen worden sind. Zu den eingemeindeten Wörtern und Wortverbindungen gehören auch viele griechisch-lateinischer Herkunft, die über das britische und vor allem über das amerikanische Englisch in die DDR gelangten und somit als Anglo-Amerikanismen anzusprechen sind. Allgemein kann festgestellt werden, daß ein anglo-amerikanisches Wort um so fester im Deutschen integriert ist, je mehr es auf verschiedene Kommunikationsbereiche übergegriffen hat und je mehr Komposita mit ihm gebildet werden. Beispiele für völlig integrierte anglo-amerikanische Wörter bieten etwa (die) *Administration*, heute vor allem mit Bezug auf die *USA-*, bis Anfang 1989 auch *Reagan-Administration*, die einen terminologischen Vorläufer in der (Sowjetischen) *Militäradministration* (engl. *military administration*) hat. – (der) *Airbus* ‹Großraumverkehrsflugzeug› – (die) *Automation* (engl. *automation*), jetzt meist durch *Automatisierung* mit dem Verb *automatisieren* (engl. *to automate*) ersetzt. – *clever*, (die) *Cleverneß* – (die) *Daten*, als Terminus technicus aus engl. *data* (latein. Sing. *datum*, Pl. *data*) mit zahlreichen Zusammensetzungen – *down sein* ‹niedergeschlagen oder ermattet sein› – (die) *Gangway* – *global* – (der) *Globetrotter* – (der) *Grill* (mit dem Verb *grillen*) – (der oder das) *Juice* – (der) *Ketchup* (auch *Catchup*) – (der) *Kidnapper* (mit dem Verb *kidnappen* und dem Subst. *Kidnapping*) – (der) *Killer* (mit dem Verb *killen*) – (das) *Knockout, knockout* Adj. – (der) *Moderator* – (der) *Mop* ‹Fransenbesen› (mit dem Verb *moppen*) – (die) *Musikbox* (aus amerikanisch *music box* neben *juke box*) – (die) *Pipeline* – (die) *Pumps* und *Slingpumps* Pl. (meist mit der alten deutschen schlechten Schulaussprache /pömps/, s. u.) – *radioaktiv* und (die) *Radioaktivität* – (der) *Recorder* – (der) *Selfmademan* – (die) *Show* – (die) *Spikes* Pl. /spaiks/ – (der) *Star* (Bühnen-, Film-, Schlagerstar) – (der) *Stopp* und *stopp!* (auf den Verkehrsschildern jedoch in englischer Form *Stop* – (die) *Synthetics, synthetisch* – (das) *Weekend* – (der) *Workshop* (noch in keinem DDR-Wörterbuch), wörtl. ‹Werkstatt› = ‹Veranstaltung mit freier Diskussion und Erfahrungsaustausch über ein bestimmtes Thema oder Problem›.

Für das vorher modische *Weekend* ist in den letzten Jahren wieder *Wochenende* gebräuchlich: man wünscht sich allgemein «Ein schönes Wochenende!», und man hat ein *Wochenendhaus* und kein *Weekendhaus* mehr, wenn auch beide Bezeichnungen kommentarlos im D 1984 und D 1986 nebeneinander stehen, während das WDG das *Weekendhaus* bereits als «veraltend für *Wochenendhaus*» bezeichnet. Den *Trolleybus* ‹Oberleitungsomnibus› (für den Stadtverkehr) oder kurz *Obus,* aus engl. *trolleybus,* verzeichnen dagegen sowohl das WDG als auch der D 1984 und der D 1986 als veraltend. Das OEDS IV (1986) bringt einen ersten Beleg für *trolleybus* aus dem Jahr 1921. Auch das aus der kapitalistischen Zeit und Welt stammende deutsche Verb *feuern* aus engl. *to fire,* das im HDWG der DDR 1984 als 4. Variante mit der Bedeutung ‹salopp: jemanden fristlos entlassen› verzeichnet wird, ist, als in der sozialistischen Praxis unanwendbar, weitgehend aus dem DDR-Wortschatz verschwunden. Während der D 1986 bei *Pumps* ‹Halbschuhe ohne Schnürung oder Spangen›, engl. *pumps* /pamps/, nur die Aussprache /pömps/ angibt, verzeichnet er bei *Curry, Cutter, cuttern* und *Cut(away)* sowohl die /-ö-/ als auch die (englische) /-a-/-Aussprache, bei allen übrigen englischen Wörtern in gleicher Lautung nur die (englische) /-a-/-Aussprache wie in *Butler, Cup, Jumper, lunch, lunchen, Punchingball, Rugby, Shunt, Slums, Stuntman, Trust, Uppercut* ‹Aufwärtshaken im Boxsport›, *up to date* usw. Die obengenannten *Spikes* (D 1984 und D 1986: /spaiks/ Pl. ‹Laufschuhe, Autoreifen mit Stahlstiften›) sind im Gegensatz zu dem ebenfalls aus dem Englischen stammenden Wort *Streik,* Plural *Streiks* (engl. *strike,* Plural *strikes*) in der Schreibung nicht eingedeutscht worden. Nach KLUGE/MITZKA geht deutsch *streiken* auf das englische Seewort *to strike sail* ‹die Segel streichen› zurück, das in den Kohlengruben von Wales die Bedeutung ‹die Arbeit einstellen› erhielt. Das englische Verb und Substantiv *strike* drangen anfangs mit der Schreibweise *striken* und *Strike* ins Deutsche (1865). Sie erhielten erst zwei Jahrzehnte später (1884) ihre heutige deutsche Schreibung *streiken* und *Streik* mit den dazugehörigen Komposita *Streikaufruf* (engl. *strike call*), *Streikbewegung* (engl. *strike movement), Streikbrecher* (engl. *strikebreaker), Streikführer* (engl. *strike leader)* usw.

Das weder im D 1984 und D 1986 noch im WDG, wohl aber im HWDG 1984 aufgeführte und in der DDR allgemein bekannte und angewandte lautmalende *Blabla* ‹leeres Gerede, nichtssagende Äußerung› ist ebenfalls amerikanischen Ursprungs. Es kam in den USA um 1920 als *blah* oder *blah blah* auf (s. OEDS I, 1972) und fand weiteste Verbreitung durch die *Comic Strips* oder *Comics*, in denen die Unsinnsprecher mit einer Sprechblase am Mund, welche die Aufschrift *Blah blah* trug, dargestellt werden. Bei dem Schriftsteller Wieland Herzfelde, «Das Wort muß wirken» (1976), heißt es: «... wenn's keine Wirkung hat, spricht man von *Bla-bla*.» Bei *blabla* /bla'bla:/ handelt es sich um ein altes lautmalendes Wort, das schon im Mittelenglischen als Verb *blabben, blaberen* (deutsch *plappern*) ‹dummes Zeug reden›, Substantiv *blabber*, engl. *babbler*, Verb *babble* (deutsch *babbeln*, laut D 1986: landschaftlich umgangssprachlich ‹schwatzen›) und *babbling* bezeugt ist (s. Kurath-Kuhn, «Middle English Dictionary»). Mein amerikanischer Freund und Kollege R. E. Habenicht bemerkte zu *blah blah* (LEHNERT 1986a, S. 140) in einem Brief vom 3. Juni 1987: «Nun ist mir *blah-blah* längst nicht so vertraut wie die respektlose volkstümliche und traditionelle Triade *blah blah blah*. Wir sprechen sie hier stets dreimal aus in politischen Zusammenhängen oder wenn jemand eine Menge Unsinn spricht oder sprach.» Verwandt mit *blah blah (blah)* ist die deutsche Interjektion *papperlapapp* ‹zur Ablehnung nichtiger Rederei, dem Laut nachgebildet, der beim Auf- und Zutun der Lippen entsteht›, zuerst 1736 als *päperlepäp*, 1856 als (das) *Paperlapap* ‹leeres Gerede› (D 1984 und D 1986: *papperlapapp!* lautmalend) bezeugt (s. KLUGE/MITZKA).

«Man wird von voller Integration sprechen können», schreibt CARSTENSEN (1981c, S.103), «wenn sich das aus dem Englischen entlehnte Wort in Schreibung, Lautung und Flexion in jeder Hinsicht wie ein deutsches Wort verhält.» Das ist vor allem bei den entlehnten Verben der Fall, in denen sowohl die deutsche Infinitivendung *-(e)n* als auch die entsprechende Personalendung angehängt und alle neugebildeten Verben schwach flektiert werden, wie es in der ganzen germanischen Sprachgeschichte festzustellen ist, z. B. *bluffen, campen, chartern, dopen, dribbeln, grillen, interviewen, jobben, kidnappen, kontern, managen, mixen, sprayen, sprinten, starten, stoppen, testen, tippen, toasten, trampen, twisten* usw. Auch die aus dem

Anglo-Amerikanischen ins Deutsche übernommenen Adjektive wie *clever, fair, nuklear, smart* usw. (ein *cleverer* Bursche, ein *cleveres* Mädchen, eine *clevere* Mannschaft) sind in die deutsche Flexion eingeordnet worden. Dagegen ist das ins Deutsche übernommene engl. Adj. *shocking* ‹schockierend, empörend› (D 1984 und D 1986: ‹anstößig, peinlich›) indeklinabel, da es nur prädikativ verwendet wird. Die Bewahrung der englischen Pluralendung auf *-s* nicht nur bei jüngeren, sondern auch bei vielen älteren Entlehnungen wurde durch die deutsche Pluralbildung auf *-s* (wie umgangssprachlich die *Jungs* oder *Jungens* und *Mädels*, die *Bengels*, die *Kerls*, die *Muttis*, die *Wracks*, die *Lehmanns*, die *LKWs* usw.) gestützt, die schriftsprachlich bei substantivierten Partikeln, bei Eigennamen, bei Substantiven, die auf Vokal oder Diphthong ausgehen, sowie in verschiedenen anderen Fällen üblich ist: «In der Alltagsrede ist aber das Plural-*s* Signal eines lässig-emotionalen Verkehrstons für den nord- und mitteldeutschen Sprachraum» (RIESEL 1964, S. 138). Für die aus dem Anglo-Amerikanischen entlehnten Substantive geben der D 1984 und D 1986 folgende Pluralbildung an: die *Bluffs, Clowns, Docke* neben *Docks, Festivals, Lifts* neben *Lifte, Parks* neben *Parke, Puddings* neben *Puddinge, Skiffe* (Sg. *Skiff* ‹Rennbooteiner im Sport› gemäß D 1984 und D 1986), *Starts* neben selteneren *Starte, Streiks* neben selteneren *Streike, Toaste* neben *Toasts*.

Bei einem Substantiv wie *Star* ‹Bühnenstar, Filmgröße› war nur der deutsch-englische Plural auf *-s Stars* (engl. *stars*) möglich, da der Plural auf *-e* bereits anderweitig besetzt war: (die) *Stare* ‹Singvögel› oder *Stare* ‹verschiedene Augenerkrankungen›. Ein ähnlicher Fall liegt bei der Pluralbildung von Deutsch *(das) Tief* vor, dessen regulärer Plural *die Tiefe* oder *die Tiefen* ebenfalls schon anderweitig besetzt war, so daß man auf die okkasionelle deutsche und usuelle englische Pluralbildung *die Tiefs* mit *-s* auswich. Bei den Substantiven *Hostess* (engl. *hostess*) und *Stewardeß* (engl. *stewardess*) waren weder der Plural auf *-s* möglich, da sie bereits auf *-s* im Singular endeten, noch der Plural auf *-e*, da dieser männliche Personen bezeichnet (wie *der Boß – die Bosse*): also wich man auf die deutsche Pluralbildung mit *-en* aus und bildete *die Hostessen* und *die Stewardessen*. Vom Substantiv (der) *Sketch* (engl. *sketch*), Plural *Sketch[e]s*, geben der D 1986 und das WDG für eingedeutschtes *Sketsch* aus lautlichen Gründen nur den Plural (die) *Sket(s)che* an, von *Kombine* in englischer Aussprache /kom'bain/ den englischen Plural *Kombines* (engl. *combines*), mit deutscher Aussprache

/kɔm'biːnə/ den deutschen Plural *Kombinen*. Zu *Miß* (engl. *Miss*) wird im D 1984 und D 1986 erklärt: «engl. Schreibung *Miss, die*, Plural *Misses* /'misis/ oder /'misiz/, ‹Fräulein›, engl. Anrede nur in Verbindung mit dem Familiennamen». Von (der) *Dreß* (engl. *dress*) ‹Sportkleidung› wird die Pluralform (die) *Dresse* angegeben.

Die englischen Schreibweisen der Pluralform *babies, hobbies, ladies, parties, stories*, etc. werden laut D 1984 und D 1986 deutsch durch *Babys, Hobbys, Ladys, Partys, Storys* usw. wiedergegeben. CARSTENSEN (1982b) hat der Frage «*Babys* oder *Babies?*» eine eigene Abhandlung gewidmet. Zur Pluralbildung der anglo-amerikanischen maskulinen Lehnwörter auf *-er* vergleiche man Kap. 42. Wie bei der deutschen Pluralbildung *Babys* für engl. *babies* hat auch sonst vielfach eine graphemische Integration anglo-amerikanischer Wörter im Deutschen stattgefunden. Vor allem deutet bereits die Großschreibung auf Eingliederung. Auffällig ist auch die schwankende eindeutschende Ersetzung von engl. *c-* durch deutsch *K-*, wie in *Klipp* neben *Clip* (engl. *clip*), *Klub* neben *Club* (engl. *club*), *Kockpit* neben *Cockpit* (engl. *cockpit*), *Kode* neben *Code* (engl. *code*). Im Gegensatz zum D 1984 läßt der D 1986 bei *Cockpit* nur noch die C-Schreibung zu, bei *Couch* nur noch die englische Schreibung *couch* (D 1984 daneben noch *Kautsch*). Auch sonst wird die englische C-Schreibung in diesen Wörtern bevorzugt. Die BZ berichtete am 7./8. März 1987 (S. 16) in einem Artikel über «Modisches fürs Ohr» von «schicken *Clips* aus Resten». Im D 1984 und D 1986 steht neben *Ohrclip* auch *Ohrklipp*. Sowohl der D 1984 als auch der D 1986 lassen bei *Kombine* nur die K-Schreibung, bei *clever, Clown, Compiler, Computer, Copyright, Cotton* usw. nur die C-Schreibung zu. – Von den beiden nebeneinander bestehenden Schreibweisen auf *-ss* und *-ß* möchte man mit der letzteren auf deutsche Eingliederung hinweisen, obgleich auch hier Unsicherheit und Inkonsequenz herrschen. So stehen gemäß D 1984 *Boss* neben *Boß*, *Dress* neben *Dreß*, *Fairness* neben *Fairneß*, *Hostess* neben *Hosteß*, *Miss* neben *Miß*, wobei die Schreibung auf *-ss* vom D 1984 jeweils als österreichisch bezeichnet wird. D 1986 gibt bei diesen Substantiven nur noch die *-ß-*Schreibung an und reserviert die *-ss-*Schreibung für die Pluralformen. Neben *Hosteß* läßt er jedoch die gleichwertige (engl.) Form *Hostess* zu. Auf weitere mehr oder weniger integrierte Schreibungen wird von uns jeweils am entsprechenden Ort verwiesen.

Was FLEISCHER (1976, S. 112f.) hinsichtlich der Integration von

Fremdwörtern im Deutschen allgemein sagt, trifft besonders auf die Anglo-Amerikanismen zu: «Der Assimilationsprozeß ans Deutsche beginnt in dem Augenblick, in dem ein ‹Fremdwort› das erste Mal im deutschen Textzusammenhang gebraucht wird. Die sofortige Assimilation zeigt sich beim Substantiv in der Genusbestimmung und in der Großschreibung, bei den Verben in der Anfügung der deutschen Infinitivendung bzw. der entsprechenden Personalendung. Damit ist das ‹Fremdwort› linguistisch – strenggenommen – bereits beim ersten Gebrauch zu einem deutschen Wort geworden.» Was die Genusbezeichnung von anglo-amerikanischen Substantiven anbelangt, die ja durch die Verallgemeinerung des altenglischen bestimmten Artikels *sē, sēo, þæt* ‹der, die, das› zu mittelenglisch *the* im Englischen verlorengegangen ist, so herrscht hier bei der Übernahme anglo-amerikanischer Lehnwörter ins Deutsche große Unsicherheit (s. CARSTENSEN 1980a). Im allgemeinen richtet sich das deutsche Genus eines übernommenen englischen Wortes nach seinem gedanklichen deutschen Synonym. Dieses ist bei den einzelnen Verwendern englischer Termini im Deutschen natürlich oft verschieden, z. B. in (der) *Juice* nach (der) *Saft*, (das) *Juice* nach (das) *Obstgetränk*. In ähnlicher Weise erscheint engl. *dress* als deutsch (der) *Dreß*, österreich. (die) *Dress*, engl. *match* als deutsch (der oder das) *Match*, engl. *spray* als deutsch (der oder das) *Spray* usw. Besonders schwierig und schwankend erscheint die Genusfestlegung bei selteneren anglo-amerikanischen Substantiven, wo sich kein deutsches Synonym vordergründig anbietet, etwa in (der oder das) *Countdown*, (der, die, das) *Hootenanny* oder (der oder das) *Poster* usw.

Selbst alltägliches *ja* wird in der DDR von groß und klein unzählige Male durch amerikanisches *okay* wiedergegeben, das im D 1984 und D 1986 als *okay, o.k.* oder *O.K.* mit der Aussprache /oː'keː/ angegeben wird. Das in der ganzen Welt verbreitete amerikanische adverbiale Initialwort O.K. in vielfacher positiver Verwendung, wie ‹(alles) in Ordnung, gut, einverstanden, abgemacht, bestätigt usw.›, das früheres englisches *all right* verdrängt hat, weist eine eigene Geschichte auf. Es geht auf die Anfangsbuchstaben bzw. Anfangslaute des Wohnortes *Old Kinderhook* des achten, von 1837 bis 1841 regierenden Präsidenten der USA Martin van Buren zurück, dessen Haus noch heute in Old Kinderhook im Staate New York steht. Während des Wahlkampfes für die Präsidentschaftswahlen bildeten van Burens Anhänger einen *Democratic*

O.K. Club, und ihr Wahlkampfruf lautete *O.K.* = *Old Kinderhook* als Synonym für den Präsidentschaftskandidaten Martin van Buren. Gleichzeitig wurde ihr Slogan *O.K.* als Zustimmungsruf für *all correct*, das emphatisch *oll correct* lautet, interpretiert, das hieß, nur die Wahl van Burens sei *O.K.*, also völlig richtig. Lange Zeit galt *O.K.* als vulgäre Bestätigungsformel sowohl in Amerika als auch noch mehr in England. Der englische Dichter, Dramatiker und Kritiker T. S. Eliot hat in einer Ansprache in der Washington University, St. Louis, im Jahre 1953 den Aufstieg des einstigen Slangwortes in die Hochsprache geschildert (T. S. Eliot, «To Criticize the Critic», London 1965, S. 48). Und der bekannte Londoner Anglist Sir Randolph Quirk gab dem *O.K.* im Jahre 1964 mit der Bezeichnung ‹a good American adoption› (A. H. Marckwardt/R. Quirk, «A Common Language», London 1964, S. 53) schließlich seinen Segen. Seine weite Verbreitung und allgemeine Verwendung verdankt *O.K.* formal und inhaltlich seiner einfachen und kurzen Anwendungsmöglichkeit in den verschiedensten Situationen und Lebenslagen, also der Sprachtendenz nach Kürze und Bequemlichkeit, zum Beispiel in Wendungen wie: «Es ist alles *o. k.*», «die Buchung eines Fluges, einer Reise usw. ist *o. k.*», «ich bin wieder *o. k.*» (= auf dem Posten), «er hat sein *o. k.* abgegeben» usw. In der alten Seemannsformel *Alles klar!* ist neuerdings eine vielverwendete deutsche Entsprechung zu *o. k.* gebildet worden, der sich die Wendung *In der Tat!* nach engl. *(yes) indeed!* anschloß. Zur Bestätigung eines ohne besondere Schwierigkeiten auszuführenden Auftrags verwenden vor allem Jugendliche die Formel *No problem!* auf Englisch oder *Kein Problem!* auf Deutsch.

Zur Verneinung dient anstelle von *nein* bei groß und klein häufig *uh-'uh*, das heißt der schriftlich eigentlich nicht wiedergebbare wiederholte Kehlkopfknacklaut. LEOPOLD (1967, S. 47) bemerkt dazu: «*uh-uh*, der amerikanische verneinende Kehlkopfverschlußlaut, ist bestimmt neu», worauf GALINSKY (1971) in seiner eingehenden Besprechung von Leopolds Buch jedoch entgegnet: «Ich kenne dieses Zeichen der Verneinung seit meiner Kindheit. Meine 81jährige Mutter gebraucht es heute noch.» Demnach könnte hinter *uh-'uh* eine nostalgische Wiederbelebung stehen. Doch wer wen beeinflußte oder ob eine voneinander unabhängige gleiche Herausbildung stattfand, bleibt wie in vielen anderen Fällen ungeklärt.

Daß das modische und auch in der DDR viel gebrauchte Intensivadverb *Genau!* (aus ‹Genau so ist es!› gekürzt) für bisheriges *Eben!, Richtig!, Ganz meine Meinung!* usw. nach engl. *Exactly!, Precisely!* gebildet worden sei, wie Carstensen im Anschluß an Galinsky annimmt, erscheint mir sehr fraglich. Es hat eine Parallele in russisch точно!/'totschno/ ‹Wirklich, in der Tat!›, militärisch так точно/tak 'totschno/ ‹Jawohl! zu Befehl!› Doch stimme ich Carstensen darin zu, daß entgegen Galinskys Feststellung im Jahre 1968 «Die jahrelang anhaltende Modewelle von ‹Genau› haben wir seit einigen Monaten hinter uns» auch nach meinen Beobachtungen der Gebrauch von *Genau!* in allen möglichen und unmöglichen Kontexten, zumindest in der DDR, noch intensiver geworden ist, so daß in der BZ vom 26. Juni 1984 (S. 7) ein Moderator wegen seines allzu häufigen eintönigen Gebrauchs von *Genau!* öffentlich kritisiert wurde: «... auch habe ich nicht notiert, wie häufig das bedeutsame Wörtchen ‹genau› von ihm eingesetzt wurde. Aber – ein bißchen mehr müßte man doch wohl zu sagen haben!» Das modische zustimmende Intensivadverb *Genau!* hat die bis vor einigen Jahren modische zustimmende Intensivphrase *Sie sagen (e)s!* abgelöst, die ihr englisches Gegenstück in *You('ve) said it!* hat im Sinne von ‹you are absolutely right›, ‹I agree with you entirely› (= ‹Sie haben völlig recht›, ‹Ich stimme mit Ihnen völlig überein›), wofür das OEDS III, 1982 (S. 1506, 1. Sp. u.) den ersten Beleg für 1919 anführt: «*You said it*, you said the right thing and I agree with you» (C. H. Darling, «Jargon Book», S. 50), gefolgt von einem weiteren Beleg bei dem amerikanischen Schriftsteller Ernest Hemingway 1925 («Undefeated» in «This Quarter» I, 2, 208): «‹*You said it*›, the other waiter said. ‹*You said it* then.›» Auch das Verhältnis von deutsch *Sie sagen (e)s!* bzw. *Du sagst es!* und angloamerikanisch *You ('ve) said it!* ist ungeklärt. Das obengenannte frühere britische *all right* für das deutsche *ja* ist neuerdings durch die Modewendung *Das ist richtig!* nach englisch *that's right!* und *that's correct!* zu neuem Leben erweckt worden (vgl. CARSTENSEN 1986a, S. 68).

Als ‹smart› gilt, besonders unter Jugendlichen (s. 9. Kap.), die englische Grußform *hallo!* (engl. /hal'lo/, /hul'lo/ und besonders /'hel'lo/). Schon in den frühen Stücken Bertolt Brechts findet sich die Interjektion *Hallo* als Grußformel, gewöhnlich in Verbindung mit dem Vornamen des Begrüßten. So heißt es etwa in der «Dreigroschenoper»: (Mac:) «*Hallo*, Jackie!» – (Brown:) «*Hallo*, Mac! Ich habe nicht viel Zeit!» (WOJCIK, S. 92). In deutscher Form /'halo/

als alter Zuruf ‹hol über› an den Fährmann am anderen Ufer lebt sie heute bei der Meldung am Telefon weiter. Der amerikanische Gruß *hi!* /hai/ ‹he(da)! hallo!›, der im OEDS II (1976) schon seit 1862 in Amerika bezeugt ist, erscheint in unseren Tagen als moderne erweiterte jugendliche Grußform *He, du!* – so auch als Titel eines DEFA-Films von 1970 und einer Fernsehsendung der DDR am 2. Juni 1987. Allgemein bekannt ist in der DDR auch der englische Abschiedsgruß *good-bye!* (D 1984 und D 1986: /gud'bai/ ‹leb[t] wohl›), häufig durch verkürztes *bye-bye* /'bai'bai/ ‹auf Wiedersehen!› ersetzt.

Auf die Intensität des anglo-amerikanischen Einflusses weist auch die häufige Aussprache /ju:'lai/ für den Monat *Juli* hin, die der deutlichen mündlichen Unterscheidung, besonders am Telefon, vom Monat *Juni* (gelegentlich /'ju:no/ ausgesprochen) dient und bisweilen sogar zur englischen Schreibung *July* führt.

Auch gelegentliche Wortspiele und freie Verwendung anglo-amerikanischen Wortmaterials in Zeitungen und Zeitschriften der DDR zeugen von der Intensität anglo-amerikanischen Einflusses. LANGNER (1986, S. 409) gibt aus seiner Sammlung folgende Beispiele: *Entercontainer, irrer Sound, Waldfeeling, Jeansbengel, shopping gehen.* Die BZA berichtete am 26. März 1987 (S. 8) über eine DDR-Fernsehsendung «Bettgeschichten»: «Ein Vater argwöhnt, die Tochter treibe auf ihrem Zimmer nicht nur Mathematik, doch ist's die Oma, die auf *High Fidelity* macht», mit launiger Vermischung von engl. *High Fidelity* (s. D 1984 und D 1986) – sowie mit einem Anklang an *High Society* (s. D 1984 und D 1986) – und deutsch *Fidelität* oder *Fidelitas* (DDU 1983), zum deutschen Adj. *fidel* /fi'de:l/ ‹lustig, vergnügt›, wobei überdies noch ins Spiel kommt, daß englisch *fidelity* sowohl die allgemeine Bedeutung ‹(eheliche) Treue› als auch die technische Bedeutung ‹Wiedergabetreue, Klangtreue› hat.

Zur modischen Lehnphrase ist die wörtliche deutsche Übersetzung von englisch *once more* mit *einmal mehr* in mündlicher, schriftlicher und gedruckter Verwendung bis zum Überdruß geworden. Man verwendet sie als ‹smartere› Variante für ‹wieder einmal, noch einmal, wiederum, nochmals, erneut usw.›. Am 17. April 1986 berichtete die BZ auf S. 3: «Michael Gorbatschow war *einmal mehr* interessierter Fragesteller»; und die BZA trug am 13. Juni 1986 auf S. 5 die fette Überschrift: «*Einmal mehr* spielte Wetter nicht mit». Brechts *einmal mehr*, etwa in dem Stück «Pauken und Trompeten»: «Miss Balance und ich haben uns *einmal mehr* verpaßt», ist auf direkten Einfluß seines amerikanischen Exils zurückzuführen (WOJCIK, S. 73). Auf anglo-amerikanischem Singular *there is*, Plural *there are* ‹es gibt oder es ist/sind› beruht auch der wiederholte modische Gebrauch von *da ist* und *da sind* bei Aufzählungen; zumindest bewirkte das anglo-amerikanische Vorbild die nostalgische Wiederbelebung eines alten Stilmittels. So hieß es in der BZ vom 24. Jan. 1986 (S. 8) in den «Notizen aus dem Lichtenberger Wahlkreis» unter anderem: «*Da ist* die Kaufhalle ... *da sind* Gaststätte und Klub ... *da sind* Schule und Turnhalle ... *da ist* der neue Wohnblock» usw. Häufig erscheint auch, besonders im mündlichen Gebrauch, die Wendung *Kein Kommentar!* nach anglo-amerikanisch *No comment!* ‹Kommentar überflüssig!›, ‹Ich habe nichts dazu zu sagen!›. Immer häufiger ist in der DDR-Tagespresse auch von *standing ovations* ‹öffentlichen Ehrungen mit Beifall unter Erheben von den Sitzen› die Rede. Die BZ berichtete am 2./3. Mai 1987 (S. 15): «Die Begeisterung riß die Zuschauer förmlich von den Sitzen ... Zehn Minuten lang *standing ovations* für das Ensemble.» Allmählich schleicht sich auch in der DDR (das) *'Handout*, Plural (die) *'Handouts* (engl. *'handout*) – vorerst als noch akademisch mit original-englischer Anfangsbetonung – als Bezeichnung für Informationsmaterial ein, das an Teilnehmer einer Tagung oder eines Seminars ausgegeben wird. Ebenso verwendet man mehr und mehr auch die Bezeichnung *(ein) Papier* im Sinne von engl. *(a) paper* für ‹(ein) Schriftstück, Dokument, (eine) Aufzeichnung, (einen) schriftlich vorgelegten Entwurf, Aufsatz, Vertrag› u. ä. Das ND und die BZ berichteten am 28. Aug. 1987 auf der Titelseite gleichzeitig über «ein (gemeinsames) *Papier*» bzw. «ein (gemeinsames) *Dokument*» der SPD (in der BRD) und der SED (in der DDR), «das erste *Grundsatzpapier* zwischen Sozialdemokraten und Kommunisten seit 1919» (so Eppler für die SPD) und «erstmals seit sieben Jahrzehnten ein *gemeinsames Papier* zu grundlegenden ideologischen und politischen Fragen unserer Zeit» (so Prof. Reinhold für die SED).

Auch die falsche *'s*-Schreibung im Genitiv Singular, besonders bei Eigennamen, wie *Goethe's* Gedichte, *Bert's* Bücher, *Berlin's* Denkmäler, *Oma's* Hut, *Shakespeare's* Dramen, geht auf englisches Vorbild zurück. Daß sie auch in England seit dem 17. Jahrhundert irrtümlich zustande gekommen ist, läßt sich historisch leicht und einwandfrei nachweisen: Neben den ursprünglichen flektierten

Genitiv Singular (mittelenglisch *the king(e)s son,* deutsch *des Königs Sohn*) stellte sich mit gleicher Funktion der possessive Dativ (mittelenglisch *the king (h)is son,* deutsch dem *König sein Sohn*). Da sich der letztere in frühneuenglischer Zeit besonders volkssprachlich stark verbreitete, hielten die sprachordnenden, aber sprachhistorisch noch unwissenden englischen Grammatiker des 17. Jahrhunderts nachgestelltes *his* mit schwachtonigem *h-* fälschlich für den Ursprung der Genitivendung und begannen daher, vor dem Genitiv -s für vermeintlich verkürztes *his* einen Apostroph zu setzen. Diese Gleichsetzung geht schon gar nicht mehr bei femininen Substantiven auf, wie bei *the queen her son* ‹der Königin ihr Sohn›, was die Grammatiker jedoch nicht daran hinderte, das maskuline 's aus vermeintlichem *his* auch auf deren Genitiv zu übertragen. Diese falsche Annahme führte gleichzeitig zur Einschränkung der Verwendung des Genitiv 's auf den possessiven Gebrauch. Schon Jacob Grimm wandte sich in seiner bereits erwähnten Rede «Über das Pedantische in der deutschen Sprache» 1847 gegen diese Schreibweise mit den Worten: «... nichts aber erwirbt sich mehr ihren [d. h. der ‹pedanten unnöthiger striche und haken›] beifall, als dasz die Engländer von eigennamen wie Wilkins oder Thoms einen sogenannten genitiv Wilkins's, Thoms's schreiben, mit welchem man nun sicher sei den rechten nominativ zu treffen. was eine fast alles gefühls für flexion verlustig gegangne sprache nöthig erachtet, will man auch uns zumuten!» (GRIMM 1984, S. 59).

Nach anglo-amerikanischem Vorbild wird häufig auch zur Verkürzung der Jahreszahlen der Apostroph verwendet, also *'89* für *1989* oder die *'70er Jahre* für *70er Jahre.*

Eine weitere auffällige anglo-amerikanische äußerliche Spracherscheinung ist die zunehmende Verdrängung des Ausrufezeichens nach der deutschen Anrede in Briefen oder auf Postkarten. Nach englischem Vorbild setzt man mehr und mehr dafür ein Komma (also statt *Lieber Freund!* nunmehr *Lieber Freund,* nach *Dear friend,),* nach amerikanischem Muster jedoch einen Doppelpunkt (also *Lieber Freund:* nach *Dear friend:),* wobei die Kommasetzung überwiegt. Im D 1984 (S. 762) und im D 1986 (S. 759) steht folgende Anweisung: «Nach der Anrede steht in der Regel ein Ausrufezeichen, es darf aber statt dessen auch ein Komma geschrieben werden. Von der Wahl des Satzzeichens hängt dann die Groß- oder die Kleinschreibung des folgenden Textanfangs ab.»

Der anglo-amerikanische äußerliche Einfluß auf die Gewohnheiten von DDR-Bürgern erstreckt sich sogar auf Gruß und Gebärde. Wie FINKENSTAEDT (1982, S. 35) ausführt, ist «in der Entwicklung im Englischen und Deutschen eine parallele und immer stärkere Reduzierung der Gebärden und der sprachlichen Formeln festzustellen, wobei das Deutsche dem Englischen phasenverschoben folgt. ... Im Amerikanischen ist der Gruß inzwischen vielfach zu einem ‹Hi› /hai/, im Englischen auf ein leichtes Heben der Augenbrauen reduziert.» Gleiches findet sich in der Grußweise vieler Jugendlicher in der DDR bei lässiger und leichter Armhebung und Handausbreitung. Das ‹leichte Heben der Augenbrauen› ist auch auf Sitzungen und anderen Zusammenkünften älterer DDR-Bürger zu beobachten. Auf anglo-amerikanischem Vorbild beruht das Zeichen von *Trampern* vermittels des zurückgebogenen Daumens der rechten oder der linken Hand in die Richtung, in die sie von vorbeifahrenden Autos mitgenommen werden wollen.

Auf Grund des verstärkten anglo-amerikanischen Einflusses erhebt sich auch verstärkt wieder die berechtigte Forderung nach «einer rückkehr zur international üblichen kleinschreibung» (KRISTENSSON 1977, S. 235) im Deutschen, die in vielen Fällen öffentlich und privat bereits mit Erfolg praktiziert wird und von dem Begründer der modernen Germanistik Jacob Grimm verwendet wurde (vgl. die angeführten Zitate). «Der rechtschreibung wird in den BRD-schulen die meiste unterrichtszeit gewidmet. Trotzdem sind nur 4% der lehrer überzeugt, daß ihre schüler diese regeln auch beherrschen. Die meisten fehler (zwischen 20–50%) entfallen auf die groß- und kleinschreibung» (KRISTENSSON 1977, S. 278, Anm. 40). In der DDR dürfte eine ähnliche Situation herrschen.

Oft dauert es eine geraume Zeit, ehe eine übernommene anglo-amerikanische Sache oder Einrichtung in der DDR eine endgültige Bezeichnung erhält. Die vom amerikanischen Fernsehen eingeführte *Talk-Show (talk show)*, eine ‹Unterhaltungssendung, in der ein Gesprächsleiter (bekannte) Personen durch Fragen zu Äußerungen über private, berufliche und allgemein interessierende Dinge anregt› (s. DDU 1983), wird zwar ebenfalls in dieser Form, aber unter verschiedenen Bezeichnungen in der DDR praktiziert. Obwohl die Bezeichnung *Talk-Show* auch hier, besonders durch Fernsehsendungen der BRD, seit längerer Zeit weitgehend bekannt war, wurde sie nicht offiziell in das DDR-Vokabular und in ein DDR-Wörterbuch aufgenommen. Erst der D 1986 bringt das Stichwort *Talk-Show* als ‹Unterhaltungssendung im Fernsehen mit Interviews bekannter Persönlichkeiten›. Der Mann, der eine *Talk-Show* leitet, heißt *Talkmaster*, eine Klammerform aus *Talk[Show]Master*. Der erste Beleg für den amerikanischen *talkmaster* im OEDS IV (1986) stammt aus «Publishers Weekly» vom 1. Dez. 1975: «Tom Westbrook is the master of radio talkmasters.» Der *Showmaster* ‹jemand, der eine Show arrangiert und präsentiert› (DDU 1983) ist dagegen eine unenglische Wortbildung im Deutschen. Die Bezeichnung *Talk-Show* ist noch relativ jung. In der westdeutschen Zeitschrift «Hör zu» hieß es 1973, No. 8, S. 5, noch: «Aber ein neues Zauberwort macht die Runde: ‹*Talk Show*›. Wörtlich übersetzt heißt das Plauderei-Schau» (GALINSKY 1980, S. 254). Den ersten Beleg für *talk-show* bringt das OEDS IV (1986) aus «The Times Literary Supplement» vom 25. Nov. 1965, wo es heißt: «There are now literally thousands of talk-shows» (= Es gibt jetzt buchstäblich Tausende von Talk-Shows). Zu *Talk-Show* traten in jüngster Zeit weitere *Talk*-Komposita. In der BZ vom 19. Jan. 1988 (S. 7) wird in einem Artikel über eine Jugendveranstaltung im Palast der Republik in Berlin neben *Diskussionsrunden* auch von *Talk-Runden* berichtet. Daneben finden sich gelegentlich das Simplex (der) *Talk* /tɔ:k/ ‹Plauderei, Unterhaltung, (öffentliches) Gespräch› und das Verb *talken* /'tɔ:k(ə)n/ ‹eine Talk-Show durchführen› und ‹sich (öffentlich) unterhalten› (DDU 1983: ‹Jargon›).

Eine anglo-amerikanische Sache oder Einrichtung, die bisher ohne einen der anglo-amerikanischen Bezeichnung entsprechenden Namen nur in Umschreibungen in der DDR kräftig propagiert und praktiziert wird, ist (das) *Recycling* /ri'saikliŋ/ ‹Aufbereitung und Wiederverwendung bereits benutzter Rohstoffe› (DDU 1983 und danach das DDR-FREMDWÖRTERBUCH 1985: ‹Aufbereitung von Abfallmaterialien zur Wiederverwertung von Rohstoffen›). In der DDR bezeichnet man dieses Verfahren mit staatlich geförderten Altmaterial- oder Sekundärrohstoffsammlungen und Annahmestellen gewöhnlich umständlich als ‹Wiederverwendung (oder Wiederverwertung) von Sekundärrohstoffen (oder Altmaterial)›, wobei sich für das umständliche Wortungetüm *Sekundärrohstofferfassungsstelle* in jüngster Zeit die geschriebene bzw. gedruckte und nunmehr auch gesprochene Kurzform *SERO* eingebürgert hat. In der BRD besteht neben *Recycling* das entsprechende Kompositum *Wiederaufbereitung(sanlage)*. Der D 1986 bringt nunmehr auch (das) *Recycling* mit der Bedeutungsangabe ‹Rückgewinnung von Rohstoffen zur Wiederverwendung›. Die DDR-Presse und -Publizistik meidet allerdings das fremdartige anglo-amerikanische Wort *Recycling* noch und ersetzt es selbst in Berichten aus den USA durch längere deutsche Bezeichnungen. So berichtete zum Beispiel ein Korrespondent der BZ am 7./8. Febr. 1987 (S. 13) unter der Überschrift «USA nutzen mehr Sekundärrohstoffe» gleich zu Anfang: «Als einen ‹aufsteigenden Stern› hat die ‹New York Times› jüngst die *Sekundärrohstoffwirtschaft* in den USA beschrieben» und ersetzt im folgenden *Recycling* durch eine Reihe weiterer deutscher Bezeichnungen wie *Wiederverwendung* oder *Aufarbeitung von Altstoffen, Umwandlung von Sekundärrohstoffen* usw. Wie GALINSKY (1980, S. 243) berichtet, sagte ein Sprecher im BRD-Fernsehen noch am 15. Aug. 1977: «*Recycling* heißt das neue Zauberwort.» Nach den Belegen im OEDS III (1982) waren das Verb *to recycle* und das Verbalsubstantiv *recycling* in der neuen Bedeutung ‹wiederverwenden oder Wiederverwendung von Material in einem industriellen Prozeß› bereits seit 1926 und im spezifischen Sinne von ‹ein Altmaterial wiederverwenden›, ‹Abfall in verwendbare Form umwandeln› in den USA bereits 1960 gebräuchlich. Neuerdings ist zu (das) *Know-how* (D 1984 und D 1986: ‹Wissen um die praktische Verwirklichung und beste Handhabung einer Sache› [engl., ‹wissen wie›]) die Benennung (das) *Know-why* (engl., ‹wissen warum›) getreten, die noch in keinem Wörterbuch steht. Im «Spectrum» 4/1985 wurde (S. 29) von einer «Großen Kluft zwischen *Know how-* und *Know why-*Kenntnissen» gesprochen und ein «Abbau des *Know-why*-Ausbildungsdefizits» gefordert; in der gleichen Zeitschrift Heft 5/1986 erschien ein Aufsatz über «Das *Know-why* des Schnellspinnens» (S. 24). Ein anglo-amerikanisches Kompositum, das im Deutschen vorerst meist nur gelegentlich im Gespräch verwendet wird, ist *Inside Information* ‹Nachricht(en) aus erster Hand, vertrauliche Information›, engl. *inside information*. Es ist noch von keinem deutschen Wörterbuch gebucht. Im DDU 1983 steht nur dazugehöriges *Insider* /'insaidə/ ‹jemand, der bestimmte Dinge oder Verhältnisse als Eingeweihter genau kennt›, engl. *insider* ‹Eingeweihte(r), Zugehörige(r)›.

Das Wort (die) *Utopie* geht auf den Roman «Utopia» (griech. ‹Nirgendland›) 1516 des Engländers Thomas Morus zurück. Der Name gelangte sogleich auf das Festland. Der D 1984 und D 1986 geben folgende Begriffserklärung: ‹Vorstellung über die Zukunft, besonders von Gesellschaft und Technik, die nicht den objektiven Gegebenheiten entspricht; Wunschtraum, Schwärmerei›. Zu *Utopia* wurden die Ableitungen *Utopismus* und *Utopist* (engl. *utopianism* und *Utopian*) sowie das deutsche Adj. *utopisch*, etwa in *utopischer Sozialismus und Kommunismus*, im 18. Jahrhundert nach engl. *Utopian* (1551) gebildet. Das erst 1905 von dem englischen Schriftsteller H. G. Wells in seinem Roman «A Modern Utopia» gebildete Verb *to Utopianize* hat dagegen bisher keine deutsche Lehnübersetzung erhalten.

Die Namen des Romanhelden *Robinson Crusoe* (1719) des Londoner Schriftstellers Daniel Defoe und des *Lemuel Gulliver* (1726) des Dubliner Schriftstellers Jonathan Swift werden von Generation zu Generation weitergegeben. Swifts Märchenland *Liliput* mit seinen *Liliputanern* in «Gullivers Reisen» (deutsch 1727) ist zu einem festen Begriff in der deutschen Lexik geworden und hat zu einer Reihe von Komposita geführt wie *Liliputausgabe, -(eisen)bahn, -format* usw. sowie zu dem Adj. *liliputanisch*, engl. *liliputian*. – Der Name *Tommy* für den einfachen englischen Soldaten ist eine Verkleinerungsform des Vornamens *Thomas*, verkürzt aus früherem *Thomas Atkins* (nach dem seit 1815 auf Formularen vorgedruckten Namen). Der Name *Tommy* wurde vor allem durch den in Indien geborenen englischen Lyriker und Erzähler J. R. Kipling (1865–1936) in aller Welt, so auch in Deutschland, verbreitet. – *John Bull* (D 1984 und D 1986: ‹Spottname und Karikatur des Engländers›, engl., ‹Hans Stier›) ist die symbolische Figur des vierschrötigen und herrschsüchtigen Engländers *John Bull*. Sie wurde von dem englischen Schriftsteller John Arbuthnot in seinem satirischen Buch «The History of John Bull» 1712 geschaffen. – Der Name *Yankee* als ‹Spitzname für den Bewohner der USA› besteht seit 1765 und tauchte im Deutschen bereits 1792 auf. Auch hier handelt es sich um eine Verkleinerungsform eines Vornamens, und zwar des holländischen *Jan* (holländ. *oom Jan* ‹Onkel Johann›, engl. *uncle John*), demnach also um einen ursprünglichen Spitznamen für die zahlreichen holländischen Siedler von New England in Nordamerika. – Auch *Uncle Sam* (D 1984 und D 1986: ‹scherzhafte Bezeichnung für Bürger der USA› aus ‹Onkel Sam[uel]›) geht auf einen seinerzeit sehr gebräuchlichen Vornamen zurück, wobei gleichzeitig die scherzhafte Deutung von U.S. (= United States, Uncle Sam) mitspielte (s. DDU 1983).

Der Name *Dracula*, des Königs der Vampire *(Count Dracula)*, den der Dubliner Schriftsteller Bram (Abraham) Stoker mit seinem Roman «Dracula» (1897) weltweit verbreitete, sowie der Name *Tarzan* in der Romanfolge «Tarzan of the Apes» (1914) des amerikanischen Schriftstellers Edgar Rice Burroughs (1875–1950), der dieselbe internationale Verbreitung erlangte, erhielten und erhalten durch zahlreiche Film- und Fernsehversionen immer wieder neue internationale Aktualität. Beide Namen werden daher auch im übertragenen Sinne als allgemeine Benennungen verwendet, und zwar *Dracula* zur Bezeichnung einer grotesken und furchterregenden und *Tarzan* zur Bezeichnung einer durch besondere Körperstärke oder Behendigkeit ausgezeichneten Person (s. OEDS I, 1972, und IV, 1986). Auch die von dem schottischen Schriftsteller Conan Doyle (1859–1930) in seinen berühmten Detektivgeschichten geschaffenen Figuren des Amateurdetektivs *Sherlock Holmes* mit der obligaten englischen *Shagpfeife* und seines Freundes und Helfers *Dr. Watson* sind weltbekannte fiktive Gestalten.

Aus wirklichen englischen und amerikanischen Figuren entstanden allgemein bekannte Sachbezeichnungen wie (das) *Boxkalf* oder *Boxkalb* ‹Kalbsleder› (so im D 1986), wozu das OEDS I, 1972 ausführt: «*box-calf* named c. 1890 by Edward L. White, of White Bros. & Co., Massachusetts, U.S.A., after Joseph Box, bootmaker, of London». – (der) *Browning* /ˈbrauniŋ/ ‹eine Selbstladepistole› nach dem amerikanischen Erfinder John M. Browning (gest. 1926), dazu die *Browningpistole* (vgl. *Colt* im 12. Kap.). – (der) *Bowdenzug* nach dem engl. Erfinder und Industriellen Sir H. Bowden (gest. 1960) (D 1984 und D 1986: /ˈbaud(ə)n/ ‹Drahtseilzug zur Übertragung von Zug- und Druckkräften›). – (das) *Bowiemesser* nach dem amerikanischen Oberst J. Bowie (gest. 1836) (D 1984 und D 1986: /ˈboːviː/ ‹ein [langes] Jagdmesser›). – (der oder das) *Chippendale* (D 1984 und D 1986: /ˈtʃipəndeːl/ ‹ein englischer Möbelstil des 18. Jh.›), nach dem engl. Kunsttischler Thomas Chippendale benannt. – *Darwinismus, Darwinisch, Darwinist, darwinistisch* (*Darwinismus* nach D 1984 und D 1986: ‹Darwins materialistische Theorie zur Erklärung der stammesgeschichtlichen Entwicklung der Lebewesen›) nach dem englischen Naturforscher Charles Darwin (gest. 1882). – (das) *Joule* (D 1984 und D 1986: /dʒuːl/ ‹SI-Einheit der Energie›), nach dem englischen Physiker J. P. Joule (gest. 1889), mit 1 Kalorie = 4,186 Joule. Der D 1986 verweist unter *Joule* auf seine weiteren Stichwörter (der) *Newtonmeter* (‹SI-Einheit des

Kraftmoments und der Energie›), nach dem englischen Physiker Sir Isaac Newton (gest. 1727), und die *Wattsekunde* (‹SI-Einheit der Energie›) zu (das) *Watt* (‹SI-Einheit der Leistung›) nach dem englischen Ingenieur James Watt (gest. 1819). – (das) *Sandwich* (D 1984 /ˈsændwitʃ/, D 1986 /ˈzentvitʃ/ ‹belegte Weißbrot[doppel]schnitte›), engl. *sandwich* /ˈsænwidʒ/ nach John Montague, Earl of Sandwich (18. Jh.), der sich am Spieltisch mit entrindeten Schinkenbroten sättigte, um sein Spiel nicht unterbrechen zu müssen. Im Deutschen ist *Sandwich* seit 1871 gebucht.

Oft wird die Filmstadt *Hollywood* im Westen der USA für die gesamte (oft kitschige, rührselige) amerikanische Filmindustrie verwendet. *Downing Street*, eine kurze Straße im Londoner Regierungsviertel mit dem Amtssitz des britischen Premierministers, wird häufig für die britische Regierung allgemein gebraucht. *Wall Street*, die Bank- und Börsenstraße in New York, steht im übertragenen Sinne für den gesamten amerikanischen Geld- und Kapitalmarkt (D 1984 und D 1986: ‹die Finanzoligarchie der USA›). Nur in ihrer Originalform haben sich auch das *Foreign Office* /ˈfɔrin ˈɔfis/ ‹das britische Auswärtige Amt› (D 1984 und D 1986) und das *State Department* für das ‹Auswärtige Amt der USA› eingebürgert. Bekannt, daher auch im D 1984 und D 1986 verzeichnet, sind auch der *Buckinghampalast* (engl. *Buckingham Palace*), seit dem 19. Jahrhundert Hauptresidenz der britischen Könige, und *Piccadilly (Circus)* ‹Hauptstraße [und Platz] in London›; natürlich auch der *Broadway* (D 1984 und D 1986: /ˈbrɔːdweː/ ‹Hauptgeschäftsstraße in New York, engl. ‹breiter Weg››).

Besonderer Anteilnahme erfreuen sich in der DDR die *Pugwashkonferenzen* (D 1984 und D 1986: ‹internationale Konferenzen von Wissenschaftlern, die sich gegen die atomare Rüstung wenden, nach dem Geburtsort Pugwash [Kanada] des amerikanischen Industriellen Eaton, des Initiators dieser Konferenzen› – vgl. OEDS III, 1982). – Nach der Wolle der auf den *Shetlandinseln* gezüchteten Schafe ist die begehrte *Shetlandwolle*, engl. *Shetland wool*, benannt und im D 1984 und D 1986 gebucht, nicht aber das in der DDR verbreitete *Shetlandpony*, engl. *Shetland pony*. – Die *Royal Air Force* als Bezeichnung für die britische Luftwaffe ist auch in der DDR bekannt (s. D 1984 und D 1986), ebenso der *Secret Service* ‹brit. Geheimdienst› und *Scotland Yard* ‹das Polizeipräsidium in London›; übertragen: ‹engl. Kriminalpolizei› (s. D 1984 und D 1986). Durch die englischen und amerikanischen Massenmedien gelangte das englische Wort *Holocaust* in die beiden deutschen Staaten mit den Bedeutungen (1) ‹der Massenmord an den Juden durch die Nazis im Krieg von 1939 bis 1945› (s. OEDS II, 1976), (2) ‹atomarer Holocaust› (s. CARSTENSEN 1986, S. 126). Der D 1986 hat nunmehr auch «(der) *Holocaust* [in der Bedeutung] ‹Massenvernichtung, besonders der Juden während des Hitlerfaschismus› (griech. ‹ganz verbrannt›)» aufgenommen.

34.
Bedeutungsdifferenzierung der Anglo-Amerikanismen

Mit CARSTENSEN (1973/74, S. 10) stimmen wir überein, «daß eine komplette Synonymie zwischen dem Englischen und dem Deutschen nicht erreicht ist», was verstärkt auf den neu übernommenen anglo-amerikanischen Wortschatz in der DDR zutrifft: «*Teenager* werden sich sicher nicht gern *Backfisch* nennen lassen. *Hit* und *Schlager* sind zu unterscheiden, *Designer* und *Entwerfer*, *Egghead* und *Eierkopf*, *Kundendienst* und *Service*. *Festival* ist etwas anderes als *Festspiel*; es kommt auf das, was geboten wird, an. *Job* ist nicht identisch mit *Beruf*. *Party* und *Gesellschaft*, *Fan* und *Anhänger*, *Test* und *Versuch*, *Image* und *Ansehen*, *Slogan* und *Wahlspruch*, *Trend* und *Tendenz* sowie andere Paare mit einem deutschen und einem englischen Begriff zeigen, daß das englische Wort das deutsche bedroht.» Dem neueren anglo-amerikanischen Wort wird in der Regel ein höherer stilistischer, gesellschaftlicher, künstlerischer Wert beigemessen, wie etwa auch in dem Wort (das oder der) *Poster* (D 1984 und D 1986: ‹künstlerisch gestaltetes Plakat›) gegenüber dem *Plakat*. Der *Backfisch*, der gegen Ende des 19. Jahrhunderts mangels einer entsprechenden Bezeichnung in den amerikanischen Wortschatz übernommen wurde, kehrte um die Mitte des 20. Jahrhunderts als der *Teenager* von Amerika nach Deutschland zurück, wobei hier wie dort antiquiertes *Backfisch* durch modernes *teenager* völlig verdrängt wurde. Dabei dürften mehrere Ursachen zusammengewirkt haben: *Teenager* umspannte einen größeren Zeitraum (13 bis 19 Jahre), bezog sich anfangs auf junge Menschen beiderlei Geschlechts (es wurde erst später besonders auf junge Mädchen eingeschränkt) und eignete sich in den kapitalistischen Staaten für eine Kommerzialisierung des Jugendlebens. Die OEDS (1972–1986) geben aufschlußreiche Belege für das Auftauchen von *Backfisch* und *Teenager*. In der «Pall Mall Gazette» vom 29. Aug. 1891 hieß es: «Laßt uns doch das Wort ‹Backfisch› einführen, denn wir haben den *Backfisch* stets unter uns. Sie rangiert zwischen fünfzehn und achtzehn Jahren.» Erst in der Zeitschrift «Popular Science Monthly» vom April 1941 tauchte *teenager* auf: «Ich hätte niemals geglaubt, daß *Teenager (teen-agers)* so ernst sein könnten.» Doch ein weiteres Zitat von 1952 im OEDS IV (1986) zu *teenager* lautet: «Müssen wir uns wirklich wie hysterische *Teenager* benehmen?» Am 15. Aug. 1980 schrieb «The Times Literary Supplement»: «*Teenager* waren natürlich noch nicht in den 1880er Jahren erfunden worden.» LEISI (1985, S. 255) bemerkt: «Die Nachkriegsgeneration wollte z. B. nicht mehr ‹einen *Schlager*› hören – damit war assoziiert: ‹alte Generation, überwunden, kitschig› – sondern einen *hit* oder *song* – damit assoziierte man die neuen, eigenen Werte und Gefühle.» Zum Unterschied von *Party* und *Gesellschaft* (Abendgesellschaft, gesellschaftliche Veranstaltung, geselliges Beisammensein, kleines Fest usw.) bemerkt GALINSKY (1963, S. 109): «Für viele Deutsche bedeutet *Party* heute ein geselliges Beisammensein, vorzugsweise junger Leute und von geringerer Förmlichkeit, als sie die ältere Generation gewohnt war», was auch auf die DDR völlig zutrifft. (Der) *Slogan* und (das) *Schlagwort* unterscheiden sich gewöhnlich dadurch, daß das erstere für eine wirkungsvoll und einprägsam formulierte Redewendung in der Werbung, Propaganda und Politik, das letztere für ein ebensolches Einzelwort verwendet wird. (Der oder das) *Fakt* aus engl. *fact*, ein Wort, das auch häufig in der stereotypen satzeinleitenden mündlichen Redewendung «*Fakt ist* ...» (neben *Tatsache ist* ...) verwendet wird, unterscheidet sich von *Tatsache*, wie FLEISCHER/MICHEL (1977, S. 108) an einem Beleg aus dem ND vom 8. Okt. 1961 demonstrieren: «Es ist unmöglich, folgende *Tatsachen* zu übersehen, die sich durch unzählige *Fakten* im einzelnen beweisen lassen», wobei *Fakt* das Detail, *Tatsache* aber den größeren Zusammenhang ausdrückt. Sowohl im DDU 1983 als auch im D 1984 und D 1986 wird das aus englisch *business* /'biznis/ übernommene (das) *Busineß* gegenüber deutsch (das) *Geschäft* zwar mit gleicher Aussprache, doch mit abwertender Bedeutung als ‹gewissenlose Geschäftemacherei› bzw. ‹vom Profitstreben bestimmtes Geschäft› verzeichnet. (Der)

Background /'bekgraunt/, engl. *background* /'bækgraund/, enthält einige Sememe mehr als das entsprechende deutsche Wort (der) *Hintergrund* und gewinnt daher mehr und mehr an Verbreitung. Neben den erwähnten Bedeutungen (s. S. 117) wird *Background* bildungssprachlich auch für geistige Herkunft; Milieu, aus dem etwas erwachsen ist; geistiger, materieller, historischer Hintergrund von etwas oder jemandem; gesellschaftlicher *Background* usw. (S. DDU 1983) verwendet. In dem erweiterten Sinne von englisch *background* gebraucht Bertolt Brecht in den «Tagen der Commune» deutsch *Hintergrund*: «Wir haben sichere Kader ausgesucht. Leute mit bäuerlichem *Hintergrund*» (WOJCIK 1982, S. 41). In ähnlicher Weise wurden in dem ursprünglich gleichbedeutenden Wortpaar englisch *blue-eyed* – deutsch *blauäugig* die weiteren im Englischen herausgebildeten Sememe ins Deutsche übernommen, wie ‹unschuldig(tuend), harmlos, naiv›. In Brechts «Schriften zum Theater» (Band IV, Berlin und Weimar 1964, S. 196) steht in diesem Sinne: «Von Bullinger nach dem Hund gefragt, gibt Schweyk *blauäugig* an, er habe ihn nicht» (WOJCIK 1982, S. 31f.). Auf *Cocktail* in der Bedeutung ‹diplomatischer Empfang› und *Toast* in der Bedeutung ‹Ansprache bei diplomatischen Empfängen, Abendessen usw.› hat bereits KORLÉN (1981, S. 253f.) hingewiesen. Auch auf das Auftreten von *Rowdy* in den Zusammensetzungen *Rowdytum* (engl. *rowdyism*) und *Rowdydelikt* (engl. *rowdy delict*), *rowdyhaft* in DDR-spezifischen Kontexten hat er aufmerksam gemacht. Unter der Überschrift «Strenge Strafen gegen *Rowdys*» wurde in der BZ am 23. Dez. 1987 (S. 8) über vier Jugendliche aus der DDR berichtet, an deren Ausschreitungen «*Skinhead-Rowdys* aus Berlin (West) beteiligt waren». Am 5. Jan. 1988 griff die BZ (S. 3f.) diesen Vorfall erneut auf und berichtete von ihnen als «Sympathisanten der *Skinheads* aus Westberlin» bzw. «westlicher *Skinheads*». Nach einem «Prozeß gegen acht DDR-Nachäffer westlicher *Skinheads*» (so in der BZ am 6./7. Febr. 1988, S. 4) sagte der Gerichtsreporter: «Die meisten Leute, mit denen ich nach den jüngsten *Rowdyprozessen* sprach, wußten gar nicht, was *Skins* [Kurzform aus *Skinheads*] sind.» Die BZA meldete am 26. Okt. 1988 (S. 7) unter der Überschrift «Sechs *Skinheads* festgenommen», daß «die Kriminalpolizei gegen eine Gruppe von *Skinheads* in Prenzlauer Berg ermittelt», die unter dem Einfluß westlicher *Skinheadgruppen* oder *Skin-Gruppen* standen. Von den deutschsprachigen Wörterbüchern erfahren wir nur aus dem DDU 1983 darüber: «*Skinhead* (engl. *skinhead*, eigtl. =

‹Hautkopf›): (in einer Clique organisierter) Jugendlicher mit kurz- oder kahlgeschorenem Kopf». Das OEDS IV (1986) bringt einen Erstbeleg für *skinheads* aus der englischen Tageszeitung «Daily Mirror» vom 3. Sept. 1969 (12/1): «Eine Gruppe von *Teenagern*, die enganliegende und ziemlich kurze *Jeans* trägt, *T-Shirts* ohne Kragen, offene Hosenträger, schwere Stiefel mit Stahlkappen und das Haar geschoren fast bis auf die Kopfhaut. Die Kahlköpfigkeit gibt ihnen ihren Gattungsnamen ... *crop-heads* (geschorener Sträflingskopf), *skin-heads* (eigtl. Hautkopf, Glatzkopf) oder *peanuts* (eigtl. ‹Erdnüsse›, böse Wichte).»

Besonders deutlich tritt ein ideologisch motivierter Bedeutungsunterschied bei dem Substantiv *Job* (engl. *job*) mit dem Verb *jobben* (engl. *to job*) gegenüber dem amerikanischen Herkunftsland und in neuerer Zeit auch gegenüber der BRD in Erscheinung. *Job* hat in der DDR, zumindest noch in geschriebener und gedruckter Form, eine meist negative Konnotation. Die positive bringt im allgemeinen das Wort *Beruf* (als eine Art Berufung) zum Ausdruck: «Der Unterschied zwischen *Job* und *Beruf* liegt nicht in der Art der Tätigkeit, sondern in der Einstellung des Menschen zur Arbeit», schrieb ZINDLER (1959, S. 53) noch 1959 auch in bezug auf die BRD. Aufschlußreich für die weitverbreitete amerikanische Auffassung von *Job* ist unter anderem auch das Zitat GALINSKYs (1963, S. 108) aus Karl Korns amerikanischem Reisebericht «Faust ging nach Amerika» (1958, S. 33): «Genau so unsentimental, wie man den *Job* wechselt, falls man anderswo mehr verdienen kann, läßt man sich in den Betrieb einspannen.» Der Unstetigkeit und dem Unpersönlichen des amerikanischen *Jobs* steht in der DDR der gesicherte, möglichst den Neigungen und Fähigkeiten des einzelnen entsprechende Arbeitsplatz entgegen. Seinen sprachlichen Ausdruck hat dieser «häufige Stellenwechsel mit dem Ziel des Karrieremachens« (so im DDU 1983 unter *Jobhopping*), genauer sollte man sagen des *Geldmachens* (engl. *money-making*), im amerikanischen Englisch und in den BRD-Anglo-Amerikanismen *Jobhopper* und *Jobhopping* gefunden. Der ebenfalls nur in den kapitalistischen Ländern verwendete Terminus (der) *Jobber* wird im D 1984 und D 1986 als ‹Wertpapierhändler an englischen Börsen›, (umgangssprachlich abwertend) ‹skrupelloser Spekulant› zitiert und dazu (das) *Jobbertum* angeführt. Das ND berichtete in der Ausgabe vom 24./25. März 1984 (S. 10) unter der Überschrift «*Jobkiller* in der Profitwirtschaft»: «Immer mehr Werktätige erleben in kapitalistischen

Ländern den wissenschaftlichen Fortschritt ganz elementar als *Jobkiller.*» Im D 1984 und D 1986 wird (der) *Job* als ‹gewinnbringendes Geschäft; (vorübergehende) gute Verdienstmöglichkeit; Stelle; Beschäftigung› definiert, im DDU 1983 als ‹vorübergehende (einträgliche) Beschäftigung (zum Zweck des Geldverdienens), Arbeitsplatz, Stellung, berufliche Tätigkeit, Beruf›, enthält also wie viele andere anglo-amerikanische Lehnwörter mehr Sememe als die deutsche Entsprechung *Beruf,* was aus Gründen der Sprachbequemlichkeit ebenfalls zu seiner weiten Verbreitung beigetragen hat. Ein weiteres vielseitig verwendbares modernes englisches Wort ist etwa auch das Adjektiv *clever,* das trotz seiner Synonymie mit vielen deutschen Adjektiven wie klug, aufgeweckt, gescheit, gewandt, verständig, intelligent, begabt, schlau, gewitzt, durchtrieben usw. noch ein spezielles Semem in sich birgt: die ‹Anerkennung eines hohen Grades von Intelligenz, doch mit einer gewissen Zurückhaltung gegenüber dieser Intelligenz› (GALINSKY 1963, S. 107).

Wie mit *Job* und *clever* werden in der DDR auch mit den allgemein bekannten Substantiven *Boss* und *Manager* und ihren Zusammensetzungen häufig negative Konnotationen verbunden (soweit sie nicht humorig verwendet werden). Dem kapitalistischen *Manager* (D 1984 und D 1986: ‹Leitungskraft kapitalistischer Großbetriebe›) wird der sozialistische *Leiter,* dem *Management* die *Leitungstätigkeit,* dem *managen* das Verb *leiten* entgegengestellt. Als ältere Bedeutungen buchen D 1984 und D 1986 auch ‹Veranstalter, Betreuer›. Der *American way of life,* eigtl. ‹amerikanischer Weg des Lebens›, ‹Lebensstil, Anschauungsweise der Amerikaner› (DDU 1983), wird in der DDR häufig negativ bewertet. Die *Comic Strips* mit der Kurzform *Comics* haben in der BRD gewöhnlich eine wertungsfreie Bedeutung ‹aus Bildstreifen bestehende Fortsetzungsgeschichte abenteuerlichen, grotesken oder utopischen Inhalts, deren einzelne Bilder von kurzen Texten begleitet sind› (DDU 1983), während der D 1984 dafür die folgende negative Bedeutung und Wertung anführt: «in Westeuropa und besonders in den USA verbreitete, meist geschmacksverbildende und -verrohende Bilderfolgen in Streifen». Im D 1986 ist die abschätzige Bewertung aufgegeben worden. Es heißt dort nur noch: ‹komische und abenteuerliche Bilderfolgen in Streifen›. Während im DDU 1983 *Showbusineß* (engl. *show business*) und *Showgeschäft* ohne abwertende Erklärungen angeführt werden, wird im D 1986 das *Showgeschäft* (das im D 1984 noch fehlt) mit ‹Unterhaltungsindustrie in kapitalistischen Ländern› definiert. Wahrscheinlich werden auch bei anderen anglo-amerikanischen Wörtern einschränkende Zusätze für bestimmte Dinge und Einrichtungen in künftigen DDR-Duden-Ausgaben fallengelassen, wie etwa bei *Marketing* ‹Gesamtheit der Maßnahmen zur Sicherung und Erweiterung der Absatzmärkte›. Die semantischen Eigenwege des sich auch in der BRD immer stärker ausbreitenden Terminus *Festival, -festival* – vor allem und bezeichnenderweise in der Werbung – beschreibt CARSTENSEN (1980a, S. 81f.). In der DDR bedeutet das sowohl mit Anfangs- als auch mit Endbetonung viel(seitig) verwendete *Festival* eine ‹(regelmäßig wiederkehrende) kulturelle Großveranstaltung von besonderer künstlerischer Bedeutung› (HWDG 1984) bzw. ‹eine große Festveranstaltung, Musikfest, Weltfestspiele der Jugend› (D 1984 und D 1986).

Manche ideologiegebundenen deutschen Lehnübersetzungen entsprechen nicht den in der DDR üblichen Vorstellungen, können aber aus internationalen Verständigungsgründen nicht ohne weiteres ersetzt werden. FLEISCHER schreibt dazu (1984, S. 23): «Die internationale Kommunikation macht es allerdings bisweilen erforderlich, daß von uns [in der DDR] Benennungen benutzt werden, deren Motiv aus marxistischer Sicht problematisch ist, die sich aber international durchgesetzt haben; vgl. z. B. *Dritte Welt* ‹Gesamtheit der Entwicklungsländer› (wird von diesen selbst benutzt und schlägt sich in UN-Dokumenten nieder).» Der Terminus *Dritte Welt* nach anglo-amerikanisch *Third World* hat in der kapitalistischen Welt weiter zur Bezeichnung *Vierte Welt* nach *Fourth World* geführt; vgl. DDU 1983 unter Welt: «*die dritte Welt* (Politik, Wirtschaft: die Entwicklungsländer; *die vierte Welt* (Politik, Wirtschaft: die ärmsten Entwicklungsländer).»

35.
Anglo-amerikanische Entlehnungen über die russische Sprache

Auf Grund der engen wirtschaftlichen, wissenschaftlichen und kulturellen Zusammenarbeit der DDR mit der UdSSR ist eine Reihe anglo-amerikanischer Wörter über das Russische in den allgemeinen Sprachgebrauch der DDR gelangt. Allen voran steht das besonders in Zusammensetzungen häufig gebrauchte Wort (das) *Meeting*, englisch *meeting*, russisch митинг /'miting/, gemäß D 1984 und D 1986 ‹Zusammenkunft, Treffen; Kundgebung; Sporttreffen mit mehreren aufeinanderfolgenden Veranstaltungen›. Im HWDG definiert als ‹(vorwiegend DDR) politisch motivierte Zusammenkunft von Vertretern unterschiedlicher Richtungen, meist aus einem aktuellen Anlaß in offiziellem, großem Kreise: ein politisches Meeting›. Der Terminus *Meeting* ist bereits im politischen Wortschatz von Karl Marx üblich. – Ein weiteres Wort der Politik, das durch Vermittlung der russischen Sprache in den DDR-Sprachgebrauch übernommen wurde, ist engl. *platform* ‹5. die Hauptideen und Ziele einer politischen Partei› (LDCE 1987), russisch (политическая) платформа /(poli'titscheskaja) plat'forma/, deutsch (die) *Plattform*, gemäß dem HWDG 1984 ‹3. Basis, von der man bei seinen Handlungen ausgeht: nach einer gemeinsamen *Plattform* suchen›; genauer nach dem DDU 1983 ‹3. Basis, Standpunkt, von dem bei Überlegungen, Absichten, Handlungen, politischen Zielsetzungen o. ä. ausgegangen wird: eine gemeinsame *Plattform* finden›; nach POLEC (1967) darüber hinaus ‹in den USA im übertragenen Sinn das Kampfprogramm für die (Präsidentschafts)Wahlen›. Von einer *Plattform* «der Politik der friedlichen Koexistenz im Kampf um den Frieden» sprechen auch KLAUS/BUHR unter dem Stichwort *friedliche Koexistenz*. Dieses Lehnkompositum *friedliche Koexistenz* geht auf Lenin zurück und erhielt als anglo-amerikanische Lehnübersetzung *peaceful coexistence* internationale Verbreitung.

Weitere in ihrer spezifischen Verwendung über das Russische in den DDR-Wortschatz gelangte anglo-amerikanische Benennungen sind: (der) *Cocktail*, aus engl. *cocktail party* gekürzt, über russisch коктейль /kok'tejl/ in der Bedeutung ‹diplomatischer Empfang› und (der) *Toast* (engl. *toast*) über russisch тост /tost/ in der Bedeutung ‹Ansprache bei diplomatischen Empfängen›. Im D 1984 und D 1986 werden unter *Toast* /toːst/ nur die Bedeutungen ‹geröstete Weißbrotschnitte› und ‹Trinkspruch› angegeben, dazu das Verb *toasten* ‹(Weißbrotschnitten) rösten› und ‹einen Trinkspruch ausbringen›, dazu das Substantiv (der) *Toaster* ‹Brotröster›. Die Doppelbedeutung von *Toast* als ‹geröstete Weißbrotschnitte› und ‹Trinkspruch› erklärt sich daraus, daß man früher vor einem Trinkspruch eine Scheibe geröstetes Weißbrot in ein Glas Wein tauchte. Das Wort *Toast* ist im Deutschen in der Bedeutung ‹geröstete Brotschnitte› zuerst 1871 gebucht. Im Mittelenglischen tritt *tooste bred* schon 1420 auf (OED). In der Bedeutung ‹Trinkspruch› erscheint *toast* im Englischen seit 1700. – Die Neubedeutung, die der Terminus (das) *Objekt* in der DDR-Wirtschaft im Sinne einer ‹für die Allgemeinheit geschaffenen Einrichtung, betriebswirtschaftlichen Einheit, besonders Verkaufsstelle, Gaststätte› erhalten hat (s. WDG unter *Objekt* 3.), ist eine Lehnbedeutung von russisch объект /ob'jekt/, das seinerseits auf engl. *object* ‹Objekt, Gegenstand› beruht. Dazu treten die in der DDR verbreiteten und auf sie beschränkten Komposita (der) *Objektleiter,* (das) *Jugendobjekt* ‹Arbeitsaufgabe, an der ausschließlich Jugendliche arbeiten› (HWDG 1984), und weitere. Eine DDR-spezifische Bedeutung von *Objekt* ist auch ‹Kaserne, militärisches Gebäude›, ferner *Objektschutz* ‹Sicherung von Betrieben› (als Aufgabe der Betriebskampfgruppen).

Eine wichtige Rolle spielt in der DDR der *Dispatcher* (engl. *dispatcher*), der über russisch диспечер /dis'petscher/ die Bedeutung ‹Verantwortlicher für die Lenkung und Kontrolle des Arbeitsablaufs in Industrie- und Verkehrsbetrieben› (D 1986) erhalten hat. – Der Neologismus (der) *Neuerer* ist eine Lehnübersetzung von russisch новатор /no'vator/ aus englisch *innovator*. Das WDG definiert den *Neuerer* wie folgt: «Werktätiger im sozialistischen Gesellschaftssystem, der sich schöpferisch mit veralteten Arbeitsmethoden auseinandersetzt und außerhalb seiner beruflichen Pflichten einen Beitrag zum technisch-wissenschaftlichen Fortschritt leistet». Zu *Neuerer* bestehen zahlreiche DDR-spezifische Komposita wie *Neuererbewegung, Neuererbrigade, Neuererkollektiv, Neuerermethode, Neuerervorschlag* usw., die ihre Parallelen alle auch im Russischen haben. Wenn CARSTENSEN (1987a) zu *Neuerer* bemerkt, daß dieses Wort bei Grimm schon ab Lichtenberg und Lessing bezeugt sei, so handelt es sich hier wie bei *Schau* (s. S. 129) um eine deutsche Wiederbelebung und Rückentlehnung von englisch-russisch *(in)novator*. Der D 1986 bucht zwar *Innovation* ‹Erneuerung, Überführung wissenschaftlicher Erkenntnisse in die Praxis› (engl. *innovation*), *innovativ* Adj. (engl. *innovative*) und *innovieren* (engl. *to innovate* ‹Neuerungen einführen oder vornehmen›), aber nicht das Substantiv *Innovator* (engl. *innovator* ‹Neuerer›), für das die alte deutsche Bezeichnung *Neuerer* beibehalten wurde. Im D 1984 findet sich das gesamte Wortfeld noch nicht.

Die Termini *Festival* (engl. *festival*) und *Folklore* (engl. *folklore*) erhielten über und durch russisch фестиваль /festi'wal/ und фольклор /folk'lor/ eine besondere Bedeutung und Verbreitung in der DDR. D 1984 und D 1986 buchen neben (die) *Folklore* ‹vorwiegend sprachliche und musikalische Zeugnisse der Volkskultur› (die) *Folkloristik* ‹Wissenschaft von der Folklore› und (der) *Folklorist*, nicht aber das ebenso geläufige Adjektiv *folkloristisch* (engl. *folklore, folklorist*, Adj. *folkloristic* neben *folkloric*). Der Terminus *folklore* wurde von Ambrose Merton (W. J. Thoms) im «Athenæum» vom 22. Aug. 1846 geprägt. Dort hieß es: «Was wir in England als *Popular Antiquities* (‹alte Volkskunstwerke›) oder als *Popular Literature* (‹Volksliteratur›) bezeichnen ..., könnte höchst passend durch das gute alte angelsächsische Kompositum *Folklore* wiedergegeben werden – die *Lore* ‹Lehre, Kunde oder Kunstschatz› des Volkes» (OED). *Festival, festival* ist als Substantiv und Adjektiv schon in Shakespeares Dramen bezeugt.

Auf russisch комбайн /kom'bain/ (engl. *combine [harvester]*) beruht auch die für die DDR wichtige *Kombine* /kom'bain/ und /kom'biːnə/ ‹Maschine, die verschiedene Arbeitsgänge gleichzeitig ausführt› (D 1984 und D 1986), z. B. ein Mähdrescher. Im Gegensatz zur eingedeutschten *K*-Schreibung von *Kombine* hat der *Container* (engl. *container*), der die DDR gleichfalls vor allem über russisch контейнер /kon'tejner/ erreichte, die *C*-Schreibung bewahrt. Auffällig ist, daß trotz der heute allgemein bekannten Bedeutung und der großen Verbreitung des *Containers* (D 1984 und D 1986: ‹transportabler Großbehälter›) dieses Wort den Bearbeitern des ersten Bandes des WDG in der DDR noch nicht bekannt war. Gleichfalls über die UdSSR erreichte uns danach das englisch-russische Kompositum *Container-Terminal* ‹контейнер терминаль› /kon'tejner termi'nal/. Am 22. Juli 1986 (S. 1) meldete die BZ:

«Moskau: Ein *Container-Terminal* ist im Wostotschni-Hafen Nachodka im Fernen Osten als bedeutendste Anlage ihrer Art in der Sowjetunion fertiggestellt worden; drei *Containerschiffe* können gleichzeitig festmachen.» In der BZ vom 26. Jan. 1989 (S. 2) wurde von einem *Containerterminal* am Lehrter Bahnhof (Berlin-West) berichtet.

Auch die erweiterte, neue Bedeutung von *Generation* als ‹Erzeugung, Entwicklung› ist wohl gleichzeitig über anglo-amerikanisch *generation* und russisch генерация /gene'razija/ in die DDR gelangt. Fast täglich kann man in der Presse von einer neuen *Generation* von Geräten aller Art lesen. Am 13. Juni 1985 wurde in einer wissenschaftlichen Sitzung des Plenums der Akademie der Wissenschaften der DDR ein Vortrag über die «5. *Rechnergeneration*» (engl. *computer generation*) gehalten. Die BZ schrieb am 28./29. Juni 1986 (S. 9) über «neue *Generationen* von *Mikrochips*», am 26. Nov. 1986 (S. 3) über «Eine neue *Generation* von Rettungsbooten», am 26. Nov. 1986 (S. 3) über «eine neue *Generation* von Containerschiffen» usw. Das ND berichtete am 27. Jan. 1987 (S. 6) über «Neue *Generationen* japanischer Bagger, Allwegfahrzeuge, Kräne und Bulldozer» usw. Der D 1986 ergänzt unter dem Stichwort *Generation* gegenüber dem D 1984: ‹(fachsprachlich) Zeitabschnitt in der Entwicklung von technischen Erzeugnissen›. Das «Spectrum» Heft 1/1989 enthält einen Aufsatz mit dem Titel «In *Teamarbeit* zu Medikamenten einer neuen *Generation*». Die BZ schrieb am 10. März 1989 (S. 1) bereits über die «Schaffung einer neuen *Generation von ... Maßnahmen*». Während der deutsche Begriff *Generation* sich bis in die 50er Jahre nur auf Menschen (daneben gelegentlich auch auf Tiere und Pflanzen) bezog, erfolgte in deutsch *Lift*, russisch лифт /lift/ ‹Lift, Aufzug, Fahrstuhl› (aus engl. *lift* ‹Hoch-, Aufheben›) der umgekehrte Vorgang. Zu (der) *Lift* trat mit erweiterter, auf Menschen bezogener Bedeutung (der oder das) *Lift* im Sinne von ‹kosmetischer Operation zur Straffung der alternden Haut, besonders des Gesichts› (DDU 1983) aus englisch *(face-)lift* oder *(face)lifting*. Das dazugehörige Verb *liften* aus englisch *to lift* oder *to face-lift* hat gemäß dem HWDG 1984 die Doppelbedeutung ‹1. (mit Hilfe eines Krans) in die Höhe heben, 2. durch eine kosmetische Operation die Haut des Gesichts straffen›. Das OEDS II (1976) bringt zu *to lift* unter *g.* = *to face lift* bereits einen Beleg für das Jahr 1922, wo es in der englischen Modezeitschrift «Ladies' Home Journal» am 28. Sept. hieß: «Für einen geschickten Chirurgen ist es tatsächlich eine einfache Operation und praktisch ohne jede Gefahr, das Gesicht einer Frau zu *liften*» («to lift a woman's face»). Der DDU 1983 gibt unter dem Stichwort (das) *Facelifting* /'feisliftiŋ/ die Erklärung: ‹Gesichtsoperation, bei der altersbedingte Hautfalten durch Herausschneiden von Hautstreifen operativ beseitigt werden›.

Für den kriegerischen *Intervenient* steht in der DDR nach russischem Muster *Intervent*, russisch интервент /inter'went/, eine Rückleitung von *Intervention*, engl. *intervention*. Im D 1986 wird zwischen *Intervent* und *Intervenient* (engl. *intervenient*) eine künstliche Unterscheidung getroffen; als letzterer gelte ‹jemand, der (in einem Zivilprozeß) vermittelt›. – Die *bewaffneten Organe* (engl. *armed forces or services*) sind gemäß dem WDG eine Neuprägung in der DDR für die ‹Gesamtheit der für die Landesverteidigung mit Waffen ausgerüsteten Kräfte›. Sie gehen im ersten Teil wohl auf englisch *armed (forces)* und im zweiten Teil auf russisch (вооружённые) органы /(wooru'shonnyje) 'organy/ zurück.

Ein Weltraumfahrer der UdSSR heißt nach russischem космонавт /kosmo'nawt/ im Deutschen *Kosmonaut*, anglo-amerikanisch *cosmonaut* = *Soviet astronaut*. Ein Weltraumfahrer der USA heißt nach amerikanischem *astronaut* im Deutschen *Astronaut*, russisch астронавт /astro'nawt/ = *American kosmonaut*. Der neuerdings in Erscheinung getretene französische Weltraumfahrer nennt sich zur Unterscheidung von seinem amerikanischen und seinem sowjetischen Kollegen *Spationaut* (zu lateinisch *spatium*, (alt)französisch *espace*, englisch *space*, anglo-amerikanisch **spacionaut*, das jedoch noch nicht bezeugt ist). Bei der Benennung für den *Aquanauten* ‹Unterwasserforscher› herrscht jedoch in allen drei Sprachen Übereinstimmung (das gleiche gilt auch für die Bezeichnung *Aeronautik*). Die Bezeichnung *Kosmodrom* für einen ‹Startplatz für Raketen›, engl. *cosmodrome*, wurde in der Sowjetunion als космодром /kosmo'drom/ aus griechisch *'kosmos* ‹Welt(raum)› und *'dromos* ‹Laufplatz, Rennbahn› gebildet. – Ebenso erlangte das russische Wort спутник /'sputnik/ ‹der Reisegefährte, Weggenosse›, engl. *sputnik*, deutsch *Sputnik*, als Bezeichnung für die ersten sowjetischen Forschungssatelliten (am 4. Okt. 1957 erfolgte der Start des ersten künstlichen Erdsatelliten *Sputnik 1* in der UdSSR, am 12. April 1961 flog J. A. Gagarin als erster Mensch in den Weltraum) in kürzester Frist internationale Verbreitung. Im Plural hat laut D 1984 und D 1986 *Sputnik* ‹sowjetischer künstlicher Erdsatellit› die

Endung -s angenommen, also die *Sputniks*. – Der *Orbit*, laut D 1984 und D 1986 ‹Umlaufbahn in der Raumfahrt›, englisch *orbit*, russisch орбита /or'bita/, gelangte in Zusammensetzungen mit der ersten Komponente *Orbital-* (engl. *orbital*) wie in *Orbitalbesatzung* (engl. *orbital crew*), *Orbitalrakete* (*orbital rocket*), *Orbitalstation* (engl. *orbital station*) über das Russische durch die Massenmedien schnell in den allgemeinen Wortschatz der DDR. Auf die unmittelbare russische Wortübernahme aus dem Amerikanischen weist auch die kurze Meldung in der BZ am 17. Aug. 1984 (S. 1) und im ND am 21. Aug. 1984 (S. 1) hin: «*Progress 23* koppelte an *Orbitalkomplex* an», worin sowohl *Progress* (engl. *progress*) als auch *Orbitalkomplex* (engl. *orbital complex*) amerikanischen Ursprungs sind und als russisch прогресс /pro'gress/ und орбитальный комплекс /orbi'talny 'kompleks/ erscheinen. In dieser Meldung war auch von dem sowjetischen *bemannten Orbitalkomplex* und dem *wissenschaftlichen Orbitalkomplex* die Rede. – Ein neues russisches Wort der Weltraumfahrtterminologie ist скафандр /ska'fandr/ ‹Schutzanzug der Kosmonauten›, engl. *scaphander*, deutsch *Skaphander*. Das Wort wurde aus dem französischen *scaphandre* entlehnt. Im OED wird über *Scaphander* /skæ'fændə/ wie folgt berichtet: «eine Adaption an französisch *scaphandre*, so benannt von La Chapelle, dem Erfinder im Jahre 1775; aus griechisch *'skaphos* ‹Boot› + *-andr* ‹Mann› = ‹ein Schwimmgurt aus Kork›.» Im Webster III (1965) steht unter *scaphander* /skə'fand(r)/: «Neulateinisch *Scaphandr-*, *Scaphander*, aus *scaph-* + *-ander*: Gattung (zum Familientyp der *Scaphandridae* gehörig) der Bauchfüßler, die eine äußere eiförmige Schale mit einer verborgenen Spitze hat». So erfuhr der *Skaphander* einen Bedeutungswandel vom schützenden Korkschwimmring über das schützende Schneckenhaus zum schützenden Raumanzug der Kosmonauten. Die BZ berichtete am 2. Nov. 1983 (S. 4) unter der Überschrift «Drei Stunden im Kosmos»: «Ein Kosmonaut im *Skaphander* schiebt sich ins Bild.» Und weiter: «Im Flugleitzentrum erläutert Fliegerkosmonaut Valentin Lebedew den *Skaphander*, der die Kosmonauten schützt. Drei Hüllen hat der *Skaphander*. Er ist zuverlässig und gut durchdacht. Und selbst wenn der obere glänzende Überzug zerreißt, passiert nichts. Darunter sind noch zwei Gummischichten, sie schließen hermetisch ab.» Im ND vom 16./17. Juni 1984 (S. 9) wird der *Skaphander* bereits allgemein als Schutzanzug gegen radioaktive Strahlung verwendet: «In den folgenden Jahren rückte er [Prof. Weißmantel], in einen *Skaphander* verpackt, der radioaktiv markierten Braunkohle zu Leibe.»

Nach russisch ориентировать на /orien'tirowatj na/ ‹hinlenken, orientieren auf› wurde in der DDR ‹auf etwas orientieren› im Sinne von ‹auf etwas hinlenken oder hinweisen› gebildet. Im WDG steht unter *orientieren* ‹4. Neubedeutung in der DDR: jemanden, etwas auf etwas hinlenken, hinweisen› mit zahlreichen Beispielen. Im D 1984 steht dazu die Bemerkung: ‹auf etwas (Akk.) orientieren (besser: auf etwas hinlenken, hinarbeiten)›. Im D 1986 fehlt unter *orientieren* die heute häufige Wendung *auf etwas orientieren* völlig, obgleich sie besonders in der Sprache der Politik und Wirtschaft in der DDR gang und gäbe ist. So hieß es etwa in einer Rede Erich Honeckers vor den 1. Sekretären der Kreisleitungen (abgedruckt im ND am 7./8. Febr. 1987, S. 10): «Bei der letzten Beratung mit Euch haben wir *darauf orientiert*, Sorge zu tragen, daß ...» In einer Rede Gorbatschows, die im ND am 27./28. Juni 1987 (S. 9) nachzulesen ist, hieß es: «... unser Wirtschaftsmechanismus *orientiert auf* eine ... schlechte Arbeit.» Neben *orientieren auf* steht *sich* (geistig) *orientieren an* nach engl. *orientate by*, amerikanisch *orient by* (heute auch im britischen Englisch die häufigere Form). Fast unbeschränkt und immer weiter um sich greifend sind nach anglo-amerikanischem Muster sowie nach russischem Vorbild in der DDR auch die Zusammensetzungen mit dem Part. Perf. *-orientiert* für einstiges *-ausgerichtet*: *berufsorientiert, erfolgsorientiert, ergebnisorientiert, exportorientiert, fachorientiert, leistungsorientiert, profitorientiert, praxisorientiert, problemorientiert, wachstumsorientiert, zukunftsorientiert* usw. Anglo-amerikanische Beispiele sind etwa: *future-oriented, problem-oriented, profit-oriented, result-oriented, theory-oriented, value-oriented,* etc. Dazu besteht das ebenso fruchtbare Substantiv *Orientierung*, engl. *orientation*, russisch ориентация /orien'tazija/.

Ein neues, erst über das Russische in die deutsche Sprache der DDR gelangtes anglo-amerikanisches Kompositum ist *press-briefing*, das als (das) *Pressebriefing* sowohl im ND als auch in der BZ am 15./16. Sept. 1984 (S. 1) anläßlich eines *Pressebriefings* in Moskau zum Treffen Gromykos mit Reagan abgedruckt erschien. Seitdem taucht es immer häufiger in der Presse und anderswo auf. Das DDU 1983 erklärt das *Briefing* wie folgt: ‹engl. *briefing*‹ zu *brief* = kurz, 1. (bes. Milit.) kurze (Lage)Besprechung; Konferenz; Unterrichtung; 2. Informationsgespräch zwischen Werbefirma und Auftraggeber›. FRIMAN (1977, S. 245) führt bereits die neueste Bedeutung ‹Information, Unterrichtung der Presse durch Regierungsstellen› an. Das HWDG 1984 der DDR und auch der D 1986 kennen *Pressebriefing* und die Kurzform *Briefing* noch nicht, auch das DDR-FREMDWÖRTERBUCH 1985 bucht es noch nicht. In der 7., durchges. Auflage 1986 des FREMDWÖRTERBUCHs erscheint *Briefing* als ‹Flugberatung und der Raum, in dem sie stattfindet›. Neuerdings erscheint *Pressebriefing* in der DDR-Presse meist in der Kurzform *Briefing*, wie etwa in der BZ am 23. Sept. 1987 (S. 5) oder am 15. Febr. 1988 (S. 4), wo über ein «*Briefing* in Moskau des Außenministeriums der UdSSR» berichtet wird.

Die Bezeichnung des neuen Wissenschaftszweiges der *Informatik* wurde in der UdSSR 1966 als информатика /infor'matika/ geprägt und von dort ein Jahr später ins Anglo-Amerikanische übernommen (s. OEDS II, 1976). Unter den «Neuen Wörtern der englischen Sprache von 1963 bis 1972» im DNE 1973 wird *informatics* als ‹another name for *information science*› erklärt. Laut Meldungen der BZ am 14. Dez. 1984 (S. 2) und des ND am 15./16. Dez. 1984 (S. 12) wurde am 13. Dezember 1984 eine ‹Klasse für *Informatik*, Kybernetik und Automatisierung› an der Akademie der Wissenschaften der DDR in Berlin gegründet. Über die 1985 in Berlin gegründete wissenschaftliche Gesellschaft für *Informatik* der DDR berichtete das ND am 22. Juli 1985 (S. 3) unter der Überschrift «Was bedeutet *Informatik*, und worin liegt ihr wirtschaftlicher Nutzen?» In diesem Artikel wird auf die Frage, was sich hinter dem Begriff *Informatik* verberge, unter anderem folgendes ausgeführt: «Die *Informatik* schafft Grundlagen für neue Informations- und Kommunikationstechnologien, die Gestaltung, Steuerung und Nutzung von Informationsverarbeitungssystemen und nicht zuletzt für die Anwendung und Weiterentwicklung der Mikroelektronik.»

Als Lehnübersetzung der russischen offiziellen Anrede гражданин /grashda'nin/ ‹(Staats)Bürger›, гражданка /grash'danka/ ‹Bürgerin›, soweit nicht die Anrede товарищ /to'warischtsch/ ‹Genosse, Genossin› vorgezogen wird, wurde die alte deutsche Bezeichnung *Bürger(in)* in der DDR reaktiviert. In der BRD gelangte man über amerikanisch *senior citizen* zu der Lehnübersetzung *älterer (Mit)Bürger* bzw. *Senior* oder *Seniorin*, häufig im Plural in Zusammensetzungen wie *Seniorenheim* (DDU 1983: ‹Altenwohnheim›), *Seniorenklasse* (Sport), *Seniorenpaß* (für Fahrkarten zu ermäßigten Preisen für ältere Bürger) gebraucht. Die Bezeichnung *Senior(en)* (Pl.), die sich neuerdings neben *Veteran(en)*, engl. *veteran(s)*, russisch ветеран /wete'ran/, in der DDR ausbreitet (im ND vom 20. März 1986 wurde zum Beispiel auf S. 8 von einem *Seniorenschwimmen* berichtet), ist bereits in das HWDG der DDR unter *Senior* ‹4. Person im Rentenalter, älterer Mensch› aufgenommen worden. Im D 1984 und 1986 steht für *Senior* ‹Angehöriger einer bestimmten Altersklasse; Ggs. Junior›. GALINSKY (1980, S. 259) bemerkt zur Bildung bzw. zur Auf- und Übernahme der Bezeichnung *senior citizens* bzw. *Senioren*: «Die allgemeine Annahme der Bezeichnung im Englischen bildete die Grundlage für deren deutsche Aufnahme als Euphemismus. Man brauchte sie erst, als die Zahl der alten Leute anfing zuzunehmen und die Politiker ihres Wahlpotentials gewahr wurden. Jene Umstände traten in Deutschland später ein als in den Vereinigten Staaten.»

Eines der ersten nach dem Zweiten Weltkrieg aus dem Russischen ins Deutsche gelangten Wörter war (der) *Mitläufer* (polit.), russisch попутчик /po'puttschik/, engl. *fellow-travel(ler)*. Da dieses Wort bei den Siegermächten auch als politisch abwertender Terminus bekannt war, wurde es nunmehr auf ehemalige Mitläufer der Nazipartei (NSDAP) angewendet. Zuerst hatte russisch попутчики Pl. /po'puttschiki/ ‹Weggenossen, Reisegefährten› in der Sowjetunion eine Bedeutungserweiterung erfahren, indem es auf die mit der kommunistischen Partei sympathisierenden russischen Schriftsteller angewendet wurde. Von der UdSSR gelangte die politische Bedeutungserweiterung des Wortes in die USA und wurde dort zugleich mit Bedeutungsverschlechterung auf das entsprechende englische Wort *fellow-travel(l)er* übertragen, das vorher ebenfalls nur die Bedeutung ‹Mitreisende(r), Wegbegleiter(in)› hatte. Einen Erstbeleg für *fellow-travel(l)er* im alten englischen Sinne ‹jemand, der zusammen mit einem anderen reist› gibt das OEDS I (1972) bereits für das Jahr 1611. Für die erweiterte politische Neubedeutung führt es als erstes Beispiel einen Beleg aus «The Nation», New York, vom 24. Okt. 1936 an: «Eine neue Erscheinung ist der *fellow-traveler* ‹Mitläufer›. Dieser Terminus hat einen russischen Hintergrund und bezeichnet einen Menschen, der nicht alle deine Ziele gelten läßt, aber genug Gemeinsames mit dir hat, um dich in kameradschaftlicher Weise ein Stück deines Weges zu begleiten.» Das Wort *fellow-traveler* (amerikan.) bzw. *fellow-traveller* (engl.) erhielt die Bedeutung ‹Anhänger und Verfechter kommunistischer

Ideen, ohne Parteimitglied zu sein›. In Charles Chaplins Autobiographie 1964 (XXIX, 191) lesen wir: «Sie trugen Schilder mit der Aufschrift: ‹Chaplin is a *fellow traveller*›.» Den Höhepunkt der Verfolgung und Ächtung von sogenannten *fellow-travellers*, besonders von Kommunisten, in den USA bildete der McCarthyismus unter der Führung des amerikanischen Senators McCarthy (gest. 1957) mit seinem berüchtigten Ausschuß zur Untersuchung unamerikanischer Betätigung, besonders in den Jahren 1952 bis 1954. Die BRD-Zeitschrift «Der Spiegel» berichtete später am 27. Dez. 1961 (S. 67) darüber wie folgt: «Dieser Skandal bildete den Auftakt der hysterischen *Hexenjagd* [engl. *witch-hunt*] auf alle gegenwärtigen und ehemaligen ‹fellow-travelers›, die schließlich unter dem republikanischen Senator McCarthy ihren Höhepunkt fand.» In allen drei Fällen – russisch *poputtschik,* anglo-amerikanisch *fellow-travel(l)er,* deutsch *Mitläufer* – handelt es sich jeweils um ein altes heimisches Wort, das in der Sowjetunion erst in den 20er Jahren, in England und Amerika in den 30er Jahren und in Deutschland erst in den 40er Jahren seine politische Neubedeutung erhielt. Mit russisch *poputtschik* wanderte also nicht wie im synonymen *sputnik* – beiden Wörtern liegt als Grundwort russisch путь /putj/ ‹Weg, Reise, Bahn› zugrunde – ein Wort in seiner russischen Originalform, sondern nur in dessen neuer Bedeutung mit jeweils landessprachlicher Ersetzung um die Welt. Der DDR-Duden buchte bis heute die Lehnbedeutung *Mitläufer* nicht, während das in der DDR erschienene HWDG 1984 unter dem Stichwort *Mitläufer* erklärt: ‹jemand, der bei einer politischen Bewegung (aus Opportunismus, ohne Überzeugung) mitmacht, ohne sich aktiv zu engagieren›.

Auf welch merkwürdigen Wegen und Umwegen Anglo-Amerikanismen in die DDR gelangen können, zeigt an einem instruktiven Beispiel auch LANGNER (1986, S. 412f.). Er zitiert aus einem Antwortschreiben der Intendantin des «tip» (Theater im Palast der Republik in Berlin) an ihn vom 17. Nov. 1980, worin ihm diese erklärt, wie es zu dem englischen Titel der Veranstaltung «*Recital* RM Rilke» (engl. *recital*) kam: «Wir sind auf die Bezeichnung *Recital* auf dem Umweg über die in der Sowjetunion gebräuchliche Benennung solcher einem Autor oder einem Komponisten gewidmeten Abende gekommen. Alle anderen Möglichkeiten wie Vortragsabend, Lesung, Rezitationsabend oder ein poetischer Titel erschienen uns dem Unternehmen nicht angemessen.» Das Wort *Recital* /ri'saitl/ steht noch in keinem Wörterbuch der DDR, wohl aber im DDU 1983 als (das) *Recital* ‹von einem Solisten dargebotenes oder aus den Werken nur eines Komponisten bestehendes Konzert›. Unter den rund 5500 russischen Neuwörtern in KOTELOVAS Wörterbuch (1984) wie auch in ihrer vorausgegangenen russischen Neologismensammlung (1971) befinden sich viele weitere anglo-amerikanische Wörter, die zum Teil für die Aufnahme von Anglo-Amerikanismen in der DDR von Belang waren, was noch im einzelnen zu untersuchen bleibt.

Die neuesten russischen Wörter, die sich mit Windeseile international ausgebreitet haben, sind *Glasnost* und *Perestroika*. CARSTENSEN erklärte in der BRD *Glasnost* zum «Wort des Jahres 1987». Er schrieb (1987c, S. 104): «Drei Wörter aus dem Russischen, *Glasnost*, *Demokratisazija* und *Perestroika*, beschäftigten uns 1987 intensiv und mit solcher Häufigkeit, daß *Glasnost* das Prädikat ‹Wort des Jahres 1987› gebührt. Der Generalsekretär Gorbatschow forderte *Glasnost* und gab damit die Parole für den Reformkurs der Sowjetunion bekannt. Wir übersetzen *Glasnost* meistens mit *Offenheit*, gern auch mit *Transparenz, Durchschaubarkeit, Klarheit, Durchsichtigkeit*, obwohl es ein Abstraktum von *golos* ‹die Stimme› ist und eigentlich ‹lautes Aussprechen› bedeutet, das, was man zu hören bekommt, und auch mit *Publizität* wiedergegeben werden könnte. Die wesentliche Konsequenz war jedenfalls, daß nun Probleme und Mißstände nicht mehr verschwiegen, sondern diskutiert werden, auch in der Presse.»

Bei den modernen Internationalismen, die mehr und mehr sowohl im Wortschatz der DDR als auch der UdSSR auftauchen, um danach von der UdSSR aus verstärkt und verstärkend auf die DDR einzuwirken, handelt es sich meistens um anglo-amerikanische Fachtermini. Sie sind über das Russische hinaus auch in den anderen slawischen Sprachen und in der ganzen Welt verbreitet, wie etwa (der) *Boom*, engl. *boom* /buːm/, russisch бум /bum/, deutsch (D 1984 und D 1986) *Boom* /buːm/ – *Hi-Fi* oder *Hi-fi* als Kurzwort für *High-Fidelity*, engl. *hi-fi*, russisch Хайфи /ˈchaifi/, deutsch (D 1984 und D 1986) *Hi-Fi* /ˈhaifi/ und /ˈhaifiˈdeliti/ ‹hohe Wiedergabequalität elektroakustischer Übertragungssysteme›. – (das) *Know-how*, engl. ʼ*know-how*, russisch ноу-хау /nouˈchau/, deutsch (D 1984 und D 1986) *Know-how* /noːˈhau/ ‹Wissen um die praktische Verwirklichung und beste Handhabung einer Sache›, engl. ‹wissen wie›. – (der) *Laser*, engl. *laser*, russisch лазер/ˈlaser/, deutsch (D 1984 und D 1986) *Laser* /ˈleːzər/ oder

/'laːzər/ Kunstwort ‹Verstärker für kohärentes Licht› und viele andere mehr.

Ein anglo-amerikanischer Fachterminus, der auf dem besten Wege ist, über das Russische in die Sprache der DDR zu gelangen, ist (das) *Monitoring*. Im «Spectrum» Heft 1/1989 (S. 14–16) steht als Ergebnis eines Gesprächs mit dem sowjetischen Leiter des Labors für allgemeine Ökologie und Biogeozönologie in Moskau ein Aufsatz mit dem Titel «Observatorien für *Umwelt-Monitoring*» in der UdSSR. Darin ist wiederholt sowohl von *Umwelt-Monitoring* (Erhaltung der Naturschutzgebiete) als auch nur von *Monitoring* die Rede, überdies von *biologischem Monitoring* und einem *System des Monitoring*. Das engl. Verbalsubstantiv *monitoring* ist eine Ableitung vom Verb *to monitor*, wofür das LDCE 1987 die Bedeutung angibt: ‹(eine Person oder Maschine) über einen gewissen Zeitraum zu einem bestimmten Zweck sorgfältig beobachten›.

36.
Stilistische und praktische Bewertung der anglo-amerikanischen Entlehnungen

Neben der besonderen Bedeutungsnuance erhält der neben das deutsche Wort tretende anglo-amerikanische Terminus häufig auch einen erhöhten Stil- und Praxiswert. So hat die ältere deutsche Lehnübersetzung von englisch *hobby-horse* als *Steckenpferd* gegenüber der neueren direkten Entlehnung als *Hobby* eine deutliche Bedeutungsverschlechterung und damit gleichzeitig seltenere Verwendung erfahren. Während man heute unter *Steckenpferd*, soweit man diesen Ausdruck überhaupt noch gebraucht, meist eine irgendwie absonderliche Liebhaberei versteht, ist *Hobby* eine als Ausgleich zur Berufsarbeit durchgeführte Beschäftigung, ein *Ausgleichshobby* von meist objektivem gesellschaftlichem Wert und Nutzen. Die BZ schreibt am 25. Juni 1984 (S. 6) zum Beispiel: «Unser Amateurkabarett, das *Freizeithobby* politisch engagierter Lehrer, Verkäufer, Kalikumpels, Programmierer, ist bedeutsam über Betriebsgrenzen hinaus. Es bereichert unsere kulturelle Landschaft.» Man hat heutzutage, soweit es möglich ist, einen eigenen

Hobbyraum (engl. *hobby room*) oder *Hobbykeller* (engl. *hobby cellar*), betätigt sich in seiner Freizeit als *Hobbygärtner* (engl. *hobby gardener*), *Hobbykoch* (engl. *hobby cook*) usw.

Neben die vertraute *Kurzgeschichte,* an sich bereits eine Lehnübersetzung von engl. *short story,* ist wie bei *Hobby* neuerdings nach amerikanischem Vorbild die Originalentlehnung (die) *Short story* getreten. Im DDR-Duden steht dieser Terminus erstmalig 1986.

An die Stelle des Vorkriegs-*Gartenlokals* ist unter Einfluß von anglo-amerikanisch *beer-garden* der aufgewertete deutsche Nachkriegs-*Biergarten* getreten, anfangs in der BRD, nunmehr allmählich auch in der DDR. Allerdings handelt es sich bei dem ‹modernen› *Biergarten* wie bei *Delikatladen* nur um eine stilistisch-sachliche Aufwertung des alten deutschen *Biergartens* (bzw. *Weißbiergartens*) im Zuge der europäischen Nostalgiewelle. Das OEDS I (1972) bringt als frühesten Beleg für *beer-garden* ein Zitat aus den «Tales of all countries» (1863) des englischen Schriftstellers Anthony Trollope, dessen einst vielgelesene über fünfzig Romane heute so gut wie vergessen sind: «They all passed their evenings together in the *beer-garden.*» Wie SCHÖNFELDER (1957, S. 106) berichtet, wird von DAHP 1951 *Dutch garden* als Synonym für *German beer garden* bereits für 1858 bezeugt. Aus einer Mitteilung bei J. A. Hawgood, «The Tragedy of German-America in the United States», New York – London 1940 (S. 16), mit gekürzter Übersetzung im «Schriftendienst Übersee», Reihe A, Folge 8, Stuttgart – Hamburg 1943, schließt er, daß *beer-garden* spätestens um 1848 in das amerikanische Englisch aufgenommen wurde. Die besagte Mitteilung lautet: «Aber die Einrichtung deutscher Wirtshäuser und *Biergärten* überall erfüllte die Yankeemütter mit Abscheu, und von 1853 bis 1855 kämpfte ein Teil der einheimischen Bevölkerung hart um die Einführung eines neuen Prohibitionsgesetzes.» Im ND vom 15. Juli 1986 (S. 8) wird unter anderem «Aus der Geschichte der Berliner Ausflugsgaststätten» berichtet: «Mit dem Wachsen der Stadt in der zweiten Hälfte des vorigen Jahrhunderts und begünstigt durch die Tatsache, daß sich das untergärige, damals als bairisches Bier bezeichnete Getränk gegenüber der obergärigen ‹Berliner Weiße› durchgesetzt hatte, entstanden auch innerhalb der Stadt *Biergärten.* Meist wurden Höfe dafür genutzt. Der Engländer Vizetelly, der 1879 in London ein zweibändiges Werk mit dem Titel ‹Berlin under the New Empire› erscheinen ließ, berichtete über einige.» In gleicher Weise wurde auch das alte *Gartenfest* nach anglo-amerikanischem Vorbild zu *Gardenparty* oder *Gartenparty* umgeprägt. Die alte deutsche *Imbißstube* wird allmählich durch die für manche deutsche Ohren attraktiver klingende englische *Snackbar* /'snekbaːr/ ersetzt. So meldete das ND am 13. Nov. 1986 (S. 8), daß in dem «Spreeterrassen»-Bau an der Weidendammer Brücke in Berlin-Friedrichstraße «sechs Gaststätten und zwei sogenannte [!] *Snackbars*» eingerichtet werden sollen. Der D 1984 bucht (die) *Snackbar* noch nicht, wohl aber der D 1986 als ‹Imbiß-, Speisenbar›.

Nachdem das (französische) *Billett* im Laufe der ersten Hälfte des 20. Jahrhunderts durch die *Fahrkarte* ersetzt worden ist (D 1984 und D 1986: /bil'jet/ veraltend für ‹Eintrittskarte, Fahrkarte, Fahrschein›), tritt heute bei Auslandsreisen, besonders bei Flug- und Schiffsreisen, verstärkt das anspruchsvollere englische *Ticket* an seine Stelle.

Das *Design* /di'zain/, gemäß D 1984 und D 1986 ein ‹Entwurf für ein Industrieprodukt›, und der *Designer* /di'zainer/ (die *Designerin*) ‹Industrieformgestalter(in)›, als verkürzte Formen von *Industrial Design* und *Industrial Designer* wie *Engineering* aus *Industrial Engineering*, haben in ihrer anglo-amerikanischen Namengebung einen anziehenderen Klang und eine gehobenere Bedeutung. Das anglo-amerikanische *design* hat das frühere französische *dessin* verdrängt. Die BZ berichtete am 28. Febr. 1984 (S. 12) unter der Überschrift «Am Fernsehturm: *Design* aus den Niederlanden»: «Fünfzehn *Designer* und fünf *Designbüros* geben in der ersten eröffneten Ausstellung einen Einblick in aktuelle Entwicklungstendenzen der Formgestaltung in den Niederlanden.» Das ND meldete am 5. Sept. 1984 (S. 1): «Die Auszeichnung *Gutes Design* wurde am Dienstag auf der Herbstmesse vergeben.» In der BZ vom 5. Okt. 1984 (S. 8) stand, daß «gestern vom Amt für industrielle Formgestaltung der *Design-Preis* der DDR 1984 verliehen wurde», und am 21./22. Febr. 1987 (S. 1), daß «ein *Designerzentrum* des Amtes für industrielle Formgestaltung gestern in Berlin eröffnet wurde» in Verbindung mit einer ersten Ausstellung «*Produktdesign* im Dialog». Das *Designzentrum* der DDR dient dem Informations- und Erfahrungsaustausch der *Formgestalter* der DDR. Auch in der BZ vom 28. Dez. 1987 (S. 1) wechseln im gleichen Satz «der *Formgestalter* P. F. aus dem *Design-Zentrum* ...»

Das aus dem Amerikanischen der 30er Jahre ins Deutsche übernommene *Striptease* (s. unter *striptease(r)* im OEDS IV, 1986) erscheint ebenfalls attraktiver als ‹Entkleidungsszene in Nachtlokalen› (D 1984 und D 1986) und hat daher die älteren Bezeichnungen ‹Nackttanz›, ‹Entkleidungsnummer› usw. so gut wie völlig verdrängt.

Ein ausländischer «Stargast und Schlagerstar» erhielt in der BZ vom 18. Okt. 1984 (S. 7) daneben die gehobene englische Bezeichnung (der) *Entertainer* ‹jemand, dessen Beruf es ist, einem (größeren) Publikum leichte, heitere Unterhaltung zu bieten› (DDU 1983), obgleich weder der D 1984 und das WDG noch das HWDG 1984 dieses Wort und seine weibliche Form (die) *Entertainerin* verzeichneten. Erst der D 1986 hat den *Entertainer* in lakonischer Kürze als ‹Unterhalter› aufgenommen. Die deutsche Entsprechung *Unterhalter(in)* ‹jemand, der (die) andere berufsmäßig mit einem bestimmten Programm unterhält› (DDU 1983) schien dem DDR-Reporter für seine Leser wohl zu privat und abgegriffen. «Das zu *Entertainer* gehörige *Entertainment (entertainment)* ‹die berufsmäßig gebotene leichte Unterhaltung› (DDU 1983) wird voraussichtlich auch in der DDR-Publizistik in Kürze erscheinen, wofern es nicht irgendwo bereits geschehen ist», schrieb ich (1986b, S. 53). Bereits am 4. März 1987 (S. 7) berichtete die BZ von einem großen «musikalischen *Entertainment* des Prototyps eines *Entertainers*». Die BRD-Werbesprache hat (das) *Entertainment* bereits fest in ihr Vokabular aufgenommen (s. FRIMAN 1977, S. 187). Der D 1986 bucht (das) *Entertainment* noch nicht. Bezeichnend ist auch die Einordnung von engl. *entertainment* in der Synonymenwertskala, wie sie ein Kritiker in der BZ vom 4. Dez. 1987 (S. 7) vornahm. In einem Artikel über «Mary und Gordy *live* im Metropol» schrieb er über diese: «Was die beiden präsentieren, ist: *Entertainment, Amüsement, Unterhaltung, Spaß, Klamauk, Klamotte ...*» mit dem engl. Wort *entertainment* als höchster Unterhaltungsform an erster Stelle, mit dem französischen *amusement* als weniger anspruchsvoller Unterhaltung an zweiter Stelle und mit dem deutschen Wort *Unterhaltung* als anspruchslose Zerstreuung erst an dritter Stelle usw.

Wie der biedere alte deutsche *Unterhalter* und der mit dem verheißungsvollen französischen Namen belegte *Conférencier* durch den anglo-amerikanischen *Entertainer* ersetzt worden ist, so wird auch statt des neuen Verdeutschungsversuches *Schallplattenunterhalter* in der DDR für gewöhnlich *Diskjockei* oder *Diskjockey* (amerikan. *disc jockey*) ‹Moderator einer Disko oder einer (Rundfunk)sendung mit Tanzmusik von Schallplatten, Tonbändern› (HWDG 1984) verwendet. Ein Artikel in der BZ vom 12. Nov. 1984 (S. 8) über «*Diskothek* ist mehr als nur Kapellenersatz» beginnt daher bezeichnenderweise wie folgt: «Ob sie nun die etwas biedere Bezeichnung *Schallplattenunterhalter* tragen, sich als *Diskjockeis* bzw. *Diskomoderatoren* fühlen oder schlicht *Diskosprecher* und *Diskotheker* genannt werden ...» Dieses Zitat zeigt zugleich, wie bei der Einführung einer neuen anglo-amerikanischen Bezeichnung für eine neue Sache in der DDR sprachlich gerungen wird. Der D 1984 verzeichnet nur den *Diskosprecher* mit der Erklärung ‹*Conférencier* für Schallplattensendungen und -veranstaltungen›, der D 1986 hat bereits ‹*Diskjockei* bzw. *Diskjockey*› mit Hinweis auf *Diskosprecher*. Im WDG fehlt dieses Wort noch völlig.

Die Höherbewertung eines neuen anglo-amerikanischen Wortes oder einer Wortverbindung führte neben der Übernahme wichtiger und unentbehrlicher Wörter und Begriffe auch zur modischen, mehr oder weniger kurzlebigen Verwendung unwichtiger und durchaus entbehrlicher Anglo-Amerikanismen. Schon FAULSEIT (1971, S. 242) wies auf diese Untugend hin: «Ein anderer Grund übermäßigen Fremdwortgebrauchs ist die Gefallsucht. Bestimmte Leute gefallen sich darin, fremdes Sprachgut, meist **englische** Sprachbrocken, zu verwenden. Sie mögen damit Bildung oder Modernität oder Weltoffenheit oder sonst etwas beweisen wollen.» Da viele Anglo-Amerikanismen durch gleichwertige und sogar geeignetere deutsche Ausdrücke ersetzt werden können und sich solche auch anbieten, ist ihre Verwendung dem ‹snob appeal› zuzuschreiben (GÖRLACH 1984, S. 231). Ähnlich erklärt auch CARSTENSEN (1987b, S. 101) die Ersetzung deutscher Wörter durch Anglo-Amerikanismen in vielen Fällen, «weil das aus dem Englischen [d. h. meist aus dem Amerikanischen] stammende Wort ‹vornehmer›, exotischer, internationaler etc. klingt, aber dies hängt sehr eng mit der nicht nur im Deutschen zu beobachtenden Tendenz zum Euphemismus zusammen: *Jogging-Suit* klingt wohl ‹vornehmer› als *Trainings* (auch englisch!) *Anzug* ...» So schüttelt man bisweilen jemandem nicht die Hand, sondern *macht Shakehands* mit ihm. Das nur im DDR-FREMDWÖRTERBUCH 1985 als (das) *Shakehands* ‹das Händeschütteln, der Händedruck› aufgeführte Wort steht in LANGENSCHEIDTS ENZYKL. WÖRTERBUCH als *shakehands* Subst. ‹Händeschütteln, Händedruck›, lautet anglo-amerikanisch gewöhnlich jedoch *handshake* ‹Händedruck› und *handshaking* ‹Händeschütteln›. GILDE spricht 1985 (S. 77) von ähnlichen deutschen hochstapelnden Wörtern, KRISTENSSON (1977, S. 234) spricht von ‹Imponiervokabeln›, das sind solche anglo-amerikanischen Wörter, «die nicht zur Information beitragen, außer daß der Verfasser (vielleicht) englisch spricht» (nach W. VIERECK 1980). Unbewußt verwendet KRISTENSSON in seiner Darstellung allerdings selber solche ‹Imponiervokabeln› wie *partialität* (S. 52), *persuasiv* (S. 54), *rekurrens* (S. 55), *exhaustiv* (S. 63), *predikabilität* (S. 69), *unilateral, exklusivinterviews* und *prädisponiert* (S. 70) und neben *introduktion* sogar den Komparativ *frequenter* ‹häufiger› (S. 212), die einem Ausländer nicht allzu gravierend anzulasten sind, aber zeigen, wie man deutsche Wörter in überflüssiger und das Verständnis erschwerender Weise durch anglo-amerikanische Synonyme ersetzen kann und nicht soll. Für ‹darbieten, vorführen, zeigen, geben› (z. B. ein Theater- oder Musikstück, einen Film usw.) sagt und schreibt man heute häufig *präsentieren* nach engl. *to present*; für ‹miteinander übereinstimmen, passen zu› wird oft *korrespondieren mit* nach engl. *to correspond with* gebraucht.

Als besondere Eigenschaften des Modewortes, das in unserer Zeit hauptsächlich (anglo-)amerikanischer Herkunft ist, führt Georg KLAUS (1971, S. 250) folgende an: «a) Es wird häufig gebraucht, und wer es gebraucht, gilt als auf der Höhe der Zeit befindlich; b) das Modewort ist ein Stereotyp, der leicht zu einem schematischen und schablonenhaften Denken verleitet; c) das Modewort erweckt die Illusion, als habe man den neuen Sachverhalt bzw. den neu festgestellten Aspekt eines schon bekannten Sachverhaltes mit dem Besitz dieses Modewortes bereits begriffen und erfaßt; d) das Modewort hat am Anfang seines Gebrauchs die Dynamik des Neuen in sich und kann selbst an der Festigung des Neuen mitwirken. ... Modewörter werden häufiger benutzt als früher, da es wesentlich mehr Quellen für ihre Konstruktion gibt (nicht nur die Alltagssprache, die Erfahrungen in der Produktion, sondern auch die vielen neuen ‹Wortkonstruktionsbetriebe› – Presse, Zeitschriften, Rundfunk, Fernsehen usw.).»

Die vermeintlich attraktiveren, weil ungewöhnlichen und anfangs noch unbekannten Anglo-Amerikanismen mit ihren Überraschungseffekten machen sich Sprecher und Schreiber in den verschiedensten Lebensbereichen zunutze, um die Aufmerksamkeit auf sich und ihre Produkte ideeller oder materieller Art zu lenken.

Hierbei gehen die Vertreter des Wirtschafts- und Geschäftslebens, der Mode, der Kleidung und Nahrung, der Unterhaltung und des Sports, des Tourismus und Journalismus mit den einzelnen Wissenschaftsdisziplinen Hand in Hand. Auch die Presse und Werbung der DDR sind von dieser Tendenz nicht frei. So wurde in der BZ vom 4. April 1984 (S. 8) auf eine «*Badedisko* mit *Popgymnastik*» in der Berliner Schwimmhalle im Pionierpalast hingewiesen. Ein Werbeschild in einem Schaufenster des Bahnhofs Berlin-Alexanderplatz trug (1984) in großen Lettern die Aufschrift «Für geschmeidige Lippen – *lip gloss* – Modefarbe *pink*» (‹blaßrot bis lila›). Ein flüssiges Kinderhautfett in der DDR wird als *Baby Lotion* verkauft; Kindertrainingsanzüge tragen die aufgenähte Inschrift (Applikation) *Jogging*. Ein Erfrischungstuch bietet oder bot der VEB Kunstblume Sebnitz unter *Quick fresh for everybody* für nur 16 Pfennige an (ich besitze es). Rasierwasser ist unter *pre-shave* (vor der Rasur) und *after-shave* (nach der Rasur) auch im DDR-Handel. Auf der Leipziger Frühjahrsmesse 1987 war eine der zahlreichen kosmetischen Neuheiten der DDR «das *Duftshampoo* ‹*White Lady*›» (s. BZ am 17. März 1987, S. 3). Ein Musterbeispiel für die Höherschätzung des englischen Terminus gegenüber dem französischen bietet ein «Informationsblatt für Mitarbeiter des Groß- und Einzelhandels» der DDR, das mir (1984) in die Hände kam. Darin war unter der Überschrift «*Fruchtjam* ein neues Sortiment» das neue Erzeugnis mit der englischen Bezeichnung *jam* (D 1984 und D 1986: (das) *Jam* /dʒæm/ ‹Konfitüre›, engl.) versehen und zugleich auch ausdrücklich qualitätsmäßig über die herkömmlichen Produkte und Bezeichnungen französischer Herkunft *Marmeladen* und *Konfitüren* gestellt. In Wirklichkeit handelt es sich um «Konfitüre mit einem hohen Früchtegehalt». In ähnlicher Weise verdrängt (der) *Pulp* (engl. *pulp*) ‹ungezuckerter Fruchtbrei zur Marmeladeherstellung› (D 1984 und D 1986) (die) *Pulpe* oder *Pülpe* (französisch *pulpe*). Kinder bekommen nach wie vor in schlichter heimischer Bezeichnung *Zitronensaft*. Erwachsene bestellen im Restaurant in anspruchsvollerer englischer Bezeichnung einen *Lemon Juice*. Jugendliche trinken in der Disko *Party-Soda*. Das ND berichtete am 6. Juni 1985 (S. 8): «Friseure zeigten Variationen der 85er Modefrisur ‹*Crazy*› [‹verrückt, toll›] für Damen und ‹*Classic*› [‹(erst)klassig, klassisch›] für Herren.» Doch in der BZ vom 7. März 1989 ist laut Überschrift «*Cityline* der Damen letzter Schrei». Ein aus bunten Flicken zusammengestoppeltes Kleidungsstück wird erst durch seine anglo-amerikanische Bezeichnung *Patchwork* auch für die Jugend in der DDR modisch und attraktiv. Anders liegt der Fall, wenn DDR-Erzeugnisse und Firmen von vornherein und ausschließlich englische Bezeichnungen erhalten wie *Leak-Proof-Monozellen, Fittings* oder *Tuner,* da man damit auf dem englischsprechenden Weltmarkt konkurrieren will.

Die vornehm klingenden *Apartment-Häuser* in der DDR führen ihren Namen nach dem amerikanischen Vorbild der *apartmenthouses*, das sind ‹amerikanische Mietshäuser mit einzelnen Kleinstwohnungen›. Die euphemistische (verschönernde) Funktion, die früher französische Wörter wie *Souterrain*(wohnung) ‹Kellergeschoß(wohnung)› ausübten, ist heutigentags weitgehend von anglo-amerikanischen Bezeichnungen übernommen worden. Erwartungsgemäß geht die Beschönigungs- bzw. Verschleierungsfunktion der Anglo-Amerikanismen in der BRD weiter als in der DDR. Ein typisches Beispiel ist das Modewort *Nullwachstum* (DDU 1983: ‹Stillstand des Wachstums, der Entwicklung von etwas›) aus anglo-amerikanisch *zero growth* anstelle von früherem *Stagnation* (frz. *stagnation*). In der neueren Sprachwissenschaft spricht man von *Nullableitung* aus *zero derivation, Nullelement* aus *zero element, Nullmorphem* aus *zero morpheme* usw. Die Zusammensetzungen mit einem ersten *Null-* (= Nichts) Bestandteil breiten sich heute sowohl im Anglo-Amerikanischen als auch im Deutschen weiter aus, etwa in *zero adjustment* = (techn.) *Null(punkt)einstellung, zero position* = (techn.) *Nullstellung, zero economic growth* = *Nullwachstum der Wirtschaft, zero population growth* = *Nullwachstum der Bevölkerung, zero option* = *Nullösung* ‹(polit.) Vorschlag zur Beendigung des Wettrüstens, der vorsieht, daß ein Gleichgewicht im Bereich der atomaren Mittelstreckenwaffen hergestellt und erhalten wird› (DDU 1983). Deutsche Weiterbildungen mit *Null-* sind *Nulleiter* (D 1984 und 1986: Elektrotechn.) ‹geerdeter Leiter eines Stromnetzes› für engl. *neutral conductor, Nullserie* (D 1986: techn. ‹Versuchsreihe vor der Serienproduktion›) für engl. *pilot lot or production,* und weitere andere *Null*-Komposita.

Deutlich zeigt sich auch die Ersetzung des früheren französischen Spracheinflusses durch den heutigen anglo-amerikanischen an einem Wort wie *Service*. Das französische Wort *service* /ser'vis/, deutsch (das) *Service* /zer'vi:s/, mit Endbetonung und den Bedeutungen 1. ‹in Form, Farbe und Musterung aufeinander abgestimmtes mehrteiliges Eß- oder Kaffeegeschirr›, 2. ‹Bedienung und

Betreuung von Gästen (im gastronomischen Bereich)› erhielt bei seiner Übernahme ins Englische neben der Anfangsbetonung auch eine Bedeutungserweiterung von ‹Gästebedienung› zu ‹Kundendienst(stelle)› allgemein und gelangte in dieser neuen Bedeutung als *service* zurück ins Französische und auch ins Deutsche mit der englischen Aussprache /'sə:(r)vis/ für (der) *Service*. In der BZA vom 2. Juni 1987 (S. 4) war von *versierten Service-Männern* (engl. *[well-]versed service men*) eines Berliner Pannenhilfsdienstes die Rede.

Allein in einem Bericht des ND vom 23. Mai 1984 «Zur Dean-Reed-Show – Der Mann aus Colorado auf dem Bildschirm» (S. 4) finden sich folgende Anglo-Amerikanismen: *Song, Rock 'n' Roll, Fernsehshow, per, Country-Musik, Folklore, Westernsaloon, Westerngirl, Western-Romantik, Westernszene, westernverfremdet, live, Show, Gag, Musikalclownerien*, in dieser Gedrängtheit natürlich vor allem, um dem Showbericht ein entsprechendes sprachliches Lokalkolorit zu verleihen. – In einem Bericht über einen Oberliga-Schiedsrichter beim Fußball in der BZ vom 31. März 1984 (S. 9) wird das alte deutsche Wort *Schiedsrichter* konsequent durch das englische *referee* ersetzt: Berliner *Referee*, zugelassene *Referees*, Liga-*Referee*, Regelkunde des *Referees*. Während der D 1984 das Wort noch nicht verzeichnet, steht im D 1986 unter (der) *Referee* /refə'ri:/ die Bedeutung ‹Schieds-, Ringrichter› (im Sport). – In der BZ vom 4. April 1984 (S. 8) wurde auf die neue Kulturparksaison im Treptower Park in Berlin mit «Riesenrad, *Supertwister, Kosmodrom, Miniscooter* und Kraftbowling» hingewiesen. – Die Prospekte des Reisebüros der DDR offerieren *Vouchers, Open-Vouchers* für *Campingtouristen*, ein *Verpflegungslimit*, ein *Standardprogramm* und manches mehr an anglo-amerikanischen Wörtern.

Die hochentwickelte amerikanische Technik und Wissenschaft, die Neuartigkeit von Dingen und Vorstellungen aus den USA, die ungewohnte amerikanische Konsum- und Reklamewelt, die ungezwungene amerikanische Lebensweise, die andersartige amerikanische Kleidung, Verhaltensweise, Musik usw. waren jedoch nur eine Ursache für die verstärkte Übernahme anglo-amerikanischen Vokabulars nach dem Zusammenbruch des deutschen Faschismus im Jahre 1945, besonders durch die Jugend. In den folgenden Jahren trat zu den Befürwortern des *American way of life* bald auch die große Menge der Sympathisanten mit der amerikanischen Bürgerrechts- und Friedensbewegung. Man entdeckte ‹das andere Amerika› der Armen und Unterdrückten, deren Fühlen und Denken als politischen und sozialen Protest in englischsprachigen Liedern. Diese bildeten dann eine weitere Quelle für die Übernahme von Anglo-Amerikanismen. Auf (den oder das) *Hoot(e)nanny* in der DDR habe ich bereits 1967 (S. 72) hingewiesen (vgl. jetzt auch die Belege im OEDS II, 1976, S. 148). LEISI verweist (1985, S. 255) auf «die *Reggae Music* (um 1980) [s. OEDS III, 1982, S. 1158], die, entstanden in den Slums von Kingston (Jamaica), Auflehnung gegen die Weißen und gegen die Polizei mit einer religiös-weltlichen messianischen Hoffnung verbindet». Mit solchen oder ähnlichen Inhalten wird die englische Sprache von den Jugendlichen assoziiert und deshalb begierig aufgenommen.

Oft dienen die englischen Termini auch nur zur stilistischen Variation der deutschen und umgekehrt. Als Stilmittel der Variation dienende anglo-amerikanisch-deutsche Synonympaare sind etwa (der oder das) *Cartoon* – (die) *Karikatur*; (das) *Cockpit* (urspr. vertiefte Einfriedung für Hahnenkämpfe, aus engl. *cock* ‹Hahn› und *pit* ‹Grube›) – (die) *Pilotenkanzel* oder *-kabine*; (das) *Cover* /'kavər/ – (die) *Schallplattenhülle* oder *Plattentasche*; (das oder der) *Match* /metʃ/ – (der) sportliche *Wettkampf* oder (das) *Wettspiel*; (der) *Oldtimer* – (der) (Fahrzeug)*Veteran*; (der) *Service* – (der) *Kundendienst* oder (die) *Dienstleistung*; (die) *Show* – (die) *Schau*; (das) *Ticket* – (die) *Einlaß-* oder *Fahrkarte* und so manche andere. Nur in seltenen Fällen liegt in solchen Wortpaaren absolute Synonymie vor (s. LANGNER 1986, S. 412). Meist handelt es sich um semantische und/oder stilistische Differenzierungen und Nuancen. In «*Statements* von Politikern der BRD» (s. BZ vom 16. Febr. 1989, S. 7) weist zum Beispiel engl. *statement* für deutsch *Erklärung, Aussage* usw. bereits äußerlich auf politische Darlegungen hin. In einem Bericht «Streitbare Diskussion zwischen Historikern» in der BZ vom 1. Juni 1989, S. 2, über die «ersten Jahre der Weimarer Republik» zwischen DDR- und BRD-Historikern an der Akademie der Wissenschaften der DDR in Berlin hieß es: «Wie tags zuvor gaben vier *Statements* die Grundlage für eine lebhafte, streitbare und mitunter kontroverse Diskussion.»

37.
Anglo-amerikanische Schein- und Falschentlehnungen

Der häufige und vertraute Umgang mit dem anglo-amerikanischen Wortgut führte in beiden deutschen Staaten zu der bemerkenswerten Erscheinung, daß man nach freiem Ermessen mit dem englischen Wortmaterial morphologisch, lexikalisch oder semantisch in Großbritannien und in den USA unbekannte deutsche Schein- und Falschentlehnungen, englische ‹Geisterwörter› *(ghost-words)* bildete (s. CARSTENSEN 1980a, S. 77 bis 90, und CARSTENSEN 1981b). BUCK (1974) nannte solche Bildungen ‹Selfmade-English›. Ein Musterbeispiel einer derartigen deutschen Eigenbildung ohne anglo-amerikanische Entsprechung ist der Plural *Twens*, wofür im D 1984 die Erklärung steht: «Bezeichnung für die ‹Zwanzigjährigen› beiderlei Geschlechts zwischen 19 und 30». Genauer müßte es jedoch heißen: «zwischen 20 und 29», da *twens* aus englisch *twenties* ‹Zwanziger›, das heißt den Zahlen von *twenty* bis *twenty-nine* abgeleitet worden ist, und zwar in Analogie zu *teens* ‹Zehner›, den Jugendjahren vom 13. bis zum 19. Lebensjahr. Diese Korrektur wurde dann auch im D 1986 vorgenommen. Ausgangspunkt für *Twens* war wohl die Zeitschrift «Twen, Revue der Zwanzigjährigen», deren erstes Heft 1959 erschien und die ihr Erscheinen 1971 einstellte (s. CARSTENSEN 1979c, S. 157). Inzwischen ist in der DDR an die Stelle von *Twens* die Bezeichnung *Mittzwanziger* (engl. *midtwenties*) mit einem eigenen «Klub der Mittzwanziger» getreten. – Englisch *girl* ‹Mädchen›, im Deutschen seit 1909 verwendet, hat heute in der DDR als /gœːl/ die schon nach dem Ersten Weltkrieg allgemein bekannte deutsche Bedeutung ‹weibliches Mitglied einer Tanzgruppe, umgangssprachlich (junges) Mädchen› (D 1986). – Eine deutsche anglisierende Bildung ist auch der *Dressman*, der noch nicht im D 1984 gebucht ist und erst im D 1986 als ‹Vorführer von Bekleidungsmodellen› erscheint. – Unbekannt ist in England und Amerika auch die Bezeichnung *Pony* /'poni/ oder /'poːni/ für die Frisur, die englisch *fringe*, amerikanisch *bangs* (Plural) heißt. Die weibliche Modefrisur, die im Deutschen *Pferdeschwanz* genannt wird, ist im Englischen *ponytail*. – Der deutschen

Bowle /'boːlə/, gemäß D 1984 und D 1986 ein ‹alkoholhaltiges Kaltgetränk und das Gefäß hierzu›, entsprechen engl. *(fruit)punch* und *(fruit)punch-bowl*, amerikan. *cobbler* ‹Weinmischgetränk› und *bowl*. – Das sich völlig englisch ausnehmende deutsche Wort *Sportdress, Sportdreß*, das aus den englischen Wörtern *sport + dress* gebildet wurde, heißt im Englischen jedoch *sportswear*. Ihm sind im Deutschen weitere unenglische *-dress (-dreß)*-Komposita gefolgt, wie *Arbeitsdreß, Fußballdreß, Halbstarkendreß, Motorraddreß, Rennfahrerdreß, Seglerdreß, Sträflingsdreß* usw. – Die vielgenannte und beklagte *Managerkrankheit* ist im Englischen *stress disease*. – Auch bei (der) *Pulli* (D 1984 und D 1986: ‹[kurzärmliger] Sommerpullover›) handelt es sich um eine eigenwillige deutsche Bildung aus dem englischen *Pullover*, der kurz nach dem Ende des Ersten Weltkrieges in England aufkam (s. OEDS III, 1982) und bald danach auch in Deutschland als Sache und Name bekannt wurde. Analog zu *Pullover* dringt neuerdings nach westdeutschem Vorbild auch die unenglische Bildung *Pullunder* in die DDR ein. – Die beliebte *Hollywoodschaukel* in Gärten und auf Wochenendgrundstücken ist anglo-amerikanisch *a swing seat* oder *porch swing*. – Der deutsche *Heim-* oder *Hometrainer* ist ein *exercise bike* (mit *bike* für *bicycle* ‹Fahrrad›). – Zu der unenglischen Bildung von deutschem *Talkmaster* und *Showmaster* vgl. S. 144.

Viele anglo-amerikanische Wörter erhalten bei ihrer direkten Übernahme andere Bedeutungen. Während man zum Beispiel unter *feature (film)* in seiner fachlichen Verwendung im Englischen ‹einen abendfüllenden Kinofilm mit einer erfundenen Handlung und Berufsschauspielern› (LDCE 1987) versteht, gibt der D 1984 und D 1986 für (das) *Feature* folgende Bedeutung an: ‹Rundfunkhörbild (1984), oder Rundfunk- bzw. Fernsehsendung (1986), das bzw. die in unterhaltender Form Kenntnisse aus verschiedenen Wissensgebieten [die jeweilig aktuell sind] vermittelt›. – Das wertneutrale englische Wort *story* hat in deutsch (die) *Story* sowohl in der BRD wie in der DDR umgangssprachlich neben der sinngemäßen Entsprechung auch die im britischen und amerikanischen Englisch unbekannte negative Bedeutung ‹unwahrscheinliche Geschichte› (D 1984 und D 1986). – *City* ist engl. ‹(Groß)Stadt, Stadt mit Bischofssitz und Kathedrale›, amerikan. ‹inkorporierte Stadtgemeinde› (LANGENSCHEIDTS HANDWÖRTERBUCH 1988), in deutscher Bedeutung jedoch ‹geschäftlicher Mittelpunkt von Großstädten, Innenstadt, Stadtzentrum› (D 1984 und D 1986), wofür brit.-engl. *city-centre*, amerikan.-engl. *downtown* stehen. – Nach engl. *to tramp* ‹trampeln, stampfen›, besonders neuseeländisch auch ‹über längere Strecken in unwirtlichem Land wandern›, wurde das deutsche Verb *trampen* (D 1984 und D 1986: /'trampən/ und /'trempən/ ‹über Land wandern und dabei Fahrzeuge anhalten, um mitzufahren›) gebildet, wofür im Englischen jedoch *to hitchhike* gebräuchlich ist. Das entsprechende Substantiv ist deutsch (der) *Tramper*, (die) *Tramperin*, engl. *hitchhiker*. *Tramper* steht besonders in Neuseeland gemäß OEDS IV (1986) für ‹jemand, der lange Strecken in einem rauhen Land zur Erholung wandert›, mit einem Erstbeleg für das Jahr 1960. – Im Englischen bedeutet *slipper* einen leichten, weichen Hausschuh oder Pantoffel (ODCE 1985 *slipper* = ‹ein leichter weicher Hausschuh›), im Deutschen verwendet man *Slipper* dagegen für einen ‹bequemen Straßenschuh› (D 1984 und D 1986). – Der *Oldtimer* (D 1984 und D 1986: ‹Original aus der Frühzeit des Fahrzeugbaus bzw. dessen Nachbildung›) bedeutet im britischen Englisch ‹jemand, der in einem bestimmten Ort oder Beruf lange Zeit war›, im amerikanischen Englisch ‹ein alter Mann› (LDCE 1987). Die englische Entsprechung zur deutschen Bedeutung ist *veteran car*, *vintage car*. In einem Artikel «*Oldtimer* werden liebevoll gepflegt und restauriert» in der BZ vom 9. Januar 1986 (S. 12) wird neben *Oldtimer* auch *Veteranen* gebraucht. Ab und an findet irgendwo in der DDR ein *Oldtimer-Rennen* mit historischen Auto- und Motorradoriginalen statt, auch *Veteranen-Rallye* genannt. Bisweilen gibt es auch eine *Oldtimershow* bzw. *Oldtimer-Show* (s. BZ am 4./5. Juli 1987, S. 6). Am 21./22. Juli 1984 (S. 15) lud die BZ «die Eisenbahnliebhaber zu einer *Oldtimerfahrt* mit einem schnaufenden *Oldtimer-Zug* nach Radebeul» ein. Im ND vom 19. August 1986 (S. 4) wurde von einem Freilichtmuseum mit *Waggon-Oldtimern* berichtet. Im Sportjargon bezeichnet man mit *Oldtimer* scherzhaft auch ein bewährtes, langjähriges Mitglied einer Sportmannschaft. Allmählich wird die Bezeichnung *Oldtimer* sowohl für ältere Menschen als auch für alle möglichen alten Dinge verwendet. – (Der) *Scooter* oder *Skooter* /'sku:tər/ ist gemäß D 1984 und D 1986 ‹ein Kleinauto auf Rummelplätzen›, während engl. *scooter* einen ‹Kinderroller, Motorroller, Schnellboot›, amerikan. ‹eine Eisjacht› bezeichnet. *Scooter* ist von *to scoot* ‹rasen, flitzen› abgeleitet. Die BZ berichtete am 14. Nov. 1984 (S. 8) über *Twister* und *Auto-Scooter* (Plural) auf dem Weihnachtsmarkt am Berliner Alexanderplatz. Anglo-amerikanisch steht dafür jedoch *bumper-*

car(s), *dodgem(s)* oder *dodgem car(s)*. Ebenfalls zum Fahren mit dem *Auto-Scooter* und *Twister* im Berliner Kulturpark Plänterwald lud das ND am 31. März 1987 (S. 8) ein. Am gleichen Tag schrieb die BZ (S. 8): «*Rock, Blues* und *Jazz, gemixt* mit viel Information, wird in der Reihe ‹*Sound-Scooter*› geboten. ‹*Rock live*› bleibt auf dem Programm.» Das ND formulierte es so: «So wird der *Sound-Scooter* das erste Mal ertönen, mit Musik, Mode, *Clown*erie. *Rock live* wird aufgeboten.» – *Step tanzen* oder *steppen* ist engl. *to tap(-dance)*. – In der deutschen Fußballsprache, die insgesamt auf der englischen Fußballterminologie beruht, entspricht die Bezeichnung (der) *Kicker* dem englischen *footballer, football-* oder *soccer player*. Der *Stopper* ist englisch *half-back* oder *centre-back*. – Wie frei und unbekümmert man mit dem englischen Wortmaterial umgeht, zeigt auch die Bezeichnung (der) *Baby Sitter* für die im DDR-Handel seit etwa 1970 angebotenen aufsetzbaren Kinderklosettsitze, während der D 1984 und D 1986 für den *Babysitter* nur die Bedeutung ‹jemand, der Kleinkinder bei Abwesenheit der Eltern beaufsichtigt› angibt. Ein neues DDR-Kompositum mit *Baby* /'beːbi/, engl. baby /'beibi/, ist das *Babyjahr* ‹bezahlte Freistellung der Mutter zur Betreuung des Babys› (so im D 1986, vorher im HWDG 1984).

Morphologisch entstellte oder verfälschte englische Bildungen im Deutschen sind etwa der Singular (der oder das) *Drops* (D 1984 und D 1986: ‹saurer Fruchtbonbon›) mit falschem *-s* nach dem englischen Plural *drops*, z. B. in *saure Drops*, engl. *acid drops*. Vorläufer für solche falschen Singularbildungen nach dem vorwiegend verwendeten Plural sind *der Keks – die Kekse* (engl. *cake – cakes*) und *der Koks – die Kokse* (engl. *coke*) und andere mehr. Der umgekehrte Vorgang trat ein, wenn im Englischen aus deutsch *Rollmops* eine neue englische Singularform *rollmop* gebildet wurde. – Nach dem englischen Plural *tricks* zum Singular *trick* ‹Trick› bildete man im Deutschen das Verb *tricksen* ‹mit allerlei Tricks arbeiten› statt des erwarteten **tricken* nach engl. *to trick*; in der BZ vom 11./12. Febr. 1989 heißt es: «welcher Leiter gebe schon gern zu, daß in seinem Kollektiv *getrickst* ‹betrogen› wird». Doch im deutschen Verb *kicken* wurde engl. *to kick* nachgebildet, allerdings neben *kicksen* (D 1984: ‹fehlstoßen›) mit dem Substantiv (der) *Kicks* (im Sport: ‹Fehlstoß, Fehler›, so im D 1984 und D 1986), wohl nach dem Plural *kicks*, Singular *kick*, sowie (der) *Kicker* ‹Fußballspieler› (so im D 1984 und D 1986; s. S. 204). – Eine entstellte Bildung ist auch deutsch *Mixpickles* neben richtigen *Mixed Pickles* (D 1984 und D 1986: ‹in Essig roh eingelegtes Gemüse›), engl. *mixed pickles.* – Über das englische Vorbild hinaus gehen auch solche verkürzten deutschen Bildungen wie (der) *Texter (Werbetexter, Schlagertexter* usw.), dazu die *Texterin* usw., engl. *copy-writer, ad-writer, pop-song writer, lyric writer,* etc. Das entsprechende deutsche Verb lautet *texten,* engl. *to write the words or lyrics to or for.* – Ebenso unenglisch ist (der) *Layouter* für engl. *layout man* oder (der) *Metaller* für engl. *metalworker.* – Anstelle von engl. *postgraduate studies* ist deutsch *postgraduales Studium* getreten. – Für die englische Kurzform *a pro* aus *a professional* steht deutsch *ein Profi* ‹Berufssportler› (D 1986). – Aus dem englischen *happy ending* wurde deutsch *Happy-End* oder *Happyend,* aus englisch *last but not least* verkürztes *last not least* (so auch im D 1984 und D 1986). Aufschlußreich zu beobachten ist das Bemühen der Presse um ein richtiges Englisch. In einer längeren Besprechung im ND vom 4. Januar 1989 (S. 4) über eine neue Opernaufführung in Leipzig ersetzte der offenbar der englischen Sprache kundige, wenn auch nicht mächtige, Rezensent das *last not least* der DDR-Duden richtig durch *last but not least,* lobt, daß der Dirigent «seine Musiker mit dem rechten *Drive* steuerte», um schließlich dennoch mehrfach falsches *Happy-End* statt englisch *happy ending* zu verwenden. Hier fügt sich ein Artikel in der «Frankfurter Allgemeinen Zeitung» über «*Safe sex*» vom 15. Febr. 1988 (S. 23) ein, worin ausgeführt wird: «Fremdwörter sind bekanntlich Glückssache. Wenn wir einem Franzosen erklären, wir wollten *partout* nicht ins Theater gehen, dann hält er uns für einen Barbaren, denn *partout* bedeutet im französischen *überall.* Was ein *Friseur* ist, wird er vermutlich lächelnd erraten, auch wenn es das Wort in seiner eigenen Sprache nicht gibt. Auch ein Engländer wird es höflich hinnehmen, wenn wir ihm vom *Happy-End* eines Films berichten; er selbst würde allerdings von einem *happy ending* sprechen.» Die verkürzte Variante *last not least* geht wahrscheinlich auf die bekannte Zeile «Though last, not least in love» in Shakespeares «Julius Caesar» (III,1,190) zurück, wie man neuerdings ermittelt hat (s. Viereck/Bald 1986, S. 55 und S. 116 Anm.). Dieses Stück Shakespeares gehörte bereits im vergangenen Jahrhundert zur Pflichtlektüre in den deutschen Schulen. – In der Herkunftsbezeichnung für Industriewaren oder Bücher aus der DDR *made (printed) in GDR* statt *made (printed) in the GDR* (= German Democratic Republic) fehlt häufig der Artikel *the,* wie fälschlich auch noch im D 1986 unter *made in GDR* angegeben wird. – In deutschem *tipptopp* für englisches *tip-top* ist eine orthographische Veränderung eingetreten, ebenfalls in *immens* (D 1984 und D 1986) für engl. *immense* und in *Nonsens* für engl. *nonsense*.

Um willkürliche Bildungen mit zugrunde liegenden englischen Wörtern oder Wortbestandteilen handelt es sich auch bei einer Anzahl auf die DDR beschränkter Benennungen, vor allem bei den *Inter-* (als Kürzung von *International*) Verbindungen, wie (der) *Intershop* (D 1984 und D 1986: ‹Spezialgeschäft mit konvertierbarer Währung als Zahlungsmittel›), umgangssprachlich auch kurz *Shop* genannt. – (das) *Intercamp* ‹Internationaler Campingplatz› – (die) *Interflug* ‹Luftverkehrsunternehmen der DDR› – (das) *Interhotel* ‹Hotel mit internationalem Niveau› – (der) *Intertank* ‹Tankstelle, die nur Valuta annimmt› – *Intertext*-Fremdsprachendienst der DDR – (die) *Intervision* ‹Zusammenschluß von Fernsehnetzen› usw. – Zu den zahlreichen *Intershops* sind in der DDR die sogenannten *Delikatläden* getreten, das sind *Delikatessengeschäfte* (von einst) mit erhöhten Preisen. Der *Delikatladen* ist eine sprachökonomische Kurzform, in der das mittlere Kompositionsglied ausgespart worden ist (engl. *delicat(essen)shop*). Nach amerikanischem Muster wurde der *Delikatladen* umgangssprachlich zu *Deli* verkürzt. Allerdings ist der in New York und anderen amerikanischen Städten weitverbreitete *Deli* /'deli:/ etwas anderes als der *Deli* /'de:li/ in der DDR, nämlich eine Mischung von Lebensmittelladen und Restaurant.

Fremdartig erscheint den Westberlinern und den BRD-Bürgern immer wieder die Aufschrift «*Plaste* und *Elaste* aus Schkopau» auf einem großen Reklameschild an der Transitstrecke der Autobahn zwischen Westberlin und der DDR wie auch an dem Brückenturm vor der Elbbrücke. *Plaste* ist ihnen nur als *Plastik* bekannt, *Elaste* aber meist ganz unbekannt. Beide Fachtermini sind DDR-Prägungen wohl in Analogie zu dem älteren Wort *Knete* für die *Knetmasse*. Der Terminus *Plaste* für *Plastik* ‹vollsynthetische Werkstoffe› beruht auf engl. *plastics*, *Elaste* ‹elastische Kunststoffe› auf engl. *elastics*. Das HWDG 1984 unterscheidet zwischen einem hochsprachlichen Singular *der Plast* und einem umgangssprachlichen Singular *die Plaste*, gibt aber für *die Elaste* nur die Singularform *der Elast* an. Im D 1984 ist nur der Singular *der Plast*, im D 1986 auch der umgangssprachliche Singular *die Plaste* sowie der Singular *der Elast* angegeben. Die Unsicherheit der nebeneinander bestehenden gleichwertigen Formen *Plast, Plaste, Plastik* hat zu einer Reihe beliebig wechselnder Sprachformen geführt, wie *Plast-* oder *Plasteindustrie, Plast-* oder *Plasteerzeugnisse, Plast-, Plaste-* oder *Plastikbeutel* (HWDG 1984), *Plast-, Plaste-, Plastikeimer* usw. – Zu dem vom D 1984 und D 1986 als (die oder das) *Elastik* ‹ein elastisches Gewebe› aufgeführten Terminus wurde in der DDR das Kunstwort (die oder das) *Silastik* für ‹ein weiches, sehr elastisches Gewebe aus gekräuselten Garnen› gebildet. So steht es im DDU 1983 und ähnlich im HWDG 1984, doch noch nicht im D 1984, wohl aber im D 1986 als ‹elastisches Gewebe aus Kunstfasern› mit den Zusammensetzungen *Silastikpullover, -stoff, -strumpf*.

Trotz ihrer englischen Wortbestandteile haben die folgenden deutschen Komposita andere anglo-amerikanische Entsprechungen: *Atom(bomben)versuchsstopp* oder *Nuklearteststopp* heißt *nuclear test ban, Preisstopp* ist *price freeze, Flugzeugstart* ist *take-off* ‹Aufstieg, Start› bzw. *departure* ‹Abflug, Start›, die dazugehörigen Verben sind *to take off* und *to depart. Raketenstart* ist *launch* (mit dem Verb *to launch*), *lift-off* oder *blast-off*. Über die vielen weiteren Bedeutungen von *Start* und *starten* im Deutschen, die im britischen und amerikanischen Englisch unbekannt sind, berichtet CARSTENSEN (1980a, S. 78ff.). Ein *Senkrechtstarter* ist engl. *a vertical take-off aircraft or plane* (VTO) ‹ein Flugzeug, das senkrecht startet und landet› (HWDG 1984). Im Deutschen wird *Senkrechtstarter* auch auf eine Person bezogen, ‹die sehr schnell Karriere gemacht hat› (HWDG 1984), wofür engl. *a fast-rising person, politician, professional,* etc. steht. Eine *Partnerstadt* ist engl. *a twin town*, eine *Tankstelle* ist *a filling/petrol/gas service station,* amerikanisch überdies auch *a gasoline (service) station, ein Wagenpark* ist engl. *a vehicle fleet, ein Verkehrsrowdy* entspricht engl. *a road hog*. Der Terminus *Leichtindustrie* ist eine DDR-Neubildung für *Konsumgüterindustrie,* engl. *consumer goods industry,* und wurde in Analogie zu *Schwerindustrie,* engl. *heavy industry,* gebildet.

Anglo-amerikanische Schein- und Falschentlehnungen treten besonders häufig in der Reklame- und Werbesprache auf: «Charakteristisch für die Reklamesprache ist es, daß sie Wörter nach englischem Muster bildet, also Fremdwörter vortäuscht, die keine sind» (NESKE 1972, S. 12). Der höhere Wert und Reiz, die dem anglo-amerikanischen Produkt und Wort beigemessen werden (s. 36. Kap.), kommen selbst in der Schreibung zum Ausdruck: *Clip* (D 1984 und D 1986: *Ohrclip, Ohrklipp, Ohrenklips*) wird der deutschen Schreibung *Klipp, Club* häufig der deutschen Schreibung *Klub* vorgezogen. Der «*Club* der Kulturschaffenden» und der «*Club* der Berliner Bühnen- und Filmschaffenden» in der DDR wählen die *C*-Schreibung trotz des ausdrücklichen Hinweises im D 1984 und D 1986 unter *Klub,* daß die «Schreibung mit *C* auch in allen Zusammensetzungen nicht den Regeln der deutschen Rechtschreibung entspricht». Die weniger anspruchsvollen zahlreichen *Klub*-Verbindungen schreiben sich mit *K* wie zum Beispiel die Neuprägungen «*Klub* junger Techniker», «*Klub* junger Neuerer», das *Klubhaus* (eines Betriebes), die *Klubgaststätte* (s. HWDG 1984). Das in den *Jugendklubs,* aber nicht nur dort, beliebte Getränk heißt *Club Cola.* In der BZ vom 23. Jan. 1986 (S. 1) wird in einer Überschriftsleiste auf einen neuen *Computerclub* in Berlin hingewiesen, dessen Beschreibung auf S. 12 dann als *Computerklub* erscheint. Die beiden Berliner Warenhäuser am Alexanderplatz und am Hauptbahnhof heißen *Centrum* (wie auch vielerorts in der DDR), nicht *Zentrum,* wie es im D 1984 und D 1986 steht. FLEISCHER/MICHEL (1977, S. 107) bemerken dazu: «Nicht gutzuheißen ist es, wenn aus Gründen einer Art exotischer Attraktivität (Werbewirksamkeit) die Organisation der Warenhäuser *Centrum* und der Name von Modeläden *chic* (statt, wie der Duden verlangt, *Zentrum* und *schick*) geschrieben werden.» Die Schreibung *Centrum* ist eine Mischform aus englisch *centre,* amerikanisch *center,* und deutsch *Zentrum.* Wo *centre/center* in deutschen Zusammensetzungen verwendet wird, tritt es gewöhnlich in der amerikanischen Form *-center, -Center* auf. So berichtete die BZ am 13. Febr. 1987 (S. 8) von einem *Heimwerker-Center* in Berlin-Adlershof. Ebenso wird in Komposita die amerikanische Form *-color, -Color* der englischen Form *-colour, -Colour,* etwa in *Colorfilm,* vorgezogen. Entgegen der früheren (französischen) endbetonten Aussprache, wie sie für *Colorfilm* ‹Farbfilm› auch noch im D 1986 (noch nicht im D 1984 gebucht) angegeben wird, herrscht heute gemeinsprachlich die Anfangsbetonung vor. Das HWDG gibt noch beide Betonungen an. Von den drei Schreibvarianten *Shampoo, Shampoon, Schampun* (engl. *shampoo*), die der D 1984 und D 1986 sowie das HWDG 1984 für das flüssige Haarwaschmittel zur Auswahl stellen, hat der DDR-Handel nunmehr das originale *Shampoo* ausgewählt, das sich auch im mündlichen Gebrauch durchsetzt. Das dazugehörige Verb ist gemäß dem D 1984 und D 1986 *shampoonieren* oder *schampunieren* (engl. *to shampoo*).

In unenglischer Weise werden im Deutschen die substantivierten Verb + Adverb/Partikel-Verbindungen vom Typ (das) ′Know-how end- statt anfangsbetont: engl. ′blackout, deutsch (das oder der) Blackout /blek′aut/ – engl. ′comeback, deutsch (das) Comeback /kam′bek/ – engl. ′fallout, deutsch (der) Fallout /fɔ:l′aut/ – engl. ′knockout, deutsch (das) Knockout /nɔk′aut/ – engl. ′make-up, deutsch (das) Make-up /me:k′ap/ – engl. ′pull-over, deutsch (der) Pullover /pul′o:vər/ usw. Inkonsequenterweise gibt der D 1986 bei (der oder das) ′Countdown die (falsche) Doppelbetonung /′′kaunt′daun/ an und bei (das) ′Feedback ausnahmsweise die (richtige) englische Anfangsbetonung /′fi:tbek/, engl. /′fi:dbæk/.

Diese Art der anglo-amerikanischen Wortneubildung hat besonders in den technischen Bereichen ein derart großes Ausmaß angenommen, «daß sie nicht einmal in den größten Wörterbüchern vollständig verzeichnet sind» (SØRENSEN 1986, S. 272). Es ist zu erwarten, daß viele weitere Bildungen dieser Art, die englisch umgangssprachlich und anfangsbetont sind, auch weiterhin mit falscher Endbetonung in die deutsche Sprache eindringen werden. Ein solches neues und noch in keinem DDR-Wörterbuch verzeichnetes, wohl aber in der Praxis und Presse verwendetes Wort ist Flyover (engl. ′flyover) für ‹Straßenüberführung› (s. DDU 1983) aus to fly over ‹hinüberfliegen›. In der BZ wurde am 4./5. Juli 1987 (S. 4) berichtet, daß «in den letzten fünf Jahren 16 neue flyovers, Tunnel und Brücken in Kairo entstanden». Auch in den englisch anfangsbetonten Zusammensetzungen von Präfix + Substantiv erscheint im Deutschen gewöhnlich Endbetonung, wie in Remake und Interview. Das in den DDR-Wörterbüchern nicht verzeichnete Remake, das aber oft verwendet wird, erscheint im DDU 1983 mit der unenglischen und undeutschen Betonung /′ri:′meik/, engl. remake /′ri:meik/, und der Bedeutungsangabe ‹Neufassung einer künstlerischen Produktion, besonders neue Verfilmung älterer, bereits verfilmter Stoffe›. Für (das) Interview verzeichnet der D 1984 und D 1986 neben der Endbetonung /...′vju:/ auch die (englische) Anfangsbetonung /′in.../, für das abgeleitete Substantiv Interviewer und das Verb interviewen bereits nur noch die eingedeutschte Endbetonung /...′vju:ər/ und /...′vju:ən/ statt der englischen Anfangsbetonung.

Unenglisch ist auch die bereits genannte /ö/-Aussprache für -u- in Curry, Cut(away), Cutter(in), cutte(r)n und Pumps. Das englische

Verb *to bluff* und das Substantiv *the bluff* werden dagegen häufig eingedeutscht /ˈblufən/ und /bluf/ ausgesprochen, woneben die englische Aussprache /ˈblafən/ und /blaf/ auch im Deutschen besteht. Der D 1986 gibt neben der Aussprache mit /-u-/ entgegen dem D 1984 die antiquierte Aussprache /ˈblœfən/ und /blœf/ an, wenn auch als zweite Variante. Die Krankheit (der) *Mumps*, engl. *mumps*, wird heute eingedeutscht mit /-u-/ ausgesprochen, desgleichen (der) *Humbug* /ˈhumbuk/ und (der) *Tunnel* /ˈtunəl/. Während bei *Trust* im D 1984 die beiden Aussprachen /trust/ und /trast/ verzeichnet sind, läßt der D 1986 nur noch die Aussprache /trast/ zu. Bei *Puck* aus engl. *puck* /pak/ ‹1. Kobold, 2. Eishockeyscheibe› wird im D 1984 zwischen (der) *Puck* /puk/ ‹(im Volksaberglauben) Geist, Schutzgeist› und (der) *Puck* /pak/ ‹Eishockeyscheibe› unterschieden, während im D 1986 bei letzterem auch die Aussprache /puk/ neben /pak/ zugelassen wird. Weltweit bekannt ist die Figur des *Puck* durch Shakespeares «Sommernachtstraum». Bei dem englischen Substantiv *runner* in der neuen amerikanischen Bedeutung ‹Verkaufsschlager› wie auch ‹ein beliebter, schnellverkäuflicher Handelsartikel› (s. WEBSTER III unter *runner* 2 f) führte die antiquierte deutsche /ö/-Aussprache für *-u-* zur annähernden Homophonie von englisch *runner* und deutsch *Renner* (von gleicher Herkunft) und damit zugleich zum Bedeutungszusammenfall von *Renner* 1. ‹(gutes, schnelles) Rennpferd› und 2. ‹Ware, die sich besonders gut verkauft›. Das DDU 1983 bucht beide Bedeutungen, die D 1984 und 1986 verzeichnen nur die 1. Bedeutung. Jedoch im WDG der DDR findet sich bereits neben *Renner* ‹gutes Rennpferd› für 1965 die ‹Neubedeutung› ‹gut verkäufliche Ware› oder ‹Spitzenprodukt›, wie sie seitdem tatsächlich in der DDR auch gebräuchlich ist, vorwiegend als Synonym für *Bestseller*. Neben der Bedeutung ‹Verkaufsschlager (materieller Produkte)› hat *Renner* über den Renner als Buch in der DDR auch die weitere Bedeutung ‹beliebte künstlerische und geistige Erzeugnisse› erhalten, wie etwa in der BZ vom 4. März 1987 (S. 7), wo wiederholt von «zwei Schubert-*Rennern*», das heißt Schubert-Liedern, die Rede ist. Auch bei erfolgreichen Schlagern spricht man von *Rennern*. In *Butler*, *Lunch* und *Rugby* ist die alte deutsche /ö/-Aussprache durch die neue englische /a/-Lautung verdrängt worden. In *Pumps* ‹Halbschuhe ohne Schnürung oder Spangen› (D 1984 und D 1986) hat sich die alte /ö/-Lautung zäh erhalten, da mit der modernen englischen /a/-Aussprache ein Zusammenfall mit dem dialektalen deutschen Wort (der) *Pamps* ‹dicker, zäher Brei› und mit der deutschen Schriftbildaussprache /u/ ein Zusammenfall mit *Pumps* als Pluralform vom saloppen (der) *Pump* ‹(auf) Pump, Borg› eingetreten wäre. Andererseits wurde mit der Übernahme der modernenglischen Aussprache /ˈbatlər/ für (der) *Butler* anstelle von */ˈbutlər/ ein Zusammenfall mit *Buddler* (zu *buddeln*) vermieden. Der *Butler* (D 1986: /ˈbatlər/ ‹Diener in Häusern der britischen Oberschicht›) ist in der DDR durch englische Filme und Romane allgemein bekannt und wird auch häufig scherzhaft verwendet. Über weitere Erscheinungen in der Aussprache englischer Wörter und Namen bei ihrer Übernahme ins Deutsche hat HANSEN (1986) gehandelt.

38.
Teilsubstitution anglo-amerikanischer Komposita (Substantiv + Substantiv)

Besonders fruchtbar sind erwartungsgemäß die im 11. Kapitel Teilsubstitution genannten Mischkomposita, allen voran die Verbindungen mit den über das Russische in die Terminologie der DDR gelangten englischen Substantiven (das) *Festival*, (die) *Folklore* und (das) *Meeting* als erste oder zweite Komponenten. Beispiele sind: *Festival*atmosphäre, -aufgebot, -auftakt, -auftrag, -ball, -beteiligung, -bewegung, -delegation, -direktor, -elan, -gast, -geist, -gespräch, -initiative, -kino, -kundgebung, -neuling, -niveau, -projekt, -schwung, -sieger, -souvenir, -tagung, -teilnehmer, -wettbewerb; ja selbst *Festival-Flick-Flack* (= Turnschau), -kaskade (= Schwimmschau), -kristalle (= Eisschaulaufen) usw. – Chanson-*festival*, Chopin-, Chor-, Fernseh-, Film-, Friedens-, Jazz-, Jugend-, Hörspiel-, Kinderfilm- (ND vom 6. Febr. 1983, S. 1), Lieder-, Märchen-, Musik-, Puppentheater-, Rock-, Schlager-, Schostakowitsch-, Soldaten-, Sommer-, Volkstanz- usw. Bei den *Festival-*, *-festival-*Komposita ist heute im Deutschen der umgekehrte Vorgang eingetreten wie früher bei den *-fest-*Komposita im Amerikanischen. SCHÖNFELDER (1957) führt rund 90 amerikanische *-fest-*Komposita auf, wie *beerfest, singfest, smokefest, sportfest, turnfest, winefest*, etc. –

Folklore-Ballett, -ensemble, -fest, -gaststätte, -gruppe, -musik, -parade, -schau, -stil, -tanz usw. – Antikriegs*meeting*, Arbeiter-, Freundschafts-, Friedens-, Gedenk-, Gewerkschafts-, Kampf-, Massen-, Protest-, Trauer-, Solidaritäts- usw.; die BZ berichtete am 1. August 1984 (S. 1) sogar von einem «Internationalen *Vollblut-Meeting*» in Hoppegarten; das ND am 29. August 1986 (S. 1) von einem «*Feldmeeting* (der Bruderarmeen)».

Aber auch viele andere anglo-amerikanische Wörter liefern zahlreiche deutsch-englische und englisch-deutsche Komposita, wie (der) *Film* in -amateur, -archiv, -fan, -festival, -musik, -othek, -preis, -star, -theater usw. (zu den zahlreichen neuen anglo-amerikanischen *film*-Komposita vgl. OEDS I, 1972, unter *film*); zu *Atom-, Computer-, -dreß, Disko-, -generation, Hobby-, Mikro-, Mehrzweck-, Mini-, Nicht-, Presse-, Raumflug-, Raumfahrt-, Rock-* siehe jeweils Wörterverzeichnis; (der) *Partner* in Brief*partner*, Bündnis-, Ehe-, Geschäfts-, Gesprächs-, Handels-, Koalitions-, Kooperations-, Pakt-, Praxis-, RGW-, Tausch-, Vertrags-, Wettbewerbs-, Zuliefer-; *Partner*betrieb, -beziehung, -einrichtung, -land, -organisation, -stadt, -universität, -verhältnis, -vertrag, -wahl usw.; – (das) *Quiz* (D 1984 und D 1986) ‹Denksportaufgabe, Frage-und Antwort-Spiel›) wie in Fernseh*quiz*, Literatur-, Schüler-, Sport-, Verkehrs-; *Quizmeister* (neben *Quizmaster*), *Quizmühle* und *Quiztreff,* alle drei in einem Artikel über «Alfred Müllers ‹Quizmühle›» in der BZ vom 26. Juni 1984 (S. 7); – (der) *Service* in Auto*service*, Batterie-, Haushaltsgeräte-, Kunden-, Reifen- usw.; *Service*leistung, -spezialist, -techniker, -zentrum usw.; auf der Leipziger Messe stand die Einrichtung eines *Central Service* mit einem umfangreichen *Service*angebot (BZ vom 29. August 1986, S. 1); – (der) *Sport* in *Sport*angler, -boot, -fischer(ei), -flieger(ei), -funktionär, -geist, -hemd, -hotel, -klub, -medizin, -nachrichten, -reporter, -student, -wagen, -welt, -wissenschaft usw.; *-sport* wie in *Bobsport,* Box-, Eis-, Flug-, Fußball-, Golf-, Leistungs-, Motor-, Segel- usw., ja selbst *Technosport* und *Technosportler* ‹Bergsteiger, der an hohen Gebäuden Reparatur- und Pflegearbeiten ausführt› (D 1986); in Adj.-Komposita wie *sportbegeistert,* -gerecht, -medizinisch, -(s)mäßig usw. (zu den zahlreichen neuen anglo-amerikanischen *sport-, sports*-Komposita vgl. OEDS IV, 1986, unter *sport*). – (der) *Spray* in Antirost-, Duft-, Fuß-, Haar-, Insekten-, Toilex- usw.

Als zweite Komponente zahlreicher Zusammensetzungen dient auch *-zentrum* (engl. *-centre,* amerikan. *-center,* wie *computer-, edu-*

cational-, recreation-, research-, shopping-, etc.), die in der DDR sehr produktiv ist: Ausbildungs*zentrum*, Ausstellungs-, Beratungs-, Bowling-, Camping-, Design-, Dienstleistungs-, Einkaufs-, Erholungs-, Forschungs-, Informations-, Kongreß-, Konsultations-, Kultur-, Organisations-, Rechen-, Sport-, Touristen-, Trainings-, Urlauber- usw. In der BZ vom 23. Juni 1986 (S. 8) wurde von einem *Kinderzentrum* unter dem Motto «Spielen, malen, mitmachen» berichtet.

Neben vielen Zusammensetzungen mit *Show* stehen ebenso zahlreiche mit *Schau* wie in *Show*konzert, -musik, -teil; Bühnen*show*, Fernseh-, Kriminal-, Touristen- usw.; *Schau*kampf, -laufen, -orchester, -programm, -turnen; Foto*schau*, Hobby-, Lehr-, Leistungs-, Messe-, Mode-, Presse-, Spielwaren-, Sport- usw.

Bisweilen erhalten früher übernommene englische Wörter in solchen neugebildeten Zusammensetzungen neue Bedeutungen, wie das Musterwort (die) *Bar* deutlich zeigt, das im Laufe der Zeit eine ständige Bedeutungserweiterung erfuhr. Ursprünglich bedeutete das aus altfranzösisch *barre* stammende englische Wort *bar* (wie in einer Teilbedeutung noch heute) ‹Stange, Stab, Absperrung›. Schon zu Shakespeares Zeit nahm es über ‹Schranke› die Bedeutung ‹Wirtshausschranke› an, die den Gastraum vom Schankraum trennte und in erweiterter Bedeutung auch schon zur Bezeichnung des gesamten Wirtshauses diente (s. OEDS). In dieser letzten Bedeutung gelangte engl. *bar* als deutsch *Bar* ‹(Nacht)Lokal, Schanktisch› im 19. Jahrhundert ins Deutsche. Um die Mitte des 20. Jahrhunderts erfuhr engl. *bar* im Amerikanischen eine erneute Bedeutungserweiterung zu ‹ein Ladentisch oder Teil eines Ladens, wo ein besonderer Warenartikel oder mehrere ausgestellt werden› (WEBSTER III unter *bar* 5d). Als frühester Beleg wird für 1954 aufgeführt, daß in einer Vorstadt New Jerseys eine Dame einen Laden eröffnet habe, den sie *Mi-Lady's Corset Bar* nannte, und für 1965 wird eine *stocking bar* ‹Strumpfbar› (OCDS I, 1972 unter 28.b.) bezeugt. In England weitverbreitet sind die *snack bars* ‹Imbißstuben›, eine Bezeichnung, die jetzt auch Eingang in den D 1986 als (die) *Snackbar* ‹Imbiß-, Speisenbar› gefunden hat. Auch die *sandwich bars* ‹Restaurants, die sich auf Sandwiches spezialisieren, die gewöhnlich auf einem Ladentisch serviert werden› (DNE 1973), erfreuen sich in England großen Zuspruchs. Der *Barkeeper* (engl. *barkeeper*) erscheint schon früh in der englischen Literatur, so bei Richard Steele im «Spectator» 1712 (No. 534), wo es heißt: «I am ... *bar-keeper* of a coffee-house.» In Nachahmung der neueren amerikanischen Bedeutungserweiterung von *bar* bildete man im Deutschen *Plattenbar* und *Strumpfbar* ‹Läden, in denen (Schall)Platten oder Strümpfe verkauft werden›, ja sogar *Absatzbar* ‹Laden, in dem Schuhabsätze sofort repariert werden› (CARSTENSEN 1973/74, S. 10). Zu diesen traten in der DDR (wie wohl zum Teil auch in der BRD) noch solche Komposita wie *Broiler-Bar, Eis-Bar, Grill-Bar, Hausbar, Milchbar, Mokka-Bar* (engl. *coffee bar*), *Tanzbar, Totobar, Vitaminbar* usw. KRISTENSSON (1977, S. 131) bringt für *Schallplattenbar* ‹einer Bar ähnlicher, langer, wie eine Theke angelegter Tresen mit Vorrichtungen zum Schallplattenhören› (DDU 1983) folgenden älteren aufschlußreichen Beleg aus dem ND vom 4. Okt. 1972 (S. 3) bei: «1000 *Schallplattenbars* bringen die Kollektive des VEB Waggonbau Görlitz in diesem Jahr auf den Markt. Diese modernen *Diskotheken* gehören ... zum Wettbewerbsprogramm.»

Eine ähnliche Bedeutungserweiterung wie (die) *Bar* hat deutsch (die) *Bank* unter anglo-amerikanischem Einfluß im Sinne von ‹Ersatzteil-, Vorratslager› erfahren, wie CARSTENSEN (1982a) für die BRD im einzelnen nachweist und wie sie sich auch in der DDR ausbreitet. D 1984 und D 1986 verzeichnen *Blutbank* (engl. *blood bank*) als ‹Zentrale (1986: Sammelstelle) für Blutkonserven› und *Datenbank* (engl. *data-bank*) bereits ohne Erklärung. Im HWDG 1984 steht unter *Datenbank:* ‹(Datenverarbeitung) technische Anlage, die als zentrale Aufbewahrungsstelle von Daten dient und einen schnellen Zugriff zu gewünschten Informationen ermöglicht›. In der BZ vom 1. Febr. 1984 (S. 4) wird berichtet, daß in der Akademie der Wissenschaften der UdSSR eine «*biologische Datenbank* Angaben über Regionen der Taiga speichert». Im ND vom 8./9. Juni 1985 (S. 6) wird über eine *Bank für Katalysatoren* bzw. eine *Katalysatorenbank* im Nowosibirsker Katalysatorinstitut der Akademie der Wissenschaften der UdSSR berichtet. In einem Artikel im ND vom 2./3. August 1986 (S. 3) über «Das kleinste Plattenwerk am Platz der Akademie» in Berlin wurde dieses einleitend als «*Ideenbank* und Fertigungsstätte» und abschließend als «eine regelrechte *Ideenbank*» bezeichnet. Die Hauptbereiche der *Bank*-Komposita sind die Medizin und die Datenverarbeitung. Eine *Organbank* (engl. *organ bank*) ist eine medizinische Einrichtung für die Aufbewahrung und Abgabe von menschlichen Organen zum Zwecke der Transplantation. Eine *Samenbank* (engl. *sperm bank*), von der über die Medien immer wieder aus Amerika und anderen

Teilen der Welt berichtet wird, ist ‹eine Einrichtung, die der Konservierung von Sperma für die Samenübertragung dient›.

Gelegentlich erhalten auch ältere Wörter im Deutschen in Zusammensetzungen unter Einfluß eines gleichartigen Wortes im Englischen in neuerer Zeit eine neue Bedeutung (Lehnbedeutung). Hierbei gehört das Modewort (die) *Szene* im Sinne von ‹charakteristischer Bereich für bestimmte Vorgänge› (engl. *scene*) in *Literaturszene, Opernszene, kulturelle Szene, politische Szene* usw. Es trat als «Wort des Jahres» 1977 in der BRD zuerst in der Verbindung *Drogenszene* nach anglo-amerikanisch *drug scene* in Erscheinung (CARSTENSEN 1986a, S. 134). Von «*Rock-* und *Pop-Gruppen* der *nationalen und internationalen Szene*» war bereits im 26. Kapitel die Rede. Im ND vom 1. April 1987 (S. 8) war zu lesen, daß «zum Ruf Berlins ... nicht zuletzt eine lebendige *Rock- und Popszene* gehört». Das gleiche trifft auch auf neue deutsche Komposita mit *-industrie* (engl. *industry*) zu, wo anglo-amerikanische Zusammensetzungen wie *holiday industry, leisure industry, entertainment industry*, etc. die entsprechenden deutschen Lehnübersetzungen *Vergnügungsindustrie, Freizeitindustrie, Unterhaltungsindustrie* usw. bewirkt haben.

39.
Vollsubstitution anglo-amerikanischer Komposita

Häufig tritt auch die im 11. Kapitel erwähnte Vollsubstitution anglo-amerikanischer Komposita im Deutschen ein, wie in *Geisterschreiber* (s. DDU 1983 unter *Ghostwriter*: ‹Autor, der für eine andere Person, meist eine bekannte Persönlichkeit, besonders einen Politiker, schreibt und nicht als Verfasser genannt wird›) aus engl. *ghost writer*. – *Geister(eisen)bahn* aus engl. *ghost train*. – *Geisterfahrer* (D 1986: ‹auf der falschen Autobahnseite fahrender Kraftfahrer›) aus engl. *ghost driver*. – *Geisterstadt* (DDU 1983: ‹[unheimliche] verlassene Stadt›) aus engl. *ghost town*. – *Geisterwort* (DDU 1983 unter *Ghostword*: ‹Wort, das seine Entstehung einem Schreib-, Druck- oder Aussprachefehler verdankt›) aus engl. *ghost word*.

Auch mit einer Reihe anderer Komponenten als mit englischen Substantiven können durch Lehnübersetzung oder Lehnübertragung deutsche Komposita gebildet werden. Die häufig als erste Komponente von anglo-amerikanischen Zusammensetzungen verwendete *multi-purpose*-Verbindung, wie in engl. *multi-purpose furniture* ‹Mehrzweckmöbel›, ermöglicht als deutsche Lehnübersetzung mit *Mehrzweck-* die Bildung zahlreicher entsprechender und weiterer Komposita, wie *Mehrzweck*gaststätte, -gebäude, -gerät, -halle, -kino, -maschine, -modell, -raum, -reiniger, -tisch, -wagen usw. Dagegen haben die auf engl. *all-purpose* beruhenden *Allzweck*verbindungen nur geringe und gelegentliche Verwendung erfahren wie in ‹*Allzweckgerät*› (engl. *all-purpose tool*) oder ‹*Allzwecktuch*› (engl. *all-purpose cloth*). Nach *Allzweckfahrzeug* (engl. *all-purpose vehicle*) wurde *Allwegfahrzeug* gebildet, wie im ND vom 27. Jan. 1986 (S. 6), wo von «*Allwegfahrzeugen, Kränen* und *Bulldozern*» die Rede ist. – In ähnlicher Weise dient *Wegwerf-* als Lehnübersetzung für engl. *throwaway-* (passivisch, *to be thrown away*), wie in *Wegwerf*besteck, -flasche, -geschirr, -packung, -strumpf, -taschentuch usw., ja sogar *Wegwerfgesellschaft* (aktivisch, *throwing away*) ‹(abwertend) Wohlstandsgesellschaft, in der Dinge, die wiederverwendet werden könnten, aus Überfluß oder zugunsten von Neuanschaffungen o. ä. weggeworfen werden› (DDU 1983). Die englische Bezeichnung für *Wegwerfgesellschaft* ist *waste-oriented society*, zu der als weitere ebenfalls abwertende Bezeichnungen *Wohlstandsgesellschaft* (engl. *affluent society*) und *Konsumgesellschaft* (engl. *consumer society*) getreten sind. Die Komposita mit *Wohlstands-* und *Wegwerf-* als erstem Bestandteil sind Beispiele für vermittelte Entlehnungen über die BRD. Im D 1984 sind noch keine *Wegwerf*-Verbindungen aufgeführt, im D 1986 nur *Wegwerfwindel*. – Von den vielen euphemistischen *Einweg-* für *Wegwerf-*Komposita in der BRD, wie *Einwegfeuerzeug, Einwegflasche, Einwegglas, Einwegspritze, Einwegverpackung* usw., hat bisher nur die *Einwegflasche* ‹nicht wiederverwendbare Flasche› Aufnahme in den D 1986 gefunden (im D 1984 ist *Einweg-* noch nicht vorhanden). Bei *Einweg-* handelt es sich bereits formal deutlich um eine Lehnübersetzung von engl. *one-way*, etwa in *one-way street* ‹Einbahnstraße›, *one-way ticket* ‹einfache Fahrkarte›, *one-way traffic* ‹Einbahnverkehr› mit Erweiterung auf Gegenstände des täglichen Gebrauchs. – Auch das fachsprachliche *Stereo-, stereo-* als Kurzform des englischen Adjektivs *stereophonic* oder Substantivs *stereophony* ‹Raumtonwiedergabe› ist in zahlreichen Komposita auch in der DDR allgemein bekannt und verbreitet, etwa in *Stereo*anlage, -empfang, -fernseher, -film, -fotografie, -gerät, -kassettenrecorder, -lautsprecher, -plattenspieler, -radio, -rundfunk, -sendung, -tonband(gerät) usw. Häufig wird *stereo* auch in der Wendung ‹eine Sendung *in Stereo* oder *stereo* empfangen› gebraucht. – Oft tritt zu den im Handel angebotenen *Stereo*-Rundfunk- und Verstärkergeräten attributives *Hi-Fi* aus engl. *hi-fi* /'haifi/, auch /'hai'fai/, mit Kürzung aus engl. *High Fidelity* (D 1984 und D 1986: ‹hohe Wiedergabequalität elektroakustischer Übertragungssysteme›), engl. eigentlich ‹hohe (Original)Treue›: *Hi-Fi*-Anlage, -Plattenspieler, -Schallplatte, -Stereoanlage, -Technik, -(Stereo)Turm usw. – Die Tagespresse in der DDR berichtete wiederholt von *Beinahe-Kollisionen* (engl. *near-collisions*), wie etwa die BZ am 24. Jan. 1984 (S. 1), denen sich andere *Beinahe*- (engl. *near*) Komposita wie *Beinahe*-Unfall, *Beinahe*-Katastrophe, *Beinahe*-Zusammenstoß angeschlossen haben. – Wie die *Beinahe*- sind wohl auch die *Sofort- (immediate)* Komposita Lehnübertragungen aus dem Englischen, etwa *Sofort-Wirkung* nach *immediate effect* und *Soforthilfsprogramm* nach *immediate aid program(me)*. Im WDG steht unter *Sofort-*: «Neuprägung zu *sofort*», und es werden dort folgende neue Komposita angeführt: *Sofortaktion, Soforteinsatz, Soforthilfe, Sofortmaßnahme, Sofortprogramm, Sofortverbrauch*. Der Terminus *Soforthilfe* erscheint als Euphemismus nach englisch *immediate aid* bereits in den «Anweisungen der Pressekonferenz der Reichsregierung des Dritten Reiches» vom 16. März 1944 im letzten, für Deutschland besonders verheerenden Kriegsjahr, worin es heißt: «Das Reichsministerium für Volksaufklärung und Propaganda hat gebeten, das Wort ‹Katastrophe› aus dem gesamten Sprachgebrauch auszumerzen und an Stelle des Wortes ‹Katastropheneinsatz› das Wort ‹Soforthilfe› zu verwenden» (FRIMAN 1977, S. 312). Neuerdings werden die *Sofort-* (aus engl. *immediate*) Komposita durch *Sofort-* (aus engl. *instant*) Komposita (nach dem Muster von engl. *instant coffee, -food, -pudding, -tea*, etc.) verstärkt: *Sofortbild* (engl. *instant picture*), *Sofortbildkamera* (engl. *instant camera*), *Soforterleichterung* (engl. *instant relief*). –Auch zahlreiche neue deutsche *Nicht-, nicht-*Verbindungen gehen auf anglo-amerikanische *non-*Komposita zurück, wie *Nichtanerkennung* (polit.) auf *non-recognition, Nichtangriffspakt* auf *non-aggression pact, Nichteinmischung* auf *non-intervention, Nichtmitglied(schaft)* auf *non-member(ship)* usw. Das WDG bucht unter *Nicht-, nicht-* folgende Wörter als Neuprägungen: *nichtarbeitend* – ‹es werden Arbeitskräfte aus der *nichtarbeitenden* Bevölkerung (aus dem Teil der Bevölkerung, der nicht berufstätig ist) gesucht›; *nicht-organisiert* (‹keiner Partei oder Massenorganisation angehörend›); *nichtpaktgebunden* (‹*nichtpaktgebundene* Staaten, Länder›); *Nichtrauchergaststätte; Nichtweiterverbreitung* (‹ein Vertrag über die *Nichtweiterverbreitung* von Kernwaffen›). FLEISCHER (1984, S. 13) bemerkt hierzu: «Syntaktische Wortverbindungen mit einer Negation vermögen die Zuordnung eines Gegenstandes zu einer vorhandenen Begriffsklasse zu negieren, Wortbildungskonstruktionen mit *nicht-* (*Nicht-*) dagegen ordnen in eine neue Begriffsklasse ein: *Er ist kein Fachmann – Er ist ein Nichtfachmann*; vgl. ferner ... *Nichtschwimmer, -leser-, -raucher.*»

Viele moderne adjektivische und substantivische *Hoch-, hoch-*Komposita beruhen auf englisch *high,* etwa in der stehenden diplomatischen Redewendung *Die Hohen vertragsschließenden Seiten* oder *Parteien* nach engl. *The high contracting parties,* oder *hochrangige Delegationen* usw. nach engl. *high-ranking delegations,* etc. Im ND stand zum Beispiel am 3. Jan. 1984 (S. 2) «*hochintegrierte* [engl. *highly integrated*] Schaltkreise für Kleinrechner»; und am 2. Febr. 1984 (S. 3) «*hochqualifizierte* [engl. *highly qualified*] Facharbeiter»; und (S. 5) «*Hochrüstungsprogramm* der USA-Regierung» und «*Hochzinspolitik*». Weitere Belege aus dem ND und der BZ sind: *hochaktuell, Hochform* (im Sport), *hochtrainiert, hochindustrialisiert, Hochkonjunktur, hochkonzentriert, hochkultiviert, Hochleistungsschicht* neben *Höchstleistungsschicht* (im ND vom 21. Aug. 1984, S. 1), *Hochleistungssport* (engl. *high-performance sport*), *hochmechanisiert, hochmodern, hochmodisch, hochproduktiv, Hochfrequenz, Hochtechnologie* nach amerikanischem *high technology* usw. Über neuere Wendungen in der DDR wie «Mit *hohem* Schrittmaß weiter auf gutem Kurs» berichtet RÖSSLER (1979). – Auf anglo-amerikanischem Vorbild beruhen auch einige deutsche *Lang-, lang-*Komposita wie *Langspielband* nach *long-playing* [LP] *tape, Langspielplatte* nach *long-playing record, Langstreckenflug* nach *long-distance flight, Langstreckenrakete* nach *long-distance* oder *long-range rocket, Langzeitflieger* (so im ND vom 17. Aug. 1984, S.1) nach *long-time flyer,* usw. Im ND wird am 2. Febr. 1984 (S. 5) von einer *Langzeiteinschätzung* (engl. *long-term estimation*) der Regierung der USA gesprochen, am 27. Jan. 1987 (S. 6) von *Langzeitarbeitslosen* (engl. *long-term or longtime unemployed* or *jobless*) und *Langzeitarbeitslosigkeit* (engl. *longterm* oder *long-time unemployment*). Einen Tag später wird daselbst

(S. 3) von «*Langzeitfaktoren* des Wachstums» am Schluß der Rede Gorbatschows auf der Tagung des ZK der KPdSU im Januar 1987 berichtet. Entsprechend werden die *Kurz*-Komposita verwendet, wie deutsch *Kurzstreckenbetrieb* nach *engl. short-distance traffic, Kurzstreckenflug* nach *short-distance flight, Kurzzeitarbeitslose* Pl. (engl. *short-term* or *short-time unemployed* or *jobless*), *Kurzzeitarbeitslosigkeit* (engl. *short-term* or *short-time unemployment*), *Kurzzeitgedächtnis (engl. short-time memory), Kurzzeitparken* (engl. *short-term parking*), *Kurzzeittherapie* (engl. *short-time therapy*), *Kurzzeitwirkung* (engl. *short-time effect*).

Auf anglo-amerikanischem Vorbild beruhende Komposita mit *Leicht- (light-)* und *Schwer- (heavy-)* neueren Datums (Neologismen) sind: *Leichtbau, Leichtbauweise* (engl. *light-weight construction*), *Leichtbenzin* (brit.-engl. *light petrol*, amerikan.-engl. *gasoline*), *Leichtflugzeug* (engl. *light [air-] plane*), *Leichtlastwagen* (engl. *light lorry*, amerik. *truck*), *Leichtmetallbau* (engl. *light-metal construction*), *Leichtmotorrad* (engl. *light motorcycle*); *Schwerbenzin* (engl. *heavy petrol*, amerik. *gasoline*), *Schwerbeton* (engl. *heavy [-aggregate] concrete*), *Schwerchemikalien* (engl. *heavy chemicals*), *Schwerindustrie* (engl. *heavy industry*), *Schwerlastkran* (engl. *heavy [-duty] crane*), *Schwerlastwagen* (engl. *heavy [duty] lorry*, amerik. *truck*), *Schwermetall* (engl. *heavy metal*). Die anglo-amerikanischen Bezeichnungen *air-, ground-, land-, sea-, ship-* und *submarine-based (or launched) rockets* haben ihre deutschen Entsprechungen in den *luft-, land-, see-* usw. *gestützten Raketen*.

Auch suffixartige oder suffixoide zweite Bestandteile englischer Komposita wie *-conscious* und *-proof* als Vorbilder für deutsch *-bewußt* und *-sicher* greifen in unserer Zeit weiter um sich. Das OEDS I (1972) bringt Belege für *clothes-conscious, colour-conscious, dress-conscious, history-conscious, money-conscious, weight-conscious* und *woman-conscious*, denen die marxistisch-leninistischen Termini *class-conscious* / *klassenbewußt* und *class-consciousness* / *Klassenbewußtsein* (s. KLAUS/BUHR unter *Klassenbewußtsein*) vorangegangen waren. Weitere deutsche Zusammensetzungen mit *-bewußt* sind etwa noch *fortschrittsbewußt, geschichtsbewußt, modebewußt, nationalbewußt, staatsbewußt, umweltbewußt* usw. mit den entsprechenden Substantiven auf *-sein*. – Beispiele für die *-proof* / *-sicher*-Kombinationen sind etwa *bomb-proof* / *bombensicher, bullet-proof* / *kugelsicher, burglar-proof* / *einbruchssicher, crisis-proof* / *krisensicher, earthquake-proof* / *erdbebensicher, fire-proof* / *feuersicher*, *gas-proof / gassicher, frost-proof / frostsicher, rain-proof / regensicher, splinter-proof / splittersicher, success-proof / erfolgssicher, theft-proof / diebessicher* usw. Zum Teil werden die englischen *proof*-Verbindungen auch durch andere Wörter ersetzt, wie *kiss-proof* durch *kußecht, kußfest, run-proof* neben *laufmaschensicher* auch durch *maschenfest, shrink-proof* durch *schrumpffest* oder *schrumpffrei, sound-proof* durch *schallsicher* oder *schalldicht, sun-proof* durch *lichtfest* oder ‹*für Sonnenstrahlen undurchlässig*›, *weather-proof* durch *wetterfest* oder *wetterdicht*, und andere mehr. Ein sprachlogisch recht zweifelhaft gebildetes Kompositum ist *pflegeleicht* nach engl. *easy-care* in äußerlicher Anlehnung an *federleicht* und *kinderleicht*.

Ein weiteres modisches suffixoides Wort ist englisch -*friendly* / deutsch -*freundlich*, das im Deutschen nach dem Muster älterer -*freundlich*-Verbindungen wie *gastfreundlich, menschenfreundlich, regierungsfreundlich* usw. im Sinne von ‹freundlich gegen(über)› nunmehr nach anglo-amerikanischem Vorbild im Sinne von ‹angenehm für› an immer weitere Substantive zur Bildung neuer zusammengesetzter Adjektive herantritt, wie *benutzerfreundlich / user-friendly, familienfreundlich / family-friendly, hautfreundlich / skin-friendly, kontroll-* oder *bedienungsfreundlich / control-friendly, kundenfreundlich / customer-friendly, leserfreundlich / reader-friendly* und viele weitere Bildungen dieser Art.

40.
Anglo-amerikanische und deutsche Blockkomposita und Abkürzungen

Auf anglo-amerikanischen Einfluß ist wohl auch die verstärkte Tendenz zur Bildung deutscher Blockkomposita, das heißt mehrgliedriger Zusammensetzungen von Substantiven, in solchen Fällen zurückzuführen, wo sie früher nicht üblich waren. So treten zum Beispiel an die Stelle präpositionaler Fügungen oft direkte Zusammensetzungen, wie etwa *Moskau-Reise* statt *Reise nach Moskau, Berlin-Aufenthalt* statt *Aufenthalt in Berlin*, besonders im Zeitungs- und Nachrichtenstil. Sie erscheinen häufig auch in Kurzfassungen für Veranstaltungen. So fand etwa in der Zeit vom 1. bis 6. April 1986 in Westberlin ein weiterer *Welt-Shakespeare-Kongreß*

(= *World Shakespeare Congress*) der ISA (= *International Shakespeare Association*) statt, das heißt: ‹ein von Shakespeare-Gelehrten aus aller Welt besuchter Kongreß, der sich mit Shakespeares Werken befaßte und von der Internationalen Shakespeare-Assoziation durchgeführt wurde›. Oft übersteigt ein komprimiertes Kompositum wie *Hallenvergleich* (in der BZ vom 1. Febr. 1984, S. 6), in dem einige gedankliche Zwischenglieder sprachlich nicht ausgedrückt sind, für ‹Wettbewerb zum Leistungsvergleich der Leichtathleten in einer Halle›, bereits die Grenzen des Verständnisses und sprachlich Verträglichen. Schon vor mehr als zwei Jahrzehnten stellte der bekannte Londoner Anglist QUIRK (1968, S. 173) fest, daß die verbindungslose Aneinanderreihung von Substantiven nicht nur im Bereich der Naturwissenschaften und der Technik üblich sei, sondern auch der alltäglichen Sprache angehöre: «Wir haben nicht nur ‹Erfrischungsraum› *(refreshment room)* und ‹Eisenbahnstation› *(railway station)*, sondern auch ‹Eisenbahnstationerfrischungsraum› *(railway station refreshment room)*, von welchem nur wenige gern sähen, daß er in einen ‹Raum für Erfrischung auf der Station jener Wegart, welche aus Schienen besteht› aufgegliedert würde.» Auf das anglo-amerikanische Bildungsmuster weist schon äußerlich eine DDR-Blockbildung in der BZ vom 3. Aug. 1988 (S. 7) hin, wo zu einem *Open-Air-erstklassigen-Familien-Nachmittag* (engl. *open-air-classic-family-afternoon*) eingeladen wurde. Dasselbe zeigte auch die Bildung *Alternativundergroundpoet* (s. S. 31).

Diese Tendenz der Blockbildung von Substantiven wurde noch vor hundert Jahren von dem amerikanischen Schriftsteller Mark Twain in seinem humorvollen Reisebuch «A Tramp Abroad» 1880 in einem Aufsatz über «The Awful German Language» («Die schreckliche deutsche Sprache») unter anderem wie folgt verspottet: «*Freundschaftsbezeigungen* scheint ‹Friendship demonstrations› zu sein, was nur eine törichte und unbeholfene Ausdrucksweise für ‹demonstrations of friendship› ist. *Unabhängigkeitserklärungen* scheint ‹Independencedeclarations› zu sein, was keinerlei Verbesserung gegenüber ‹Declarations of Independence› ist, soweit ich es sehen kann. *Generalstaatsverordnetenversammlungen* scheint ‹Generalstatesrepresentativesmeetings› zu sein, soweit ich es verstehen kann. ... Wir hatten einst eine ganze Menge dieser Art von Verbrechen in unserer Literatur, doch das hat nun aufgehört.» Aufschlußreich ist in diesem Zusammenhang SCHÖNFELDERS (1957, S. 230[3]) Hinweis, daß nach den Angaben in «A Mark

Twain Lexicon» von Robert L. Ramsay und Frances G. Emberson (The University of Missouri Studies, Band XIII, 1938) «mehr als 1400 Zusammensetzungen von Mark Twain verwendet werden, die in keinem anderen Lexikon gebucht sind. Davon sind 35 Zusammensetzungen Lehnübersetzungen aus dem Deutschen bzw. Lehnschöpfungen nach einer deutschen Vorlage.» Schon 1847 hatte Jacob Grimm in seiner Berliner Akademie-Rede «Über das Pedantische in der deutschen Sprache» empfohlen: «enthaltsamkeit im anwenden der zusammensetzungen (durch welche Campe sein wörterbuch ohne tiefere sprachkenntnis anschwellte)» (GRIMM 1984, S. 57). MENCKEN (1947, S. 159) vermutet, daß «der deutsche Einfluß auch etwas mit der außerordentlichen Leichtigkeit zu tun haben mag, mit der das Amerikanische Komposita bildet. In den meisten anderen Sprachen ist dieser Vorgang selten, und das Englische hinkt weit hinter dem Amerikanischen her. Doch im Deutschen ist er nahezu unbegrenzt.» Danach wäre der heutige amerikanische Einfluß auf die Bildung neuartiger deutscher zusammengesetzter selbständiger Wörter eine Umkehrung des früheren Vorgangs. Eine ähnliche Umkehrung früherer Verhältnisse läßt sich auch auf anderen kulturellen Gebieten der angelsächsischen und deutschen Welt feststellen. Während zum Beispiel das übertriebene Händeschütteln oder der Händedruck im England des 19. Jahrhunderts im Gegensatz zu Deutschland allgemein üblich war, hat sich dieser Brauch im 20. Jahrhundert umgekehrt (s. FINKENSTAEDT 1982, S. 31 f.). Beispiele übermäßig ausgedehnter Blockkomposita sind in der DDR-Presse und Praxis ungemein häufig, etwa *Automatisierungsanlagenbauer* (in der BZ vom 1./2. Aug. 1987, S. 3), *Arbeiterwohnungsbaugenossenschaft, Europapokalwettbewerbe, Farbfernsehversuchssendung, Freizeitartikelindustrie* (im ND vom 4. Aug. 1984, S. 2) , *Kreisparteikontrollkommission, Nichtraucherselbstbedienungsgaststätte, Pin-up-Girl-Kollektion* (in der BZ am 6. Juli 1984, S. 7), *Turnolympiamedaillengewinnerin* (in der BZ am 25. Juli 1984, S. 7) usw.

Häufig werden Komposita in Verbindung mit Abkürzungen gebraucht und erweitert, wie *UNO-Plenarsitzung* oder *-Vollversammlung* (engl. *United Nations Organization-Plenary Assembly* or *-Meeting*), *USA-Geheimdienst* (engl. *United States of America-Secret Service*), *USA-Weltraumbehörde NASA* (engl. *United States of America-National Aeronautics and Space Administration*), *SDI-Programm* oder *Projekt* (BZ vom 20. Febr. 1986, S. 4), wobei die Abkürzung

SDI für die von der amerikanischen Regierung offiziell in Umlauf gesetzte verhüllende und verharmlosende, ja geradezu irreführende Bezeichnung *Strategic Defense Initiative* steht, während man vor dem weltweiten Protest gegen die amerikanischen Weltraumwaffenpläne noch offen von *Star War Plans* ‹Sternenkriegsplänen› gesprochen hatte. Zu den *CAD/CAM-Arbeitsstationen, CAD/CAM-Lösungen* hieß es in der BZ vom 22./23. Febr. 1986 (S. 9) in einem größeren Artikel mit der Überschrift «*CAD/CAM* wirkt bis an den Arbeitsplatz»: „*CAD/CAM* ist eine *Schlüsseltechnologie [key technology]*, mit der man hohe Produktivität erreicht: *Mikroelektronische Rechner [microelectronic computers]* mit Bildschirm werden arbeitsplatzbezogen eingesetzt (daher *Personalcomputer*), und zwar für *rechnergestützte Projektierung* oder *rechnergestützten Entwurf (CAD = Computer Aided Design)* und *rechnergestützte Fertigung* oder *Produktionssteuerung (CAM = Computer Aided Manufacturing)*. In diesem Jahr werden in der *DDR-Industrie* mindestens 500 weitere *CAD/CAM-Arbeitsstationen* eingerichtet. ... Bis zum XI. Parteitag der SED (er beginnt am 17. April) sollen weitere 61 *CAD/CAM-Lösungen* hinzukommen.» Am 20. März 1986 wurde in einer wissenschaftlichen Sitzung des Plenums der Akademie der Wissenschaften der DDR ein Vortrag über «Rechnergestützte Vorbereitung und automatisierte Durchführung der Produktion *(CAD/CAM)*» gehalten. Am 27. Jan. 1987 stand im ND (S. 6) ein längerer Artikel über «die *Langzeitarbeitslosigkeit* in einem *OECD-Bericht* eines *OECD-Experten* der *OECD-Länder*», worunter die 24 industriell entwickelten kapitalistischen Staaten zu verstehen sind (*OECD = Organization for Economic Cooperation and Development* ‹Organisation für wirtschaftliche Zusammenarbeit und Entwicklung› in Paris seit 1961). Die Abkürzungen selbst stellen in sich weitere Komposita dar. Sie erschweren in ihrer heute kaum noch oder gar nicht mehr übersieh- und beherrschbaren Flut die sprachliche Kommunikation, so sprachökonomisch sie auch sein mögen. Hinzu kommt, daß sie oft vieldeutig sind, wie etwa die Abkürzung *ABC* (s. Abkürzungswörterbücher).

41.
Anglo-amerikanische und deutsche Affixe griechisch-lateinischer Herkunft

Eine besondere Bedeutung und stark vermehrte Anwendung erfuhren nach dem Zweiten Weltkrieg im Atom-, Computer-, Roboter-, Automatisierungs-, Rationalisierungs- und Weltraumzeitalter eine Reihe von Affixen, die in ihrer griechisch-lateinischen Form meist durch anglo-amerikanische Vermittlung sich über die ganze Welt ausbreiteten. Ohne das Präfix *Mikro-, mikro-* (*micro-*, zu griech. *mikrós* ‹klein, kurz, gering›) kommt keine moderne wissenschaftliche Terminologie mehr aus. An der Spitze steht die für alle Lebensgebiete immer bedeutungsvoller werdende *Mikroelektronik* aus engl. *microelectronics* mit dem Adjektiv *mikroelektronisch*, engl. *microelectronic*. Es folgen (in alphabetischer Reihenfolge): (die) *Mikroanalyse, Mikrobiologie, Mikrochemie, Mikrochirurgie,* (der) *Mikrocomputer, Mikrofilm,* (das) *Mikroklima,* (der) *Mikrokosmos, Mikroorganismus,* (die) *Mikrophysik,* (der) *Mikroprozessor* (seit 1971), *Mikrorechner,* (die) *Mikrostruktur, Mikrotechnik* usw. Eine Überschrift im ND vom 17. Juli 1984 (S. 1) lautete «Zeitgewinn bei *Mikrorechner-Terminals*». Ebenso häufig sind die entsprechenden *Makro-, makro-*Verbindungen (*macro-*, zu griechisch *makrós* ‹groß, lang, ausgedehnt›). Neben dem Präfix *Mikro-, mikro-* für technische Bezeichnungen steht das gleichfalls zur Bildung entsprechender Komposita häufige *Mini-* für nichtfachgebundene Ausdrücke wie in *Miniauto, Minicomputer, Minifamilie, Minifestival, Minigerät, Minigolf, Minikino, Minikleid, Minimode, Minirock* usw. Die BZ berichtete am 27. Juni 1984 (S. 3) von einem *Minimarkt,* am 17. Juli 1984 (S. 12) von einem *Minisommer,* am 26. Juli 1984 (S. 12) von einem *Minipark,* am 13. Aug. 1984 (S. 4) von *Minibüchern* und am 16. Okt. 1984 (S. 12) von einer Zirkuszauberei mit Verwandlung von *Mini-Tauben* in *Maxi-Gänse*. Das ND berichtete am 18./19. Aug. 1984 von einer *Mini-Sternwarte,* am 24. Aug. 1984 (S. 4) von einer *Mini-Boutique*. Als verselbständigtes Substantiv bedeutet modisches engl. *mini* (der oder das) *Mini* im Deutschen ‹*Minikleid, Minimantel, Minimode, Minirock*›, aber auch ‹Kleinstwagen›. Weitere einfache und zusammengesetzte modische *Maxi*-Bildungen sind: (das) *Maxi* ‹Maximode› und (der) *Maxi* ‹Maxirock›, engl. *maxi-* in deutsch *Maximode, Maximantel, Maxikleid*, engl. *maxixcoat, maxidress*. Zwischen *Mini*(-) und *Maxi*(-) steht die an *Mini*(-) angelehnte Neuprägung (das) *Midi* (D 1986: ‹wadenlange Rock-, Kleider- und Mantelmode›). Auch in Zusammensetzungen wie *Midikleid, Midimode* usw., engl. *to wear midi*, deutsch *Midi tragen*, engl. *midi-coat, midi-dress* (s. LANGENSCHEIDTS GROSSWÖRTERBUCH). In der DDR-Presse erscheint seit 1986 auch häufig das Kompositum *Midi-Buch*. In einem Katalog der Evangelischen Buchhandlung in Karl-Marx-Stadt wurden im Sommer 1988 angeboten: «*Mini-Bücher* (ca. 6 × 6 cm) und *Midi-Bücher* (ca. 11 × 7 cm)». Das OEDS II (1976) verzeichnet unter *midi-* «in Nachahmung von *Maxi-* und *Mini-*, zur Bezeichnung von Kleidern, die länger als *mini-*, aber kürzer als *maxi-* sind», einen ersten Beleg vom Dez. 1967, der lautet: «Im Gegensatz zum *Minirock (miniskirt)* hat ein Rock, dessen Länge bis zur mittleren Wade reicht, die Bezeichnung *Midirock (midiskirt)* erhalten.»

Immer wieder wurden und werden in der DDR (und nicht nur hier) neue Komposita mit dem Präfix *Inter-, inter-* gebildet, und zwar weniger in der alten Bedeutung von ‹Zwischen-, zwischen-› (aus latein. *inter* ‹zwischen, unter›), wie in *interalliiert, Intercity-Zug* (seit 1971), *interdisziplinär, interkontinental, interparlamentarisch, interterritorial* usw., vorwiegend in Verbindung mit Adjektiven, als vielmehr in der neuen aus *international* (= *inter* + *national*, d. h. nicht staatlich begrenzt) verkürzten Bedeutung, vorwiegend in Verbindung mit Substantiven.

Ältere Präfixe, die auch in der DDR zur Bildung oder Übernahme zahlreicher Neuwörter geführt haben, sind *Anti-, anti-, Ex-, ex-, Neo-, neo-, Ultra-, ultra-*, wie etwa in *Antiimperialismus, antiimperialistisch, Antikriegsmeeting, Antisatelliten-Waffen(system)* (ND am 1. Febr. 1984, S. 4, oder am 5. Aug. 1987, S. 1), wobei sich die *Anti-, anti-*Reihe beliebig fortsetzen läßt. – *Ex-Diktator, Ex-Europarekord, Ex-Größe, Ex-Minister, Exweltmeister* usw. – *Neokolonialismus* (engl. *neocolonialism), neokolonialistisch* (engl. *neocolonial), Neofaschismus* (engl. *neofascism), Neofaschist, neofaschistisch* (engl. *neofascist), Neophobie* (engl. *neophobia*) ‹Neuerungsscheu› usw. – *Ultrahochfrequenz* (engl. *ultrahigh frequency), Ultramikrochemie* (engl. *ultramicrochemistry), ultranational* (engl. *ultranational), Ultrakurzwelle* (engl. *ultrashort wave), Ultraschall* (engl. *ultrasound*) usw.

Sehr fruchtbar ist in unserer Zeit der Superdimensionalität vor allem das Präfix *Super-, super-*, etwa in *Supermacht*, meist im Plural als *Supermächte* (engl. *superpowers*) mit Bezug auf die USA und die UdSSR gebraucht. W. T. R. Fox schrieb 1944 in seinem Buch «Super-Powers» (II, 20): «There will be ‹world powers› and ‹regional powers›. These world powers we shall call ‹super-powers›» (s. OEDS IV, 1986, S. 641 unter *super-power 3.*). *Supermark(e)t* (engl. *supermarket*), *Superstar* (engl. *superstar*), *Supertanker* (engl. *supertanker*), *Supertrawler* (engl. *supertrawler*) usw.; *superfein, superhart, supermodern* usw. Die BZ schrieb am 14. Aug. 1984 (S. 1): «Förderbrücke bewältigt *Supermenge*». Eine neue (1987) in der DDR hergestellte ‹Damenfeinstrumpfhose› mit dem Namen *soft* wird als *superelastisch* angepriesen. Schließlich kann *super* umgangssprachlich englisch und deutsch auch als indeklinables Adjektiv im Sinne von ‹überragend, vorzüglich, begeisternd›, verwendet werden, z. B. ‹die Schau ist *super*›, ‹sie tanzt *super*›, ‹ein *super* Kerl, Auto, Mädchen› usw. *Super-, super-* ersetzt somit veraltendes französisches *sü'perb, su'perb* (D 1986: ‹vorzüglich, prächtig, auserlesen›; engl. *super* wird hier nur in Zusammensetzungen gebucht). Auch als Substantiv besteht (das) *Super* als selbständige Kurzform von *Superbenzin*, meist ohne Artikel gebraucht (‹man tankt *Super*›).

Die häufig gebrauchten anglo-amerikanischen Komposita mit *multi-*, wie *multilateral* (D 1984 und D 1986: ‹mehrseitig›; HWDG 1984: ‹in der Politik: von mehreren Partnern ausgehend, mehrere Partner zugleich betreffend›), *multinational* (D 1984 und 1986: ‹aus vielen Nationen bestehend, viele Nationen betreffend›), *multivalent* ‹vielwertig, vielseitig› usw., dienen heute als Bildungsmuster für weitere neue *multi*-Verbindungen im Deutschen, wie *multifunktional, multilingual, multimedial* usw. Es werden auch immer wieder neue *Multi*-Komposita nach anglo-amerikanischem Muster gebildet, wie *Multispektralkamera* (D 1986), *Multimediasystem, Multivision* usw. (DDU 1983). Die BZ berichtete am 12. Febr. 1988 (S. 8) über einen «ins Schleudern geratenen *Multicar*, der drei parkende PKW rammte», wobei (der) *Multicar* eine Klammerform aus engl. *multi(-purpose)-car* ‹Mehrzweckwagen› darstellt und das letzte Glied *-car* selbst eine Verkürzung von *Autocar* ist (D 1986: der C a r /kaːr/ Kurzwort). Das verselbständigte Subst. (der) *Multi*, meist im Plural als die *Multis* gebraucht, stellt eine Kürzung aus *multinationale(r) Konzern(e)* dar (D 1986). Die BZ berichtete am 26. Jan. 1987 (S. 5) über den australischen «*Medien-Multi* Murdoch» in London. Neben *multi-* steht das fach- und bildungssprachliche Adj.

multipel (D 1984 und D 1986 ‹vielfältig›) nach franz.-engl. *multiple*. Im «Spectrum» Heft 4/1987 (Rückseite) hieß es z. B.: «So fanden konkrete Erfahrungen *multiple* Anwendungen.» Bekannt ist *multiple* in der DDR (wie auch anderswo) vor allem in den Verbindungen *Multiple Sklerose* (= M. S.) (D 1984 und D 1986: ‹Krankheit des Zentralnervensystems›), engl. *multiple sclerosis*, und *Multiple-choice-Test* oder *-Verfahren* nach engl. *multiple-choice test*; letzteres zumindest in seiner Anwendung, z. B. beim Lehrgang für Autofahrschüler = ‹Prüfungsmethode oder Test, bei dem der Prüfling unter mehreren vorgegebenen Antworten eine oder mehrere als richtig kennzeichnen muß› (DDU 1983). Neuerdings berichtet die DDR-Presse über ein geplantes amerikanisches *Multiple Launch Rocket System* (MLRS) als *Mehrfach-Raketenwerfer-System*, z. B. in der BZ vom 14. Febr. 1989 (S. 1), wobei allerdings für *Multiple* irrtümlich *Mutiple* steht. Gleichfalls in der DDR-Praxis viel verwendet, doch noch nicht mit seiner entsprechenden anglo-amerikanischen Benennung im D 1986 verzeichnet, ist der *Overheadprojektor*. Er wird wohl vom DDR-FREMDWÖRTERBUCH 1985 in den nächsten DDR-Duden mit der Definition ‹Projektor, der auch zum Schreiben und Zeichnen benutzt werden kann und das Bild über den Kopf des Vortragenden rückseitig von ihm projiziert›, überwechseln (müssen).

Oft ist es besonders bei den aus lateinischen Präfixen + lateinischen Stammwörtern bestehenden Zusammensetzungen nur mit Quellenforschung möglich, ihren Ursprung zu bestimmen. So handelt es sich z. B. bei dem modernen Begriff *Koedukation* (D 1984 und D 1986: ‹Gemeinschaftserziehung von Knaben und Mädchen›) um eine deutsche Entlehnung aus engl. *coeducation*. Das OEDS I (1972) bringt für *coeducation* den frühesten Beleg aus dem «Pennsylvania School Journal» I, 9, im Jahre 1852: «*Koedukation* der Geschlechter, die Unterrichtung von Knaben und Mädchen in demselben Raum und in derselben Klasse, wird von vielen als ein Übel angesehen.» Nach dem Muster von *Koedukation* bildete man deutsch *Koproduktion* ‹Gemeinschaftsfilm mehrerer Länder›. Dagegen ist die aktuelle politische Benennung *(friedliche) Koexistenz* (D 1984 und D 1986: polit. ‹Nebeneinander von Staaten mit unterschiedlichen Gesellschaftsordnungen›) eine anglo-amerikanische Lehnübersetzung aus dem Russischen (s. S. 155). Die Vorstellung und die Bezeichnung *friedliche Koexistenz* gehen auf Lenin zurück, der «die Notwendigkeit der Koexistenz von sozialistischen und kapitalistischen Staaten bereits 1915 voraussagte» (s. KLAUS/BUHR, S. 435). Das OEDS I (1972) bringt einen Beleg einer übersetzten Äußerung Lenins aus dem «New York Evening Journal» vom 21. Febr. 1920: «Sie fragen mich nach unseren Plänen in Asien. Sie sind die gleichen wie in Europa: friedliches, gutnachbarliches Zusammenleben mit allen Völkern; mit den Arbeitern und Bauern aller Nationen.» Aus dem «Economist» vom 30. Okt. 1954 wird im OEDS I (1972) zitiert: «*Friedliche Koexistenz (Peaceful co-existence)* ist seinem Ursprung nach eine kommunistische Bezeichnung, obgleich sie von westlichen Staatsmännern übernommen worden ist.» – Überaus weitverbreitet und produktiv ist das anglo-amerikanische Suffix *-ize* /-aiz/ zur Ableitung von Verben gelehrten Charakters, und zwar von Adjektiven (*popular* zu *to popularize* = *popularisieren*) und von Substantiven (*terror* zu *to terrorize* = *terrorisieren*). Nach anglo-amerikanischem Vorbild nahm und nimmt in neuerer und neuester Zeit auch die Zahl der auf den entsprechenden anglo-amerikanischen Verben beruhenden deutschen Verben auf *-isieren* zu. Besonders produktiv ist der Typ *to popularize* mit der Grundbedeutung ‹(populär) machen› = *to make popular* (vgl. HANSEN 1982 im Sachindex unter *-ize* und LEHNERT 1971, S. 191–195). Hierher gehören Verben wie *canalize* = *kanalisieren, computerize* = *computerisieren, privatize* = *privatisieren, problematize* = *problematisieren, sensibilize* = *sensibilisieren* usw. Dazu treten zahlreiche anglo-amerikanische Verben auf *-ate* /-eit/ (s. LEHNERT 1971, S. 159–171), die im Deutschen in die *-ieren-*Reihe eingeordnet wurden, wie *delegate* = *delegieren, frustrate* = *frustrieren, initiate* = *initiieren, integrate* = *integrieren, regenerate* = *regenerieren*. Die Reihe ließe sich beliebig fortsetzen, da immer wieder neue Verben auf *-ieren* und Substantive auf *-ierung* dazukommen. CARSTENSEN (1986a, S. 132) schreibt dazu: «Häufig waren in unserer Zeit Verben auf *-ieren* wie *akklimatisieren, aktualisieren, artikulieren, vorprogrammieren, operationalisieren, problematisieren, kanalisieren, sich profilieren, interpretieren, polarisieren, herauskristallisieren, an-, ausdiskutieren, motivieren, sanieren, sensibilisieren, integrieren, initiieren, (weg)rationalisieren, manipulieren, solidarisieren, evaluieren, maximieren, frustrieren,* waren auch die davon abgeleiteten Substantive *Polarisierung, Profitmaximierung* ... und weitere, die besonders in Fachsprachen nicht selten und häufig ‹Imponiergehabe› sind.»

42.
Das Suffix -er

Das im Anglo-Amerikanischen wie im Deutschen gleichermaßen sehr produktive Suffix -er (latein. -arius) bewirkte eine starke Vermehrung und direkte Übernahme von Anglo-Amerikanismen auch und besonders in der DDR. In Wörtern wie *Fußballer(in)* oder *Texter(in)* ermöglichte es eine Zeit und Mühe sparende Kürzung. Neben der Direktentlehnung *Drummer* (engl. *drummer*) steht die gleichwertige Lehnübersetzung *Schlagzeuger* für *Schlagzeugspieler*. Gemäß dem D 1986 ist der *Drummer* /'dramər/ ‹ein Schlagzeuger im Jazz- und Tanzorchester›. Diese Tendenz zur Wortverkürzung setzt eine im britischen und amerikanischen Englisch bereits vor 1945 wirksame Spracherscheinung fort. Dort verkürzte man *a rank-and-filer* für *a member of the rank and file* ‹ein Angehöriger des Mannschaftsstandes oder der großen breiten Masse› weiter zu *a ranker* mit der weiteren Bedeutung ‹ein aus dem Mannschaftsstand hervorgegangener Offizier›. *Striptänzer(in)* (aus engl. *striptease dancer*) wurde zu *Stripper(in)*, und *Steptänzer(in)* (aus engl. *stepdancer*) wurde zu *Stepper(in)*. Während *Stepper* im D 1984 und D 1986 gebucht ist, fehlt dort *Stripper* als Kurzform von *Stripteasetänzer*, da es bereits mit der Bedeutung ‹techn. Gerät zur Destillation von Öl› (engl.) belegt ist.

Schon seit 1868 ist die englische Verkürzung *full-timer* für *full-time worker* bezeugt, und zwar für illegale Kinderarbeit ab zehn Jahren und für legale ab dreizehn Jahren. Dafür werden folgende zugleich (un)kulturgeschichtliche aufschlußreiche Belege aus der «Fortnight Review» 1868, Oct. (430), vom OEDS I (1972) beigebracht: «Mit dreizehn wird der Knabe dem Doktor ‹vorgestellt› (d. h. er erhält ein ärztliches Attest über sein Alter) und wird ein Ganztagsarbeiter *(a full-timer)* ..., denselben Vorschriften unterworfen und zu den gleichen Arbeitsstunden verpflichtet wie jeder erwachsene Arbeiter.» Dazu schrieb H. E. Manning in «Miscellany» bereits 1877 (II,2,96): «Ist es denn einem Kind möglich, Bildung zu erwerben, das mit zehn oder zwölf Jahren *Ganztagsarbeiter (full-timer)* wird?» Den ersten Beleg für *half-timer* statt *half-time worker*

‹Halbtagsarbeiter› bringt das OED für 1865 als ‹jemand, der nur die halbe Zeit in einer Fabrik arbeitet›, und danach 1883, bezeichnenderweise wieder mit Bezug auf die ebenso billige wie schwere Arbeit von Kindern, die überdies oft in Bergwerken in niedrigen Stollen skruppellos ausgebeutet wurden: «Ein Kind trat mit zehn Jahren als *Halbtagsarbeiter (half-timer)* in die Fabrik ein.»

KLEMPERER (1946/1970, S. 276) bemerkt zu den Wortkürzungstendenzen: «Hier wirkt wohl die Absicht mit, sich straffer und eiliger auszudrücken als sonst üblich, die gleiche Absicht, die den *Berichterstatter* zum *Berichter*, den *Lastwagen* zum *Laster*, das *Bombenflugzeug* zum *Bomber* macht und deren letzte Konsequenz an die Stelle des Wortes die Abbreviatur setzt. So daß also *Lastwagen*, *Laster*, *LKW* einer normalen Steigerung vom Positiv zum Superlativ entspricht.» In ähnlicher Weise wurde *Besatzungssoldat* zu *Besatzer* verkürzt. Diese Art der Wortkürzung tritt besonders bei den unmittelbar entlehnten anglo-amerikanischen Wörtern und Wortverbindungen für technische Erzeugnisse und Geräte aller Art auf, wie (der) *Adapter* (D 1984 und D 1986: ‹Ergänzungs- oder Zusatzgerät›), *Bulldozer, Compiler, Composer, Computer, Container, Conveyer, Economiser (Ekonomiser), Elevator, Jigger, Kickstarter, Mixer* ‹Zerkleinerungs- und Mischgerät› neben *Mixer* ‹Barmeister, Getränkemischer› und *Mixer* ‹Ton- bzw. Bildmischer› im Rundfunk und Fernsehen, *Recorder, Tester, Thriller, Toaster, Tuner* mit dem Verb *tunen* /'tju:nən/ ‹die Motorleistung erhöhen› (D 1986), engl. *to tune* usw. Sie fanden und finden ihre Fortsetzung in deutschen Lehnübersetzungen wie *Elektrokocher* (engl. *electro-cooker*), *Elektro(nen)rechner* (engl. *electronic computer*), *Haartrockner* (engl. *hair-drier*), *Plattenspieler* (engl. *record player*), *Verstärker* (engl. *amplifier*) usw. In ihnen ersetzt das kurze Suffix *-er* das längere Substantiv *-maschine, -anlage, -gerät*, wie in *calculator* aus *calculating machine*, deutsch *Geschirrspüler* (engl. *dish washer*) neben *Geschirrspülmaschine*, *Sprinkler* ‹Berieselungsgerät› neben *Sprinkleranlage* ‹selbsttätige Feuerlöschanlage› und neuerdings sogar *Münzer* für *Münzautomat* in Telefonzellen (s. BZ vom 19. April 1989, S. 8: «Im Alkoholrausch ... Münzer zerstört»). Mit Ausnahme der letztgenannten Wortbildung sind alle diese *-er*-Substantive auch im D 1986 aufgeführt. Doch auch im Allgemeinwortschatz haben die deutschen *-er*-Bildungen nach 1945 unter anglo-amerikanischem Einfluß zugenommen, wie CARSTENSEN (1965, S. 55–57) ausführlicher dargestellt hat. Auf DDR-Komposita wie *Betonwerker, Block-*

walzwerker, Dimitroffwerker, Karl-Marx-Werker, in denen das Suffix *-er* für *-arbeiter* steht, hat FLEISCHER (1976, S. 142) hingewiesen. In der BZ vom 17. Aug. 1984 (S. 1) war von *Plastikwerkern* die Rede, und am 12. Juli 1984 stand auf der ersten Seite der BZ unter der Überschrift «*E-Werker* im Streik» unmittelbar folgend die Auflösung der Verkürzung: «3900 *Arbeiter der Elektrizitätsgesellschaft* (New York) ...» Ebenso folgte in der BZ vom 29. Aug. 1984 (S. 2) auf die Überschrift «*Spreewaldkraftwerker*» die nähere Erklärung des verkürzten Kompositums: «die *Energiearbeiter der Kraftwerke* Lübbenau-Vetschau». Über «erleichterte Arbeit für die *Stahlwerker*» berichtete das ND am gleichen Tag (S. 2) und über die «Initiative der *Zeiss-Werker*» am 14./15. Febr. 1987 (S. 3). Während die genannten Zusammensetzungen mit *-Werker, -werker* auf dem Grundwort *Werk* beruhen, dient in dem allgemein gebräuchlichen Kompositum *Heimwerker* ‹jemand, der für sich zu Hause handwerkliche Arbeiten ausführt› (engl. *do-it-yourselfer*) der zweite Bestandteil *-werker* zur Unterscheidung von *Heimarbeiter* ‹jemand, der in seinem Heim gewerbliche Arbeit für einen Arbeitgeber gegen Entlohnung ausführt› (engl. *homeworker*). In den USA ist die Gewerkschaft der *United Autoworkers* sehr aktiv.

Weitere verkürzte neuere Komposita auf *-er* sind: *Diskotheker* (engl. *'discothequer*), in der BZ vom 28. März 1984 (S. 7) ‹Leiter und Sprecher bei einer Diskothek-Veranstaltung›, neben *Diskothekar* (engl. *'discothequary*) ‹Verwalter einer Diskothek, besonders eines Rundfunksenders› (nach *Bibliothekar*); (der) *Gewerkschafter* (engl. *trade-unionist*) für ‹Mitglied einer Gewerkschaft› (member of trade-union); (der) *Koker* für ‹Koksarbeiter› (engl. *coker*); (der) *Layouter* für ‹Layoutzeichner›; (der) *Leitartikler* für ‹Leitartikelschreiber›; (der) *Metaller* für ‹Metallfacharbeiter›; (der) *Mikroelektroniker* für ‹Facharbeiter in der Mikroelektronik›; (der) *Texter* (*Werbetexter, Schlagertexter* usw.) für ‹Verfasser von Werbe- oder Schlagertexten› und viele andere. Die auf engl. *learner* beruhende deutsche Lehnübersetzung (der) *Lerner,* die weder im D 1984 und 1986 noch im WDG oder im HWDG 1984 steht und «der das Existenzrecht regelrecht abgesprochen wurde, obwohl sie in den verschiedensten Texten begegnet» (so Fleischer 1984, S. 17f.), erfährt immer wieder neue Belebung durch das anglo-amerikanische Vorbild. Der DDU bucht allerdings *Lerner,* jedoch mit der Einschränkung auf ‹jemand, der eine Sprache lernt›. Der DDR-Neologismus (der) *Neuerer* ist eine russische Lehnübersetzung (s. S. 156). Der *Orbiter*

(D 1986: ‹Teil eines Raumflugkörpers, der im *Orbit* verbleibt›) ist als Zusammensetzung aus dem Amerikanischen und Russischen ins Deutsche gelangt. Das OEDS III (1982) erklärt unter *orbiter*: «Ein Raumschiff im Orbit oder für den Orbit bestimmt, besonders solches, das später nicht landet», und gibt einen Beleg für 1961: «Die Russen werden mit ihrem bemannten *Orbiter* folgen ..., mit einem vielbemannten *Mondorbiter* und Raumstation.»

Die weiteste Verbreitung aller Komposita auf *-er* hat zweifellos *-macher*, anglo-amerikanisch *-maker* gefunden, wie in *money-maker, pace-maker, trouble-maker*, etc. Verstärkt wurde die Ausbreitung von *-maker* durch das selbständige amerikanisch-jiddische Substantiv (der) *Macher* ‹ein Mann von Bedeutung, ein ›hohes Tier‹; ein Angeber› (s. OEDS II, 1976). Ein Beleg aus der sprachwissenschaftlichen Zeitschrift «American Speech» VI, 1930, S. 126, lautet: «Ein *maker* ... nach dem deutschen Wort *Macher*. Wörtlich übersetzt bedeutet das Wort ‹maker› = ‹Macher›, und idiomatisch wird es spöttisch verwendet in bezug auf einen Angeber oder Aufschneider.» Nach dem älteren Muster wie *Spaßmacher* und *Versemacher*, die schon bei Campe, Lessing, Wieland und anderen gemäß Grimms «Deutschem Wörterbuch» bezeugt sind, greifen die *Macher*-Bildungen heute immer weiter um sich, wie etwa in *Filmemacher, Liedermacher, Lustigmacher, Phrasenmacher, Romanmacher, Schrittmacher, Stimmungsmacher* und so fort. Alle gehen letztlich auf die alten Komposita zurück, in denen *-macher* noch die ursprüngliche Bedeutung ‹Hersteller, Handwerker› hat wie in *Korbmacher, Pantoffelmacher, Schuhmacher* usw. Die BZ berichtete am 17. Dez. 1984 (S. 2) ausführlich von einem «Friedensfest 1985 der *Chanson- und Liedermacher*», und das ND vom 19./20. Januar 1985 (S. 16) veröffentlichte sogar einen Schüttelreim mit *Liedermacher*: «Nur eine Gruppe *müder Lacher* begeisterte der *Liedermacher*.» In der BZ vom 9. Juni 1986 (S. 5) wurde der leitende englische Fußballspieler als *Spielmacher* bezeichnet. Der Titel eines Buches von Claude Schnaidt lautet «Umweltbürger und *Umweltmacher*» (Dresden 1982). Eine besondere Rolle spielen die modernen *-macher*-Bildungen im Handel, z. B. *Glattmacher, Saubermacher, Weichmacher, Weißmacher* usw. für Mittel, die glatt-, sauber-, weich- oder weißmachen sollen. Zu *Büchermacher*, der gemäß dem OED im Englischen schon seit 1515 als *bookmaker* in der Bedeutung ‹one who makes a book as a printer or bookbinder› und seit 1533 in der Bedeutung ‹one who composes or compiles a book› bezeugt ist, tritt *Buchmacher* nach dem Vorbild von engl. *bookmaker* ‹a professional betting man = ‹Vermittler von Wetten bei Pferderennen›. Der früheste Beleg für *book-making* im letzteren Sinne stammt aus dem Jahre 1824. Ein ähnlicher Bedeutungsunterschied zwischen Komposita mit dem ersten Teil im Singular oder im Plural besteht im Deutschen zwischen *Uhrmacher* ‹ein Handwerker, der Uhren verkauft oder repariert›, und *Uhrenmacher* ‹ein Handwerker, der Uhren herstellt›. Über die verschiedenen Arten und Bedeutungen der Zusammensetzungen mit *-macher* handelt CARSTENSEN (1986a) in einem eigenen Kapitel über «Der *Macher* und die *-macher*». Gleiches wie für *-macher* gilt auch für *~machen*. Seit jeher ist *to make* sowohl im britischen als auch im amerikanischen Englisch überaus beliebt und häufig. *To make* zählt zu den häufigsten 335 Grundwörtern in Shakespeares Kernvokabular. Unter anglo-amerikanischem Einfluß ist es heute auch im Deutschen zum Allerweltsverb geworden (LEHNERT 1976, S. 35).

Wie *-macher* greift auch *-träger* in Wortzusammensetzungen heute immer weiter um sich, wie CARSTENSEN in einem weiteren besonderen Kapitel über «Was trägt der *-träger*?» (1986, S. 93–105) gezeigt hat. Möglicherweise hat auch hier das zweite englische Glied *-bearer*, *-holder* eingewirkt. Besondere Bedeutung haben in der DDR die von Carstensen nicht genannten Komposita (der) *Bedarfsträger* ‹Wirtschaft: Produktions-, Handelsbetrieb oder Institution, die einen bestimmten Materialbedarf aufweist› (HWDG 1984), und (der) *Geheimnisträger* ‹fachsprachlich: jemand, der beruflich Zugang zu geheimen Informationen hat und zum Stillschweigen darüber verpflichtet ist› (HWDG 1984).

Zu den maskulinen anglo-amerikanischen Substantiven auf *-er* werden im Deutschen nach dem Muster von *Ansager – Ansagerin, Lehrer – Lehrerin, Schneider – Schneiderin* immer mehr auch feminine Substantive auf *-erin* gebildet: «*Managerin, Designerin, Camperin* und einige weitere haben sich inzwischen durchgesetzt, obwohl sie noch nicht Eingang in die Wörterbücher gefunden haben, und einige weitere wie *Tramperin, Kickerin, Babysitterin* usw. scheinen nicht (mehr) absolut unmöglich zu sein. ... Das allgemeingültige Prinzip scheint zu sein, daß Wörter auf *-er* das *-in-*Suffix zulassen, wenn sie von Verben abgeleitet sind, die eine Handlung bezeichnen (*strippen, managen, campen,* etc.), während dieses Prinzip in Wörtern wie *Teenager, Oldtimer, Joker,* etc. nicht zu erkennen ist» (CARSTENSEN 1980a, S. 59f.). Daher setzen sich Bildungen wie *Ministerin* und *Außenseiterin* bzw. *Outsiderin* nur zögernd durch; *Neuerin, Oldtimerin* oder *Teenagerin* schon gar nicht. Die Pluralbildung der maskulinen anglo-amerikanischen Entlehnungen auf *-er* schließt sich der entsprechenden deutschen Pluralbildung an: Singular (der) *Designer,* (der) *Dispatcher,* (der) *Gangster,* (der) *Manager,* (der) *Teenager,* Plural (die) *Designer,* (die) *Dispatcher,* (die) *Gangster,* (die) *Manager,* (die) *Teenager* wie deutsch Singular (der) *Lehrer,* (der) *Reiter,* (der) *Schuster* – Plural (die) *Lehrer,* (die) *Reiter,* (die) *Schuster.* Die Pluralbildung der Feminina wie Singular (die) *Designerin,* (die) *Managerin,* (die) *Programmiererin,* schließt sich den entsprechenden deutschen Pluralformen an, also Plural (die) *Designerinnen,* (die) *Managerinnen,* (die) *Programmiererinnen* nach dem deutschen Plural (Nominativ und Dativ) (die, den) *Bewerberinnen,* (die, den) *Lehrerinnen,* (die, den) *Malerinnen* usw. – Neben der Pluralform *Teenager* besteht die verkürzte Pluralform *Teens* und der Verkleinerungsplural *Teenies* (Sg. *Teenie, Teeny*) für ‹jüngere Teens›.

43.
Anglo-amerikanische Fachterminologie

Den stärksten Einfluß übt in unserem Zeitalter der wissenschaftlich-technischen Umwälzung die anglo-amerikanische Fachterminologie auf den deutschen Fachwortschatz aus. Am «Haus der Technik» in Berlin-Alexanderplatz steht programmatisch mit großen Leuchtlettern *Elektrotechnik, Elektronik, Automatik* aus engl. *electrotechnics, electronics, automatics.* Die technischen Berichte der Tageszeitungen in der DDR sind voller anglo-amerikanischer Termini. Greifen wir als beliebiges Beispiel das ND vom 27. Jan. 1987 (S. 6) heraus. Darin heißt es, daß «eine *Exposition Software* für *automatisierte Projektierung* und *flexible automatisierte Produktionssysteme* …, *Programme* für *computerintegrierte Produktion* und für *Automatisierung*» zeigte. In einem Artikel über «Das babylonische Fachsprachengewirr» in der BZ vom 23./24. Febr. 1985 (S. 11) steht: «Jedermann muß sich heutzutage mindestens in zwei Sprachen auskennen: in der Umgangssprache und in der Berufssprache der Fachausdrücke und Abkürzungen.» Zu Recht stellt auch Drosdowski die folgende Tendenz in der deutschen Gegenwartssprache heraus: «Neben der Verwissenschaftlichung und Technisierung des standardsprachlichen Wortschatzes fällt dessen lexikalische Internationalisierung auf, die vor allem auf Entlehnungsvorgängen aus dem Amerikanischen und Englischen beruht» (DROSDOWSKI/HENNE 1980, S. 629). Wie bereits im 35. Kapitel an einigen Beispielen gezeigt, erreichen anglo-amerikanische technische Wörter die DDR auch über die Sowjetunion. Das ist um so verständlicher, als die Mehrzahl der russischen Fachtermini als Internationalismen auf ursprünglich französischer, aber stärker noch auf anglo-amerikanischer Grundlage beruht. In dem auf «exakten statistischen Untersuchungen» basierenden «Grundwortschatz Naturwissenschaften: Russisch – Englisch – Französisch» von Lothar Hoffmann (Leipzig 1988) mit 1896 russischen, 1750 englischen und 1761 französischen Stichwörtern sind die meisten russischen naturwissenschaftlichen Termini französischen (lateinischen) bzw. vor allem anglo-amerikanischen Ursprungs. Zum Beispiel sind von den im Russisch-deutschen Teil unter dem Buchstaben A aufgeführten 54 Stichwörtern nur 5, von den unter dem Buchstaben E (Э) aufgeführten 40 russischen Stichwörtern nur 4 und von den unter dem Buchstaben F genannten 31 russischen Stichwörtern nicht ein einziges echt russischen Ursprungs.

Harald Weinrich machte in der «Frankfurter Allgemeinen Zeitung» vom 7. Nov. 1987 in einem ganzseitigen kritischen Artikel mit dem Titel «Mit den Nachbarn in ihrer Sprache reden» und dem bezeichnenden Untertitel «Die europäische Wortkultur lebt von ihrer Vielfalt» die folgenden bemerkenswerten Ausführungen über die Rolle der englischen Sprache als allgemein anerkannter Verkehrs- und Wissenschaftssprache: «In unserer Epoche spricht nun alles dafür, der englischen Sprache die Rolle einer allgemein anerkannten internationalen Verkehrssprache zuzuschreiben. ... In der Tat ist das Englische heute erstens mehr als jede andere Sprache der Welt eine Sprache der internationalen wissenschaftlichen Kommunikation geworden. Das gilt insbesondere für einige Naturwissenschaften und ihre Anwendungsbereiche. Die englische Sprache dringt aber von diesen ‹harten› Wissenschaften immer stärker auch in verschiedene Geistes- und Sozialwissenschaften vor. ... Der Sog zur Anglophonie geht von den Nobelpreis-Wissenschaften aus.» Er kommt zu dem bedenkenswerten Schluß, daß «mit dem Gebrauch einer einzigen Sprache als universaler Wissenschaftssprache auch die Gefahr wachse, daß die wissenschaftliche Kultur zur Monokultur wird». Das Minimum einer europäischen Mehrsprachigkeit liegt nach seiner Meinung bei zwei Fremdsprachen neben der Muttersprache, wobei nach Lage der Dinge eine der zwei Fremdsprachen die englische Sprache sein sollte, «aber zweckmäßigerweise nicht die erste». – Den französischen Sprachhütern bereitet der anglo-amerikanische Wissenschaftswortschatz heute die größten Sorgen. Er veranlaßte zum Beispiel das Mitglied der Académie française Dutourd auf der feierlichen Jahresendsitzung 1985 in Paris zu einer chauvinistischen Äußerung gegen «die dreißig- oder fünfzigtausend anglo-amerikanischen Bezeichnungen der Technik, die sich derzeit auf das französische Wörterbuch stürzen wie die Hunnen auf die gallorömische Zivilisation» (s. «Frankfurter Allgemeine Zeitung» am 17. Febr. 1986, S. 25).

In der Tat beherrscht die anglo-amerikanische wissenschaftlich-technische Terminologie den Fachwortschatz aller Sprachen und dringt mehr und mehr auch in deren Gemeinsprachen ein – so auch in der DDR. Jedoch ist bei der anglo-amerikanischen Zuweisung fachsprachlicher Termini Vorsicht geboten, da sich bei näherer Prüfung oft deutscher oder anderer Ursprung herausstellt. So geht etwa das heute viel verwendete Fachwort (der oder das) *Biotop* (s. D 1984 und D 1986) auf den im Deutschen gebildeten Terminus zurück. Im Englischen ist das Wort anfangs (1927) noch als *biotop*, später (1936) jedoch anglisiert als *biotope* bezeugt (s. OEDS II, 1976). Auch die englischen Wörter *short wave* und *long wave* beruhen auf deutsch *Kurzwelle* und *Langwelle*, die von dem Physiker Heinrich Hertz (1857–1894) experimentell nachgewiesen wurden. Schließlich ist auch ein Fachterminus wie engl. *criminalistics* 1897 aus deutsch *Kriminalistik* übernommen worden (s. OEDS I, 1972). Oft läßt sich die anglo-amerikanische Herkunft von Fachausdrücken zweifelsfrei nachweisen. So stammen etwa die Begriffe *Technokratie* (engl. *technocracy*), *Technokrat* (engl. *technocrat*) und *technokratisch* (engl. *technocratic*) aus den USA. Der amerikanische Ingenieur Howard Scott gründete zusammen mit einer Gruppe von Ingenieuren, Naturwissenschaftlern und Wirtschaftsfachleuten die Vereinigung *Technocracy, Inc.*, 1932 in New York mit dem Vorsatz einer technischen Kontrolle des Staates. Ihr Ziel wurde in der Zeitung «New York Herald Tribune» am 15. Dez. 1932 wie folgt beschrieben: «*Technokratie ... ist der Name für ein* neues System und Grundprinzip der Regierungsform, in welcher die industriellen Ressourcen der Nation von technisch kompetenten Personen zum Wohle eines jeden organisiert und verwaltet werden sollten, anstatt der Verwaltung privater Interessen zu deren eigenem Wohl überlassen zu bleiben» (OEDS IV, 1986). Der Name *technocracy* war bereits im März 1919 von W. H. Smyth in «Industrial Management» geprägt worden, wo es heißt: «Für dieses einzigartige Experiment in der rationalisierten Industriedemokratie (Industrial Democracy) habe ich den Terminus *Technokratie (technocracy)* geprägt.» Heute werden die Bezeichnungen *Technokratie, Technokrat* und *technokratisch* sowohl von kapitalistischer als auch von sozialistischer Seite – wenn auch aus verschiedenen Motiven – abwertend verwendet. Doch ihre Begründer waren «redliche Enthusiasten», wie R. v. Elsner in einem Aufsatz «150 Jahre Kritik an der Technik – Angst vor der Technik» in den «Mitteilungen der Technischen Universität zu Braunschweig», Heft 1/1986 (S. 30–37), im einzelnen darstellt (Weiteres s. KLAUS/BUHR unter *Technokratie*).

Ein Wort wie *freisetzen* hat über die moderne anglo-amerikanische Wendung *to set free* in der Physik und Chemie (Beispiel aus dem WDG: ‹bei diesem Vorgang werden Elektronen und Ionen freigesetzt›) mit Lehnbedeutung auch Eingang in die allgemeine Sprache der DDR gefunden (weiteres Beispiel aus dem WDG: ‹diese Bewegung *setzte* die schöpferischen Kräfte des Volkes *frei*›). Dazu wurde das Substantiv (die) *Freisetzung* ‹Freisetzen, Freigesetzt werden› im naturwissenschaftlichen und übertragenen Sinne gebildet: *die Freisetzung von* Energie wie auch von Arbeitskräften, usw. Ebenso wurde etwa das Adjektiv *dynamisch* (engl. *dynamic,* Adv. *dynamically*) mit dem dazugehörigen Subst. (die) *Dynamik* (engl. *dynamics*) von einem Fachwort der Physik mit der Bedeutung ‹die von Kräften erzeugte Bewegung betreffend, Gegensatz: statisch› (WDG) nach anglo-amerikanischem Vorbild zum heutigen Modewort *dynamisch* mit der ‹Neubedeutung: energiegeladen, tatkräftig› (WDG), ‹kraftgespannt, triebkräftig, voll innerer Kraft› (D 1984 und D 1986), ‹eine Bewegung, Entwicklung aufweisend› (so ergänzend im DDU 1983). Während im LDCE 1978 bei *dynamic* Adj. die technische Verwendung im Sinne von ‹of force or power that causes movement› an erster Stelle steht und die auf Personen bezügliche ‹full of or producing power and activity› erst an zweiter, ist im LDCE von 1987 die Reihenfolge bereits umgekehrt worden. Bei der übereifrigen erneuten Verwendung von *dynamisch* und *Dynamik* sollte man jedoch bedenken, daß es sich dabei um Termini handelt, die bereits in der Nazizeit schon einmal überstrapaziert und entwertet wurden, worauf KLEMPERER (1946/1970) in seiner «LTI» wiederholt hinweist (S. 275, 309). Verstärkt wird *dynamisch* durch modisches *dynamisch-flexibel*. In jüngster Zeit tritt anstelle des überstrapazierten Wortes *Dynamik* nunmehr engl. *Drive* /draiv/ mit den Bedeutungen ‹Neigung, starker Drang, Antrieb› und (vorerst besonders in der Jazzmusik und in der Musik allgemein) ‹Dynamik, Schwung, Lebendigkeit›. Weitere im allgemeinen überstrapazierte Substantive aus der anglo-amerikanischen Wissenschaftssprache sind etwa noch *Funktion, Information, Kommunikation, Prozeß, Struktur, Substanz, System* usw. (engl. *function, information, communication, process, structure, substance, system*, etc.). Sie waren früher sowohl im Englischen als auch im Deutschen (hier bis heute mit französischer Endbetonung) aus dem einst dominierenden Französisch übernommen worden (frz. *fonction, information, communication, procès, structure, substance, système*, etc.). Da sie ihres hohen Abstraktionsgrades wegen in den verschiedensten Lebensbereichen und in den verschiedensten Zusammenhängen verwendet werden (können), sind sie oft zu unscharfen Schlagworten geworden.

Ein weiteres in allen Wissenschaftszweigen auch in der DDR beliebtes Wort ist *interdisziplinär* (D 1984 und D 1986: ‹mehrere [wissenschaftliche] Disziplinen betreffend›). Wie Roberta Frank 1988 in einer Spezialuntersuchung über *interdisciplinary* in der Burchfield-Festschrift (STANLEY/HOAD 1988, S. 91–101) ausführt, wurde das Wort *interdisciplinary* wahrscheinlich um die Mitte der 20er Jahre in New York City in den Räumen des «Social Science Research Council» geboren. Es war bald in aller Munde, «aber niemand kann genau sagen, was die Leute wirklich meinen, wenn sie es aussprechen». Jedenfalls habe das Wort *interdisziplinär* etwas an und in sich, das einem jeden gefalle («*interdisciplinary* has something to please everyone», S. 100). Ähnliches lasse sich auch von solchen schillernden und sich leicht und angenehm einfügenden englischen Wörtern wie *cooperation, collaboration* und *coordination* sagen (S. 92). Während der Schöpfer des Wortes *interdisciplinary* unbekannt ist, hat sich als Vater des benachbarten Allerweltswortes *international* der englische Philosoph und Vertreter des Utilitarismus Jeremy Bentham (1748–1832) ausdrücklich bekannt. In seinem Buch «An Introduction to the Principles of Morals and Legislation», London 1780, schreibt er (Kap. XVII, S. 25): «Das Wort *international* ist zugestandenermaßen neu; es ist hoffentlich hinreichend analog und verständlich.»

Hinsichtlich der verschiedenen Fachwortschatzbereiche bestehen viele Gemeinsamkeiten, aber auch einige Unterschiede zwischen der BRD und der DDR. Zu CARSTENSENs Feststellung (1973/74, S. 3): «So ist die gesamte Rauschgiftterminologie des Deutschen [in der BRD] englisch oder aus dem Englischen übersetzt worden», ist hinsichtlich der DDR zu bemerken, daß diese hier, zum Glück wie die Sache selber, wenig bekannt ist. Nur aus gelegentlichen Presseberichten oder Fernsehsendungen über Drogensüchtige in kapitalistischen Ländern werden einige Bezeichnungen mehr oder weniger bekannt. So berichtete die BZ am 14. Aug. 1984 (S. 4) unter der Überschrift «*Junkies* haben keine Zukunftspläne» über einen australischen Heroinsüchtigen, «der zum ‹*Pusher*›, zum kleinen Heroinhändler wurde» und «als ein ‹*Junkie*›, ein Drogenabhängiger», endete, also jeweils in Anführungsstrichen und mit nachfolgender deutscher Erklärung der englischen Bezeichnung. Der D 1986 bucht *Junkie* und *Pusher* nicht, wohl aber das Verb *fixen* (engl. *to fix*) als ‹salopp: sich Rauschgift einspritzen›. Ein Jahrzehnt später bekräftigte CARSTENSEN (1987b, S. 98) seine Aussage erneut: «Die deutsche Rauschgift-Terminologie ist komplett englisch *(Dealer, Fixer, Joint, Shit, Crack)* oder eingedeutscht: *Schuß (shot), Gras (grass), drücken (push).*» Statt von englischer sollte man jedoch von amerikanischer Rauschgiftterminologie sprechen. In den USA hat der Rauschgiftmißbrauch fast den Charakter einer nationalen Epidemie angenommen. Jeder zwölfte Bürger raucht dort regelmäßig Marihuana. Am 19. April 1989 stand in der BZ unter einer Zeichnung (S. 2), die amerikanische Jugendliche beiderlei Geschlechts mit Polizisten in einem Handgemenge vor einem Rauschgift-Dezernat in Washington darstellt, der verzweifelte Ausruf eines Polizisten: «'n *Joint* könnte mir jetzt helfen, hier alles durchzustehen.» Das DDU 1983 erklärt den *Joint,* engl. *joint* /dʒɔint/ mit vielfacher Bedeutung, u. a. ‹Marihuanazigarette› (s. auch NEUBERT/GRÖGER 1988), wie folgt: a) selbstgedrehte Zigarette, deren Tabak Haschisch oder Marihuana beigemengt ist; b) (salopp, besonders Jugendsprache) Zigarette. Auch die auf S. 30 unter «Sei happy!» zitierte Redewendung ‹War total high› aus der BZ vom 1./2. April 1989 (S. 16) stammt aus der

Rauschgiftterminologie (s. DDU 1983 unter *high*: Jargon, verhüllend: ‹in euphorieähnlichem Zustand nach dem Genuß von Rauschgift: *high sein*›). Der neueste Schrei heißt *Crack*. Dieses Rauschgift macht sofort süchtig und wirkt bereits in kleinsten Dosierungen.

In ähnlicher Weise ist aus begreiflichen Gründen auch der aus den USA stammende Börsenjargon der BRD in der DDR nicht anzutreffen. Das «Handelsblatt» vom 3. März 1987 (S. 7) brachte in der BRD in einem Artikel «Anglizismen breiten sich im Börsenjargon aus» folgende Probe: «Der Dollar wird erst *getradet*, dann *gefixt* und nähert sich schließlich seinem *all-time-low* von 1,70 DM. Die *Jobber* lauern auf ein neues Treffen der *Big Five* und *spekulieren auf* das nächste *Realignment* im EWS.» In gewöhnliche Sprache übertragen geht es darum, wie anschließend erklärt wird, daß «*der Dollar täglich gehandelt* (*getradet* = engl. *traded*) und dann sein *amtlicher Mittelkurs festgestellt* (*gefixt* = engl. *fixed*) wird und sich seinem *historischen Tiefpunkt* (engl. *all-time-low*) von 1,70 DM nähert. Die *Devisenhändler* (engl. *Jobber*) lauern auf ein Treffen *der fünf führenden Industrienationen* (engl. *Big Five* = USA, Japan, BRD, Großbritannien und Frankreich) und *spekulieren auf* (engl. *speculate on*) eine *Kurskorrektur* (engl. *realignment* /'ri:ə'lainmənt/) im EWS (= Europäischen Währungssystem).»

Oft wird von mehreren Bedeutungen eines Anglo-Amerikanismus in der BRD nur eine Bedeutung in der DDR übernommen. Während zum Beispiel der DDU 1983 unter (der oder das) *Terminal* (engl. *terminal* [station]) die Bedeutungen ‹Anlage zum Be- und Entladen in Bahnhöfen oder in Häfen›, ‹Vorrichtung für die Ein- und Ausgabe von Daten an einer Datenverarbeitungsanlage›, ‹Halle auf einem Flugplatz, in der die Fluggäste abgefertigt werden› angibt, verzeichnet das HWDG 1984 der DDR unter (das) *Terminal* nur die Bedeutung ‹von der Zentrale einer elektronischen Datenverarbeitungsanlage meist räumlich getrennte Vorrichtung für die Ein- und Ausgabe von Daten›. Erst das DDR-FREMWÖRTERBUCH 1985 ergänzte zu (das) *Terminal* auch (der) *Terminal* in der Bedeutung ‹Umschlagsort, an dem Container von einem Verkehrsträger an den anderen übergeben werden (z. B. im Hafen)›. Der D 1984 hat die substantivischen Termini noch nicht aufgenommen und bucht nur das Adjektiv *terminal* ‹die Grenze, das Ende betreffend›. Doch im D 1986 findet sich (der und das) *Terminal* mit neuesten Bedeutungsangaben: ‹Abfertigungshalle auf Flughäfen;

Containerumschlagplatz; Ein- und Ausgabegerät einer Datenverarbeitungsanlage›. Das WDG der DDR bringt weder das eine noch das andere.

Häufig handelt es sich bei der Bezeichnung und Beschreibung technischer Neuentwicklungen um eine Mischung von direkt übernommenen und ins Deutsche übersetzten anglo-amerikanischen Wörtern vorwiegend griechisch-lateinischer Herkunft. So ergibt die sprachliche Analyse der Bezeichnung eines in der BZ vom 4. Okt. 1984 (S. 3) unter der Überschrift «Mikrorechner für Waschautomaten» angekündigten «*Waschvollautomaten ‹Vollelectronic›* mit dem *Achtbit-Einchip-Mikrorechner*», daß bis auf die Verbindungswörtchen ‹mit dem› alle übrigen Wörter auf anglo-amerikanischem Vorbild beruhen: *vollautomatische Waschmaschine* (= *fully automatic washing machine*), *Vollelectronic* (= *fully electronic*), *Achtbit* (= *eight-bit*), *Einchip* (= *one-chip*), *Mikro-* (= *micro*), *-rechner* (= *-computer*), wobei das Kompositum *Mikrorechner* eine verkürzte sogenannte Klammerform aus *Mikro(elektronen)rechner* darstellt. Es besteht überhaupt in der DDR eine starke Tendenz, Industrieerzeugnissen anglo-amerikanische Namen zu verleihen. So heißt etwa ein im Handel befindlicher Schachcomputer *Chess master*, ein Briefpapier *Teens and Twens*, ein Mischgerät *Universal-Mix-Super*, eine Großrundstrickmaschine *Multi-Single-Super*; dazu kommen allgemein verwendete Geräte wie *Multiboy*, *Partygrill*, etc. (vgl. LANGNER 1986, S. 408).

Die aus griechisch-lateinischen Sprachelementen gebildeten anglo-amerikanischen Termini in den einzelnen Wissenschaftszweigen sind bereits unüberschaubar und nicht mehr vollständig sammelbar. Sie werden daher auch in Carstensens in Arbeit befindlichem umfangreichem «Anglizismen-Wörterbuch» (BRD – Paderborn) fehlen. Wie müßig das Unterfangen wäre, die Fachsprachen in ein solches Wörterbuch einzubeziehen, erweist bereits das Zahlenverhältnis von Fachsprache und Allgemeinsprache: Die Fachsprache der Chemie zum Beispiel verfügt über rund zwei Millionen Wörter, die Nachrichten- und Datentechnik nebst ihren Anwendungsgebieten über etwa eine Million. Das sechsbändige «Wörterbuch der deutschen Gegenwartssprache» (WDG) enthält vergleichsweise bei allem Vollständigkeitsstreben nur rund 85000 Stichwörter, das zweibändige «Handwörterbuch der deutschen Gegenwartssprache» (HWDG) von 1984 nach eigener Angabe etwa 60000 Stichwörter. Der aktive Wortschatz eines gebildeten Europäers beträgt durchschnittlich 8000 bis 10000 Wörter. Dazu gehören natürlich auch zahlreiche Wörter der Technik, die bereits in das Allgemeinvokabular eingegangen sind. Ein auf dem großen historischen Festzug anläßlich der 750-Jahrfeier in Berlin am 4. Juli 1987 mitgeführtes Transparent trug die Losung *Chip-Chip-Hurra!* in Abwandlung von bekanntem *hipp, hipp, hurra!* Im D 1984 und D 1986 steht unter (der) *Chip*: ‹In der Elektronik plättchenförmiges Bauelement mit hoher Schaltungsdichte›. Nach «Guinness' Book of World Records» benutzt kein Mensch mehr als 60000 Wörter. Nach einer Meldung im ND vom 3. März 1987 (S. 1) enthält Lenins Wortschatz gemäß den Angaben sowjetischer Sprachwissenschaftler, die gegenwärtig an einem «Wörterbuch der Sprache W. I. Lenins» arbeiten, rund 37600 Wörter. Kein bisher erschienenes individuelles Wörterbuch der Welt weist einen derartig umfangreichen Wortschatz auf.

Besonders nach dem Zweiten Weltkrieg, in verstärktem Maße während der letzten drei Jahrzehnte, sind viele neue Wissenschaftszweige und Technologien mit umfangreicher griechisch-lateinisch/englisch-amerikanischer Fachterminologie ins Leben getreten. So erhielt die *Kybernetik* ihren Namen *cybernetics* von dem amerikanischen Mathematiker Norbert Wiener (1894–1964) im Jahre 1948 in seinem Buch «Cybernetics, or Control and Communication in the Animal and the Machine», worin er schreibt: «Wir haben uns entschlossen, das ganze Feld der Kontroll- und Kommunikationstheorie, ob in der Maschine oder im Tier, mit dem Namen *Kybernetik (Cybernetics)* zu bezeichnen» (S. 19). Darunter ist gemäß dem D 1984 und D 1986 «die Wissenschaft von den Gesetzmäßigkeiten biologischer und technischer Systeme, die sich selbsttätig steuern und regeln», zu verstehen. Die entsprechenden Ableitungen sind das Adj. *kybernetisch* (engl. *cybernetic*) und das Subst. *Kybernetiker* (engl. *cybernetist, cyberneticist, cybernetician*). Diese modernen wichtigen Termini gehen auf das griechische Adj. *kybernetikós*, Subst. *kybernētēs* ‹Steuermann›, Verb *kybernan* ‹steuern› zurück. – Das Wort *Gerontologie* (engl. *gerontology*) kam erst 1954 auf. In der amerikanischen «Medical Press» vom 25. Aug. 1954 steht: «Noch ist eine solche Wissenschaft wie die *Wissenschaft des Alterns (science of ageing)* in Wirklichkeit nicht eingerichtet worden», und «Die *Wissenschaft der Gerontologie (science of gerontology)* schließt die medizinischen und biologischen Aspekte des Alterns ein» (OEDS I, 1972). In der DDR spielt die *Gerontologie* bei den Fürsorgemaßnahmen des Staates für die älteren Bürger eine wichtige Rolle. In der BZ vom 24. Sept. 1984 (S. 8) wird von einem neuen Lehrgang der ‹Universität der Veteranen der Arbeit› berichtet und dabei die Bezeichnung *Gerontologie* erneut breitesten Kreisen erklärt. – Auf engl. *bionics* geht auch deutsch (die) *Bionik* zurück, «das Grenzgebiet zwischen *Biologie* und *Technik* [muß heißen: *Elektronik*], dessen Gegenstand die Gewinnung wissenschaftlicher Erkenntnisse über Bau und Funktion biologischer Systeme für technisch [muß heißen: elektronisch] konstruktive Zwecke ist» (so im HWDG 1984). Das OEDS I (1972) bringt einen ersten Beleg für 1960 bei, wo das Thema einer ‹Electronics Conference› *Bionics* lautete, mit der Erklärung: «Das ist ein neuer Terminus, der sich auf ein relativ neues, aber sich schnell ausbreitendes Tätigkeitsfeld bezieht – das Studium von Systemen, welche nach der Art oder in der Art funktionieren, wie sie lebenden Systemen eigen ist oder ähnelt». – Über ein weiteres neues Fachgebiet, die *Optoelektronik*, engl. *optoelectronics*, gemäß dem OEDS III (1982) ‹das Studium und die Anwendung *optoelektronischer Effekte* (engl. *optoelectronic effect*s)», zuerst 1959 bezeugt, handelte die BZ am 20./21. Juni 1987 (S. 1) in einem Artikel mit der fettgedruckten Überschrift ‹*Optoelektronik* prüft die Qualität genauer›. Im D 1984 steht das Wort noch nicht, wohl aber im D 1986 in der Bedeutung ‹Teilgebiet der Elektronik›. Als erstes DDR-Wörterbuch verzeichnet der D 1986 auch (der) *Decoder* oder *Dekoder* als ‹Datenentschlüsseler in der Elektronik› sowie (der oder das) *Flipflop* ‹elektronische Kippschaltung›, engl. *flipflop*, gemäß dem OEDS I (1972) bereits seit 1935 bezeugt.

Ein auf anglo-amerikanischer Basis beruhendes eigenes Vokabular hat sich auch in der DDR in der *Informationstheorie* (engl. *information theory*) und in der *elektronischen Daten- oder Informationsverarbeitung* (engl. *electronic data or information processing*) herausgebildet (EDV). Die Terminologie der in der DDR favorisierten *Elektronik- und Computerindustrie* (*electronic and computer industry*) dringt wegen ihrer großen Bedeutung im täglichen Leben mehr und mehr auch in die alltägliche Sprache der DDR ein. Die zu *Computer* (engl. *computer*) gehörige Wortfamilie, wie *computerisieren* (engl. *to computerize*) ‹auf Computer(betrieb) umstellen oder einrichten›, *computergesteuert* (engl. *computer-controlled*), *computer- oder rechnergestützt* (engl. *computer-aided or -supported*), *Computerwissenschaft* (engl. *computer science*) usw., gehört heute bereits weitgehend zum Allgemeinwortschatz. Das gesamte Zentralvokabular der *Computertechnologie* stammt aus den USA. Während im D 1984 nur *Computer* als ‹elektronische Rechenanlage› erscheint, hat der D 1986 neben *Computer* als ‹elektronische Datenverarbeitungsanlage› auch das Adj. *computergesteuert* und das Kompositum *Computertomographie* (Medizin) aufgenommen. Im D 1986 ist nunmehr auch (die) *Black box (Methode)* als ‹System in der Informationstheorie› gebucht, ‹bei dem nur die Eingangs- und Ausgangsgrößen bekannt sind›, engl. ‹schwarzer Kasten› (= *black box system*). Zu den Lexemen *Datenbank* und (elektronische) *Datenverarbeitung* im D 1984 ergänzt der D 1986 *Datenerfassung* (engl. *data gathering*), *Datenfernübertragung* (engl. *data long-distance transmission*), *Datenverarbeitungsanlage* (engl. *data-processor*). Es fehlen einige weitere *Data*-Komposita, wie *Datenaufbereitung* (engl. *data preparation*), *Dateneingabe* (engl. *data input*), *Datenausgabe* (engl. *data output*), *Datenschutz* (engl. *data protection*), *Datenspeicherung* (engl. *data storage*) usw. Sowohl im D 1984 als auch im D 1986 erscheinen die englischen Substantive *Hardware* und *Software* als ‹Datenverarbeitungsbezeichnung für gerätetechnische Bestandteile einer Datenverarbeitungsanlage›. Das «Spectrum» bringt in Heft 1/1989 einen Aufsatz mit dem Titel «NUMATH – ein *Softwarepaket*», wobei NUMATH eine aus «Numerische Mathematik» zusammengezogene Form ist. Das Verb *programmieren* (brit.-engl. *to programme,* amerikan.-engl. *to program*) ‹einem Computer Informationen eingeben› ist von der EDV-Sprache (EDV = elektronische Datenverarbeitung) bereits auf die Sprache der Politik und Gesellschaft übertragen worden. So spricht man zum Beispiel von einer *programmierten* Wirtschaftsentwicklung, von einem *programmierten* Unterricht, von einer *falsch programmierten* Politik und sogar von *vorprogrammierten* (= tautologisch!) Mißerfolgen oder Niederlagen. In der BZ vom 24. Dez. 1985 (S. 5) stand, daß für viele Akademiker in der BRD «der soziale Abstieg vorprogrammiert» sei. Das Modewort *vorprogrammieren* (engl. *[pre]program[me]*) wird meist in der Adjektiv-Form *vorprogrammiert* gebraucht. Das ND berichtete am 1. April 1987 (S. 8) von einem Berliner *Computerklub* mit jugendlichen *Computerfans* und *Personal-* und *Kleincomputern* sowie mit einem *Softwaretauschmarkt*. Die BZ meldete am 25. Juli 1986 auf der ersten Seite den «*Produktionsstart* für neue *Kleincomputer-Variante* durch den VEB *Mikroelektronik*-Betrieb in Mühlhausen» mit einem «*implantierten Basic-Interpreter*» (engl.

implanted basic interpreter). Da in der DDR noch keine *Home Computer* oder *Heim-Computer* (entsprechend den *Home-* oder *Heimtrainern*) allgemein verbreitet und käuflich sind, existiert hierzulande auch keine *Computerszene* (engl. *computer scene*) mit *Computer Kids* oder gar *Computer Freaks*, wie sie in kapitalistischen Staaten besonders aus Kindern und Jugendlichen zwischen 10 und 13 sowie 13 bis 17 Jahren besteht. Es gibt daher in der DDR auch keine *Hacker* (engl. *hackers*) ‹Computerpiraten›, «die über Telefon- und Datennetze in fremde *Datenbanken* (engl. *data banks*) und *Computersysteme* (engl. *computer systems*) eindringen», und auch keine *Crasher* (engl. *crashers*) ‹Computerzertrümmerer›, das sind «Kriminelle, die Daten in fremden Systemen zerstören wollen», und damit keine *Computerkriminalität* (engl. *computer criminality*), worüber auch im «Tagesspiegel» (Berlin-West) am 17. Nov. 1985 in einem Artikel berichtet wurde unter dem Titel «Von *Software-Gurus* und *Computer-Witwen* – Ein Sprachwissenschaftler untersuchte den Einfluß der EDV-Sprache auf das normale Deutsch». Bei Abschluß unserer vorliegenden Untersuchung hat sich die Computerszene dramatisch zugespitzt, nachdem jugendliche Computer-Freaks und Hacker in die computergespeicherten offiziellen Geheimwissensbestände fremder Staaten eingedrungen sind und Computerspionage und Computerkriminalität nunmehr internationale Ausmaße angenommen und internationales Aufsehen erregt haben. Die erste umfassende Untersuchung der Anglo-Amerikanismen in einer deutschen technischen Fachsprache, nämlich der *Kerntechnik* (engl. *nuclear engineering*), stammt von Peter Axel SCHMITT 1985.

Aber auch und besonders in die historisch-philologischen Wissenschaftsgebiete hat die anglo-amerikanische Terminologie ihren Einzug gehalten. Während bis ins 20. Jahrhundert die deutsche historisch-orientierte Sprachwissenschaft international tonangebend war und die entsprechende Terminologie lieferte, so daß Wörter wie *the ablaut, to ablaut, the anlaut, the umlaut, to umlaut* zum festen Vokabular der anglo-amerikanischen linguistischen Terminologie gehören – von den vielen Lehnübersetzungen wie *folk-etymology* ‹Volksetymologie›, *loanword* ‹Lehnwort›, *soundshift* ‹Lautverschiebung› oder *wave theory* ‹Wellentheorie› ganz zu schweigen –, wimmelt es heutzutage in sprachwissenschaftlichen Arbeiten in deutscher Sprache geradezu von anglo-amerikanischen Ausdrücken. Vielfach spielt hier auch das Bestreben eine Rolle, durch die Verwendung anglo-amerikanischer Terminologie auf internationalem Niveau zu erscheinen. Besonders peinlich wirken die Versuche, mit anglo-amerikanischem Vokabular wohlbekannte Wissensbestände als neue Erkenntnis vorzuführen. Zu Recht kritisierte Dieter E. Zimmer diese Erscheinung, die auch in der DDR anzutreffen ist, im Namen einer breiten sprachinteressierten Öffentlichkeit in der BRD-Zeitung «Die Zeit» vom 8. März 1985 (S. 70) wie folgt: «Seltsamerweise haben die Linguisten, besonders die, die scharf darauf waren, jede Spur von Provinzialismus abzuschütteln und die Höhenluft internationaler Debatten zu atmen, sich dieser Art wortwörtlicher Eindeutschung hemmungslos hingegeben. Lässig unterscheiden sie ‹Kompetenz und Performanz des nativen Sprechers› (also etwa die ‹Sprachbefähigung und das tatsächliche Sprechen in der eigenen Muttersprache›), und ein noch so leichter Satz etwa von Noam Chomsky [dem amerikanischen Begründer der sogenannten *generative-transformational grammar* ‹generativen Transformationsgrammatik›] hört sich auf deutsch dann so an: ‹Das Kind muß eine generative Grammatik seiner Sprache auf der Grundlage eines relativ restringierten Maßes von Evidenz erwerben›. Kein Wunder, daß diese Wissenschaft eine Sache für Esoteriker geblieben ist. ... Sie befremdet auf deutsch doppelt, weil sie auch das Vertraute wörtlich übersetzt und damit fremdartig ausdrückt.» Die Verwendung moderner anglo-amerikanischer naturwissenschaftlicher Terminologie in der ‹linguistischen Metasprache› hängt ferner auch mit der häufig anzutreffenden Überschätzung der Naturwissenschaften gegenüber den Geistes- bzw. Gesellschaftswissenschaften zusammen. So werden oft einfache und einsichtige sprachliche Tatsachen durch eine vermeintlich exaktere naturwissenschaftliche Terminologie verfremdet und eine anglo-amerikanische Sprachfassade errichtet. Auch der Göttinger Literaturhistoriker Albrecht Schöne beklagte in seiner Begrüßungsansprache als amtierender Präsident des VII. Internationalen Germanistenkongresses am 25. August 1985 in Göttingen vor rund 1400 Teilnehmern aus aller Welt, daß die Sprach- und Literaturwissenschaftler «selber mit dem weitverbreiteten Imponiergehabe eines rücksichtslosen Spezialistenjargons ihr öffentliches Publikum mehr und mehr verloren haben». Mit Recht fügte er hinzu: «Man kann diesen Zustand wohl nicht allein als leider unvermeidliche Konsequenz der Vervollkommnung einer Wissenschaft begreifen» (s. «Moderna Språk», Band

LXXX, Nr. 3, S. 236f.). Der Schweizer Anglist LEISI (1985, S. 257) erwägt als weitere Ursache für diese auch in der DDR herrschende Erscheinung neben anderem eine bewußte Absage der Vertreter einer jüngeren Generation an eine als veraltet empfundene Generation und Methode. Er führt dazu aus: «Wenn heute im linguistischen Vokabular ersetzt worden sind: *Sprachwissenschaft* durch *Linguistik*, *Einfluß* durch *Interferenz*, *unterscheidend* durch *distinktiv*, *Neuerung* durch *Innovation*, *Verständigung* durch *Kommunikation*, und so fort, so muß die Frage, ob die neuen Termini tatsächlich etwas anderes und/oder Genaueres bedeuten, mindestens gestellt werden. ... außerdem sind sie, wie Fremdwörter allgemein, dissoziiert und machen die Wissenschaft schwerer verständlich als unbedingt nötig. Der englische Einfluß ist deshalb zwar nicht feindselig, wohl aber kritisch zu betrachten.» Die Linguistik wurde so zum internationalen Tummelplatz anglo-amerikanischer Terminologie, woraus sich dann die Notwendigkeit zur Schaffung zahlreicher Wörterbücher der linguistischen Terminologie ergab, zum Beispiel des «Glossary of Linguistic Terminology» von Mario Pei (New York und London 1966). Darin heißt es im Vorwort (S. VII) sogar allen Ernstes: «Vielleicht besteht die Notwendigkeit einer Akademie für Linguistische Terminologie, die ultra-kreative Höhenflüge reglementieren und sogar unterbinden wird.» Wie MARKUS (1984, S. 311) ausführt, existieren heute etwa vierzig sprachwissenschaftliche Richtungen, deren Methoden und Terminologien zum Teil nicht das Geringste miteinander zu tun haben.

Aus Gründen der Kollegialität haben wir hier auf entsprechende Proben aus Arbeiten besonders jüngerer DDR-Philologen (auch ein überholter Terminus!) verzichtet. Sie bieten sich leider überall auch bei ihnen in reichem Maße an. Bei aller Öffnung gegenüber modernen anglo-amerikanischen Theorien und Methoden sowie ihrer Terminologie sollten wir bei ihrer Übernahme wegen der zentralen Stellung der Sprache im Leben und in der Enwicklung des einzelnen und der Gesellschaft stets bedenken, daß die Sprache als einzigartige soziale Erscheinung nur in engster Verbindung mit der Geschichte, Kultur und Literatur der Sprachträger zu verstehen und zu ergründen ist.

44.
Ein sonderbarer anglo-amerikanischer Fachterminus – Quark

Im D 1984 sind unter einem Stichwort (der) *Quark* die Bedeutungen ‹durch Milchsäurebildung oder Labzusatz aus Milch ausgefällter Käsestoff› und dazu bzw. daraus die umgangssprachliche Bedeutung ‹Wertloses› aufgeführt. Der D 1986 bringt außer dem Stichwort (der) [1]*Quark* (wie 1984) ein zweites gesondertes Stichwort (das) [2]*Quark* als Kunstwort in der Kernphysik mit der Bedeutung ‹hypothetisches Elementarteilchen›. Zur Herkunft wird unter [1]*Quark* lateinisch → russisch → polnisch → deutsch angegeben. Tatsächlich handelt es sich bei dem ‹Nahrungsmittel aus saurer Milch› um ein deutsches Lehnwort aus russisch творок /tworok/ ‹Quark›, das bereits spätmittelhochdeutsch als *twarc, quarc* bezeugt ist und sich bis heute in unverminderter Frische erhalten hat. Der Bedeutungsübergang von dem billigen und anspruchslosen Nahrungsmittel *Quark*(käse) zur Bezeichnung von ‹Belanglosem oder Wertlosem› leuchtet ohne weiteres ein (vgl. heute ‹Käse› zu ‹Unsinn, dummes Zeug› in der abwertenden umgangssprachlichen Redensart ‹das ist doch alles Käse!›). Doch wie gelangte *Quark* ‹Unsinn› weiter zu der modernen physikalischen Bedeutung ‹hypothetisches Elementarteilchen› *Quark* (anglo-amerikanisch *quark*), für die im D 1986 die Aussprache /kwɔːrk/ angegeben wird? Überraschenderweise liegt der Ursprung des heute international bekannten und verwandten Fachwortes der Physik in der schöngeistigen englischen Literatur. Es beruht auf dem Roman «Finnegans Wake» (II, 4) des irischen Schriftstellers James Joyce aus dem Jahre 1939, worin *Quark* eine Phantasiebezeichnung für schemenhafte Wesen ist. Der Entleiher des Wortes *Quark* aus Joyces Werk für sein benötigtes physikalisches Fachwort im Jahre 1964 war der amerikanische Physiker und Nobelpreisträger (1969) Dr. Murray Gell-Mann. Er war ein großer Liebhaber dieses letzten Werkes «Finnegans Nachtwache» von James Joyce mit seiner nicht aufzudeckenden tiefen Symbolik des Kreislaufhaften und Nichtigen aller Existenz und der Geschichte, seiner Darstellung der Nacht- und Traumwelt des Unbewußten mit vielen Wortneuschöpfungen, Wortspielen und Wortverdrehungen, letztlich insgesamt ein bewußt unergründliches Wortspielwerk ohne Anfang und Ende. In einem Brief vom 27. Juni 1978 berichtete Gell-Mann dem Herausgeber der OEDS-Bände R. W. Burchfield auf dessen Anfrage, wie er auf den physikalischen Terminus *Quark* gekommen sei, Folgendes: «Ich verwendete die Lautung *quork* einige Wochen lang im Jahre 1963, bis ich *quark* in ‹Finnegans Wake› bemerkte, das ich von Zeit zu Zeit durchgelesen hatte, seitdem es 1939 erschienen war. ... Der Hinweis auf drei *Quarks* schien perfekt. ... Ich benötigte eine Entschuldigung für das Festhalten an der Aussprache *quork* trotz des Auftretens von *Mark, bark, mark* und so fort in ‹Finnegans Wake›. Ich fand diese Entschuldigung in der Annahme, daß ein wesentlicher Bestandteil der Zeile ‹Drei *Quarks* für Muster [sic!] Mark› ein Ruf nach ‹Drei *Quarts* für Mister Mark› war, den ich in H. C. Earwickers Kneipe gehört hatte» (OEDS III, 1982, S. 960). Schon vor dem OEDS III (1982) findet sich unter *quark* im DNE 1973 unter anderem folgende Erklärung: «Dr. Gell-Manns nächster größerer Beitrag kam 1961, als er die Theorie aufstellte, daß subatomare Partikel aus noch elementareren Partikeln bestehen. Alle Materie, sagte er, ist tatsächlich aus drei Grundbausteinen aufgebaut. Er nannte diese Bausteine *Quarks* (nach einer Zeile in James Joyces ‹Finnegans Wake›: ‹Drei Quarks für M(e)ister [Muster] Mark!›.»

In den folgenden Jahren breitete sich dieser physikalische Fachausdruck immer weiter aus, wie die Belege im OEDS III (1982) zeigen. Die BRD-Zeitung «Mannheimer Morgen» erwähnte bereits in ihrer Ausgabe vom 8. Sept. 1969 (S. 3) «das Ur-Elementarteilchen *Quark*» (s. GALINSKY 1980, S. 254). Der ursprünglichen Verwendung von *quark* durch James Joyce lag allem Anschein nach das deutsche Wort *Quark* zugrunde, das, wie gesagt, neben seiner hochsprachlichen Bedeutung ‹Speisequark, kurz: Quark› umgangssprachlich auch die Bedeutungen ‹Quatsch, Unsinn, Nichtigkeit, Belangloses, Wertloses› hat und der Vorstellungswelt und Terminologie des Schriftstellers Joyce so recht entgegenkam. Dafür spricht auch die Untersuchung BONHEIMS (1967) über den deutschen Einfluß auf dieses englische Werk mit seiner willkürlichen Assoziationsspielerei und seiner kaum noch verständlichen Sprachauflösung, in der mehr als 6000 (!) deutsche, zum Teil arg verstümmelte Wörter mit ihrer imaginären englischen Umsetzung festgestellt worden sind. Darunter finden sich solche Wortverstümmelungen wie *alplapping* ‹immer plappern›, *unterdrugged* ‹unterdrückt›, *forelooper* ‹Verlobter› oder *hemptyemty* ‹Hemd›.

Eine weltweite Aktualität und Verbreitung erhielt der Terminus (das) *Quark*, als die internationale Presse Anfang Juli 1984 die Entdeckung des letzten *Quark* meldete. Im ND vom 6. Juli 1984 (S. 5) lautete die Nachricht unter der Überschrift «Genf: Materieteilchen ‹*T-Quark*› entdeckt»: «Das von der Theorie bisher nur vermutete Materieteilchen *T-Quark* (‹*Top*›-*Quark*) entdeckten Wissenschaftler des westeuropäischen Kernforschungszentrums (CERN) in Genf. Damit gelang der Nachweis des letzten von insgesamt sechs *Quarks*, die nach heutiger Erkenntnis gemeinsam mit sechs Leptonen die Grundlage für den Aufbau des gesamten Universums bilden. Protonen und Neutronen im Innern des Atomkerns setzen sich aus jeweils *drei Quarks* zusammen.» Der Existenznachweis des letzten von sechs *Quarks* stand als «aufsehenerregende wissenschaftliche Sensation» (so die BZ in einem Bericht am 21./22. Juli 1984, S. 13) dann auch im Mittelpunkt des Interesses der XXII. Internationalen Konferenz über Hochenergiephysik vom 20. bis 25. Juli 1984 in Leipzig. Am gleichen Tage wurden in einem entsprechenden Bericht im ND (S. 12) *Quarks* als ‹subatomare Materiepartikel mit einem Drittel oder zwei Dritteln der elektrischen Elementarladung› definiert. So wurde aus einem vagen bis sinnlosen literarischen Wort ein höchst wichtiger und sinnbeladener wissenschaftlicher Terminus. Seiner Wichtigkeit und Bedeutung wegen wurde er mit allen möglichen publizistischen Mitteln einer breiten Öffentlichkeit unterbreitet. In diesem Fall griff man neben den besagten wissenschaftlichen Erklärungen in den Zeitungen und Zeitschriften sogar zur volkstümlichen und humorvollen Erklärung und Verbreitung. In der BZ vom 11./12. Aug. 1984 stand auf der letzten, dem Humor gewidmeten Seite ein «Egon und die Quarks» überschriebener Artikel, dessen Anfang im Berliner Dialekt wie folgt lautete: «‹Herr Ecke-Obermüller, ick hätte da noch 'ne Frage. Ick hab' in een wissenschaftlichet Journal jelesen, det et *Quarks* jibt. Sind det Krümel von weißem Käse?› – ‹Egon, du hast doch schon gehört, daß es Atome gibt?› – ‹Ja, das sind die kleinsten Teilchen eines Elementes, aber nicht die allerkleinsten. Da gibt es den Atomkern und die Schalen. Auf den Schalen flitzen die Elektronen mit rasender Geschwindigkeit rum, ohne sich einzuholen.› – ‹Siehst du,

Egon, das ist, abgesehen von verschiedenen Einzelheiten, richtig.›
– ‹Aber, Herr Ecke-Obermüller, wat sind nu *Quarks*? – ‹Die Wissenschaftler haben festgestellt, daß es noch kleinere Bausteine, als die bisher bekannten, in der Natur gibt.› – ‹Jut und schön, aber det se die nach Weißkäse benannt haben, vasteh ick übahaupt nich.›» Sicherlich wußte auch der Verfasser des Artikels darauf keine Antwort!

Wiederum sehen wir, daß in Abwandlung des lateinischen Merkspruchs «Habent sua fata libelli» (Bücher haben ihre Schicksale) auch Wörter im allgemeinen und Anglo-Amerikanismen im besonderen ihre Schicksale haben. Im Gefolge der stetig fortschreitenden Technisierung und Verwissenschaftlichung unserer Welt und des alltäglichen Lebens werden die Grenzen zwischen der (den) weitgehend anglo-amerikanisch beeinflußten wissenschaftlichen Fachsprache(n) und der Umgangssprache immer durchlässiger und fließender. Dennoch sind weder die deutsche Standardsprache in der DDR noch irgendeine andere Sprache nach unseren Erkenntnissen durch den anglo-amerikanischen Fachwortschatz in ihrem Kern gefährdet.

45.
Schlußbemerkungen

Anglo-amerikanische Wörter und Wendungen sind ein mehr oder weniger fester Bestandteil der deutschen Sprache in der DDR. Sie haben dort oft nur ein kurzes modisches Leben, erhalten jedoch ständig neuen Zuwachs. Viele von ihnen aber werden gerade in unserer Zeit als unverzichtbarer Bestandteil in die deutsche Sprache integriert. Leicht erkennbar ist für gewöhnlich der direkte und offene anglo-amerikanische Sprachimport, besonders wenn er auf einem neuen Sachimport beruht. Die Schwierigkeiten beginnen bei den indirekten und versteckten Einflüssen, worauf auch D. E. Zimmer in gedrängter Form («Die Zeit», 8. März 1985, S. 70) hinwies: «Das Englische [= Anglo-Amerikanische] beeinflußt das Deutsche aber noch auf eine andere, sehr viel weniger auffällige Art. Zu den offenen treten immer mehr heimliche Anglizismen: Wörter und Wendungen, die sich auf den ersten Blick so urdeutsch ausnehmen wie aus Grimms Wörterbuch und die dennoch englischer [= anglo-amerikanischer] Herkunft sind. Entweder handelt es sich um wörtliche Übersetzungen; oder ein fast vergessen dahinvegetierendes Wort wurde unter dem Einfluß des Englischen wiederentdeckt und reaktiviert; oder ein deutsches Wort erhielt unter dem Einfluß des Englischen zusätzlich eine ganz neue Bedeutung, die ihm bisher fremd war; oder seine althergebrachte Bedeutung wurde von einer aus dem Englischen stammenden Neu-Bedeutung unterwandert und mehr oder weniger außer Kraft gesetzt.» Bei Berücksichtigung aller griechisch-lateinisch-französischen Wörter, die über das Anglo-Amerikanische in die Gegenwartssprache der DDR und der anderen deutschsprachigen Länder wie auch in alle anderen Sprachen der Welt gelangt sind, bei denen die Wörterbücher jedoch in der Regel keinen Hinweis auf die anglo-amerikanische Vermittlung geben, steigt die Zahl der Anglo-Amerikanismen in der Literatur-, Umgangs- und noch mehr in den einzelnen Fachsprachen der DDR stark an.

Wesentlich für die erhöhte Aufnahme von Anglo-Amerikanismen in die deutsche Sprache der DDR ist auch der höhere Bildungsstand. Annemarie KLEINFELD (1984, S. 91) führte in ihren Bemerkungen zur Theorie der Sprachkultur in der DDR aus: «In der gegenwärtigen Sprachsituation der DDR ist – als Ausdruck tiefgreifender gesellschaftlicher und politischer Veränderungen im Laufe der letzten Jahrzehnte – eine gegenseitige Durchdringung von Literatursprache und anderen Existenzformen und gesellschaftlichen Varianten der deutschen Sprache zu beobachten. Durch wesentliche soziale Umschichtungen ist die Zahl derjenigen, die die Literatursprache sprechen, erheblich gestiegen.» Und wir fügen hinzu: folglich auch die Zahl der Verwender von Anglo-Amerikanismen in der DDR. In der Mehrzahl der Fälle sind die in den deutschsprachigen Ländern aufgenommenen anglo-amerikanischen Vokabulare deckungsgleich. In zahlreichen Fällen bestehen zwischen ihnen jedoch sowohl Bedeutungsunterschiede als auch Leerfelder. Ein Wort wie *Peep-Show* (engl. *peep show* ‹Sexschau›), das vom DDU 1983 als ‹auf sexuelle Stimulation zielendes Sichzurschaustellen einer nackten, besonders einer weiblichen Person, die gegen Geldeinwurf durch das Guckfenster einer Kabine betrachtet werden kann›, definiert wird, ist sowohl als Einrichtung wie als Wort in der DDR ungebräuchlich, gerade so wie der für viele DDR-Bürger attraktive *Intershop* in der BRD nicht existiert. Oft benötigen die in der BRD gebräuchlichen Anglo-Amerikanismen einige Zeit bis zu ihrer einschränkungslosen Aufnahme in den Wortgebrauch der DDR. Während zum Beispiel *Publicity* (engl. *publicity*) im D 1984 noch ausdrücklich der kapitalistischen Gesellschaft zugewiesen wird, fehlt im D 1986 bereits dieser einschränkende Zusatz. Andererseits wird im D 1986 das Wort (der) *Boom* /bu:m/ noch einschränkend wie folgt erklärt: ‹in der kapitalistischen Wirtschaft: plötzlicher kurzer wirtschaftlicher Aufschwung, z. B. durch Börsenmanöver› ohne jede weitere Bedeutungsvariante, während im täglichen Leben der DDR der *Boom* in ökonomischen, sportlichen, technischen, bevölkerungspolitischen und anderen Kontexten in durchaus positivem Sinne verwendet wird (s. LANGNER 1986, S. 408). So wird zum Beispiel in der BZ vom 5. März 1987 (S. 4) stolz von einem neuen *Baby-Boom* berichtet. «Zu den Unterschieden und Differenzierungstendenzen im neutralen Wortbestand zwischen der Bundesrepublik und der DDR» machte bereits EICHHOFF (1980) interessante Ausführungen.

Wie ich bereits vor längerer Zeit (1967, S. 62) ausgeführt habe, werden besonders mit ideologiegebundenen Wörtern und Begriffen oft verschiedene Bedeutungen und Vorstellungen verbunden, und zwar sowohl von den Angehörigen verschiedener Schichten eines Volkes als auch von den Angehörigen verschiedener Staats- und Wirtschaftsformen sowie Ideologien. ALBRECHT formuliert (1985, S. 943) das wie folgt: «Die Sprachträger formen ihre Sprache stets in Abhängigkeit von der konkreten sozialökonomischen, historischen und kulturellen Situation.» Zur Veranschaulichung zitierte ich eine Stelle aus dem Roman «Point of No Return» des amerikanischen Schriftstellers John P. Marquand (1893 bis 1960), wo es heißt: «Obgleich jeder von ihnen dem anderen bestimmte Vorstellungen verständlich machen konnte, so hatten dennoch gerade die Wörter, die sie benutzten, jeweils verschiedene Bedeutungen für jeden von ihnen. *Sicherheit, Arbeit, Sorge, Zukunft, Stellung, Gesellschaft, Kapital* und *Regierung*, diese Wörter hatten alle voneinander abweichende Bedeutungen für sie» (New York, Bantam Books 1961, S. 428f.). Überdies verwies ich auf die unterschiedlichen Definitionen in den Duden-Ausgaben der BRD und der DDR etwa bei den Stichwörtern *Demokratie, Pazifismus, Kapitalismus, Sozialismus, Revisionismus* usw. In einigen Fällen erfuhren die anglo-amerikanischen Lehnwörter in der DDR nicht nur eine veränderte Definition, sondern sogar eine inhaltliche Umdeutung und veränderte Verwendungsweise.

Welche heutigen und zukünftigen anglo-amerikanischen Wörter und Wortverbindungen weiterleben und welche wieder aus der deutschen Sprache ausgeschieden werden, bleibt abzuwarten. Dekretieren läßt es sich nicht und prognostizieren kaum. Im Unterschied zur Adaptation früherer Jahrhunderte, wo nur relativ wenige englische Wörter wie *Bombast, Boot, Detektiv, Dock, Film, Lotse, Pony, Pudding, Reporter, Revolver, Rum, Schlips, Sport, Streik, Tank* usw. zum festen Bestandteil der deutschen Sprache wurden, werden voraussichtlich sehr viele anglo-amerikanische Wörter für lange Zeit festen Fuß im Deutschen auch in der DDR fassen, da sie im Gegensatz zu früher durch die Internationalisierung der amerikanisch-europäischen und der Weltwirtschaft sowie Weltkultur gestützt und getragen werden. Verschwinden werden natürlich wie vordem Wörter und Wendungen für Dinge, die aus der Mode und aus dem Gebrauch kommen, etwa in der Mode selbst, in der Musik oder Technik. Besonders hinsichtlich der Fachterminologie(n) sind wir sicher, daß viele neue anglo-amerikanische Termini, die schon jetzt einen festen Platz in der deutschen Sprache der DDR einnehmen, unvermindert lange weiterleben werden.

Im vorausgehenden haben wir uns vor allem mit dem anglo-amerikanischen Einfluß auf den Wortschatz in der DDR und mit den damit verbundenen Fragen beschäftigt, da hierin der Haupteinfluß besteht. Die anglo-amerikanischen Einflüsse auf die deutsche Grammatik sind dagegen von untergeordneter Bedeutung, daher auch schwerer faß- und darstellbar.

Auf anglo-amerikanischem Einfluß beruhen wohl auch die Tendenz zur Wortmischung und zur Zusammenziehung von zwei Wörtern, die zahlreichen Wortkürzungen und Akronyme (aus Initialen gebildete Wörter), die Neigung zur Transitivierung intransitiver Verben (wie *einen Wagen fahren, einen Angriff fliegen* usw.) sowie der Gebrauch von Allerweltsverben wie *sagen* und *machen*, wodurch viele entsprechende Synonyme in ihrer Existenz bedroht sind. Auch Redewendungen wie *einmal mehr* nach engl. *once more, in deutsch* nach engl. *in German, für eine Woche* (*einen Monat* usw.) nach engl. *for a week* (*a month*, etc.) haben weite Verbreitung gefunden. Wie wir gesehen haben, sind auch mehrere fruchtbare Affixe in die deutsche Sprache übernommen worden (s. 41. Kap.). Auch viele anglo-amerikanische Lehnwendungen sind in der alltäglichen Sprache der DDR lebendig (s. 32. Kap.). Auf anglo-amerikanischem Einfluß beruht wohl auch die neuerliche starke Tendenz zur Bildung von Blockkomposita (s. 40. Kap.).

Die Erforschung des anglo-amerikanischen Einflusses auf die deutsche Sprache der Gegenwart in der DDR stellt uns als ein wichtiges Teilgebiet der Soziolinguistik und Kommunikationsforschung vor viele neue Fragen und Aufgaben. Zu diesen gehören unter anderem die Erforschung der Häufigkeitsverteilung anglo-amerikanischer Lehnwörter in den verschiedenen Lebensbereichen der DDR, die Funktion und Stellung der Anglo-Amerikanismen im Vergleich zum heimischen Wortschatz, der Umfang und die Bedeutung der Anglo-Amerikanismen für die verschiedenen Zwecke und für die verschiedenen Bevölkerungsschichten, die Ursachen, Wege und Stilebenen der offenen und versteckten anglo-amerikanischen Entlehnungen wie überhaupt das gesamte Ausmaß und die Bedeutung des anglo-amerikanischen Spracheinflusses in der DDR. Strikter als bisher ist auch zwischen papiernen und lebendigen Anglo-Amerikanismen zu unterscheiden, das heißt zwischen solchen, die gewöhnlich nur geschrieben oder gedruckt erscheinen, und solchen, die mündlich allgemein verwendet und weitergegeben werden, wobei hinsichtlich der allgemeinen Verwendung von Anglo-Amerikanismen Unterschiede zwischen den verschiedenen Schichten und Generationen der Bevölkerung bestehen. Genauer zu erforschen sind allgemein noch die Daten und Ursachen für das Entstehen und Vergehen sowie für die mehr oder minder schnelle oder verzögerte Aufnahme anglo-amerikanischer Neologismen. Wenn auch das von uns und anderen unter Anglo-Amerikanisch zusammengefaßte britische und amerikanische Englisch die Hauptquelle für die Entlehnung in die deutsche Sprache der DDR (wie auch international) bildet, so müßten zukünftig auch die verschiedenen englischen Sprachschichten und Sprachvarianten genauer herausgearbeitet werden. Es gibt zahlreiche Wörter, die zwar über das Anglo-Amerikanische in unsere Sprache gelangt sind, die aber aus anderen Sprachen stammen, etwa *Clan, Glencheck, Plaid, Raid, Whisky* aus dem Schottischen, *Stress* oder *Streß* aus dem kanadischen Englisch und *Shampoo* aus dem indischen Englisch. *Slogan* stammt sogar aus schottisch-gälisch *sluagh-ghairn* ‹Kriegsgeschrei›, *Brainwash(ing)* mit der deutschen Lehnübersetzung *Gehirnwäsche* geht auf gleichbedeutendes chinesisches *hsi-nao* zurück. Der in China gezüchtete Rassehund *Chow-Chow* hat seinen chinesischen Namen bewahrt. *Walkman(s)* stammt, wie wir gesehen haben (S. 31), aus dem japanischen Englisch. Aus dem Hindustani kamen über das Englische (der) *Bungalow*, eigtl. ‹Hütte›, und das *(Finn-)Dingi* (D 1986: ‹ein Segelboot›). Aus dem Hindi stammt der *Chintz* (D 1984 und D 1986: ‹buntbedrucktes Gewebe aus Baum- oder Zellwolle›), aus dem Altindischen kommen (der oder das) *Joga* und *Yoga* (s. D 1984 und D 1986) über engl. *yoga* und das entsprechende Substantiv *yogi(n)*, deutsch der *Jogi* oder *Yogi* ‹Anhänger des Joga›. Aus dem türkischen *yogurt* stammt deutsch *Joghurt* über engl. *yogho(u)rt* ‹dicke Milch›. Auf das Philippinische geht das einst sehr verbreitete Spiel *Jo-jo* oder *Jojo*, engl. *yoyo* oder *yo-yo* zurück: ‹ein Geschicklichkeitsspiel mit zwei miteinander verbundenen kleinen Scheiben, die mittels ruckartiger Armbewegungen an einer zwischen ihnen befestigten Schnur auf und ab laufen› (DDU 1983). Das OEDS IV (1986) bringt einen ersten Beleg aus dem «Philippine Craftsman» vom Dezember 1915: «Es besteht offenbar eine gewisse Handelsmöglichkeit mit philippinischen Spielzeugen, da kürzlich von einer Firma in den Vereinigten Staaten ein Patent auf *Jo-Jo* erworben wurde.» Im amerikanischen Slang hat *yo-yo* die Bedeutung ‹Idiot›. Das Wort lebt heute noch weiter, wenn auch nicht in den Wörterbüchern der DDR, so doch in der Praxis: In der BZA vom 24. Juli 1987 (S. 6) suchte ein Berliner Sammler in einer Ankaufsanzeige «Jojos aus jedem Material». So stellen die über anglo-amerikanische Vermittlung ins Deutsche übernommenen und auch in der DDR weiterlebenden Wörter zum Teil eine recht bunte internationale Mischung dar.

Aus unserer Untersuchung geht deutlich hervor, daß der anglo-amerikanische Einfluß auf die deutsche Standardsprache in der DDR doch weit größer ist und tiefer geht, als man gemeinhin annimmt. An zahlreichen Beispielen aus unseren Tagen haben wir zumindest die wichtigsten Ursachen, Arten und Wege des sprachlichen anglo-amerikanischen Einflusses untersucht. Gleichwohl nehmen wir keineswegs eine Frontstellung gegen die Anglo-Amerikanismen ein, da sie meist als Internationalismen unsere Sprache bereichern und die internationale Kommunikation erleichtern. Dennoch ist eine kritische Einstellung gegenüber massenhafter, unnötiger, unangemessener, gedankenloser oder oft auch bildungsprotzender gemeinsprachlicher Verwendung von Anglo-Amerikanismen angebracht, da solche die nationale und internationale Sprachverständigung eher hemmen als fördern. Mit Recht empfiehlt auch R. Olt in dem auf S. 20 zitierten Aufsatz (1989) ein kritisch-schöpferisches Verhalten gegenüber den Fremdwörtern im allgemeinen und den Anglo-Amerikanismen im besonderen unter Hinweis auf maßvolle und geglückte neben übertriebenen und mißglückten Verdeutschungen unserer Vorfahren: «Neben dilettantischen älteren Verdeutschungsversuchen – *Jungfernzwinger* für *Kloster*, *Gesichtserker* für *Nase*, *Meuchelpuffer* für *Pistole* – gab es geglückte. So hat sich *postlagernd* für *poste restante*, *Umschlag* für *Couvert*, *Fahrgestell* für *Chassis*, *Beweggrund* für *Motiv* oder *Raumfähre* für *Space Shuttle* durchgesetzt. Sollte es also nicht gelingen, statt *Playback Nachvertonung* in Umlauf zu setzen? Das Deutsche ist so sperrig nicht, als daß nicht mit ein wenig Denkfreude und Beharrungsvermögen sinnvolle Ersatzwörter gefunden, also der Bequemlichkeit Schöpfungskräfte entgegengesetzt werden könnten. Fremdwörter erleichtern die internationale fachsprachliche ‹Kommunikation›. Das ist unstrittig. Doch im Alltag sind sie vielen ein Ärgernis. Dort Verständnisschwierigkeiten abzubauen ist Sache jedes einzelnen». Bei der Verwendung von Anglo-Amerikanismen ist mithin wie bei dem Gebrauch von Fremdwörtern überhaupt zwischen fachinterner Kommunikation und allgemeinsprachlicher Verständigung zu unterscheiden. Die Angemessenheit des Gebrauchs und der Übernahme von Anglo-Amerikanismen ist weitgehend vom Zweck und Nutzen sowie ihrer Bedeutung in einer gewissen Situation bestimmt und bestimmbar. Dabei spielen auch ihre Anpassungsfähigkeit und ihre Eignung zur Ausfüllung sprachlicher Leerstellen eine Rolle.

Wie Werner Neumann in seinem wissenschaftsgeschichtlichen Abriß der sprachwissenschaftlichen Germanistik (in der «Zeitschrift für Germanistik» Heft 5/1988, S. 523–536) dargestellt hat, ist die «Arbeit an der Sprachkultur auf wissenschaftlicher Grundlage eine verantwortungsvolle Aufgabe der Sprachwissenschaft» (S. 535). Darüber hinaus sollten an dieser schönen und wichtigen Aufgabe jedoch alle sprachbewußten und sprachinteressierten Menschen zu ihrem persönlichen Gewinn wie auch zum allgemeinen Nutzen teilnehmen. Mit Erika ISING (1977), der wir manche wertvolle Anregung in unserer Untersuchung verdanken*, würden wir uns freuen, wenn die vorliegenden Ausführungen zugleich zur Schärfung des Sprachbewußtseins und zur Hebung der Sprachkultur unserer Mitbürger beitrügen.

* Mein besonderer Dank gilt dem Anglo-Amerikanismen-Experten Prof. Dr. Broder Carstensen, meinem Freund und Paderborner anglistischen Kollegen.

Lautsymbole und Zeichen

ʹ bedeutet, daß die folgende Silbe einen Hauptton trägt
ʹ bedeutet, daß die folgende Silbe einen Nebenton trägt
: bedeutet Länge des vorausgehenden Vokals

Vokale

/i:/ wie in free /fri:/
/i/ wie in sit /sit/
/e/ wie in get /get/
/æ/ wie in bag /bæg/
/ɑ:/ wie in father /fɑ:ðə/
/ɔ/ wie in hot /hɔt/
/ɔ:/ wie in broad /brɔ:d/
/u/ wie in put /put/
/u:/ wie in too /tu:/
/ʌ/ wie in cut /kʌt/
/ə:/ wie in bird /bə:d/
/ə/ wie in about /əˈbaut/

Diphthonge

/ei/ wie in day /dei/
/ai/ wie in side /said/
/əu/ wie in go /gəu/
/au/ wie in cow /kau/
/ɔi/ wie in boy /bɔi/
/iə/ wie in here /hiə/
/ɛə/ wie in hair /hɛə/
/uə/ wie in poor /puə/

Konsonanten

/p/ wie in paper /ˈpeipə/
/b/ wie in bubble /ˈbʌbl/
/t/ wie in title /ˈtaitl/
/d/ wie in dead /ded/
/k/ wie in cocoa /ˈkəukəu/
/g/ wie in bag /bæg/
/tʃ/ wie in church /tʃə:tʃ/
/dʒ/ wie in judge /dʒʌdʒ/
/m/ wie in moment /ˈməumənt/
/n/ wie in noon /nu:n/
/ŋ/ wie in sing /siŋ/
/l/ wie in little /ˈlitl/
/f/ wie in fifty /ˈfifti/
/v/ wie in valve /vælv/
/θ/ wie in thing /θiŋ/
/ð/ wie in they /ðei/
/s/ wie in see /si:/
/z/ wie in easy /ˈi:zi/
/ʃ/ wie in ship /ʃip/
/ʒ/ wie in pleasure /ˈpleʒə/
/r/ wie in rare /rɛə/
/h/ wie in high /hai/
/j/ wie in yes /jes/
/w/ wie in week /wi:k/

BIBLIOGRAPHIE
(in Auswahl)

1. WÖRTERBÜCHER

COD = The Concise Oxford Dictionary of Current English, based on The Oxford English Dictionary and its Supplements. Ed. by I. S. Sykes. Oxford ^{6}1976.

D 1984 und D 1986 = Der große Duden. 25. Aufl. der 17. Neubearb., Leipzig 1984. – 2., durchges. Aufl. der 18. Neubearb., Leipzig 1986.

DAHP = A Dictionary of Americanisms on Historical Principles. Ed. by M. M. Mathews. Chicago 1951.

DDR-Fremdwörterbuch 1985 = Großes Fremdwörterbuch. 6., durchges. Aufl. Leipzig.

DDU 1983 = Duden – Deutsches Universal Wörterbuch. Hrsg. von Günther Drosdowski. Mannheim.

DNE 1973 = Dictionary of New English. Neue Wörter der englischen Sprache von 1963–1972. Ed. by C. L. Barnhart et al. New York – Berlin – München.

DNE 1980 = The Second Barnhart Dictionary of New English. Ed. by C. L. Barnhart et al. Bronxville, N.Y.

HWDG 1984 = Handwörterbuch der deutschen Gegenwartssprache. In zwei Bänden. Hrsg. von einem Autorenkollektiv unter Leitung von Günter Kempcke. Berlin.

Langenscheidts Enzykl. Wörterbuch = Langenscheidts Enzyklopädisches Wörterbuch der englischen und deutschen Sprache. In vier Bänden. Hrsg. von Otto Springer. Berlin (West) – München 1962–1975.

Langenscheidts Grosswörterbuch = Der Kleine Muret-Sanders. Band I: Deutsch-Englisch. Hrsg. von Heinz Messinger. Berlin (West) – München 1982, ^{2}1984; Band II: Englisch-Deutsch. Hrsg. von Helmut Willmann und Heinz Messinger. München 1985.

Langenscheidts Handwörterbuch 1988 = Langenscheidts Handwörterbuch. Teil I: Englisch-Deutsch. Neubearbeitung von Heinz Messinger. Berlin (West) – München – Wien – Zürich – New York.

LDCE 1987 = Dictionary of Contemporary English. A Langenscheidt-Longman Dictionary. London 1978. Völlige Neubearbeitung 1987. Berlin (West) – München.

Neske = Fritz und Ingeborg Neske, Wörterbuch englischer und amerikanischer Ausdrücke in der deutschen Sprache. München ^{2}1972.

Neubert/Gröger 1988 = Albrecht Neubert und Erika Gröger, Handwörterbuch Englisch-Deutsch. Leipzig.

OALD = Oxford Advanced Learner's Dictionary of Current English. New Edition. Ed. by A. S. Hornby. London ^{4}1975.

ODCE = The Oxford Dictionary of Current English. Ed. by R. E. Allen. Oxford 1985.

ODEE = The Oxford Dictionary of English Etymology. Ed. by C. T. Onions with the Assistance of G. W. S. Friedrichsen and R. W. Burchfield. Oxford 1966, repr. 1978.

OED = The Oxford English Dictionary. Ed. by J. A. H. Murray u. a. 12 Bände und Supplement. Oxford 1933, repr. 1961. – The Compact Edition of the Oxford English Dictionary. Complete Text Reproduced Micrographically. 2 Bände. Oxford 1971.

OEDS I–IV = A Supplement to the Oxford English Dictionary. Ed. by R. W. Burchfield. Band I: A–G, Oxford 1972; Band II: H–N, Oxford 1976; Band III: O–Scz, Oxford 1982; Band IV: Se–Z, Oxford 1986. – In einem Band als The Compact Edition of the Oxford English Dictionary. Complete Text Reproduced Micrographically. Oxford 1987.

POLEC 1967 = Dictionary of politics and economics – Lexikon für Politik und Wirtschaft. Hrsg. von H. Back u. a. 2., verb. und erw. Aufl., Berlin (West).

WAHRIG 1986 = Gerhard Wahrig, Deutsches Wörterbuch. München.

WDG = Wörterbuch der deutschen Gegenwartssprache. Hrsg. von Ruth Klappenbach und Wolfgang Steinitz. Band 1: A – deutsch, 10., bearb. Aufl. 1980 (2. Bindequote 1987); Band 2: Deutsch – Glauben, 7. Aufl. 1981; Band 3: glauben – Lyzeum, 6. Aufl. 1984; Band 4: M – Schinken, 5. Aufl. 1985; Band 5: Schinken – Vater, 4. Aufl. 1980; Band 6: väterlich – Zytologie, 4. Aufl. 1985. Berlin.

WEBSTER III = Webster's Third New International Dictionary. Springfield, Mass., 1965.

WEBSTER'S SUPPLEMENT = 6000 Words. A Supplement to Webster's Third New International Dictionary. Springfield, Mass., 1976.

WEBSTER'S NWD = Webster's New World Dictionary of the American Language. Cleveland – New York ^{2}1970.

2. ZEITUNGEN UND ZEITSCHRIFTEN

BZ = Berliner Zeitung (Redaktion: 1025 Berlin, Karl-Liebknecht-Str. 29), Berlin 1984ff.

BZA = BZ am Abend (Redaktion wie BZ), Berlin 1984ff.

NBI = Neue Berliner Illustrierte – Die Zeit im Bild (Redaktion wie BZ).

ND = Neues Deutschland. Organ des Zentralkomitees der Sozialistischen Einheitspartei Deutschlands (Redaktion und Verlag: 1017 Berlin, Franz-Mehring-Platz 1), Berlin 1984ff.

Spectrum = spectrum. Monatszeitschrift der Akademie der Wissenschaften der DDR (Redaktion: 1086 Berlin, Otto-Nuschke-Str. 22–23), Berlin 1984ff.

3. FACHLITERATUR

Albrecht 1975: Erhard Albrecht, Sprache und Philosophie. Berlin.
1979: Erhard Albrecht, Weltanschauung, Methodologie, Sprache. Berlin.
1985: Erhard Albrecht, Zu weltanschaulichen und methodologischen Tendenzen der bürgerlichen Sprachphilosophie. In: Deutsche Zeitschrift für Philosophie, Heft 10, S. 942–947. Berlin.
Alfaro 1970: R. J. Alfaro, Diccionario de anglicismos. 3. Aufl. Madrid.
Asriel 1985: André Asriel, Jazz. Analysen und Aspekte. 4. Aufl. Berlin.
Betz 1949: Werner Betz, Deutsch und Lateinisch. Die Lehnbildungen der althochdeutschen Benediktinerregel. Bonn.
Bisky 1984: Lothar Bisky et al., Gespräche über Probleme der Erforschung von Unterhaltungskunst. In: Weimarer Beiträge, Heft 9. Berlin.
Bonheim 1967: Helmut Bonheim, A Lexicon of the German Element in Finnegans Wake. München.
Buck 1971: Timothy Buck, Pseudoenglisches im heutigen Deutsch. German into English. (Anhang mit rund 50 Scheinentlehnungen aller Art.) Göttingen.
1974: Timothy Buck, Selfmade English. Semantic Peculiarities of English Loan-Material in Contemporary German. In: Forum for Modern Language Studies, Band X, S. 130–146. University of St. Andrews.
Burchfield 1988a: Robert Burchfield, The Oxford English Dictionary. Past, Present, and Future (S. 425–440). In: Philologia. Festschrift for Prof. Y. Terasawa. Kenkyusha – Tokyo.
1988b: Robert Burchfield, The Oxford English Dictionary and the state of the language. In: Scholarly Publishing. A Journal for Authors and Publishers. Band 19, Nr. 3, S. 169–178. University of Toronto.
Burgschmidt 1980: Ernst Burgschmidt, Englische Sportgeschichte (18. bis 20. Jh.) und englische Sportsprachen. In: Beiträge zu einer linguistischen Landeskunde und Sprachpraxis. Hrsg. von Ernst Burgschmidt. Band I, S. 64–94. Braunschweig.
Carstensen 1965: Broder Carstensen, Englische Einflüsse auf die deutsche Sprache [in der BRD] nach 1945. (Beihefte zum Jahrbuch für Amerikastudien, 13.) Heidelberg.
1971: Broder Carstensen, Spiegelwörter – Spiegelworte. Zur Sprache eines deutschen Nachrichtenmagazins. München.
1973/74: Broder Carstensen, Englisches im Deutschen. Zum Einfluß der englischen Sprache auf das heutige Deutsch. In: Paderborner Studien, Heft 3, S. 2–12. Paderborn.
Carstensen/Galinsky 1975: Broder Carstensen und Hans Galinsky, Amerikanismen der deutschen Gegenwartssprache. Entlehnungsvorgänge und ihre stilistischen Aspekte. 3. Aufl. Heidelberg.
Carstensen 1977: Broder Carstensen, Rund um ›um die Uhr‹. In: Der Sprachdienst, Heft 6, S. 81–85. Wiesbaden.

1979a: Broder Carstensen, Evidente und latente Einflüsse auf das Deutsche. In: Fremdwort-Diskussion. Hrsg. von P. Braun. S. 90–94. München.

1979b: Broder Carstensen, Die Entlehnung von Anglizismen im heutigen Deutsch. In: Tempus. Published by the Finnish Language Teacher's Association. Band 9, S. 14–15. Helsinki.

1979c: Broder Carstensen, Morphologische Eigenwege des Deutschen bei der Übernahme englischen Wortmaterials. In: Arbeiten aus Anglistik und Amerikanistik, Band 4, S. 155–170. Tübingen.

1980a: Broder Carstensen, Das Genus englischer Fremd- und Lehnwörter im Deutschen; und: Semantische Scheinentlehnungen des Deutschen aus dem Englischen. In: Studien zum Einfluß der englischen Sprache auf das Deutsche. Hrsg. von Wolfgang Viereck. (Tübinger Beiträge zur Linguistik, Band 132, S. 37–75 und S. 77–100.) Tübingen.

1980b: Broder Carstensen, Der Einfluß des Englischen auf das Deutsche. Grammatische Probleme. In: Arbeiten aus Anglistik und Amerikanistik, Band 5, S. 37–63. Tübingen.

1981a: Broder Carstensen, Englisches im Deutschen. Bericht über Planung und Vorarbeiten zu einem Anglizismus-Wörterbuch als Schwerpunkt eines Forschungsprojekts. In: Anglistentag in Gießen. Tagungsbeiträge und Berichte im Auftrage des Vorstandes. Hrsg. von Herbert Grabes. S. 13–48. Großen Linden.

1981b: Broder Carstensen, Lexikalische Scheinentlehnungen des Deutschen aus dem Englischen. In: Kontrastive Linguistik und Übersetzungswissenschaft. Akten des Internationalen Kolloquiums Trier – Saarbrücken vom 25. bis 30. 9. 1978. S. 175–182. München.

1981c: Broder Carstensen, Zur Deklination aus dem Englischen entlehnter Substantive im Deutschen. In: Festschrift zum 65. Geburtstag von Vilém Fried. Hrsg. von J. Esser und A. Hübler. (Tübinger Beiträge zur Linguistik, Band 149, S. 103–122.) Tübingen.

1982a: Broder Carstensen, Eine neue Bedeutung von Bank. In: Deutsche Sprache, Heft 4, S. 356–376. Berlin (West).

1982b: Broder Carstensen, Babys oder Babies? Zum Plural englischer Wörter im Deutschen. In: Muttersprache. Zeitschrift zur Pflege und Erforschung der deutschen Sprache. Heft 92, S. 200–215. Hamburg.

CARSTENSEN/HENGSTENBERG 1983: Broder Carstensen und Peter Hengstenberg, Zur Rezeption von Anglizismen im Deutschen. In: Studien zur neuhochdeutschen Lexikographie III. Hrsg. von Herbert Ernst Wiegand. (Germanistische Linguistik, Heft 1–4, S. 67–118, 1982). Hildesheim – Zürich – New York.

CARSTENSEN 1983: Broder Carstensen, English Elements in the German Language. Their Treatment and Compilation in a Dictionary of Anglicisms. In: Germanistische Linguistik, Heft 5–6 (Symposium zur Lexikographie 1.–2. September 1982 at the University of Copenhagen), S. 13–24. Hildesheim.

1984a: Broder Carstensen, Wieder: Die Engländerei in der deutschen Sprache. In: Die deutsche Sprache der Gegenwart. Hrsg. von B. Carstensen, S. F. Debus et al. S. 43–57. Göttingen.

1984b: Broder Carstensen, Aerobic(s). In: Lebende Sprachen, Heft 4, S. 159–160. Berlin (West) – München.

1985a: Broder Carstensen, Wörter des Jahres 1985. In: Sprache und Literatur in Wissenschaft und Unterricht, 2. Halbjahr, S. 110–118. Paderborn.

1985b: Broder Carstensen, Zur Problematik der Lehnübersetzung in der Transferenzlinguistik. In: Studia Linguistica Diachronica et Synchronica. Ed. by Pieper-Stickel. S. 123–143. Berlin (West).

1986a: Broder Carstensen, Beim Wort genommen. Bemerkenswertes in der deutschen Gegenwartssprache. Tübingen.

1986b: Broder Carstensen, *Best-, Long-, Steady-* und andere *-Seller* im Deutschen. In: Spracherwerb und Mehrsprachigkeit. Festschrift für Els Oksaar zum 60. Geburtstag. S. 181–197. Tübingen.

1986c: Broder Carstensen, Euro-Englisch. In: Trends in Linguistics. Studies and Monographs. Band 32, S. 827–835. Berlin (West) – New York – Amsterdam.

1987a: Broder Carstensen, Brief vom 30. März 1987 an mich mit kritischen Bemerkungen zu meiner Akademieschrift (s. LEHNERT 1986b).

1987b: Broder Carstensen, Der englische Einfluß auf die deutsche Sprache. In: Die europäische Herausforderung. England und Deutschland in Europa. Hrsg. von Adolf M. Birke und Kurt Kluxen. S. 93–107. München – London – New York – Oxford – Paris.

1987c: Broder Carstensen, Wörter des Jahres 1987. In: Sprache und Literatur in Wissenschaft und Unterricht, Heft 60, S. 104–109. Paderborn.

1988: Broder Carstensen, Loan-Translation. Theoretical and Practical Issues. In: Folia Linguistica, Band 22, S. 85–92. Berlin (West).

CORTELAZZO/CARDINALE 1986: Manlio Cortelazzo und Ugo Cardinale, Dizionario di parole nuove 1964–1984. Torino.

DROSDOWSKI/HENNE 1980: Günter Drosdowski und Helmut Henne, Tendenzen der deutschen Gegenwartssprache. In: Lexikon der Germanistischen Linguistik. Hrsg. von H. P. Althaus, H. Henne und H. E. Wiegand. 2. Auflage, S. 619–632. Tübingen.

DUNGER 1882: Hermann Dunger, Wörterbuch von Verdeutschungen entbehrlicher Fremdwörter. Leipzig.

1899: Hermann Dunger, Wider die Engländerei in der deutschen Sprache. In: Zeitschrift des Allgemeinen Deutschen Sprachvereins, Nr. 12, S. 241–252. In Buchform: Engländerei in der deutschen Sprache (mit fast eintausend Beispielen). Berlin 1909.

EICHHOFF 1972: Jürgen Eichhoff, Deutsches Lehngut und seine Funktion in der amerikanischen Pressesprache. In: Jahrbuch für Amerikastudien, Band 17, S. 156–212. Heidelberg.

1980: Jürgen Eichhoff, Zu den Unterschieden und Differenzierungstendenzen im ‹neutralen› Wortbestand zwischen der Bundesrepublik und der DDR. In: Sprache und Brauchtum. Festschrift für Bernhard Martin. (Deutsche Dialektgeographie, Band 100.) – Die Ergebnisse wurden verwertet in den Wörterbüchern von Wilfried Seibicke, Duden – Wie sagt man anderswo? und Kinne/Strube-Edelmann, Kleines Wörterbuch des DDR-Wortschatzes (s. Rezension in: Moderna Språk, Band 75/1981, S. 251ff., und Band 78/1984, S. 283ff.).

EISLER 1976: Hanns Eisler, Über den Jazz (1954). In: Eisler, Materialien zu einer Dialektik der Musik. S. 230–233. Leipzig.

ENGEL 1918: Eduard Engel, Entwelschung. Verdeutschungswörterbuch für Amt, Schule, Haus, Leben. Leipzig.

ÉTIEMBLE 1964: René Étiemble: Parlez-vous Franglais? Paris; mit einem ergänzenden Kapitel ‹Le franglais, dix ans après.› – Paris ²1973. (Vgl. Trescases 1982).

1966: René Étiemble, Le Jargon des Sciences. Paris.

FAULSEIT 1971: Dieter Faulseit, Vom Sinn und Unsinn des Fremdwortgebrauchs. Überlegungen nach dem VIII. Parteitag der Sozialistischen Einheitspartei Deutschlands. In: Sprachpflege, Heft 20, S. 241–244. Leipzig.

FAULSEIT/KÜHN 1969: Dieter Faulseit und Gudrun Kühn, Stilistische Mittel und Möglichkeiten der deutschen Sprache. 4., durchges. Aufl. Leipzig.

FAUST 1927: Albert Bernhardt Faust, The German Element in the United States. New York.

FINK 1970: Hermann Fink, Amerikanismen im Wortschatz der deutschen Tagespresse, dargestellt am Beispiel dreier überregionaler Zeitungen: Süddeutsche Zeitung, Frankfurter Allgemeine Zeitung, Die Welt. (Mainzer Amerikanische Beiträge, Band 11.) München.

FINKENSTAEDT 1982: Thomas Finkenstaedt, Zu Gruß und Gebärde in England. In: Aspekte der Kultursoziologie. Zum 60.Geburtstag von Mohammed Rassem. Hrsg. von J. Stagl. S. 31–37. Berlin (West).

FISCHER 1980: Urs Fischer, Der Einfluß des Englischen auf den deutschen Wortschatz im Bereich von Essen und Trinken, dargestellt anhand schweizerischer Quellen. (Europäische Hochschulschriften, Reihe 1: Deutsche Sprache und Literatur, Band 372.) Bern.

FLEISCHER 1964: Wolfgang Fleischer, Aspekte der sprachlichen Benennung. (Sitzungsberichte der Akademie der Wissenschaften der DDR, Nr. 7 G.) Berlin.

1976: Wolfgang Fleischer, Wortbildung der deutschen Gegenwartssprache. 4. Aufl. (unveränd. Aufl. Tübingen 1982). Leipzig.

FLEISCHER/MICHEL 1977: Wolfgang Fleischer und Georg Michel et al., Stilistik der deutschen Gegenwartssprache. Leipzig.

FRIMAN 1977: Kirsti Friman, Zum anglo-amerikanischen Einfluß auf die heutige [west]deutsche Werbesprache. (Diss.) (Studia Philologica Jyväskyläensia, Band 9.) Jyväskylä.

GALINSKY 1951/1952: Hans Galinsky, Die Sprache des Amerikaners. Eine Einführung in die Hauptunterschiede zwischen amerikanischem und britischem Englisch der Gegenwart. Band I, Heidelberg 1951; Band II, Heidelberg 1952; ²1959: Berlin (West).

1956: Hans Galinsky, Amerikanisches und Britisches Englisch. In: Jahrbuch für Amerikastudien, Band 2, S. 134–157. Heidelberg.

1957: Hans Galinsky, Amerikanisches und Britisches Englisch. Zwei Studien zum Problem der Einheit und Verschiedenheit einer Weltsprache. (Studien und Texte zur Englischen Philologie, Band 4.) München.

1963: Hans Galinsky, Stylistic Aspects of Linguistic Borrowing. A Stylistic and Comparative View of American Elements in Modern German and British English. In: Jahrbuch für Amerikastudien, Band 8, S. 98–135. Heidelberg.

1968: Hans Galinsky, Der anglo-amerikanische Einfluß auf die deutsche Sprachentwicklung der beiden letzten Jahrzehnte. In: Festschrift zum 60. Geburtstag von Hans Marchand. S. 67–81. The Hague & Paris.

1971: Hans Galinsky, Ausführliche Rezension des Buches von W. F. Leopold. In: Anglia, Band 89, Heft 3, S. 359–376. Tübingen.

1977: Hans Galinsky, Amerikanisch-englische und gesamtenglische Interferenzen mit dem Deutschen und anderen Sprachen der Gegenwart: Ein kritischer Forschungsbericht 1945–1976. In: Sprachliche Interferenz. Festschrift für Werner Betz. S. 463–517. Tübingen.

1979: Hans Galinsky, Das Amerikanische Englisch. Seine innere Entwicklung und internationale Ausstrahlung. Ein kritischer Forschungsbericht (1919–1945). (Erträge der Forschung, Band 125.) Darmstadt.

1980: Hans Galinsky, American Neologisms in German. In: American Speech, Band 55, Nr. 4, S. 243–263. New York.

GILDE 1985: Werner Gilde, Wege zum Erfolg. – Erfahrungen, Gedanken, Ratschläge. Halle – Leipzig.

GLÄSER 1986a: Rosemarie Gläser, Phraseologie der englischen Sprache. Leipzig.

1986b: Rosemarie Gläser (Hrsg.), Eigenname und Terminus. (Namenkundliche Informationen, Beiheft 9, Karl-Marx-Universität.) Leipzig.

1987: Rosemarie Gläser (Hrsg.), Beiträge zur anglistischen Sprachforschung. (Berichte der Sektion Fremdsprachen, Band 2.) Leipzig.

GNEUSS 1985: Helmut Gneuss, Linguistic Borrowing and Old English Lexicography. Old English Terms for the Liturgy. In: Problems of Old English Lexicography. Studies in Memory of Angus Cameron. Ed. by Alfred Bammesberger. (Eichstädter Beiträge, Abteilung Sprache und Literatur, Band 15, S. 107–129.) Regensburg.

GÖRLACH/SCHRÖDER 1984: Manfred Görlach und Konrad Schröder, Good Usage in an EFL (= English as a Foreign Language) Context. In: Sidney Greenbaum (Hrsg.), The English Language Today. S. 227–232. Oxford.

GREGOR 1983: Bernd Gregor, Genuszuordnung. Das Genus englischer

Lehnwörter im Deutschen. (Diss.) (Linguistische Arbeiten, Band 129.) Tübingen.

GRIMM 1984: Jacob Grimm, Reden in der Akademie. Ausgewählt und hrsg. von Werner Neumann und Hartmut Schmidt. Berlin.

HANSEN 1982: Klaus Hansen et al., Englische Lexikologie. Einführung in Wortbildung und lexikalische Semantik. Leipzig.

1983: Klaus Hansen (Hrsg.), Studien zur Sprachkonfrontation Englisch-Deutsch. Humboldt-Universität, Sektion Anglistik/Amerikanistik. Berlin.

1986: Klaus Hansen, Zur Aussprache englischer Wörter und Namen im Deutschen. In: Der anglo-amerikanische Einfluß auf die deutsche Sprache der Gegenwart in der DDR. Dem Wirken Martin Lehnerts gewidmet. S. 89–102. (Sitzungsberichte der Akademie der Wissenschaften der DDR, Nr. 6 G.) Berlin.

1987: Klaus Hansen (Hrsg.), Studien zur Sprachvariation unter besonderer Berücksichtigung des Englischen. Humboldt-Universität, Sektion Anglistik/Amerikanistik. Berlin.

HAUGEN 1952: Einar Haugen, The Analysis of Linguistic Borrowing. In: Language, Band 26, S. 210–231. Baltimore.

HEISS 1987: Ingrid Heiß, Untersuchungen zu Anglizismen in der deutschen Gegenwartssprache in der DDR. (Diss., masch.) Potsdam.

1989: Ingrid Heiß, Aspekte der Wertung und Erforschung von Anglizismen in der deutschen Sprache der DDR. Tendenzen und Perspektiven. In: Zeitschrift für Anglistik und Amerikanistik, Heft 4. Leipzig.

HELLER 1966: Klaus Heller, Das Fremdwort in der deutschen Sprache der Gegenwart. Leipzig.

HIDDEMANN 1984: Herbert Hiddemann, Keep death off the road–drive on the pavement. In: Lebende Sprachen, Heft 2, S. 62–64. Berlin (West) – München.

HIETSCH 1956: Otto Hietsch, Englische Neologismen. In: Moderna Språk, Band 50, S. 281–301. Göteborg.

1960: Otto Hietsch, Englische und deutsche Neologismen. In: Moderna Språk, Band 54, S. 33–54. Göteborg.

HORN/LEHNERT 1954: Wilhelm Horn und Martin Lehnert, Laut und Leben. Englische Lautgeschichte der neueren Zeit (1400–1950). Band I und II. Berlin.

IHLENBURG 1964: Karl-Heinz Ihlenburg, Entwicklungstendenzen des Wortschatzes in beiden deutschen Staaten. In: Weimarer Beiträge, Heft 10, S. 372–397. Berlin.

ISING 1977: Erika Ising (Hrsg.), Sprachkultur – warum, wozu? Aufgaben der Sprachkultur in der DDR. Leipzig.

1982a: Erika Ising (Hrsg.), Probleme der Literatursprache und der Sprachkultur in der entwickelten sozialistischen Gesellschaft. (Linguistische Studien, Reihe A, Nr. 89.) Berlin.

1982b: Erika Ising, Anglo-amerikanische Einflüsse im Sprachgebrauch der Presse. In: Zeitschrift für Phonetik, Sprachwissenschaft und Kommunikationsforschung, Band 35, Heft 5, S. 564–569. Berlin.

KAINZ 1941: Friedrich Kainz, Psychologie der Sprache. Erster Band. Stuttgart.

KLAUS 1985: Georg Klaus, Die Macht des Wortes. Ein erkenntnistheoretisch-pragmatisches Traktat. Berlin.

1971: Georg Klaus, Sprache der Politik. Berlin.

KLAUS/BUHR: Georg Klaus und Manfred Buhr, Philosophisches Wörterbuch (1964), [10]1974 u. ö. Leipzig.

KLEINFELD 1984: Annemarie Kleinfeld, Theorie der Sprachkultur in der DDR. In: Sprachwissenschaftliche Informationen, Heft 7, S. 91–106. Berlin.

KLEMPERER 1946/1970: Victor Klemperer, LTI [= Lingua Tertii Imperii]. Notizbuch eines Philologen. Reclams Universal-Bibliothek, Band 278. Leipzig.

KLUGE/MITZKA: Friedrich Kluge und Walther Mitzka, Etymologisches Wörterbuch der deutschen Sprache. 21. Aufl. 1975 u. ö. Berlin (West).

KOBLISCHKE: Heinz Koblischke, Abkürzungsbuch. 1969 u. ö. Leipzig.

KORHONEN 1984: Jarmo Korhonen, Deutsche Sprachkultur im In- und Ausland. In: Neuphilologische Mitteilungen, Band LXXXV, Heft 4, S. 491–511. Helsinki.

KORLÉN 1981: Gustav Korlén, Bemerkungen zum DDR-Wortschatz. In: Moderna Språk, Band 75, Nr. 3, S. 251–257. Göteborg.

1987: Gustav Korlén, Über den anglo-amerikanischen Einfluß auf die deutsche Sprache in der DDR. In: Moderna Språk, Band 81, Nr. 2, S. 112–118. Göteborg.

KOTELOVA 1984: N. Z. Kotelova (Hrsg.), Novye slova i značenija. Slovar' spravočnik po materialam pressy i literatury 70-ch godov. Moskva. (= Neue russische Wörter und Bedeutungen. Lexikographisches Nachschlagewerk, erarbeitet anhand der Presse und Literatur der 70er Jahre. Moskau.) – Eine Fortsetzung der 1971 erschienenen Sammlung und Erklärung russischer Neologismen der 1960er Jahre. Moskau.

KRISTENSSON 1977: Göran Kristensson, Anglo-amerikanische Einflüsse in DDR-Zeitungstexten. (Stockholmer Germanistische Forschungen, Band 23.) Stockholm.

LANGNER 1980: Helmut Langner, Zum Einfluß des Anglo-Amerikanischen auf die deutsche Sprache der Gegenwart. In: Sprachpflege, Heft 29, S. 69–73. Leipzig.

1986: Helmut Langner, Zum Einfluß des Anglo-Amerikanischen auf die deutsche Sprache in der DDR. In: Zeitschrift für Germanistik, Heft 4, S. 402–419. Leipzig.

LEHNERT 1967: Martin Lehnert, Besprechung des Buches von Broder Carstensen (1965). In: Zeitschrift für Anglistik und Amerikanistik, Heft 1, S. 71–74. Leipzig.

1969: Martin Lehnert, Morphem, Wort und Satz im Englischen. Eine kritische Betrachtung zur neueren Linguistik. (Sitzungsberichte der Deutschen Akademie der Wissenschaften zu Berlin, Klasse für Sprachen, Literatur und Kunst, Nr. 1.) Berlin.

1971: Martin Lehnert, Rückläufiges Wörterbuch der englischen Gegenwartssprache. Reverse Dictionary of Present-Day English. ³1983. Leipzig.

1976: Martin Lehnert, Die Sprache Shakespeares und das amerikanische Englisch. (Sitzungsberichte der Akademie der Wissenschaften der DDR, Nr. 7 G.) Berlin.

1980: Martin Lehnert, Besprechung des Buches von Göran Kristensson (1977). In: Zeitschrift für Anglistik und Amerikanistik, Heft 1, S. 67–70. Leipzig.

1985/1986: Akademiemitglied Martin Lehnert gibt zu Protokoll. In: Spectrum. Monatszeitschrift der Akademie der Wissenschaften der DDR. Heft 10 (1985), S. 14–17. Berlin.

Martin Lehnert, Anglist. In: Wochenpost vom 13. Juni 1986, S. 16–17. Berlin.

1986a: Martin Lehnert, The Anglo-American influence on the language of the German Democratic Republic. In: English in Contact with other Languages. Ed. by Wolfgang Viereck and Wolf-Dietrich Bald. S. 129–157. Budapest.

1986b: Martin Lehnert, Der anglo-amerikanische Einfluß auf die deutsche Sprache in der DDR. (Sitzungsberichte des Akademie der Wissenschaften der DDR, Nr. 6 G.) Berlin.

1988: Martin Lehnert, The German element in the four supplementary volumes to the Oxford English Dictionary (OED). In: Zeitschrift für Anglistik und Amerikanistik, Heft 1, S. 5–25. Leipzig.

1989: Martin Lehnert, Anglophonie und Frankophonie. Kooperation und Konfrontation zweier Weltsprachen. In: Language and Civilisation. Essays in Honour of Otto Hietsch. Ed. by Alfred Bammesberger and Teresa Kirschner. Regensburg.

LEISI 1985: Ernst Leisi, Das heutige Englisch. Wesenszüge und Probleme. 7., neubearb. Aufl. Heidelberg.

LEOPOLD 1967: W. F. Leopold, English Influence an Postwar German. Lincoln University of Nebraska.

LÖWE 1957: Rudolf Löwe, Der Einfluß des Englischen auf die Sprache von Karl Marx. Ein Beitrag zur Textkritik des ‹Kapital›. In: Zeitschrift für Anglistik und Amerikanistik, Heft 2, S. 153–165. Berlin.

MAJOROV 1966: A. P. Majorov, Entlehnungen im lexikalisch-semantischen System der Sprache (anhand von Anglo-Amerikanismen in der deutschen Gegenwartssprache in der BRD und in der DDR) – in russischer Sprache. In: Učenye zapiski 1-go Moskovskogo gosudarstvennogo pedagogičeskogo instituta inostrannych jazykov, Heft 35, S. 143–157. Moskau.

MARCHAND 1969: Hans Marchand, The Categories and Types of Present-Day English Word-Formation. Second Edition. München.

MARKUS 1984: Manfred Markus, Orwell und die Linguistik. In: Literatur in Wissenschaft und Unterricht, Band XVII, Heft 4, S. 305–318. Würzburg.

MATER 1965: Erich Mater, Rückläufiges Wörterbuch der deutschen Gegenwartssprache. Leipzig.

MENCKEN 1949: Henry Louis Mencken, The American Language. An Inquiry into the Development of English in the United States. 1919, ⁴1949 corrected, enlarged, and rewritten. New York. – Supplementbände I und II (1952). New York.

MICHELS 1985: Ulrich Michels, dtv Atlas zur Musik. Band II: Historischer Teil. Vom Barock bis zur Gegenwart. München.

MÜLLER-THURAU 1985: Claus Müller-Thurau, Lexikon der Jugendsprache. Düsseldorf – Wien.

NEIDER 1961: Charles Neider (Hrsg.), The Complete Humorous Sketches and Tales of Mark Twain. Kapitel: The Awful German Language, S. 439–455. New York.

OSCHLIES 1988: Wolf Oschlies, Hat der Dispatcher den Broiler abgescheckt? In: Muttersprache Heft 4. Mannheim.

OTTO 1975: Peter Otto, Der Einfluß vom Englischen in der Werbesprache auf den aktiven Sprachgebrauch und das Sprachverhalten junger Deutscher im Alter von 15 bis 25 Jahren. (Diss.) Paderborn.

PEYTON 1944: E. V. Peyton, Anglicismos. Valparaiso.

PFEFFER 1987: J. Alan Pfeffer, Deutsches Sprachgut im Wortschatz der Amerikaner und Engländer. Vergleichendes Lexikon mit analytischer Einführung und historischem Überblick. Tübingen.

PRATT 1980: Chris Pratt, El Anglicismo en el Español Pensinsular Contemporáneo. (Biblioteca Románica Hispánica. Estudios y Ensayos. Nr. 308.) Madrid.

QUIRK 1968: Randolph Quirk, The Use of English. Enlarged Second Edition. London.

REICH 1968: Hans H. Reich, Sprache der Politik. Untersuchungen zu Wortschatz und Wortwahl des offiziellen Sprachgebrauchs in der DDR. (Münchener Germanistische Beiträge, Band 1.) München.

RIESEL 1964: Elise Riesel, Der Stil der deutschen Alltagssprache. 2. Aufl. 1970. Moskau – Leipzig.

RIESEL/SCHENDELS 1975: Elise Riesel und E. Schendels, Deutsche Stilistik. Moskau.

RÖSSLER 1979: R. Rößler, Zum Gebrauch von ‹hoch› in der deutschen Sprache der DDR. In: Sprachpflege, Heft 1, S. 12–16. Leipzig.

SCHARNHORST 1979: Zur Herausbildung der gegenwärtigen Sprachsituation in der DDR. In: Linguistische Studien, Reihe A, Nr. 63, S. 110–129. Berlin.

SCHMIDT 1962: Alexander Schmidt, Shakespeare-Lexikon. Band I und II. 1902, Neudruck 1962. Berlin.

SCHMITT 1985: Peter Axel Schmitt, Anglizismen in den Fachsprachen. Eine pragmatische Studie am Beispiel der Kerntechnik. (Diss.) (Anglistische Forschungen, Band 179.) Heidelberg.

SCHÖNFELDER 1956: Karl-Heinz Schönfelder, Probleme der Völker- und Sprachmischung. Halle (Saale).

1957: Karl-Heinz Schönfelder, Deutsches Lehngut im amerikanischen Englisch. Halle (Saale).

SCHUBERT 1983: Harald Schubert, Die auswärtige Sprachpolitik im Gefüge der auswärtigen Kulturpolitik Frankreichs unter der Präsidentschaft von Giscard d'Estaing. (Diss.) Leipzig.

SCHÜTZ 1968: Armin Schütz, Die sprachliche Aufnahme und stilistische Wirkung des Anglizismus im Französischen, aufgezeigt an der Reklamesprache (1962–1964). (Untersuchungen zur Romanischen Philologie, Heft 3.) Meisenheim.

SOONTAK 1971: Jaan Soõntak, On the Role of the English Loanwords in the Swedish Press; ferner: Some Notes on the Frequency-Distribution of English Loanwords in the Swedish Press. In: Linguistica, Band III, S. 31–50 und Band IV, S. 143–150. Tartu.

SØRENSEN 1985: Knud Sørensen, Charles Dickens, Linguistic Innovator. (Acta Jutlandica LXI, Humanistisk Serie 58.) Aarhus. – Besprechung von Manfred Uesseler in: Zeitschrift für Anglistik und Amerikanistik, Heft 1, S. 87–89. Leipzig.

1986: Knud Sørensen, Phrasal Verb into Noun. In: Neuphilologische Mitteilungen, Band 87, Heft 2, S. 272–283. Helsinki.

SPITZER 1918: Leo Spitzer, Fremdwörterhatz und Fremdwörterhaß. Wien.

STANLEY/HOAD 1988: E. G. Stanley und T. F. Hoad, Words. For Robert Burchfield's Sixty-Fifth Birthday. Cambridge.

STENE 1945: A. Stene, English Loan-Words in Modern Norwegian. London.

STÖRIG 1987: Hans Joachim Störig, Abenteuer Sprache. Ein Streifzug durch die Sprachen der Erde. Berlin (West) – München – Wien – Zürich – New York.

TRESCASES 1982: Pierre Trescases, Le franglais vingt ans après. Montréal – Toronto. (Vgl. ÉTIEMBLE 1964.)

K. VIERECK 1980: Karin Viereck, Englisches Wortgut, seine Häufigkeit und Integration in der österreichischen und bundesdeutschen Pressesprache. Frankfurt – Bern – Cirencester. (Bamberger Beiträge zur Englischen Sprachwissenschaft, Band 8.) Bamberg.

W. VIERECK 1980: Wolfgang Viereck, Empirische Untersuchungen insbesondere zum Verständnis und Gebrauch von Anglizismen im Deutschen. In: Viereck (Hrsg.), Studien zum Einfluß der englischen Sprache auf das Deutsche. (Tübinger Beiträge zur Linguistik, Band 132, S. 237–321.) Tübingen.

1982a: Wolfgang Viereck, Das amerikanische Englisch in Forschung und

Lehre. In: Zeitschrift für Dialektologie und Linguistik, Heft 3, S. 351–365. Wiesbaden.

1982b: Wolfgang Viereck, The Influence of the English Language on German. In: Jahrbuch für Amerikastudien, Band 27, S. 203–215. Heidelberg.

1984: Wolfgang Viereck, Britisches Englisch und Amerikanisches Englisch/Deutsch. In: Sprachgeschichte. Ein Handbuch zur Geschichte der deutschen Sprache und ihrer Erforschung. Hrsg. von W. Besch, O. Reichmann und St. Sonderegger. Erster Halbband, S. 938–948. Berlin (West) – New York.

VIERECK/BALD 1986: Wolfgang Viereck und Wolf Dietrich Bald (Hrsg.), English in Contact with other Languages. Studies in honour of Broder Carstensen on the occasion of his 60th birthday. Budapest.

VOSSEN 1981: C. Vossen, Latein – Muttersprache Europas. 5. Aufl. Düsseldorf.

WEIMANN 1984: Robert Weimann, Realität und Realismus. In: Sinn und Form, Heft 5, S. 924–951. Berlin.

WEINER 1986: Edmund Weiner, The New Oxford English Dictionary and World English. In: English World-Wide, S. 259–266. Amsterdam.

WOJCIK 1982: Manfred Wojcik, Der Einfluß des Englischen auf die Sprache Bertolt Brechts. (Brecht-Studien, Band 11.) Berlin.

ZINDLER 1959: Horst Zindler, Anglizismen in der deutschen Pressesprache nach 1945. (Diss., masch.) Kiel.

WÖRTERVERZEICHNIS

Absatzbar 189
Achselspray 114
Achtbit 216
Action 32
Actionfilm 32
Adapter 56, 71, 205
adaptieren 78
Administration 132
Aerobic(s) 66
Aerobics-Gymnastik 66
Aerobic-Show 66
Aeronautik 159
Afroamerikaner(in) 115
afroamerikanisch 115
after-shave 172
agro-consult 52
AID 122
AIDS 123, 124
AIM 122
Airbus 132
Airport 21
akklimatisieren 203
aktualisieren 203
alert 77
all correct! 138
Alles klar! 138
all right! 137, 139
Allroundman 62
Allroundsportler 62
all-time-low 215
Allwegfahrzeug 191
Allzweck- 191
Alternative 78
Alternativundergroundpoet 31, 196
alternieren 78
Amateurdiskomoderator 96

American way of life 29, 153, 174
andiskutieren 203
Anti-, anti- (in vielen Komposita) 200
Antibabypille 72
Apartmenthaus 173
Apostroph vor Jahreszahlen 142
Aquanaut 159
Aquaplaning 37
Arbeitersong 97
artikulieren 104, 203
Artothek 96
Assembler 62
assoziiert 93
Astronaut 159
Atom- (in vielen Komposita) 115
Atom(bomben)versuchsstopp 182
Attraktion 40
auschecken 39, 65
ausdiskutieren 203
Außenseiter 35, 117, 209
Autofriedhof 115
Automatik 56, 209
Automation 132
automatisieren 132
automatisierte Projektierung 209
Automatisierung 132, 209
Autoscooter 178, 179

Baby-Boom 228
Babyjahr 179
Baby Lotion 172
Babys 136
Babysitter 10, 20, 34, 38, 72, 179, 208
Background(-) 117, 151
Backgroundmusik 117

Backhand 83
Badedisko 172
Badminton 117
Ballade 40
Ballonkaugummi 114
Band, -band 75, 96
Bank(-), -bank (mit vielen Komposita) 189
Banknote 17, 40
Bar, -bar 21, 61, 188, 189
Barkeeper 188, 189
Baseball(spiel) 82, 83
BASIC 122
Basic-Interpreter 264
Basisinnovation 56
Basketball(spiel) 82, 83
Beat, -beat 57, 97, 102
beaten 102
Beatles 29
Beatles-Hit(s) 103
Beatmusik 102
Bebop (Jazz) 92
Bedarfsträger 208
Beefsteak 111
Beinahe- 192
Beinahe-Kollision 192
Beste (das ~ aus etwas machen) 35, 125
Bestseller 72, 185
Betatron 118
bewaffnete Organe 159
-bewußt, -Bewußtsein 194
Biergarten 167
Big Band 76
Big Five 215
Bikini 109
bilateral 77
Bildelement 53
Bildröhre 115
Bildsensor 53, 115
Bionik 118, 218
Biotechnologie 49, 56
Bit 62, 73, 118
Bitter Lemon 112

Bitter Tonic 112
Blabla, -blablah, blah blah 134
Black Box (-Methode) 62, 219
Black Music 58
Blackout 62, 184
Black-Power-Bewegung (-Movement) 50
blah blah s. Blabla
blauäugig 151
Blazer 105, 108
Bleichgesicht 47
Blockfreiheit 37
Bluejeans 106, 107
Blues 57, 58, 95, 98, 102, 179
Blues Band 58
Blues- und Rockklänge 103
Blues und Soul 58
Bluff 135, 185
bluffen 134, 185
Blutbank 189
Boatel s. Botel
Bob(-) 88
Bobsleigh 88
Boiler 72
Bombast 229
Bomber 205
Boogie-Woogie 91, 95, 98
Boom 60, 73, 165, 228
Boot (im gleichen ~ sitzen) 17, 35, 125, 229
Boss, Boß 74, 135, 136, 153
Botel 119
Bowdenzug 147
Bowiemesser 147
Bowle 68, 177
Bowling 34, 82, 88
Bowling-Zentrum 88
Box 75
boxen 40
Boxer 40, 43
Boxkalf 147
Boykott 40
boykottieren 40
Boy Scout 47

Brainwash(ing) 231
brandneu 36
Break 76, 77, 104
Break dance(r) 104
Brecher 40
Brettsegeln, Brettsegler 37
Briefing 101, 161, 162
Broadway 148
Broiler(-) 67, 68, 69
Broiler-Bar 189
Browning(pistole) 147
Brunch 120
Bubble Gum 114
Büchermacher 207
Buchmacher 208
Buckinghampalast 148
Bühne-live 57
Bulldogge 43
Bulldozer 71, 191, 205
Bullterrier 43
Bully 88
Bungalow 231
Bürger(in) 162
Business, Busineß 150
Butler 133, 185, 186
bye-bye! 140

CAD/CAM(-) 198
Callgirl 64
Calypso 64, 92
CAM s. CAD
Camp 64, 75
campen 64, 75, 134, 208
Camper(in) 64, 75, 208
Camping(-) 64, 75
Campingplatz 39
Campingtourist 174
Cant 64
Cape 64
Caravan(ing) 62, 64
CARE 122
Carepaket 122
Cartoon 64, 175
Catch-as-catch-can 65

catchen 65
Catcher 65
Catchup 132
Cent 64
-Center, -center 183
Centrum(-Warenhaus) 183
Champion 64
Change 64
Chansoninterpret 104
Chansonmacher 207
Charleston 95
Charter-, Charter(er) 64
Charterflugzeug 39, 64
chartern 64, 134
Check(-) 64
checken 64
Checkpoint (Charlie) 65
Cherry Brandy 64
Chessmaster 216
Chesterkäse 64
Cheviot 64
Chicago-Jazz 92
Chintz 64, 231
Chip 64, 217
Chip(s) 30, 64, 111
Chip-Chip-Hurra! 217
Chippendale 64, 147
Choke(r) 65
Chow-Chow 43, 64, 231
Chunnel 122
Cinemascope 64
Cinerama 65
City 64, 177
Cityline 172
Claim 64
Clan 64, 230
Classic 172
Clearing(-) 64
clever 21, 29, 59, 64, 132, 135, 136, 153
Cleverneß 64, 132
Clinch 64
clinchen 65
Clip 64, 136, 182

Clogs 64
Clown 18, 40, 59, 64, 135, 136
Clownerie, -clownerie 64, 179
Club(-) 41, 64, 136, 183
Club-Cola 65, 183
Cluster 64
Coach 64, 89
coachen 89
Cobbler 64, 112, 177
Coca-Cola 65
Cockerspaniel 43, 64
Cockpit 64, 136, 175
Cocktail(party) 64, 118, 151, 155
Code(-) 64, 65, 136
Cola 65
College 64
Collie 43, 64
Color(film), -color 64, 183
Colt 42, 64
Combivision 56
Combo 64
Comeback 21, 34, 64, 184
COMECON 65
Comics 64, 134, 153
Comic Strips 60, 64, 65, 134, 153
Common Sense 64
Commonwealth (Country, ~ of Nations) 64
Compiler 64, 136, 205
Composer 64, 205
Computer(-), -computer, computer- 58, 64, 101, 136, 183, 218, 219, 220
Computer Fans 219
Computer Freaks 220
Computer füttern 37, 125
computerintegrierte Produktion 209
computerisieren 203, 218
Computer Kids 220
Computers Components Engineering 56
Computer-Spielwiese 59
Construction Consult 52
Consulting-Betrieb 52

Consulting- and Engineering- 51
Container(-) 64, 157, 205
Containerschiff 158
Container-Terminal 157, 158
Conveyer 64, 205
Cookie, Cooky 112
cool 30, 121
Cool Jazz 92, 121
Copyright 64, 136
Cordjeans 107
Corned beef 64
Cornflakes 64, 112
Cottage 64
Cotton(maschine) 64, 136
Couch(-) 64, 136
Count 64
Countdown 36, 38, 64, 71, 137, 184
Countertenor 64
Countess, Counteß 64
Country 58
Country-Medley 97
Country Music (-music) 49, 57, 62, 64, 97, 174
Country-Show 49
County 64
Cover 175
Cowboy 45, 64, 118
Cow-driver 30
Crack 64, 83, 87, 214, 215
Crackers 64, 112
Crashers 220
Crazy 172
Crew 64, 76
Cross, Croß (-Country) 64, 80, 87
Cruise Missiles 65
Cup 64, 133
Curling 64
Curry 64, 133, 184
Cut(away) 64, 106, 133, 184
Cutter(in) 64, 106, 133, 184
cuttern 64, 106, 133, 184

da ist (da sind) 141
Dampfer 44

Dampfmaschine 44
Dampfschiff 44
Dance Floor 57
Dancing 30
Dandy(tum) 18, 40
Danke für Ihre Aufmerksamkeit! 127
Darwin(ismus, -isch, -ist, -istisch) 147
da sind s. da ist
Das ist richtig! 139
Daten 132
Daten- (in vielen Komposita) 36, 115, 189, 219, 220
Daten- und Informationsverarbeitung(sanlage) 263
Dealer 214
Decoder, Dekoder 62, 218
decodieren, dekodieren 62
delegieren 203
Deli 181
Delikatladen 167, 181
Demarkationslinie 115
Denkfabrik 36
Denglisch 19
Derby 87
Design 52, 168
Design-, -design 168
Designer(in) 30, 149, 168, 208, 209
Designzentrum, Design-Zentrum 168
destruktiv 78
Detektiv 40, 229
Dienst nach Vorschrift 37
Digest 70
dilatorisch 78
Dingi 231
Diskjockei, -jockey 62, 96, 169, 170
Disko, Disko-, -disko 57, 58, 96, 170, 172
Disko-Hit 103
Diskothek, -diskothek 57, 58, 96, 170, 189
Diskotheker(in) 103, 170, 206

Diskussionsrunde 144
disparat 78
Dispatcher 156, 209
Disponibilität 53
Disstreß 55
distinktiv 78, 222
Dixieland (Jazz) 58, 92
Dixieland-Musik 59
Dock(s), Dock(e) 135, 229
Do it yourself! 129
dopen 88, 134
Doping 88
Doppelpunkt nach Anrede 142
Downing Street 148
down sein 132
Dracula 147
Dress, Dreß, -dreß 136, 137, 177, 224
Dressman 176
dribbeln 134
Dritte Welt (die) 154
Drive 92, 99, 213
Drogenabhängiger 36
Drogenszene 190
Drops 179
drücken 214
Drummer 62, 204
dry 62, 113
dschingeln s. jingeln
Dschungel 18
Duftshampoo 172
durchchecken 39
Dynamik 212, 213
dynamisch 212, 213
dynamisch-flexibel 213

East-Coast Jazz 92
Ebene 37
Economiser s. Ekonomiser
ECOSOC 123
EDV (elektronische Datenverarbeitung) 220
effizient 78
Effizienz 78

Egghead 149
Einbahn- s. Einweg-
einchecken 39, 65
Einchip 216
Einkaufszentrum 115
Einlage 117
einmal mehr 140, 141, 229
Einweg-, (Einbahn-) 191
Einwegflasche 115, 191
Eisbar 189
eiserner Vorhang 35
Eishockey 86
Ekonomiser 205
Elast(e) 181
Elastik 182
Electric Jazz 92
Electronic (elektronischer) Jazz 103
Electronics Tangerine Dream 58
Elektro Artist 100
Elektro-Consult 52
Elektrokocher 205
Elektro(nen)rechner 205
Elektronik(-) 56, 209, 218
elektronische Datenverarbeitung (EDV) 218, 219
elektronische Informationsverarbeitung 218
elektronische Musik 100
elektronischer Jazz 92, 93
elektronisches Studio 100
Elektrotechnik 56, 209
Element 92
Elementarteilchen 115
Elevator 205
eminent 78
Endprodukt 117
Endverbraucher 115
Engineering 34, 52, 70, 72, 168
Entercontainer 140
Entertainer(in) 62, 169
Entertainment 169
Entwicklungshilfe 115
Entwicklungsland 115

-er, -erin (in zahlreichen Ableitungen) 204, 205, 206, 207, 208, 209
Eskalation 71
Establishment 10, 70, 71
E-Street-Band 99
EURATOM 123
Eurovision 121
Eustress, -streß 55
evaluieren 203
Evergreen 97, 103, 118
evident 78
Evidenz 221
E-Werker 206
Ex-, ex- (in vielen Komposita) 200
Exhibition 78
exklusiv 40, 78
Exklusivinterview 171
Expander 90
Export 17
Exposition 209
exquisit 56
Extender 51
extra dry 113
extraordinär 78
Extras, -extras 103
Exzentrik 40

Facelifting 159
fair 81, 135
Fairness, Fairneß 72, 82, 136
Fair play 72, 82
Fakt 150
Fallout 184
falsch programmiert 219
Faltenrock 108
Familienplanung 35, 115
Fan 34, 73, 149
Faß (ein ~ aufmachen) 31, 127, 128
Feature 21, 58, 71, 177
Federball 117
Feedback 184
Feldhockey 86
Ferienlager 115
Fernrohrleitung 37

Fernsehshow 174
Fertigerzeugnis 117
Fertiggericht 37
Fertigprodukt 117
fesch 18, 40
Festival 11, 61, 135, 149, 154, 157, 186
Festival-, -festival 59, 154, 186
Festival-Flick-Flack 186
feuern 37, 133
Fidelität 140
Fighter 88
Film(-), -film 187, 229
Filmemacher 207
Filmothek 96
Filter(-) 113
Finalist 59
Finalprodukt 117
Finalproduzent 39
Finish 81
Finn-Dingi 231
Fischgrät(en)muster 108
fit 74, 81
fit erhalten (sich ~) 90
Fitneß(-) 72
Fitneßtraining 80
Fitting(s) 72, 173
fixen 214
Fixer 214
Fizz 112
Flachglas s. Floatglas
Flammeri 40, 41
Flanell 108
Flaschenhals 36
flexible automatisierte Produktionssysteme 209
flexible Automatisierung 56
Flip 74, 85, 112
Flipflop 218
Flip (jump) 85
Flips, -flips 112
Flirt, flirten 18, 41
Flitzer 37
Floatbad 53

floaten 62
Floatglas(-) 53, 54
Flop, floppen 84
Flugzeugstart 182
Flutlicht 39, 115
Flying Dutchman 85
Flyover 184
Focus-Diskothek 103
Folklore 61, 96, 97, 99, 157, 174, 186
Folklore-, -folklore 93, 186, 187
Folklorist(ik), folkloristisch 157
Folkmusik 45
Folk Rock 99
Folksong 45
Foreign Office 148
Form (in ~ bleiben, in guter oder schlechter ~ sein, nicht in ~ sein, in top ~) 90
Formation 92
Fosbury-Flop 84
Fotothek 96
Foul, foul 81, 82
foulen, gefoult 82
Foxterrier 43
Fox(trott) 95
Frack 18, 41, 106
fragwürdig 44
Freak 102
Free Jazz 92
Freeze (-Bewegung, -Movement) 49, 50, 123
freisetzen 212
Freisetzung 212
Freizeit(-) 90
Freizeithobby 166
Freizeitindustrie 190
-freundlich (in vielen Komposita) 195
Friedenspfeife (die ~ rauchen) 46, 59
Friedensrock 98
friedliche Koexistenz 155, 202, 203
Fringlish 121

Frisbee, Frisby 83, 84
Frischhaltebeutel, -packung 115
Fruchtjam 172
Frust(ration) 30, 78
frustrieren 78, 203, 245
Fun beim Tanz 57
Funk 92
Funktion 213
für eine Woche usw. 229
Fußballer(in) 179, 204
Fußballfan 39
Fußballfanatiker 11
Fußgängerzone 115

Gag 26, 58, 74, 76, 174
Gang 76
Gangster(-) 45, 71, 115, 209
Gangsterboß 115
Gangway 71, 132
Ganztagsarbeiter(in) 204
Gardenparty, Gartenparty 168
GASP 123
Geburtenkontrolle 35, 115
gedschingelt 54
gefixt 215
gehandicapt 41
Geheimnisträger 208
Gehirnjogging 80
Gehirnwäsche 231
Geister- (in vielen Komposita) 190
Geisterschreiber 115, 190
Geisterwort 176, 190
Geldmachen, Geld machen 152
Gemeinplatz 44
gemeinsames Papier 141
Gemeinwohl 35
gemixt 179
Genau! 139
Generation, -generation (Auto-, Computer-, Geräte- usw.) 37, 158
generative Transformationsgrammatik 221
Gentleman 18, 40

gentlemanlike 72
Gentlemen's oder Gentleman's Agreement 72
Gerontologie 53, 217, 218
Geschirrspüler 205
Gesicht (sein ~ verlieren oder wahren) 125
gestreßt 55
getradet 215
getrickst 179
gewaltloser Widerstand 36
Gewerkschafter 206
Ghostword 176
Ghostwriter 190
Gig 77
Gin 41
Gipfel(-gespräch, -konferenz, -treffen usw.) 35, 115
Girl 45, 176
Glencheck(anzug) 62, 108, 230
global 132
Globalstrategie 115
Globetrotter 132
Goldbroiler 67
Golf 21, 82
Golfklub, -spiel usw. 82
Good-bye! 140
Gospel 102
Gospelsong 93, 94
Grahambrot 111
Grapefruit 112
Gras(s) 214
Greenwich 70
Grill 132
Grillbar 189
grillen 132, 134
Grit 74
Grog 41, 76
groggy 72
Grundsatzpapier 141
Gruppe 30
Gruppentherapie 115
Grusical 121
Gruß und Gebärde 143

Gulliver 146
Gully 41
gut aussehend 115
gutnachbarlich 115

Haartrockner 205
Hacker 220
Hahnentritt 108
Halbtags- 115
Halbtagsarbeit(er) 115, 205
hallo! (hello! hullo!) 31, 139, 140
Händeschütteln 118
Handicap, Handikap 41
handikapen 41
Handout 141
Handshake 118, 171
Happening 71
happy 30, 32, 214
Happy-End, Happyend 180
Hardbop-Jazz 92
Hardpop 97, 100
Hard Rock 99
Hard Rock Samba 99
Hardware 219
harmlos 35
harter Rock 92
Hattrick 71
Hausbar 189
Haut (unter die ~ gehen) 125
Hearing 71
Heavy Metal Band 100
Heavy Metal-Konzert 100
Heavy Metal Rock 100
Heavy Rock 99
He, du! 140
Heimarbeiter 206
Heimcomputer 220
Heimtrainer 177, 220
Heimwerker 206
Heimwerker-Center 183
heißer Draht 115
Heißsporn, heißspornig 44
Helligkeitsregler 37
Hemdbluse 108

herauskristallisieren 203
Herrenausstatter 115
herumhängen 126
herunterspielen (eine Affaire ~) 125
Herzschrittmacher 115
Herzverpflanzung 115
Hexenjad 37, 164
Hi-Fi(-) 165, 192
Hi-Fi-Sound 30
high 30, 214, 215
High Fidelity 140, 192
High light 57
high sein 215
High Society 18, 20, 140
hijack, Hijacker 70
Hillbilly 94
Hinglish 121
Hintergrund 117, 151
Hintergrundinformation 115
Hintergrundmusik 117
Hinterwäldler, hinterwäldlerisch 44
Hippie, Hippy 101, 102
Hit 26, 58, 59, 74, 103, 149, 150
Hit-Globus 58
Hitparade 72, 103
Hit-Umschau 58
Hobby(-), -hobby 11, 38, 59, 166, 167
Hobbys 136
Hoch-, hoch- (in vielen Komposita) 193
Höchst-, höchst- 193
Hochtechnologie 115, 193
Hollywood 46, 148
Hollywoodschaukel 177
Holocaust 62, 149
Home Computer 220
Homespun 109
Hometrainer 177, 220
Hootenanny 94, 137, 175
Horrorfilm 115
Hostess, Hosteß 72, 135, 136

Hot (Jazz) 92
Hotel 21
Hovercraft 10, 115
Hula-Hoop 84
Hully-Gully 95
Humbug 41, 185
Hunter 87

Ideenbank 189
-ieren (in zahlreichen Komposita) 203
Illumination 58
Illusionsschau 103
Image 34, 71, 149
immens 181
Immer nur lächeln! 129
Impander 90
implantierter Basic-Interpreter 219
indeed, yes ~ 138
In der Tat! 138
Industrie-Consult 52
-industrie (Freizeit-, Unterhaltungs-, Vergnügungs- usw.) 190
in Englisch (in Deutsch) 52, 229
inferior 78
inflammabel 78
Informatik 53, 59, 162
Information 25, 213
Informationstheorie 218
initiieren 203, 245
Inlay 62, 117
Innovation 157, 222
innovativ 157
Innovator 157
innovieren 157
Input 62
in sein 31, 125, 126
Inside Information 145
Insider 145
Instantkaffee 72, 113
institutionalisieren 39
Instrumentalist 92
Integralhelm 56, 86, 87
integrieren 203

Inter-, inter- (in vielen Komposita) 181, 200
interdisziplinär 59, 200, 213
Interferenz 222
international 181, 200, 213, 214
internationalisieren 39
Interpret, -interpret 92, 98, 104, 105
interpretieren 92, 104, 203
Intershop 181, 228
Intervenient, Intervent 159
Interview, -Interview 41, 59, 184
interviewen 134, 184
Interviewer 184
Intervision 121, 181
-isieren (in vielen Komposita) 203
Isotop 118
Isotron 118

Jam 172
Japlish 19, 121
Jazz, -jazz 62, 70, 91, 92, 93, 96, 97, 99, 100, 104, 179
Jazzband 72, 75, 93
Jazzdance 57
Jazzdiskothek 57
jazzen 62, 93
Jazzer(in) 62, 93
Jazz-in 57
Jazzmusik 91, 93
Jazzrefrain 92
Jeans(-) 21, 29, 35, 106, 107, 152
Jeansbengel 140
Jeep 74, 123
Jersey 108
Jet 74, 87
Jethelm 86, 87
Jetliner 87
Jigger 205
jingeln 54
Jingle 54
Job 11, 35, 74, 76, 149, 152, 153
jobben 134, 152
Jobber(tum) 152, 215

Jobhopper, Jobhopping 152
Jobkiller 152, 153
Jockei, Jockey 41
Joga 231
joggen 62, 79, 80
Jogger(in) 62, 80
Jogging 30, 62, 79, 80, 131, 172
Jogging-Suit 170
Joghurt 231
Jogi 231
John Bull 146
Joint 214
Jo-jo, Jojo 231
Joke 31
Joker 41, 208
Joule 147
Jugendklub 183
Juice 74, 112, 132, 137
July 140
Jumper 105, 106, 133
Junkie 214

kalter Krieg(er) 35, 115
kanalisieren 203
Kapitalverbrechen 115
Kaschmirwolle 108
Kassettenrecorder 72
Katalysatorenbank 189
Kaugummi 113, 129
Kautsch 64, 136
Keepsmiling, Keep smiling! 71, 129
Kein Kommentar! 141
Kein Problem! 31, 138
Keks 179
Kennel 43
Kerntechnik 220
Ketchup 64, 132
Keyboard(s)- 99
Keyboardspieler 99
kicken, kicksen 179
Kicker(in) 179, 208
Kicks 179
Kickstarter 118, 205
kidnappen 132, 134

Kidnapper(in) 132
Kidnapping 132
killen 132
Killer(in) 132
Kinderclownerie 58
Kleincomputer 219
Kleinschreibung 143
Klima 37
Klimaanlage 37
klimatisieren, klimatisiert 37
Klipp 64, 136, 183
Klosett 41
Klub(-), -klub 41, 64, 136, 183
Knallkaugummi 114
Knickerbockers 106
Knockout, knockout 132, 219
Know-how 21, 51, 52, 71, 145, 165, 184
Know-why 145
Kockpit 64, 136
Kode(-) 64, 65, 136
Koedukation 202
Koexistenz 155, 202, 203
Kohlenbunker 40
Kohlentrimmer 81
Koker 206
Koks 179
Kollaboration 213
Kombine 135, 136, 157
Komma nach Anrede 142
Kommunikation 213, 222
kompatibel 78
kompetent 78
Kompetenz 78, 221
komplex 78
Kondom 124
Konsumgesellschaft 191
Konsumgüterindustrie 182
kontaktieren 78
kontern 88, 134
kontrollieren 36
Kontrollturm 115
Kooperation 213
Koordination 213

Koproduktion 202
Korbball 82, 83
Körpersprache 35
korrespondieren mit etw. 171
Kosmodrom 159, 174
Kosmonaut 159
Kraftbowling 174
Kraulen, kraulen 85
Krauler(in) 85
Kraulschwimmen 85
Kreuzworträtsel 10, 114
künstliche Intelligenz 115
Kurz-, kurz- (in vielen Komposita) 194
Kurzgeschichte 167
Kybernetik(er) 217
kybernetisch 217

ladylike 72
Ladys 136
Lammwolle 108
Landratte 41
Lang-, lang- (in vielen Komposita) 193
Langzeit- 193, 194, 198
Laser 123, 165, 166
Laserlicht 58
Laser-Show 58
Lasertechnik 56
last (but) not least 180
Latin Rock 99
Lautsprecher 115
Lawn Tennis 83
Layout(er) 71, 180, 206
Leak-Proof-Monozellen 173
Lebensqualität 115
Leicht- (in vielen Komposita) 194
Leichtindustrie 182, 194
Leinen 108
Leitartikel 35, 44, 115
Leitartikler 206
Lemon Juice 172
Lerner 206
Levi-Jeans (Levi's, Levis) 106, 107

Licht (grünes ~ geben oder bekommen) 122, 125
Lidschatten 117
Lieder- (in vielen Komposita) 104, 105, 207
Lift 41, 74, 135, 158, 159
liften 158
Lift on – Roll off 49
Lift-Slab-Verfahren 54
Liliput(-), Liliputaner 146
liliputanisch 146
Limit, -limit 59, 72, 174
limitieren 78
Linguistik 222
Lip gloss 172
Literaturzirkus 105
live 59, 61, 76, 169, 174
Live(-) (in vielen Komposita) 39, 76
live-electronic 93
Live-Elektronik 100
Live-Musik, Livemusik 57
Lobby, -ismus, -ist 59
Lokomotive 41
Lolly Boys 57
Longdrink 36, 71
Look, -look 74
Lo/Ro- 49
lospesen 87
Lotse 17, 229
Love-Tour 29
Luftkissenboot, -fahrzeug, -schiff 115
Luft- und Windleitbleich 37
Luftverschmutzung 115
Lumberjack 107
Lunch 133, 185
lunchen 133
lynchen 41

machen 208, 229
Macher, Macher-, -macher (in vielen Komposita) 207, 208
mächtig 30
made in (the) GDR 180, 181

Mailing List 60
Make-up 38, 54, 71, 184
Makro- 199
Management 153
managen 134, 153, 208
Manager(in) 153, 208, 209
Managerkrankheit 38, 114, 177
manipulieren 203
Mann auf der Straße (der ~) 35
Marinestil 108
Marketing 154
Marktforschung, -lücke usw. 115
Marschflugkörper 65
Maser 123
Massenfestival 99
Massenkommunikation(smittel) 116
Massenmedien (Pl.) 116
Match 74, 137, 175
Matchball 83
Maxi(-) 199, 200
maximieren 203
Mayor 45
Medien 116
Medien-Multi 201
Medley 97
Meeting 155, 186
-Meeting, -meeting 186, 187
Mehrfach-Raktenwerfer-System 202
Mehrzweck 191
Metaller 180, 206
Midi(-) 200
Midirock 200
Mikro- (in vielen Komposita) 199, 216
Mikrochip 158
Mikroelektronik(-) 56, 120, 162, 219
Mikroelektroniker 206
mikroelektronischer Rechner 198
Mikrothek 96
Milchbar 189
Milchshake 74
Militäradministration 132
Militärpräsenz 39
Military 87

Mini(-) (in vielen Komposita) 109, 199
Minimarkt 58, 199
Minirock 10, 199, 200
Miniscooter 174
Miss, Miß (Pl. Misses) 136
Mitläufer 163, 164
Mittzwanziger 176
mixen 134
Mixer 205
Mixpickles, Mixed Pickles 180
Mob 76
Model 20
Moderation 58
Moderator 72, 103/104, 104, 132, 170
moderieren 58
moderner Interpret 104
Modern Jazz 92
Modern Soul Band 97
Modeshow 58
Mohikaner (der letzte der ~) 47
Mokassin 46
Mokick (-Rallye) 118, 119
Mokka-Bar 189
Mondorbiter 207
Money-maker 207
Money-making 152
Monitor 104
Monitoring 166
Mop 76, 132
Moped 118, 119
moppen 132
Motel 119
motivieren 203
Moto-Cross, -Croß 86, 87
Movie 31
Multi-, multi- (in vielen Komposita) 191, 201
Multiboy 216
multilateral 77, 201
multipel 202
Multiple-choice-Test 202
Multiple Launch Rocket System 202

Multiple Sclerosis 202
Multi(s) 201
Multi-Single-Super 216
Mumps 41, 185
Münzer 205
Musical 71, 101, 121
Musicalclownerien 174
Musikbox 132
Musik-Computer 93
Musikformation 58
Musikwerkstatt 100

Nachrichtensatellit 116
Nadelstreifen 108
NASA 123
Nationalcoach 83
nativ 221
NATO 123
Navelorange, Nabel- 112
Negro Spiritual 62, 93, 94
Neo-, neo- (in vielen Komposita) 200
Neuerer(-) 156, 206, 208
Neutronenbombe 116
New Look 74
New Orleans Jazz 92
Newtonmeter 147
Nicht-, nicht- (in vielen Komposita) 192, 193
Nicki(hemd, -pullover) 107
Niet(en)hosen 107
Nonsens 181
non-stop 58, 59, 66
Nonstop(flug,-kino,-konzert, -musik usw.) 39, 71
No problem! 21, 31, 138
nuklear 72, 135
Nuklearteststopp 182
Null(-lösung, -serie, -stellung usw.) 173

Objekt(-), -objekt 156
objektivieren 39
Obstruktionskurs 39

OECD 198
offerieren 104
Off-Ground-Fete 57
Ohrclip, Ohrklipp, Ohrenklips 136, 182
O.K., o. k., okay 21, 137, 138
Oldie(s) 30, 57, 62, 88, 99, 103
Oldie-Laden 57
Oldie-Nacht 57
Oldies-Party 58
Old Shatterhand 59
Oldtimer(-) (in vielen Komposita) 175, 178, 208, 209
Open-air-Festival, -Konzert usw. 97, 196
Open-air-Rock(musik)-Show 99
Open-Vouchers 174
operationalisieren 203
Operationsforschung 116
Optoelektronik 218
optoelektronische Effekte 218
Orbit 160, 207
Orbital(-besatzung, -komplex, -station usw.) 160
Orbiter 206, 207
Organbank 189
Organverpflanzung 116
orientieren an 161
orientieren auf 87, 161
-orientiert (in vielen Komposita) 161
Orientierung 161
Output 62
Outsider 35, 117
Overall 107
Overheadprojektor 202
Overkill (-Potential) 73
Overstatement 63

Pace 87
Pacemaker 62, 207
Paddel 18
Paddock 87
Paletot 108

Paperback 35, 72
Papier (ein ~) 141
Park-and-Ride(-System) 36, 130
parken 72
Parken und Reisen (P + R) 36, 130
Parks, Parke 135
Pa-Rocktikum 58
partizipieren 78
Partner 61, 187
Partner-, -partner 187
Partnerlook 72, 74
Partnerstadt 182
Party (eine ~ geben, zu einer ~ gehen) 125, 149, 150
Partygrill 216
Partys 136
Party-Soda 172
Patchwork 50, 51, 173
Peep-Show 227
Penalty(schießen) 52, 62, 88
PEN-Club 123
per 174
Performanz 221
Perkussion 93
permanent 78
Personalcomputer 198, 219
pesen (los-) 87
Petticoat 109
Pfadfinder 47
Pferdeschwanz (Frisur) 116, 176
Piano Swing Time 58
Piccadilly (Circus) 148
Pille 72
Pingpong 117
pink 172
Pin-up-Girl (-Kollektion) 197
Pipeline 11, 37, 132
Pitchpine 72
Pixel 52, 53
Plaid 42, 230
Plast(-), Plaste(-), Plastik(-) 181, 182, 206
Plattenbar 189
Plattenspieler 116, 205

Plattform (politische ~) 155
Playback(verfahren) 36, 71, 232
Playboy 20, 36, 72, 118
Plumpudding 41
Pluralismus, pluralistisch 53, 60
Podiumsdiskothek 58
Pokerface 72
polarisieren 203
Polarisierung 203
Pony (Frisur) 176
Pony (Pferd) 229
Pool 74
Pop (in vielen Komposita) 26, 60, 61, 66, 96, 97, 98
Pop-Art(ist) 97
Pop-Café 58
Pop-Color 58
popen 66
Pop-Fit 58
Popgymnastik(-) 66, 104, 172
Pop-Interpret 103
Popmodegruppe 58
Popmusik(er) 97, 98, 102
poppig 97
Pop-Schrift 30
popularisieren 203
Pop- und Rockmusik 96
portable- 56
Poster 72, 137, 149
postgraduales Studium 180
Powerplay 88
präsentieren 58, 92, 104, 171
Preisstopp 182
pre-shave 172
Presse- (in vielen Komposita) 116
Presse (eine gute oder schlechte ~ haben) 35
Pressebriefing 161, 162
Prioritäten setzen 125, 126
privatisieren 203
problematisieren 203
Problemlösung 116
Produktionslinie 116
Produktionsstart 219

Profi 180
profilieren (sich ~) 203
profitabel 78
Profitmaximierung 203
programmieren 72, 219
Programmierer(in) 59, 72, 166, 209
programmiert 219
Programmierung 72
Progreß 160
Protestsong 97
Prozeß 213
Prozeßautomatisierung 116
psychologische Kriegsführung 116
Publicity 21, 72, 228
Public Relations 62
Puck 88, 185
Pudding 18, 41, 135, 229
Pugwashkonferenz 148
pullen 87
Pulli 107, 177
Pullover 30, 105, 107, 109, 177, 184
Pullunder 177
Pulp(e) 172
Pulsar 119
Pumps 106, 132, 133, 184, 185
Punchingball 72, 133
Punk(er) 101
Punkrock 99, 101
Punsch 18
PUSH 123
push 214
Pusher 214
Puzzle, -puzzle 39, 72
Pyjama 18

Quark 223, 224, 225, 226
Quasar 119
Quick fresh for everybody! 172
Quiz 58, 74, 75, 187
Quiz-, -quiz 75, 187
Quizmaster, -meister 187

Racket 83
Radar 123

radioaktiv 132
Radioaktivität 132
Raft 74
Rag 102
Raglan 18, 108
Rag(time) 102
Raid 74, 230
Raketenstart 182
Rakett 83
Rallye 72, 87
Rallye-Cross, -Croß 87
Ranch 46
Rancher 45
rationalisieren 203
Raumfähre 36, 232
Raumfahrt(-) 116
Raumflug(-) 116
Realignment 215
realisieren 37
Rechner-, -rechner s. Computer-,
  -computer
Rechnergeneration 158
rechnergestützt 116, 198, 218
Recital 164, 165
Recorder 72, 132, 205
Recycling 62, 144, 145
Redoxsystem 119
Referee 62, 88, 174
regenerieren 203
Reggae(-), -Reggae 58, 92
Reggae Musik 92, 175
Rekord(-) (in vielen Komposita) 81
Remake 51, 184
Renner 185
Reporter, -reporter 42, 229
Reprint 72
Reputation 78
resistent 78
retrospektiv 78
Revolver 42, 229
Rhythm and Blues 99, 102
Rhythmusgruppe 99
richtig (das ist ~ !) 139
Riesenpuzzle 58

Riff 92
Roastbeef 110
Robinson Crusoe 146
Rock, Rock-, -rock 26, 58, 92, 96, 97, 98, 99, 100, 101, 179
Rockability 99
Rock and Roll, Rock 'n' Roll 29, 91, 98, 99, 100, 174
Rock-and-Roll-Disko 57
Rock 'n' Roll-Party 57
Rockband (-fan, -festival, -klänge, -lady, -musik(er), -Musical, -oper, -rhythmen, -szene usw.) 29, 31, 57, 58, 92, 97, 98, 99, 100, 103, 104, 190
rocken 98
Rocker(in) 98
rockig 98, 99
Rock live 179
Roll-on/Roll-off (-Schiff) 49
Rooming-in-System oder -Prinzip 51
Ro-Ro (-Schiff) 49
Roundtable-Gespräch 72
Roundtable-Konferenz 72
Rowdy(-) (in vielen Komposita) 42, 151
rowdyhaft 151
Royal Air Force 148
Rugby 133, 185
Rum 42, 229
Rumpsteak 111
Run 74
Runner 185
Rundtischgespräch 72
rund um die Uhr 125, 127
Russlish 19

-'s 141, 142
Safe(r) Sex 124, 180
Safety first! 129/130
Sagen (das ~ haben) 39, 126
sagen (Sie sagen es! Du sagst es!) 139, 229
Saisonhostessen 56
SALT 123
Salzsticks 111
Samenbank 189
Sandwich 70, 148
SANE 50, 123
sanfter Rock s. Soft Rock
sanieren 203
Satelliten- 116
sauber 129
sauer sein (oder werden) 31
Schal 48
Schallplattenbar 189
Schampun, schampunieren s. Shampoo(n), shampoonieren
Schau 59, 127, 129, 157
Schau-, -schau 188
schau 31, 127
Schaugeschäft 36, 116
Schau stehlen (jemandem die ~) 125
Schlagerfestival 39
Schlager-Show 104
Schlagertexter(in) 180, 206
Schlagzeuger 204
Schlips 18, 229
Schlüsseltechnologie 55, 56, 116, 198
schmutziger Krieg (der Amerikaner in Vietnam) 116
Schnappschuß 44/45
schneiden (jemanden ~) 44
Schnellgericht (Essen) 37
Schottenkaro 108
Schrittmacher 37, 45, 116, 207
Schuß 214
schwarzer Humor 116
schwarzer Markt 116
Schwelle (Schwellen-) 37
Schwer- (in vielen Komposita) 194
Schwerindustrie 182, 194
Schwermetallrock (s. Heavy Metal Rock) 100
Science-fiction 72

Scooter, Skooter 178
Scotch Whisky 113
Scotland Yard 148
Scotterrier 43
Scrip, Skrip 74
SDI(-) 197,198
Seal(-) 42
Secret Service 148
Selbstbedienung 39, 116
Selfmade-English 176
Selfmademan 132
Senioren-, Senior(in) 162, 163
Senkrechtstarter 182
sensibilisieren 203
sentimental, Sentimentalität 42
Service 72, 149, 173, 175, 187
Service-, -service 174, 187
Set 74, 76
Setter 43
Sex 74
Sex-Appeal 21, 46
Sexbombe 46, 114, 130
Sexpot 46
sexy 72
's Genitiv 141, 142
Shag(pfeife) 147
Shake 74
Shakehands (machen) 118, 170
Shampoo(n) 18, 72, 183, 230
shampoonieren 18, 183
Shanty 95
Sheriff, Scheriff 45
Sherlock Holmes 147
Sherry 113
Shetlandpony 148
Shetlandwolle 148
Shimmy 95
Shit 214
shocking 135
Shop, -Shop 30, 74, 181
Shopping 11
shopping gehen 140
Shorts 107
Short story 62, 167

Shot 214
Show 20, 58, 59, 76, 132, 174, 175
Show-, -show 188
Show-Band 58
Showbericht 174
Show Business, -Busineß 36, 116, 118, 153
Show-Effekt 101
Showgeschäft 153
Showmaster 144, 177
Show-Pop 58
Showprogramm 58
Showtrio 104
Shredder 51
Shunt 74, 133
-sicher 194, 195
Sicherheit zuerst! 130
Sigint 119
signifikant 78
Silastik(-) 182
Single 62, 74, 83
Sinn (das macht keinen ~) 126
Skalp 46
Skaphander 160, 161
Skateboardanlage, -vergleich 86
Skateboard(er) 85, 86
Skate-Board-Slalom 59
Skating (-Schritt) 86
Skeet(schießen) 89
Skeet-Spiel 89
Sket(s)ch 74, 135
Skiff 85, 135
Skiffle, Skiffel 58
Skin(head) (und Komposita) 151, 152
Skooter s. Scooter
Skrip s. Scrip
Skullboot 85
skullen 85
Skull(er) 85
Skunk(s) 46
Skye(terrier) 43
Skyjacker (skyjack) 70
Slang 74

Slimnastics 121
Slingpumps 132
Slip 74
Slipper 72, 178
Slogan 72, 129, 130, 131, 138, 149, 150, 230, 231
Sloop, Slup, Schlup 85
Slowfox 95
Slums 75, 133
smart 135, 139, 140
Smash 83
Smog 10, 76, 120
Smogalarm 120
Smokarbeit 106
smoken 106
Smoking 105, 106
Snackbar 168, 188
Snob(ismus) 18, 42, 170
snobistisch 42
Soda 21
Sofort- (in vielen Komposita) 192
soft 30, 201
Softeis 112
Softie s. Softy
softig s. softy
Soft Rock 99
Software(-) 209, 219
Software-Gurus 220
softy 29
Softy 30
solidarisieren 203
Sommerzeit 116
Song 20, 58, 75, 99, 150, 174
Sony Walkman s. Walkman
Soul(-) 92, 95, 99, 102
Soul und Funk 58, 103
Sound 74, 100, 140
Soundfarbe 99
Sound-Scooter 179
Space Shuttle 232
Spanglish 121
Spaniel 43
Spätentwickler 116
Spationaut 159

Speech 75
Speedway 86
spekulieren auf 215
Spenzer 108
spezifisch 78
Spielmacher 249
Spielposter 56
Spielstraße 116
Spikes 132, 133
Spinnaker 85
Spin(n)-off 51, 52
Spiritual 62, 93, 94
Spitzenrockgruppe 98
Spleen 42
Spoiler 62
Sport, Sport(s)-, sport(s)-, -sport 18, 21, 81, 187, 229
Sportdreß 177
Sportlook 74
Sportsman 18
Sportswear(stil) 105, 211
Spot 75
Sprachlabor 116
Spray(-), -spray 68, 75, 137, 187
sprayen 75, 134
Sprinkler 72, 205
Sprint 75
sprinten 75, 134
Sprinter(in) 72
Spurt 75
spurten 75
Sputnik 159, 160, 164
Squatter 46
Squaw 46
Squaw Valley 46
Stagflation 121
Stahlwerker 206
Standardprogramm 174
Standing Ovation 141
Star 40, 61, 132, 135
Start 135, 182
starten 134, 182
State Department 148
Statement(s) 175

Statussymbol 116
Steak, -steak 57, 111
Steckenpferd 59, 166
Steh(brett)segeln, Steh(brett)segler(in) 37, 85
Step 95, 179
steppen 179
Stepper(in) 204
Step tanzen 179
Steptänzer(in) 204
Stereo (in ~), stereo 192
Stereo-, stereo- 191, 192
Stereokassettenrecorder 192
Stern(en)krieg(s-) 116, 198
Steward 25
Stewardess, Stewardeß 25, 135
Sticker 57
Sticks 63, 111
Stop(p) 21, 132, 133
stopp! 133
stoppen 134
Stopper 179
Story 11, 30, 72, 177
Storys 136
Strafstoßschießen 52
Strategische Verteidigungsinitiative (SDI) 198
Streik, Streik- (mit vielen Komposita) 133, 134, 135, 229
streiken 133
Stress, Streß(-), -stress, -streß 26, 30, 55, 59, 75, 230
stressen 55
stressig 55
Stretch(-) 107
Stretchers 107, 118
strippen 208
Stripper(in) 204
Striptänzer(in) 204
Striptease 10, 72, 169
Stripteaser 169, 204
Stripteasetänzer(in) 204
Stromlinie(nform) 10, 116
Struktur 213

Strumpfbar 188, 189
Stuntman(n) 63, 72, 133
Substanz 213
Sulky 87
Super, super, Super-, super- (mit vielen Komposita) 201
Superdisko 57
Superstar 98, 201
Supertwister 174
Surf-Anzug 56
Surfbrett(-) 39, 63, 84, 85
Surfbrett-Funbo(a)rd 56
Surfbrett-Windglider 56
surfen 63, 85
Surfer(in) 63, 84, 85
Surfing 63, 84, 85, 86
Surfriding 63
suspekt 78
Sweater 105
Sweatshirt 30
Swimmingpool 39, 59
Swing(-) 49, 57, 74, 95
swingen 58
Swing Jazz 92
Synchroton 120
Synthesizer 63, 100, 101
Synthetics 133
synthetisch 133
System 213
Szene, -szene (mit vielen Komposita) 103, 190

Tagesordnung 45
Tailorkostüm 108
Talk 144
talken 144
Talkmaster 144, 177
Talk-Runde 144
Talk-Show 57, 63, 143, 144
Tank 229
Tankstelle 182
Tanzbar 189
Tarzan 147
Tatsache 17, 150

Tattersall 87
Team 26, 75
Teamarbeit 118, 158
Teamwork 118
Technokrat(ie) 117, 211, 212
technokratisch 211, 212
Technologietransfer 72
technologische Linie 117
Technosport(ler) 187
Teddy (Bär) 42
Teddy Boy 42
Teenager(-) 10, 28, 29, 32, 72, 149, 150, 152, 208, 209
Teenager-Look 74
Teenies, Teens 176, 209
Teens and Twens 176, 216
Telephon 21
Telex 120
Tennis 16, 21
Tennis-Crack 83
Teppich (etwas unter den ~ kehren) 126
Teppichfliese 117
Terminal 63, 215
Terrier 43
terrorisieren 203
Test 75, 149
testen 75, 134
Tester 205
texten 180
Texter(in), -texter(in) 180, 204, 206
Thriller 70, 72, 205
Ticket 20, 168, 175
tiefkühlen 117
Tiefkühlfach, -truhe usw. 117
Time is money! 129
timen 63, 72
Timing 63, 72
Tip 26, 42, 74, 75
Tip-Disko 96
tippen 74, 75, 134
tipptopp 42, 90, 181
Tips-Spaß 57
Tischtennis 117

Toast 135, 151, 156
toasten 134, 156
Toaster 205
Toboggan 46
Toffee 114
Tomahawk 46
Tommy 146
Tonic (~ Water) 63, 112
topfit 90
Top-Quark 225
top-secret 90
Totem(pfahl) 46
Totobar 189
Tour 79
Tourenwagen 79, 117
Tourismus 79
Tourist 79
Touristenklasse 79
Touristik 79
-träger (in vielen Komposita) 208
Trainer, Training, trainieren 87, 88
Trainingsanzug 170
Trainingslager 117
trampen 134, 178
Tramper(in) 143, 178, 208
Tranquil(l)izer 63
Transfer, -transfer 72
Transistor 72, 120
Trap(schießen) 89, 90
Traumfabrik 36
Travolator, Travel(l)ator 120
Trenchcoat 108
Trend 54, 74, 76, 149
Trial 86
Trial and Error 38
Trick(-) 43, 179
tricksen 179
trimm dich fit! 80, 90, 130
trimmen 80, 130
Trip 26, 75
Trockenwäsche 117
Trolleybus 133
Tropical 57, 108

Trust 43, 75, 133, 185
T-Shirt 50, 63, 107, 118, 152
tubeless 63
tunen 205
Tuner 173, 205
Tuner HiFi 56
Tunnel 43, 122, 185
Turboprop 120
Turf 87
Tweed 108, 109
Twens 176
Twinset 108, 109
Twist 95
twisten 134
Twister 178, 179
Twist-off-Glas 72
Twostep 95

Überbeschäftigung 117
überlappen 117
uh-uh 138
Ulster 18
Ultra-, ultra- (in vielen Komposita) 200
Umweltmacher 207
Umwelt-Monitoring 166
Umweltschutz 117
Umweltverschmutzung 35, 117
Unabhängigkeitserklärung 196
Uncle Sam 146
Understatement 63
UNESCO 123
UNICEF 123
unilateral 77, 171
Universal-Mix-Super 216
UNO (in vielen Komposita) 123, 197
Unterbeschäftigung 117
Untergrundbahn 117
Untergrund (in den ~ gehen) 125
Untergrundbewegung 117
Unterhaltungsgeschäft 36, 118
Unterhaltungsindustrie 190

Unterhaltungsschau 58
Unterschied (das macht (k)einen ~) 35, 125
Uppercut 133
up to date 39, 133
Urschrei 36
USA-Weltraumbehörde NASA 197
Utopie 145, 146
utopisch, Utopismus, Utopist 146

vakuumverpackt 113
Vakuumverpackung 113
Vamp 75
Vegetarier, vegetarisch, Vegetarismus 43
vehement 78
Vehemenz 78
Verbrechen gegen die Menschlichkeit 125
Vekehrsrowdy 182
Verlierer (ein guter oder schlechter ~ sein) 125
Verstärker 205
Versuch und Irrtum s. Trial and Error
vertrimmen 81
Veteran 163, 175, 178, 218
Veteranen-Rallye 178
Vibrationen-Reggae 58
Video-Einspielung 104
Videorecorder 72
Vierte Welt (die ~) 154
Visiot 121
Vitaminbar 189
Volkslied 45, 61
vollautomatische Waschmaschine 117, 216
Vollbeschäftigung 117
Vollelectronic 216
Volleyball 82
vorfabriziert, vorgefertigt 117
vorprogrammieren, vorprogrammiert 203, 219
Voucher 174

Wachstumsrate 117
Wagenpark 182
Waggon-Oldtimer 178
Wahlplattform 155
Walkman(s) 31, 32, 56, 231
Waldfeeling 140
Wallstreet 148
Wanze 37
Warrant 72
Warentransfer 72
Warteliste 117
Waschvollautomat 216
Was kann ich für Sie tun? 127
Wasserglätte 37
Wasserklosett 41
Waterproof 108
Watson (Dr. ~) 147
Watt(-) 148
Weekend(-) 21, 133
wegrationalisieren 203
Wegwerf- (in vielen Komposita) 191
weiche Landung 117
Welt-Shakespeare-Kongreß 195
weltweit 117
Werbetexter(in) 180, 206
-Werker, -werker 206
Werkextras 56
Western (in vielen Komposita) 45, 174
Westover 107
Whisky 57, 113, 230
Whisky & Soda 57
White Blues 97

Wigwam 46
Wilder Westen 45
Windsurfer(in) 37, 63, 84, 85, 131
Windsurfing 37, 63, 84, 85
Winnetou 59
Wissenstransfer 72
Wochenendler 117
Wohlstandsgesellschaft 191
Wohnraumleuchtenset 76
Wolkenkratzer 117
Worcestersoße 70
Workaholic 121
Workshop 133
Wranglers 107

Yankee 146
Yawl 85
Yinglish 121
Yippie 102
Yoga 231
Yoghurt 231
Yogi 231

Zeit ist Geld! 129
zelebrieren 78
Zentralheizung 117
Zentrum, -zentrum 183, 187, 188
Zigarette 21
Zirkus 105
Zoom 63, 73
Zuchtwahl 45
zurückrufen 39, 126
zwischenmenschliche Beziehungen 117